G. Kawerau · Johann Agricola von Eisleben

Gustav Kawerau

# Johann Agricola von Eisleben

## Ein Beitrag zur Reformationsgeschichte

1977

Georg Olms Verlag
Hildesheim · New York

Dem Nachdruck liegt das Exemplar der Niedersächsischen
Landesbibliothek Hannover zugrunde.
Signatur: Tk 1197
Das Format des Nachdrucks ist kleiner
als das der Vorlage.

Nachdruck der Ausgabe Berlin 1881
Printed in Germany
Herstellung: fotokop wilhelm weihert KG, Darmstadt
ISBN 3 487 06424 3

# Johann Agricola

## von Eisleben.

---

Ein Beitrag

zur

## Reformationsgeschichte

von

Gustav Kawerau.

---

Berlin.
Verlag von Wilhelm Hertz.
(Bessersche Buchhandlung.)
1881.

Dem Andenken

D. J. K. Seidemanns,

des Meisters

reformationsgeschichtlicher Forschung.

―――――

„Eine irgend genügende Lebensbeschreibung ist noch nicht vorhanden," — diese Worte, mit welchen D. Plitt seinen Artikel über Joh. Agricola in der zweiten Auflage der Theol. Real-Encyclopädie (B. I. 1877) beschließt, wurden mir, der ich zufällig bei der Beschäftigung mit reformationsgeschichtlicher Literatur auf Person und Schriften des „Mag. Eisleben" geführt worden war, zum Antrieb, meinerseits den Versuch zu machen, diese Lücke in der biographischen Literatur auszufüllen. Es kann in der That auffällig erscheinen, daß ein Mann, dessen Leben so tief in die Geschichte der großen Zeit der Reformation verflochten ist, der durch seinen Streit mit Melanchthon wie mit Luther, durch die Rolle, die er in den Tagen des Augsburger Reichstages von 1547/48 gespielt hat, dazu durch die Menge und Mannigfaltigkeit seiner Schriften unsre Beachtung in Anspruch nimmt, bisher noch nie einen Biographen gefunden hat. Fast scheint, als wenn die ungünstige Beleuchtung, in welcher Lehre und Charakterbild des Mannes in Luthers Briefen und Schriften uns entgegentritt, von einer genaueren Durchforschung seines Lebens namentlich in früherer Zeit abgeschreckt habe. Wir waren noch immer auf die 1817 in Altona erschienene Arbeit von Mag. Berend Kordes („M. Johann Agricola's aus Eisleben Schriften möglichst vollständig verzeichnet") angewiesen. Diese konnte aber trotz des außerordentlichen Fleißes, welchen der treffliche Bibliograph darauf verwendet hatte, weder biographisch noch bibliographisch genügen. Biographisch nicht, da es gar nicht in der Absicht des Verfassers gelegen hatte, eine vollständige Biographie zu schreiben, er sich vielmehr bei seiner wesentlich bibliographischen Arbeit darauf beschränkt hatte, die ihm gelegentlich bekannt gewordenen Daten biographischer Art als Notizen mitzuteilen. Dazu kommt, daß erst in den letzten Jahrzehnten, besonders durch die Publicationen von Förstemann im „Neuen Urkundenbuch" und von Brecher in der Zeitschrift für hist. Theologie 1872 ein reichlicheres Maß von Briefen und Urkunden zur Geschichte Agricolas bekannt geworden und dadurch über wichtige Abschnitte seiner Lebensgeschichte Licht verbreitet worden ist. Aber auch bibliographisch nicht, da Kordes nach seiner eignen Klage sich in der ungünstigen Lage befand, fast keine der Schriften Agricolas selber einsehen zu können, und sich daher wesentlich auf eine Zusammenstellung der oft sehr ungenauen, teilweise gradezu falschen Angaben Anderer beschränkt sah, so daß Diejenigen sich sehr in Irrtum befinden, die seine Beschreibung der Schriften Agricolas als genau und überall zuverlässig angesehen haben. Zwar haben sich seitdem verschiedene Theologen (z. B. Mohnike, Spieker, Koch, Schenkel, Gaß, Plitt) mit Agricolas Biographie beschäftigt, um für Encyclopädien oder für Sammelwerke andrer Art einen Abriß seines Lebens zu schreiben; aber diese kürzeren Artikel haben, auch wo sie sich nicht nur als kritiklose Excerpte aus der Kordesschen Schrift erweisen, naturgemäß die vorhandene Lücke nicht auszufüllen vermocht. Noch weniger ist dies durch die im Osterprogramm des Schweriner Gymnasiums 1875 begonnene, meines Wissens aber nicht weitergeführte Arbeit v. Starks über Leben und Schriften Agricolas geschehen, da der Verfasser, wenn auch mit einem Teil der Schriften Agricolas bekannt, doch auf dem weiten Gebiete der reformationsgeschichtlichen Literatur viel zu wenig orientirt war.

Es ist mir möglich gewesen — abgesehen von einer einzigen kleinen Streitschrift Agricolas gegen Georg Witzel — seine sämtlichen Druckschriften kennen zu lernen. Der Weg hierzu war nicht mühelos, da keine einzige Bibliothek eine vollständige Sammlung derselben besitzt. Ich habe sie zusammen gesucht aus den Bücherschätzen der Königl. Bibliotheken zu Berlin und Dresden, der Herzogl. Bibl. zu Wolfenbüttel und Gotha, der Marien- und der Waisenhaus-Bibliothek zu Halle, der Gräfl. Stolbergischen zu Wernigerode und der Ratsschulbibliothek zu Zwickau.[1]) Durch diese Kenntnisnahme von seinen Schriften hatte ich für die Biographie eine Grundlage gewonnen, deren die früheren Bearbeiter seiner Lebensgeschichte mehr oder weniger entbehrt hatten. Wenn ich ferner hoffen darf, das biographische Material, welches in der unendlich weitschichtigen reformationsgeschichtlichen Literatur verstreut vorhanden war, mit einiger Vollständigkeit benutzt zu haben, so verdanke ich das zu nicht geringem Teile der Unterstützung, die mir der teure Mann, dessen Namen ich meiner Schrift in dankbarer Erinnerung vorangestellt habe, hat zu teil werden lassen durch Mitteilung einer großen Anzahl von literarischen Notizen, welche mich auf Quellen hinwiesen, die sonst wol meinen Nachforschungen entgangen wären; auch hat mir seine Freundschaft gestattet, das auf Agricola bezügliche Material aus den verschiedensten Handschriften Lutherscher Tischreden zu benutzen, an deren Studium der Heimgegangene noch die letzten Jahre seines arbeitsreichen Lebens gewendet hatte. Wie Jener, so haben auch die verehrten Herren D. J. Köstlin in Halle und D. Plitt in Erlangen durch mancherlei Fingerzeige und

---

[1]) Den Herren Bibliotheksverwaltern, deren gefälliges und hülfsbereites Entgegenkommen meine Studien wesentlich gefördert hat, bezeuge ich auch an dieser Stelle meinen herzlichsten Dank.

Nachweisungen meiner Arbeit freundlichst Unterstützung angedeihen lassen.

Durch glückliche Fügung bin ich aber auch in der Lage gewesen, ein nicht unerhebliches handschriftliches Material für die Biographie benutzen zu können. Auf der Marienbibliothek zu Halle befinden sich eine Evangelienharmonie (Monotessaron) und eine Sammlung von Predigten, die Agricola in seinen letzten Lebensjahren für den Druck vorbereitet, aber nicht mehr abge= schlossen hat; die Durcharbeitung dieses Nachlasses erwies sich für die Biographie in vielfacher Beziehung von Wert. Dasselbe Monotessaron und eine Anzahl kleinerer exegetischen, homiletischen und dogmatischen Arbeiten aus seinem Nachlaß fand ich auf der Königl. Bibl. zu Berlin. In der Ratsschulbibliothek zu Zwickau stieß ich auf Wittenberger Collegienhefte, die auch über Agricolas Docententhätigkeit bis zum J. 1525 willkommenen Aufschluß gewährten. Auch meine Nachforschungen nach handschriftlichen Briefen an, von und über Agricola wurden vom Glück begünstigt. Reichliche Ausbeute gewährten einige Codices der Herzogl. Bibl. zu Gotha; Einiges fand sich in Berlin, in Wolfenbüttel und auf der Stadtbibliothek zu Leipzig; besonders wertvoll aber war ein Codex der Erlanger Universitätsbibliothek, auf welchen mich Herr Prof. D. Plitt aufmerksam gemacht hatte, da dieser fast für die ganze Lebensgeschichte Agricolas (von 1525—1566), besonders reichhaltig aber für die Jahre des antinomistischen Streites neue Materialien an die Hand gab. An anderen Orten forschte ich vergeblich nach handschriftlichen Briefen; aber ich zweifle nicht, daß eine weiter fortgesetzte Nachforschung auf deutschen Bibliotheken noch manches neue Material würde haben auffinden lassen, liegen ja doch noch so viele für die Reformationsgeschichte zu ver= wertende Briefe unbeachtet in denselben. Aber wem gestatten Zeit und Mittel eine einigermaßen systematische Benutzung resp.

Bereisung unsrer Bibliotheken? Auch meinte ich, nach dreijährigen Vorstudien nunmehr ein Recht zu haben, einen Abschluß zu machen und an die Verarbeitung des gesammelten Stoffes zu gehen. Erhebliche Lücken werden, so hoffe ich, in Agricolas Lebensbild nicht geblieben sein.

Eine „Ehrenrettung" Agricolas zu schreiben, hat nicht in meiner Absicht gelegen. Wenn sein Lebensbild dem Gesamteindruck nach, der sich aus dieser Biographie gewinnen läßt, sich ein wenig freundlicher gestaltet, als wie es sonst in der Kirchengeschichte erscheint, so liegt das einfach darin begründet, daß sein g a n z e s Leben hier zur Darstellung kommt, nicht nur die zwei sonst zumeist beachteten Abschnitte desselben, der des Streites mit Luther und die trüben Interimshändel.

In einem Punkte bedarf ich besondrer Nachsicht: es ist mir aus äußern Gründen nicht möglich gewesen, bei Citaten aus Luther durchgängig, wie ich wünschte, die Erlanger Ausgabe zu benutzen; an vielen Stellen habe ich die Ausgaben citiren müssen, die mir grade am schnellsten und leichtesten erreichbar waren; daher findet man auch Citate nach der Jenenser, der Leipziger und der Walchschen Ausgabe. Man wolle dies, wie ich wol weiß, berechtigten Anforderungen nicht genügende Verfahren dem von größeren Bibliotheken weit entfernten Landgeistlichen zu gute halten. Wo ich Luthers Tischreden ohne nähere Bezeichnung citire, ist immer die Ausgabe von Förstemann-Bindseil gemeint.

Ich hatte mich des Tages gefreut, da ich dem verehrten Manne, der an meiner Arbeit mit unermüdlicher Gefälligkeit und an jedem neuen Funde, den ich ihm mitteilen konnte, mit herzlicher Freude teilgenommen hatte, das Ergebnis meiner Nachforschungen über Agricolas Leben, dieses Buch, würde zueignen können. Aber am 5. August 1879 hat er die Augen geschlossen. Wenn ich nun doch seinen Namen meiner Arbeit vorangestellt habe, so geschah es, um an meinem Teile nicht nur der dankbaren Erinnerung Ausdruck zu geben, in der ich (wie mancher andre Genosse reformationsgeschichtlicher Studien) der **persönlichen** Freundschaft D. Seidemanns gedenke, sondern um auch dem in der Stille und in bescheidenster Lebensstellung bis an sein Ende unermüdlich forschenden und arbeitenden Theologen, von dessen Abscheiden weitere theologische Kreise kaum Notiz genommen hatten, bei der Wiederkehr seines Todestages öffentlich den Dank zu bezeugen, den die Kirche deutscher Reformation seinen Forschungen und Publicationen schuldig ist.

Klemzig, den 5. August 1880.

**Kawerau,** Pfarrer.

# Inhalts-Uebersicht.

## I.

## Von Eisleben bis Wittenberg 1494—1540.

**I. Die Jugendjahre bis zur Wittenberger Hochschule 1494—1516. S. 3—12.**

Name 3. Geburtsjahr 5. Elternhaus 5. Religiöse Eindrücke und Erinnerungen 6 f. Schuljahre 9. Auf der Leipz. Universität 10. Im Schulamt zu Braunschweig. 10.

**II. Der Schüler und Freund Luthers. S. 13—25.**

In Wittenberg immatriculirt 13. Anschluß an Luther 14. Dessen Vater-Unser-Predigten 14. 31. October 1517 15 f. Magisterpromotion 18. Die Leipz. Disput. 19. Baccalaureus in bibliis. 20. Ein Pasquill Agr.'s 23.

**III. Die Docentenjahre in Wittenberg. S. 26—44.**

Verheiratung 26. Ansichten über den Ehestand 28. Der Docent und Katechet 30. Wittenberger Unruhen 32. Schriftstellerische Arbeiten 35 flg. Kirchenlieder und Katechismus-Project 41 flg.

**IV. Der Bauernkrieg und die Reise nach Frankfurt a. M. S. 45—56.**

Beziehungen zu Münzer 45 f. Der Ausbruch der Unruhen im Mansfeldischen 49. Münzers 19. Psalm 50. Die Frankfurter Unruhen 52. Agr. in Frankf. 54 f.

**V. Der Schulmann zu Eisleben. S. 57—79.**

Kirchl. Zustände in Eisleben 57. Lateinschule 59. Der Lehrplan 62. Die Lehrkräfte 67. Literarisches aus der Schule zu Eisleben 70 flg.

**VI. Der Reichstagsprediger. S. 80—103.**

In Speier 1526 80 f. In Speier 1829 90 f. In Augsburg 1530 94 f. Die Reise nach Wien 1535 102.

**VII. Die „Sprichwörter." S. 104—107.**

Uebersetzungsarbeiten 104. Die drei Sammlungen deutsch. Sprichwörter 105. Verwicklungen mit Landgr. Philipp und Herzog Ulrich 109. L. v. Passavant 111 f.

VIII. **Hussitica** S. 118—128.

Herausgabe von Briefen und Acten zur Geschichte des Hus 118. Tragedia Joh. Huß 120. Die Spottschrift des Lemnius S. 122 f.

IX. **Das Vorspiel des antinomistischen Streites.** S. 129—167.

Reibungen mit Melanchthon 129. Agr.'s Lehre von Buße und Gesetz im Lucas-Commentar 131. Mel.'s Visitationsartikel 140. Agr.'s 130 Fragestücke 142. Die Torgauer Conferenz 145. Kampf gegen Witzel 152. Parteiung in Eisleben gegen die Wittenberger 165.

X. **Der Ausbruch des Streites mit Luther.** S. 168—182.

Agr.'s Abzug von Eisleben 168. Luthers Vertreter im Frühj. 1537 172. Er macht sich Luther verdächtig 175. Erste Aussöhnung 178. Die Evangelien-Summarien 179. Die antinomist. Thesen 181.

XI. **Der Lehrgegensatz.** S. 183—192.

XII. **Der Verlauf des antinomistischen Streites.** S. 193—207.

Zweite Aussöhnung 193. Neuer Ausbruch des Streites 195. Dritte Aussöhnung 197. „Wider die Antinomer" 198. Neue Thesen 199. Die Anklage gegen Luther 201. Agr. wird bestrickt 205. Der Arrestbruch 207.

**Excurs zu Kapitel 7.** S. 207. 208.

---

## II.

# In Berlin 1540—1566.

I. **Das Ende des antinomistischen Streites.** S. 211—222.

Joachim II. sucht zu vermitteln 211. Agr. zieht seine Klage zurück 214. Seine Widerrufsschrift 215. Auseinandersetzung mit Graf Albrecht 217. Luther bleibt mißtrauisch 217. Agr. lehrt von der Buße wie Luther 219. Er kommt wieder zu Ansehen 221.

II. **Der Hof- und Domprediger.** S. 223—234.

Die Berliner Domkirche 223. Agr.'s Stellung zu Joachim 224. In Regensburg 1541 225. Türkenfeldzug 226. Stellung zur kurf. Familie 228. Homiletische und exegetische Arbeiten 230. Eigentümlichkeiten seiner Schriftauslegung 232.

III. **Der Generalsuperintendent.** S. 235—241.

Das Berliner Consistorium 235. Visitationen 238. Das Wunderblut zu Wilsnack 239.

IV. **Luthers Tod und der Schmalkaldische Krieg.** S. 242—248.

Luther bleibt unausgesöhnt mit Agr. 243. Klage über Luthers Tod 244. Die Dankpredigt nach der Schlacht bei Mühlberg 246.

V. **Agricolas Anteil an der Abfassung des Interims.** S. 249—260.

Joachims kirchenpolit. Ideen 249. Die kaiserliche Proposition 251. Die Commission der Stände 253. Die Vorgeschichte des Interims 254. Agr.'s Anteil 255. Falsche Vorspiegelungen 257. Textfälschungen 259.

VI. **Der Interimsagent.** S. 260—272.

Verhandlungen mit Moritz v. Sachsen 260, mit Johann v. Küstrin 262, mit den Nürnbergern 267, mit Aquila 271.

VII. **Die Einführung des Interims in Kurbrandenburg.** S. 273—291.

Joachims Zögern 273. Vorbereitungen zur Einführung eines modificirten Interims 276. Die Jüterbocker Zusammenkunft 280. Verkündigung des Jüterbocker Decrets 282. Verhandlungen mit den Berliner Geistlichen 285, mit den Brandenburgern u. a. 286 flg. Ende des Interims 291.

VIII. **Vox populi.** S. 292—301.

Mitteilungen aus der gegen Agricola gerichteten Flugschriften-Literatur.

IX. **Die Rehabilitirung.** S. 302—312.

Das märkische Bekenntnis gegen Osiander 302. Der Streit mit Stankaro 306. Das 2. märkische Gutachten gegen Osiander 310.

X. **Die Niederlage des Philippismus in der Mark.** S. 312—328.

Absetzung des Lasius 312. Der Streit über die guten Werke 315. Melanchthons Tod 320. Prätorius verläßt die Mark 323, kehrt zurück 325, entweicht abermals 327. Buchholzer in Ungnade 327. Festum gratiarum actionis 327.

XI. **Häusliches Leben und Lebensende.** S. 329—340.

Agr.'s Frau stirbt 329. Zweite Ehe 330. Krankheit 331. Ende 333. Seine Söhne 336. Rückblick 337 flg.

Anhang I. Aus Agricolas Briefwechsel S. 341. 350.
„ II. Agricolas im Druck erschienene Schriften S. 351. 352.
„ III. Personenregister 353—358.

---

# Nachträge und Berichtigungen.

S. 5. Z. 5. v. o. vergl. Stud. u. Krit. 1881 S. 171.

S. 33 Z. 19. v. o. lies promoti st. prometi.

S. 50 Anm. ²) Nach Ghillany, Index rarissim. aliq. libr. manuscr. Norib. 1846. S. 52 (vergl. Sächs. Kirch.- u. Schulbl. 1872 Sp. 204.) trägt das Autographon des Münzerschen Briefes das Datum „6. Annunciationis," also 25. März 1524.

S. 52 Z. 2 v. o. Betreffs der Verbindung des Eisenacher Strauß mit den unruhigen Bauern vergl. auch Marcus Wagner, Einfältiger Bericht von Nicol. Storck, Erfurt 1592 Bl. 10 u. 24.

S. 60 Z. 3 v. o. „Unsere alte Kirchenrechnungen zu Nicolai bezeigen, daß er jährlich über 50 Fl. Besoldung erhalten." Schöpffer (Pastor an St. Nicolai in Eisleben.) Unverbrandter Luther, Wittenberg und Zerbst 1765 I. S. 71. Ebendaselbst Nachrichten über die Nicolaikirche zu Eisleben II. S. 145 flg.

S. 103 Anm. ²) zur Literatur über die Wiener Reise ist nachzutragen: Spalatins Reisebericht in Buder, Chr. Gottl., Nachricht von der Belehnung Churf. Joh. Friedrichs. Jena 1755 S. 17—22. Danach begann die Reise nach dem 9. October, sie langten in Wien am 30. October an und blieben bis zum 21. November. Spalatin hebt ausdrücklich hervor, daß König Ferdinand den Predigten, die der Sächs. Kurfürst in Wien halten ließ, kein Hindernis in den Weg gelegt habe.

S. 211—217. Das für diesen Abschnitt von mir verwertete handschriftl. Material erscheint demnächst in Zeitschr. f. Kirchengesch. IV. S. 437 flg.

S. 241. 242. Luthers Brief s. in Zeitschr. f. Kirchengesch. IV. S. 464. 465.

S. 290 Z. 2. v. o. l. S. 268 statt 264. S. 301 Z. 3 v. u. lies 395 statt 595.

S. 309. Während der Correctur ist mir noch von Herrn Pastor C. Krafft in Elberfeld ein Brief Melanchthons an Hieron. Schurff vom 29. Juni 1553 mitgeteilt worden, aus welchem man entnehmen kann, daß Mel. um diese Zeit nochmals von Berlin aus zu einem Colloquium mit Stancaro eingeladen worden war, jedoch abermals abgelehnt hatte. Dafür beeilte er sich aber, nun endlich das versprochene schriftliche Gutachten einzusenden. (Vergl. Theol. Arbeiten aus dem rhein. Prediger-Verein IV. S. 152.)

# Erstes Buch.

Von Eisleben bis Wittenberg. 1494—1540.

## I.

## Die Jugendjahre bis zur Wittenberger Hochschule 1494—1516.

Der Mann, mit dessen Lebensgeschichte dieses Buch sich beschäftigen soll, begegnet uns in der Reformationsgeschichte fast nur unter den Namen Johann Agricola oder Johann Eisleben (Islebius), und doch haben wir weder in dem einen noch in dem andern Namen seinen Familiennamen vor uns. Daß er sich „Eisleben" nach seinem Geburtsorte genannt habe, und daß „Agricola" eine Latinisirung seines Familiennamens gemäß einer unter den Studirten des 16. Jahrhunderts weit verbreiteten Sitte sein sollte, darüber besteht freilich kein Zweifel; nur das blieb ungewiß, von welchem deutschen Familiennamen Agricola die Uebersetzung war. Schon seine Zeitgenossen haben hierüber die verschiedensten Angaben gemacht; die Einen nennen ihn Hans Bauer, Andere raten auf die Namen Bauermann oder Ackermann, wieder ein Andrer versichert, sein eigentlicher Name sei Schnitter gewesen. Aber auch dieser Gewährsmann, Georg Witzel, erweist sich, obgleich er mehrere Jahre lang Agricolas College gewesen war, als nicht ganz genau unterrichtet. Vielmehr lehren uns die ältesten Documente, in denen sein Name sich findet, nämlich die Leipziger und Wittenberger Matrikeln, sowie die älteste von ihm veröffentlichte Schrift, daß sein Name Johann Schneider (Schneyder, Sneider, Sneyder) lautete. Und diesen Familiennamen bestätigen ausdrückliche Zeugnisse seiner ältesten Bekannten,

Spalatins, Erasmus Albers, ja Luthers selbst; dafür zeugt auch
die einmal vorkommende Latinisirung seines Namens in Sartor.
Luther[1]) erzählte später (3. März 1539), Agricola sei mit seinem
Vatersnamen nicht zufrieden gewesen, darum habe er ihn in
Schnitter umgewandelt — eine Umwandlung, die um so näher
lag, als die niederdeutsche Form des Wortes, snîder, ebenso den
Kleidermacher wie den Mäher bezeichnete — und anstatt Messor
habe er sich dann den Namen Agricola beigelegt. Wir begegnen
ihm unter diesem neuen Gelehrtennamen bereits im Jahre 1518.
Luther nannte ihn in späteren Jahren beständig Grickel, ver=
mutlich ohne in diesen Namen eine besondere üble Bedeutung
legen zu wollen, sondern indem er einfach den von Figur kleinen
Mann mit diesem Diminutivum scherzweise betitelte; man hat
nicht nötig, nach einer besonderen Etymologie des Wortes zu
forschen, denn wenn es ein Spitzname übler Bedeutung gewesen
wäre, so würde sich Agricola nicht selber im Kreise seiner Familie
auch mit diesem Namen bezeichnet haben.[2])

Da nun ferner durch Luthers und anderer Zeitgenossen
Aussagen bezeugt wird, daß Agricolas Vater seines Zeichens ein
Schneider war, so liegt die Vermutung nahe, daß eben das

---

[1]) „Joha: Eislebius Sartoris eines schneiders Son. Sartorem in mes-
sorem Schnitter i. e. agricolam mutauit, est astutum [oder asciticium?]
cognomen, non contentus suo patruo cognomine." Cod. Goth. B. 169 Bl.
69 b. vergl. Binds. Coll. II. 254. de Wette VI. 501. — Witzels Angaben
in „Acta, wie sich es zu Eisleiben begeben . . . Leipzigk, durch Nic. Wolrab
1537." Bl. B 3 flg.; Spalatins in seinen Annalen bei Tentzel=Cyprian II.
311; Albers im Dialogus vom Interim 1548 Bl. J. vergl. ferner: Kordes
Agricolas Schriften S. 10 flg. 420. Raumer histor. Taschenb. 1838, 451.
Serapeum 1862, 293. Wackernagel Kirchenlied III. 942. Zeitschr. f. hist.
Theol. 1851, 386. Berliner Freiwill. Hebopfer IV. 57.

[2]) Denselben Namen Johann Eisleben führten im Reformationszeitalter
zwei andre Männer, ein Leipziger Jurist (eigentlich Joh. Lindemann) und
der Magdeburger Augustiner und Doctor der Theol. Joh. Vogt aus Eisleben.
— Der Name Agricola begegnet uns in demselben Jahrhundert sehr häufig;
unser Joh. Agricola hat das Schicksal gehabt, besonders mit dem Augsburger
Stephan Agr., dem Regensburger Theophilus Agr. und dem Bautzner Pastor
primarius Joh. Agricola aus Spremberg verwechselt zu werden.

väterliche und vielleicht schon von den Vorvätern betriebene Hand=
werk den Familiennamen habe entstehen lassen.[1]

Agricolas Geburt setzen alte Nachrichten auf den 20. April
1492; doch will damit seine eigne Aussage über sein Lebensalter
nicht stimmen. Als Luther gestorben war, gab Agricola sein
eignes Alter auf 51 Jahre an, und in seinem Testamente, das er
am 12. Juli 1564 aufsetzte, sagt er, er sei jetzt „über seine
70 Jahre." Diese Angaben lassen uns, vorausgesetzt daß als
Geburtstag der 20. April festgehalten werden darf, das Jahr
1494 als Geburtsjahr annehmen. Ueber sein Elternhaus in
Eisleben besitzen wir nur einige spärliche Nachrichten. Sein Vater
scheint im Anfang des Jahres 1528 verstorben zu sein,[2] hätte
also noch erlebt, daß sein Sohn in der Vaterstadt zu Amt und
Würden gelangte. Seine Eltern finden sich in seinen Schriften
kaum einmal erwähnt. Von seiner Mutter sagt er gelegentlich
in seinen „Sprichwörtern", daß sie in Halle in Sachsen erzogen
worden sei; bei der Geschichte von einem merkwürdigen Traume
bemerkt er: „das habe ich oftmals von meinem lieben Vater ge=
höret." Weiter erfahren wir von ihnen nichts. Von Geschwistern
läßt sich mit Sicherheit nur die Spur einer Schwester entdecken,[3]
deren Sohn Andreas Friedrich wir später als Ratsherrn in Eisleben
antreffen. Die Erziehung im Elternhause war fromm im Geiste
der Zeit; es fehlte weder an der Ueberlieferung und Einprägung
eines einfachen kindlichen Glaubens, wie er auch unter dem Papst=
tum in deutschen Landen erhalten geblieben war, noch auch an

---

[1] Bartholomäus Sastrow, herausgeg. v. Mohnike II. 301. Histor.
Taschenbuch 1838, 454—456. — Da man unter der Voraussetzung, sein
Familienname habe Schnitter gelautet, nicht verstand, wie er zu dem Namen
Schneider gekommen sei, so kam man auf den Gedanken, er habe selbst in
seiner Jugend das Schneiderhandwerk betrieben.

[2] Zeitschr. f. hist. Theol. 1872 S. 351.

[3] Erasm. Alberus a. a. O. giebt Agricola den doppelten Vornamen
Johannes Albertus; es liegt daher die Vermutung nahe, daß seine Eltern
vor seiner Geburt einen Sohn Albert gehabt und wieder verloren hatten und
daher in einer entfernten Analogie von 5. Mos. 25, 6 dem Nachgebornen zum
eigenen Namen den des Verstorbenen beifügten.

der Einimpfung jenes vielgestaltigen Aberglaubens, der das religiöse Leben jener Tage entstellte und verwirrte. So beruft sich Agricola später zum Zeugnis dafür, daß auch in der vor= reformatorischen Zeit der einfältige Christenglaube sich rein und lauter erhalten habe, auf die Abendgebete, die er als Kind von seinen Eltern gelernt habe:

> Ich will mich heint dahin legen schlafen
> Und an den allmächtigen Gott mich lassen.
> Wenn mich der Todt beschleiche,
> Komm, Christ vom Himmelreiche!
> Der mir das Leben hat gegeben,
> Meines Leibes und armen Seele pflege.

Oder:
> Ich will heint schlafen gehen,
> Zwölf Engel sollen mit mir gehen,
> Zween zun Häupten,
> Zween zun Seiten,
> Zween zun Füßen,
> Zween die mich decken,
> Zween die mich wecken,
> Zween die mich weisen
> Zu dem himmlischen Paradeise.

Andrerseits aber entwarf er auch in späterer Zeit in mehr= fachen Schilderungen aus den Erinnerungen seiner Knaben= und Jünglingsjahre ein ergreifendes Bild von dem den Glaubensweg verdunkelnden Wirrsal, das durch den vielgestaltigen Heiligencultus, Ablaß= und Wallfahrtsschwindel, durch die zahllosen Mittelchen selbsterwählten Werkdienstes angerichtet wurde. „Wir lagen in Finsternis gefangen, von Christo wußten wir nichts, denn daß er ein gestrenger Richter wäre,[1] der Jungfrau Maria war der

---

[1] Von der Vergebung der Sünden durch Christum redeten sie kein Wort. Christus war Richter, nicht Fürsprecher, aber die unschuldige Mutter Gottes Maria, die war gesetzt zum Gnadenthron ... Hie war Christus begraben und ganz und gar geschwiegen." Ausl. d. Evang. von Mar. Magd. 1562 Bl. Bij. b.

Gnadenstuhl befohlen, und den heil. Aposteln, Märtyrern, Beichtigern, Jungfrauen war die Fürbitte für alle Sünder und Sünderinnen aufgelegt.... Wollte nun Jemand von Sünden los sein, der mußte zu diesen Gesellen sich machen, einen Heiligen haben, Maria anrufen und sich den heiligen Mönchen befehlen, sonst wurde seiner Seele kein Rat. Zu diesem kam nun die große Wallfahrt nach St. Jacob, die güldene Pforte zu Rom,[1]) St. Veronikas Kuß, St. Francisci fünf Wunden, St. Katharina machte gelehrt, St. Anna und Erasmus reich, St. Christoffel machte gesund, St. Barbara gab das Sacrament [d. h. sie sorgte dafür, daß man nicht ohne Sacramentsempfang stürbe], St. Gertrud bestellte die Herberge, St. Sebastian war gut für Geschoß, Apollonia für Zahnweh, Rochus für die Pestilenz, St. Antonius für das kalte Feuer, Florianus für Brand, und war kein Heiliger, er mußte entweder ein Kaufmann oder Reiter oder Wundarzt oder Apothekerknecht sein. Dazu diente denn die heilige Messe, die konnte den Seelen helfen, den Lebendigen dienen, alle Schäden heilen und büßen an Leib, Leben, Kindern, Vieh, und erdichteten die Mönche so viel Bruderschaften mit dem Rosenkranz, mit Paternoster-Steinlein zuziehen, allen Chören der Heiligen, mit Ablaßbriefen, Wallfahrten zur schönen Maria, zum Grimmenthal, zu St. Wolfgang, zu Einsiedeln, zu Maria de Loretto u. s. w. Das war das Heiligtum, der rechte Jahrmarkt, da kaufte, lief, ritt, ging, gab Jedermann, und war von allen Päpsten und Bischöfen als Gottes Segen und Oeffnung des Himmels bestätigt. Ueber das kamen auch die Feinde der Gnade Gottes, die Schullehrer, die lehreten, daß ein Mensch aus eigener Reue und Genugthuung könnte Vergebung der Sünden bekommen. Wer eine (Mönchs-)Kappe anzöge, der wäre so rein, als ginge er aus der Taufe heraus... Zuvor,

---

[1]) Vergl. in Agricolas Monotessaron I. 194: „Man hat zu Rom erstlich alle 100 Jahr ein Jubeljahr, darnach über 50, zum letzten auf alle 25 Jahr ausgeschrien und verkündigen lassen, da hat man die güldenen Pforten aufmachen lassen, daß wer hindurch gehe, der habe Vergebung von Pein und Schuld und sei seiner Sünden los — eben wie der Hund der Flöhe um St. Johannistag."

wenn ein Mensch sollte zum Sacrament gehen, so war ein solches Schrecken, Beben, Zittern und Zagen, daß Niemand Friede oder Ruhe hatte. Da suchte man, wie man stets einen Mönch zum Beichtvater hätte, dem er, als bald ihm etwas einfiel, das er vergessen hatte, solches in die Kappe schütten mochte; zudem so erschrak man vor dem Sacrament, als wäre es Gift und die halbe Hölle." [1])

Daß diese Schilderung zum Teil wenigstens die eigne Jugendgeschichte Agricolas widerspiegelt, ersehen wir aus anderen zahlreichen Aeußerungen desselben. „Ich habe von Jugend auf ein bös, verzagt und erschrocken Herz und Gewissen gehabt, daß ich auch jung, wo ich in die Schule bin gegangen, in die Klöster und Kartausen gelaufen bin und Trost holen wollen." „Nachdem ich von Jugend auf leider mit betrübtem und bedrängtem Gewissen beschweret gewesen bin, habe ich bei den Beichtvätern des Ablasses, deren die Zeit viele in deutsche Lande kamen, Hülfe und Trost gesucht, aber nie keinen gefunden." Weiter erzählt er, als junger Knabe sei er hin und wieder in die Klöster gelaufen, habe Rat bei den Leuten gesucht; so habe er einmal drei Nächte im Kartäuser-Kloster zu Hildesheim gelegen. Da hörte er seltsames Rühmen selbstersonnener Heiligkeit. Ein alter Kartäuser erzählte, sie hätten dort einen Pater gehabt, dem hätten die Aerzte geraten, zur Erhaltung seines Lebens Fleisch zu essen. Er hätte sich denn auch wirklich zwei Hühner braten lassen, aber anstatt zu essen die heißen Braten mit den Worten: da, da friß nun Fleisch, auf den bloßen Leib gelegt, also daß ihm große Blasen aufgelaufen wären. Ein anderer Pater habe sich so kasteiet, daß er darüber siech geworden wäre; als er nun gestorben sei, da hätten sie unter der Kappe

---

[1]) Gründliche anzeigung, was die Theologen des Churfürstenthumbs der Mark... Frankf. a. d. Oder 1552 Bl. E. 3 flg. (über den Anteil Agricolas an dieser gegen Osiander gerichteten Schrift siehe weiter unten). — Aehnlich sagte er in einer Predigt am Sonntag nach Weihnachten 1564: „Die Messe ward damals gehalten, daß sie wäre ein Opfer für allerlei Schaden, nicht allein der Menschen, sondern auch der Thiere; eine solche Kretschmerei war es!" Vergl. auch in den 500 Sprichwörtern Nr. 493.

eine eiserne Wagenkette so fest um seinen Leib geschlossen gefunden, daß sie ihn in den Leib hinein wund gefressen hätte. „Dies rühmte der alte Kartäuser, und ich junger Narr meinte, es wäre eitel Heiltum." In Ronnersburg (? vielleicht Konnersburg bei Ermsleben a. d. Selke) vor dem Harz hatte er als Knabe selber einen derartig sich kasteienden Kartäuser gesehen. „Wenn ich in Aengsten war, so lief ich zu den Heiligen. Da hatte ich Patrone, Apostelchen und Cornuten.[1]) Da mußte mich St. Barbara, wenn ich ihren Abend fastete und ihren Tag feierte, schützen, daß ich nicht ohne das Sacrament stürbe. St. Rochus mußte dienen für die Pestilenz, St. Sebastian für Schüsse, St. Anna selbdritte, wenn ich ihr Lichtlein aufsteckte, und St. Erasmus mußte reich machen. St. Gertrud bescheert gute Herberge, St. Leonhard und St. Niclas helfen vor Gefängnis... Da lief ich hin, wenn ich in Aengsten war, aber von Jesu Christ wußte ich nichts."[2])

Seine Schuljahre verlebte er nicht in seiner Vaterstadt, sondern wahrscheinlich in Braunschweig,[3]) wo namentlich das teilweise von Franziskanern geleitete Martineum eines größeren Rufes sich erfreute. Als seinen ersten Lehrer, der ihn unterwiesen habe, nennt er einen Mag. Conrad, dem er ein dankbares Andenken bewahrte; er fand später Gelegenheit, für denselben, der sich den Umtrieben

---

[1]) Was sind Cornuten? Die Bedeutungen, welche du Cange (Paris 1842 II. 610) aufzählt, wollen hier nicht passen; auch nicht die von C. Wendeler in Zeitschr. f. d. A. 1877 S. 456, 458 nachgewiesene Bedeutung des Wortes beanus, Lehrjunge, armer Wicht. Im Grimm'schen W. B. V. 1831 wird die Deutung Kornöten, Wahlgenossen, vorgetragen. Sind etwa die auf Grund besonderen Gelübdes e r w ä h l t e n Heiligen gemeint?

[2]) Förstemann N. Urkundenbuch S. 298. Historia des Leidens und Sterbens J. Chr. 1543 Vorrede u. Bl. 95. Die vier sonntage im Advent. 1542 Bl. Fiiij. Außlegung deß Euang. von Maria Magdalenen. 1562 Bl. Bjv. b.

[3]) Es läßt sich dies vermuten aus Förstem. N. Urkundenb. S. 298, wo er im engen Zusammenhang mit der Erwähnung seiner Schuljahre eines Franziskaners gedenkt, den er eben in Braunschweig kennen gelernt habe; obgleich diese Begegnung erst 1514, also lange nach Beendigung seiner Schul= jahre stattfand. Der Schulort kann nicht weit von Hildesheim entfernt gewesen sein.

Karlstadts angeschlossen hatte, kräftige Fürsprache einzulegen. In noch sehr jugendlichem Alter, in seinem 16. Lebensjahre, bezog er die Universität Leipzig, wo er im Wintersemester 1509/10 unter dem Rectorat des Paulus Swoffheim immatriculirt wurde: Johannes schneyder de Eyssleuben, in dieser Form tritt uns dort zum ersten Male sein Name entgegen. Ueber diese Studienzeit fehlt es uns völlig an Nachrichten, wir erfahren nur, daß er dort den ersten Grad akademischer Würden, den eines baccalaureus artium, sich erwarb. Wir wissen sonst nicht, welchen Lehrern er sich hier besonders angeschlossen, oder welche Richtung in seinen Studien er verfolgt hätte; nur davon hören wir gelegentlich, daß er von Anfang an ein besonderes Interesse für naturgeschichtliche Studien gezeigt habe (Corp. Ref. IV. 749). Theologische Studien scheint er damals noch gar nicht getrieben zu haben, wie denn auch der Gedanke an den Eintritt in geistlichen Stand und Beruf ihm noch völlig fern lag. Erst durch die von Luther ausgehenden Impulse ist aus Agricola ein Theologe geworden. Ohne seinen Studiengang in Leipzig durch Promotion zur Magisterwürde zum Abschluß zu bringen verließ er die Universität. Vermutlich trieb ihn die Sorge für seinen Lebensunterhalt dazu, die erworbenen Kenntnisse alsbald nutzbar zu machen und daher in den Schuldienst einzutreten. Denn 1514 treffen wir ihn wieder in Braunschweig an, wahrscheinlich als Lehrer an derselben Anstalt, der er als Schüler angehört hatte. Wir haben zwar kein directes Zeugnis über diese seine Thätigkeit; aber wir ersehen einmal aus mehreren Andeutungen in seinen Schriften, daß er jetzt längere Zeit dort bei einem Bürger Namens Durigke gewohnt hat, daß er ferner mit den Franziskanern, die zum Martineum in nahen Beziehungen gestanden zu haben scheinen, Verkehr hatte, finden ihn endlich bei seiner Immatriculation in Wittenberg an der Spitze von 4 Braunschweigern ins Album der Universität eingetragen; unter letzteren treffen wir einen Friedrich und Heinrich Durigke an, also vermutlich Söhne des Hauswirtes, bei welchem er Wohnung hatte. Das Alles läßt annehmen, daß er hier im Schuldienst Beschäftigung fand, bis ihn der immer mächtiger sich ausbreitende Ruf der neuen Hochschule an der Elbe bewog, zugleich mit etlichen seiner Braunschweiger Schüler noch einmal zu akademischen Studien zurückzukehren. Der Aufenthalt in Braunschweig wurde für sein inneres Leben bedeutsam durch die Bekanntschaft, die er mit einem Franziskaner, dem Lector des dortigen Klosters, anknüpfte. „Der sah die Lehre vom Himmelreich von ferne," hören wir ihn später von diesem Manne rühmen, „der hat mir recht geraten, Gott gebe ihm den Himmel dafür und sei ihm gnädig, er sei noch bei Leben oder tot." Zwar urteilt Agricola selbst über sich, daß er auch damals noch trotz dieser Bekanntschaft in Finsternis geblieben sei; das befreiende und erleuchtende Wort sollte er erst aus Luthers Munde vernehmen. Aber dieser Barfüßermönch mag Anlaß geworden sein, daß er sich grade zum Besuch der Wittenberger Universität entschlossen hat. Er scheint damals bei den Franziskanern viel verkehrt zu haben, war vielleicht nahe daran gewesen, in ihren Orden einzutreten. Er sei, so erzählt er später, selbst persönlich einmal bei einem ihrer Kapitel, da ihre Ministri und Custodes bei einander waren, zugegen gewesen. Da hätte er sie rühmen hören, ihr Orden wäre dem Evangelio Christi gleich, auch hätte ihr Ordensstifter eben die Wunden empfangen, die Christus an Händen und Füßen und in der Seite gehabt hätte. Aber es sei von „gutherzigen" Leuten die Frage aufgeworfen worden, aus was für Historien sie das beweisen wollten. Sie hätten geantwortet: aus Bonaventura. Auf die weitere Frage, woher der es wisse, hätten sie gesagt: weiter wüßten sie es nicht; es wäre in der Kirche also lange gehalten und als Wahrheit geglaubt worden, daß man es nunmehr billig also bleiben lassen sollte. Aber man hätte weiter geforscht, woher doch die Wunden des heilg. Franziskus gekommen seien? Ob es dabei zugegangen wäre, wie mit dem Schneidermeister Michel,[1]) den die Prediger-

---

[1]) Er meint den berüchtigten Jetzerschen Handel in Bern 1509; vergl. Unschuld. Nachr. 1715 S. 574, 1719 S. 195. Der stigmatisirte Schneider wird übrigens Hans Jetzer genannt.

mönche zu Bern in der Schweiz hätten zu einem Franziskus machen und ihm auch solche Löcher bohren wollen oder durch andre Wege? Hie ward geantwortet, es wäre geschehen per fortem imaginationem und impressionem, nachdem Franziskus so fleißig und hart an das Leiden Christi gedacht und dem Herrn allerdings in seinem Leiden hätte wollen gleich sein. Kurz, sagt er, bei diesem Forschen seien sie endlich dahin gekommen, daß Franziskus weder seine Wunden noch das Evangelium behalten hätte.[1]) Wir können auch aus einem anderen Zeugniß abnehmen, daß damals in Braunschweig Persönlichkeiten vorhanden waren, die mit Wittenberg Verbindung hatten und junge Leute nach dieser frisch aufblühenden Hochschule hinwiesen; denn im Sommersemester 1512 wurden unter 102 Studenten nicht weniger als 10 Braunschweiger daselbst immatriculirt. Wir haben uns in jenen Jahren ein eigentümlich angeregtes religiöses Interesse in dem heranwachsenden Geschlechte vorstellig zu machen; auch in Braunschweig gärte es in manchem Kopf und Herzen; man erinnere sich nur daran, daß auch Thomas Münzer grade in jenen Tagen auf kürzere Zeit am Martineum thätig gewesen ist, und daß Agricolas anfangs intime Freundschaft mit ihm vermutlich eben aus Braunschweig her datirt.[2]) Ein Brief, der in etwas späterer Zeit aus den Kreisen, in denen Agricola sich bewegt hatte, an Münzer gerichtet wurde, zeigt, was für einen Sturm zweifelnder und kritischer Fragen z. B. der Ablaßhandel in den jugendlichen, einer neuen Zeit entgegengehenden Herzen erregt hatte.

---

[1]) Historia des Leidens. Bl. 106 b.
[2]) In seinen Osterpredigten Bl. 88 erzählt Agricola, er habe 1514 in Braunschweig gesehen, wie in einem Kandelgießergesellen der „Satan Thomas Münzers" jenen samt seinem Wirt und Bruder geplagt, sie schändlich belogen und betrogen habe. Der „Satan Thomas Münzers" ist hier wol einfach das sich Verlassen auf Träume und eigne Phantasien, statt auf Gottes Wort; mit Münzers Person scheint diese Affaire gar nichts zu thun zu haben. — Der im Texte erwähnte Brief in der Zeitschr. des Harzvereins 1879 S. 641.

## II.

## Der Schüler und Freund Luthers.

Unter den 95 Inscribirten des Wintersem. 1515/16 finden wir Agricola und die vier Braunschweiger ziemlich am Ende aufgeführt (Nr. 79—83); es kann daher als gewiß gelten, daß sie erst zum Frühjahr 1516 in Wittenberg eingetroffen waren. Unter dem Rectorat des Grafen Bernhard von Eberstein wurde er immatriculirt, und zwar gehörte er auch hier der philosoph. Facultät an, in deren Matrikel wir ihn als Joannes Schneider de Yszlöben, baccal. Leypsens. eingetragen finden. Er mußte auf Beschaffung seines materiellen Unterhalts auch hier bedacht sein und fand freundliche Beihülfe sowohl durch die persönliche Wohlthätigkeit des angesehenen Wittenberger Juristen Lic. Christof Blank,[1] wie durch seine Aufnahme unter die Chorschüler, chorales,

---

[1] Da Kordes S. 52 diesen Mann als einen ganz Unbekannten behandelt hat, auch bei Burkhardt über ihn nicht, wie über so viele andre Personen, eine Zusammenstellung der Personalnotizen gegeben ist, so will ich das mir bekannte Material hier zusammentragen. Album p. 16 W. S. 1504: Christoferus blanc de vlma. de Wette II. 424. 431. 473. III. 444. IV. 7. V. 20. 336. 338. VI. 86. 474. Burkhardt S. 372. Tischr. IV. 485. Corp. Ref. III. 11. IV. 139. 167. XXIV. 939. Knaake, Scheurls Briefb. I. 47. 48. II. 77. Spal. ap. Menck. II. 647. Seckend. I. 275. Cyprian Urkunden II. 371. 376. Schlegel vita Spal. p. 89. Fortg. Samml. 1727 S. 10. Binds. Coll. I. 289. Walch XVIII. Einleitung S. 70. (de Wette I. 437.) Eber an Melanchth. in einem Briefe vom 31. März 1541 in Cod. Goth. 123 fol. 38. Er war in S.=S. 1531 Rector, starb am 19. März 1541. — Daß Agricola Chorschüler in Wittenb. gewesen, berichtet Alberus im Dial. v. Interim. vergl. Cyprian Urkunden II. 371 u. Kius, das Stipendiatenwesen in Wittenberg Ztschr. f. hist. Theol. 1865 S. 99.

beim Stift Allerheiligen. Gleichwie die Einkünfte der beiden Wittenberger Stifte Allerheiligen und Unser lieben Frauen zum guten Teile die Gehälter der Professoren schaffen mußten, so gewährte dies Institut der chorales eine Anzahl Stipendien für bedürftige Studirende. Blank aber scheint speciell mit der Aufnahme und Entlassung dieser Stipendiaten betraut gewesen zu sein.

Hier in Wittenberg sollte nun auch für Agricola die Wende seines inneren Lebens kommen. Nach kurzem Aufenthalte an dem neuen Orte finden wir ihn schon als begeisterten Schüler Luthers, durch den er dann in die reformatorische Bewegung hineingezogen, und durch dessen Schriftauslegung und Glaubenszeugnis in seinem Herzen ein ganz neues religiöses Leben geweckt wurde. Hören wir ihn selbst darüber reden.[1] „Ich weiß viel Gutes und Liebes von Luther; durch seine Lehre und Gottes Gnade bin ich neu geboren und gläubig geworden." „Ich habe Luther allweg als meinen Vater an Gottes Statt gehalten, durch welchen ich auch ein Christ und ein Gotteskind geworden bin." „Daran kann man erkennen, daß man in der Frömmigkeit Fortschritte macht, wenn einem die Bücher und Schriften Luthers herzlich gefallen." „Ach, wenn doch die, denen es ein Frevel zu sein scheint, Luthers Namen zu nennen, den Mann so genau und innerlich kennten, wie ich! Wie viel richtiger würden sie dann über ihn urteilen!" Mit welchem Eifer er sich an Luther anschloß, das zeigte sich schon im Jahre 1517. Denn als dieser in der Fastenzeit in fortlaufenden Predigten das Vaterunser auslegte, wurden diese von Agricola nachgeschrieben und teilweise mit eigenen Ausführungen untermischt, von ihm ohne Wissen seines Lehrers in Leipzig in Druck gegeben. Das war Agricolas erste literarische Arbeit. Er widmete sie mit Worten herzlichsten Dankes für alle ihm bewiesene Freundlichkeit und Unterstützung seinem Gönner Christof Blank (13. Jan. 1518) und gab in dieser Vorrede zugleich der Begeisterung für seinen

---

[1] 750 Sprichwörter Nr. 234. (auch 115. 233.) Förstem. N. Urk. S. 319. Comm. in Titum Bl. 35. 44 b.

„unvergleichlichen Lehrer" Martin Luther in warmen Worten Ausdruck. Auf dem Titel hatte er seinen Namen nicht genannt, nur ganz bescheiden den Herausgeber als „seiner Schüler Einen" bezeichnet, die Vorrede jedoch unterzeichnete er mit seinem Namen „Joannes sneider." In kurzer Aufeinanderfolge erschienen drei Leipziger Ausgaben dieser Vaterunser=Predigten. Er hatte freilich mit dieser Edition seinem Lehrer keinen besonderen Gefallen erwiesen; sie war diesem um so weniger angenehm, da seine Auslegung mit eigenen Zusätzen des Schülers vermischt worden war. Er sah sich daher veranlaßt, dieser eigenmächtigen Publication eine authentische nachfolgen zu lassen. Aus der Vorrede zu dieser klingt der Ver= druß über das Verfahren Agricolas zwischen den Zeilen hindurch; er hebt aber freilich auch hervor, daß diese Publication ein Werk „seiner guten Freunde" gewesen sei.[1]) — Der entscheidende Tag, welchen wir als den Gedenktag der Reformation festgehalten haben, der 31. October 1517, sollte für Agricola ein Tag ganz besonderer Bedeutung werden. Nicht nur daß auch auf ihn Tetzels Ablaß= treiben einen unauslöschlich widerwärtigen Eindruck hervorgebracht hatte, wie z. B. aus folgender Darstellung erhellt: „Der Papst zu Rom legte das Jubeljahr, das zuvor alle 50 Jahr war, auf 25, und dieweil es noch zu langsam kam, schickte er Botschaft aus mit Indulgentien, dem Ablaß und Bullen, auf daß ihm ja nichts mehr entginge, und absolvirte die Leute von den Gelübden dieser weiten Reisen, so doch, daß sie ihm gäben und in seinen Kasten legten so viel, als sie auf der Reise hätten verzehren müssen. Nun war es mit den Reisen, Wallfahrten und Indulgentien lauter Büberei, das sich befand A. 1517, da Tetzel ein Predigermönch im Stifte Halberstadt und Magdeburg die Gnade umführte, denn da ward es lautbar und fiel dahin. Und im selben Jahre ist Doct. M. Luther heraufgetreten und hat aus Gottes Wirkung den rechten Gottesdienst und Anbetung göttliches Namens wiederum aufgerichtet." Bei dem in Rom ausgeschriebenen Jubeljahr, so klagt er an einer

---

[1]) de Wette I. 193. 256. Jenens. Ausg. I. 69 b. Hering, Luthers Mystik S. 257 flg. Leipz. Ausg. IX. S. 327—346.

anderen Stelle, „blies das Hörnlein nicht Vergebung der Sünden von wegen des Heilandes Jesu Christi, der das Horn des Heils ist, sondern von wegen der sauren Fußtapfen, die man nach dem falschen Lande that. Es tönte auch nicht Vergebung der Sünden um Christi willen, sondern Vergebung der Sünden um Geldes willen, daß, wenn der Groschen im Kasten klänge, so sollte die Sünde vergeben sein." Er redet von den „zwei Komödianten", die zu großem Schaden des Sachsenlandes den römischen „Ablaß oder vielmehr Schwindel" angepriesen und verkauft hätten, bei welchen Worten neben Tetzel vermutlich auch dessen Gehülfe, der Prior des Leipziger Dominikanerklosters Bartholom. Rauh (oder Franke) gemeint ist.[1]) Aber wir bemerken bei Agricola nicht nur jenen allgemeinen Widerwillen gegen das Ablaßunwesen, sondern nehmen wahr, wie eben jener 31. October für ihn ein bedeutungsvoller Tag geworden ist. Zunächst war ihm vergönnt, Luther als Zeuge auf dem Gange nach der Schloßkirche zum Thesenanschlag zu begleiten. Denn eine Tagebuchnotiz ist uns erhalten geblieben, die da besagt, Luther habe in seiner Gegenwart als eines Zeugen „nach alter Schulweise" etliche Themata zur Disputation veröffentlicht, eine Notiz, die freilich die welterschütternde Bedeutung jenes

---

[1]) 750 Sprichw. N. 719. Monotessaron I. 194. Zeitschr. f. histor. Theol. 1872 S. 403. (Ueber den Brief Anonymi an Reusch, dem diese Stelle entnommen ist, bemerke ich: Adressat kann wol nur der Leipziger Mag. Johann Reusch aus Eschenbach sein, der zu den jüngeren Docenten gehörte, welche durch Luthers Auftreten bei der Leipz. Disputation gewonnen wurden. Dort war Agricola mit ihm bekannt geworden. Und daß wenigstens der Inhalt dieses umfänglichen Briefes auf Agricola als Urheber hinweist, kann nicht bezweifelt werden. Andererseits ist nicht abzusehen, wozu ein dem Reformationswerk so nahe stehender Mann wie Reusch dieser Belehrungen und geschichtl. Mitteilungen bedurft haben sollte, auch befindet sich das Schreiben in der von Brecher publicirten Handschrift nicht unter den Briefen, sondern unter den Aufsätzen. Daher scheint mir wahrscheinlich, daß der Brief gar nicht für den Adressaten bestimmt, sondern ein Schüleraufsatz war, der unter Agricolas Anleitung als Stilübung angefertigt wurde.) Ueber Barthol. Rauh vergl. Tenzel, histor. Bericht 1717 S. 107. Hofmann, Lebensbeschreibung Tezels S. 60. Gretschel, kirchl. Zustände Leipz. S. 142.

Thesenanschlags noch nicht entfernt ahnen läßt.¹) Aber daß die Thesen einen unauslöschlichen Eindruck auf ihn gemacht haben, das bezeugt er durch die zahlreichen Hinweise auf jenen „halben Bogen Papier" in seinen späteren Schriften und Predigten. „Da es Gott aller Barmherzigkeit und den Vater alles Trostes gut deuchte, daß er uns die Sonne seiner Wahrheit wiederum wollt leuchten lassen, schickte er einen Mann, der im 1517. Jahre den Tetzelschen Ablaß anfocht. Hie ward auf einen halben Bogen Papier diese Meinung gedruckt, Christus wäre der einige Mittler zwischen Gott und uns, und um dieses Christus willen vergebe uns Gott Pein und Schuld ... Dieser halbe Bogen, diese Predigt machte das Rößlein laufen, machte in vieler Frommen Leute Herzen des Evangeliums rechte Werke, nämlich Buße und Vergebung der Sünden; Buße, daß sie den Ablaß und seine verführliche Prediger samt der Heiligen Abgötterei verließen und ihren Aposteln und Cornuten Urlaub gaben und folgeten der Sonne, die aufs Neue als nach langer Finsternis und kaltem Winter ihre Strahlen und Wärme unsern Herzen und Gewissen durch Gottes Gnade und das Evangelium von Christo reichlich hat scheinen und widerfahren lassen. Vergebung der Sünden, daß wir solchen Schatz des heilwertigen und seligmachenden Evangelii mit Danksagung und tröstlicher Hoffnung annahmen u. s. w." „Tetzel kam mit seinen Briefen hervor," so lesen wir in einer Predigt Agricolas, „und Wimpina ließ zu Frankfurt viel Positiones ausgehen, die alle den Ablaß groß machten, daß auch Einer, wenn er gleich, ich weiß nicht was, wie ich's nicht sagen darf, gethan,²) dadurch Ablaß empfing. Aber es waren eitel Lügen. Dawider ward ein halber Bogen in Druck gegeben, der machte so ein groß Feuer! Da ging justitia cordis, das Wort Gottes, wie wir vor Gott in

---

¹) Zeitschr. f. histor. Theol. 1872 S. 326. Daß die daselbst mitgeteilten Aufzeichnungen von Agricola herrühren, ist auch mir wahrscheinlich; die zweite derselben (über den Tod Resens) stimmt so frappant mit den Aeußerungen Agricolas über denselben Todesfall in einem Briefe an Spalatin überein, daß die Identität des Verfassers einleuchten muß.

²) Vergl. Walch XVIII. 263. 276. 517. Köstlin, Luther I. 158.

Seele, Herz, Gewissen und Geist möchten frömmer werden und besser, und Trost empfangen." „Anno 17 ging ein halber Bogen aus, darauf war geschrieben, daß Buße nicht allein sei eine Veränderung des Herzens, die eine Stunde oder einen Tag währet, sondern währet das ganze Leben durch und kommt nicht aus menschlichen Kräften oder Werken, sondern aus Gottes Wort und Geist, der es uns verkündigen lassen zur Buße und Vergebung der Sünden. Dieses traf mich und einen Andern, daß wir alle Heiligen, Cornuten und Apostel fahren ließen und hielten uns allein an den Namen Jesu Christi, der um unsertwillen gestorben und uns die Seligkeit erworben." Und ganz ähnliche Worte finden wir in noch einer andern Predigt Agricolas. „Anno 17, so lesen wir dort, ging ein halber Bogen aus, da stand auf, daß poenitentia nicht allein eine Stunde währet, sondern es wäre transmutatio, eine Veränderung des Herzens, und währete im ganzen Leben durchaus . . . Diese Schrift, der halbe Bogen, plagte, zwang und drang mich nicht, sondern er war mir so süß, daß ich konnte sehen, wodurch ich könnte selig werden, und war mir kein Zwingen, nur ein fröhliches Locken." [1]) Agricola hat das nächstfolgende Jahr 1518 als das verzeichnet, in welchem er innerlich zur völligen Entscheidung betreffs seines Glaubens und damit auch betreffs seiner Parteistellung in dem nunmehr entbrannten kirchlichen Kampfe gekommen sei. „Gott hat im Jahre 18 das Licht seiner wahren Erkenntnis ganz hell und klar leuchten lassen, dadurch ich auch dermaßen in meinem Anliegen gestärkt, daß ich von Herzen Gott gedankt habe für die ewigen und himmlischen Güter und Benedeiung. Da bin ich nun aus wundergroßer Gottesgnade ein Erstling des Geistes geworden." [2])

Im Anfang dieses Jahres, 11. Februar 1518, sehen wir ihn zur Magisterwürde promoviren; vielleicht war er einer von

---

[1]) Förstemann N. Urkund. S. 301. 302. Predigt Assumptionis Mariae, Sonntag n. Weihn. und 20. p. Trin. 1564 in der Hallenser Sammlung: Homiliae Islebii.

[2]) Historia des Leidens. Vorrede Bl. Aij.

denen gewesen, von welchen Luther im Sommer vorher einmal erwähnte, daß er damit beschäftigt sei, sie auf ihr Magisterexamen vorzubereiten (de Wette I. 59). Wenige Monate später kam Melanchthon nach Wittenberg, mit dem ihn bald eine innige Freundschaft verbinden sollte. Es ist bekannt, wie sich der jugendliche Lehrmeister der griechischen Sprache im Sturm die Herzen der Wittenberger zu erobern wußte, wie über Lehrer und Studenten, Alte und Junge in gleicher Weise eine wahre Begeisterung kam, zu seinen Füßen das Griechische zu erlernen. „Sein Hörsaal ist von Zuhörern vollgepfropft; sonderlich zieht er die Theologen alle, vom vornehmsten bis zum geringsten, zum Studium des Griechischen." „Wir lernen alle griechisch, um die Bibel verstehen zu können:" so schrieb Luther voller Freude und Anerkennung nach wenigen Tagen der Lehrthätigkeit Melanchthons. Ohne Zweifel hat auch Agricola, obgleich er ihm an akademischen Würden gleich und an Jahren überlegen war, sich nicht lange bedacht, von ihm zu lernen; Melanchthon wird auch ihm Lust gemacht haben zu griechischen Sprachstudien und zur Beschäftigung mit den griechischen Klassikern, von denen seine späteren Schriften auf mancherlei Weise Zeugnis geben. In dieser Weise war auch er Melanchthons Schüler geworden, und es war etwas Wahres daran, als C. Aquila ihm im Jahre 1548 mit Beziehung auf diesen zurief: „Laß uns unsere Praeceptores nicht schänden."

Bald finden wir nun auch die beiden jungen Magister Melanchthon und „Eisleben" in vertrautem Verkehr und Gehülfendienst bei Luther. Sie helfen ihm in den Rüstungen auf die Leipziger Disputation in vertraulicher Besprechung oder auch durch Handlangerdienst, den sie ihm mit der Feder erweisen (Corp. Ref. I. 82). Als Luther im Juni 1519 mit Karlstadt nach Leipzig zur Disputation zog, finden wir beide Freunde an Luthers Seite als seinen persönlichen Generalstab. Melanchthon sollte vorzüglich mit seinen Sprachkenntnissen den Disputanten hülfreich zur Seite stehen, Agricola aber Luther denselben Dienst leisten, für welchen Eck sich der Hülfe des Leipziger Magisters Joh.

Graumann (Poliander) bediente, nämlich als sein Secretär die nötigen Aufzeichnungen während der Disputation zu machen. Außer den 4 officiellen Notaren, welche die Universität bestellt hatte, waren ja noch mehr als 30 Personen mit Nachschreiben dabei beschäftigt.[1]

Ueber den Eindruck, den Agricola von den Leipziger Verhandlungen mit nach Hause nahm, giebt uns der 1525 verfaßte Brief an Joh. Reusch interessanten Aufschluß. Nicht nur wird hier mit einer Bestimmtheit, wie wir sie sonst in den Berichten der Wittenberger nicht antreffen, anerkannt, daß Karlstadt im Kampf mit Eck den Kürzeren gezogen habe, sondern es wird auch hervorgehoben, wie wenig Karlstadt den Miteintritt Luthers in die Disputation gewünscht habe, um den erhofften Kampfesruhm nicht mit dem Collegen teilen zu müssen.[2] Ferner erzählt er, Karlstadt habe einen tiefen Groll auch gegen Luther von Leipzig mit heimgebracht und habe fortan nach einer Gelegenheit gesucht, um sich nach der in Leipzig erhaltenen Niederlage Luther gegenüber wieder in Vorteil zu setzen und die geistige Führerschaft des Reformationswerkes in seine Hand zu bekommen.

Am 16. Juli war die Disputation geschlossen; die Wittenberger zogen heim. Ein wichtiger Schritt stand jetzt beiden Magistern bevor, den sie gemeinsam thun wollten, der auch sicher bei beiden auf denselben geistigen Urheber zurückzuführen ist: nämlich ihre Promotion als baccalaurei in bibliis und damit ihr Eintritt in theologische Studien und in die theologische Facultät. Bei Melanchthon läßt sich der Einfluß Luthers, der den Humanisten zum Theologen machte, noch deutlich erkennen; aber auch bei Agricola kann wol nur an Luthers Einwirkung gedacht werden. Wer in seinen näheren Verkehr gezogen wurde, wen er als

---

[1] Strobel, Neue Beiträge 1791. II. S. 253. Seidemann, Leipz. Disput. S. 60. Hofmann, ausführl. Ref. Hist. S. 84.

[2] Zu den Worten des Briefes „Luthero a Carolostadio palam primus congressus negabatur" Zeitschr. f. hist. Th. 1872 S. 403 vergl. Lauterbachs Tageb. S. 190: „Noluit mihi Lipsiae primas partes disputationis concedere."

Gehülfen und Vertrauten an seinen Studien und Kämpfen teilnehmen ließ, der mußte wol zum Theologen werden, wenn auch von Hause aus seine Neigungen anderem Berufe und anderen Studien zugewandt waren. Am 2. Sept. 1519 hielt Agricola seine öffentliche Disputation, acht Tage darauf disputirte Melanchthon und am 19. wurden dann beide gemeinsam zum theologischen Baccalaureat promovirt. Während die Thesen, über welche Melanchthon bei dieser Gelegenheit disputirte, noch erhalten geblieben sind, sind die des Ersteren in Vergessenheit geraten; schon damals verdunkelte die überlegene Begabung und der seltene Ruhm des Jüngeren die an sich ganz respectabeln Talente des älteren Collegen, wie schon die Art, wie ihrer Promotion im liber Decanorum gedacht wird, nicht undeutlich erkennen läßt.[1]) Damals freilich trug Agricola diese Ueberflügelung durch Melanchthon noch neidlos; das Verhältnis beider zu einander gestaltete sich zu einer herzlichen und ganz intimen Freundschaft. Gemeinsame Liebe und jugendfrische Begeisterung für Luthers Person und seine große und heilige Sache führten sie näher und näher zusammen. Luther hat später einmal gelegentlich ausgesprochen, nächst seinem Philippus sei Niemand seinem Herzen so teuer gewesen als Agricola; und Melanchthon bekannte im Jahre 1526, drei wahre Freunde habe er bisher auf seinem Lebenswege gefunden, einst in Heidelberg Theobald Billicanus, dann Agricola, endlich seinen Camerarius.[2])

---

[1]) Lib. Decanorum p. 23. 82. Schneider, Luthers Promotion S. 29—31. Krafft, Briefe und Docum. S. 1—6. — Uebrigens haben beide Freunde es nie weiter gebracht als bis zur Würde eines baccal. in bibl., Doctoren der Theologie sind sie nicht geworden. Nur die falsche Ausdeutung des vor Agricolas Namen häufig befindlichen D. als Doctor (anstatt Dominus) hat betreffs seiner zu der gegenteiligen Annahme Anlaß gegeben. Wenn im Allgem. litt. Anzeiger 1796 S. 288 eine plattdeutsche Sprichwörter-Ausgabe citirt wird, auf deren Titel „durch Dr. Johann Agricolam" stehe, so ist das eben nur eine irrige Ausdeutung des Citators. Auch die Titulatur „Doctor und Superintendent zu Berlin" bei Kordes S. 369 kann nur auf einem Irrtum beruhen.

[2]) Excerpta haec omnia in Mensa ex ore D. Ma. Lutherj. Anno Dni 1.5.4.0 (Handschr. d. Germ. Mus. Nr. 20996) Bl. 12b: „Agricolam, quem post philippum unice amavi." — Corp. Ref. I. 818.

Agricola selbst hat später in der Weise, wie er in seinen Sprich=
wörtern seines „lieben und guten Freundes" gedacht hat, sowie durch
die Uebersetzung verschiedener exegetischer Arbeiten Melanchthons
ein öffentliches Zeugnis abgelegt der innigen Beziehungen, die
zwischen ihnen bestanden. Wenn man in späteren Jahren es
Agricola vorgehalten hat,[1]) alles was er gelernt habe, das habe
er von Melanchthon „in der Zeche" gelernt, so gibt auch solch'
gehässiges Wort noch Zeugnis von dem vertraulichen Verkehr, der
zwischen beiden bestanden hatte. Und wenn Agricola später, als
ihre Freundschaft zerstört war, für den ehemaligen Freund den
Spitznamen „baccalaureus kembergensis" aufgebracht hat, so
erinnert auch diese Bezeichnung, deren verletzende Spitze uns freilich
nicht mehr verständlich ist, an die Tage alten vertraulichen Ver=
kehrs und gemeinsamer Ausflüge der beiden Baccalaureen nach
dem benachbarten Kemberg.[2]) — Agricola gehörte jetzt zu den
ordentlichen und ständigen Mitgliedern in dem Freundeskreise,
der sich um Luther gebildet hatte; er war Luthers „guter Geselle,
der mit ihm lachte und fröhlich war," der aber auch wieder als
Schreibgehülfe ihm zur Hand ging und an seinen Arbeiten und
Kämpfen den innigsten Anteil nahm.[3]) Als Eck im October 1520
mit der in Rom gegen Luther ausgewirkten Bannbulle nach Leipzig
gekommen war und sie an den Rector der Wittenberger Univer=
sität übersandt hatte, mußte sich Luther rüsten, diesem neuen Streich
seines gewandten Gegners zu begegnen. Er that es in dreifacher
Weise. Zunächst durch seine Schrift „wider die Bulle des End=
christs." Sodann beschloß er seine bereits im Nov. 1518 ver=
öffentlichte Appellation an ein allgemeines Concil in aller Form
zu erneuern und führte diesen Vorsatz am 17. Nov. aus, indem
er förmlich vor Notaren appellirte und die Urkunde darüber sofort

---

[1]) Alberus im Dialogus v. Interim. Bl. J.

[2]) Corp. Ref. XXIV. 397. Manlius, Locorum comm. collectanea,
Basileae 1563. Tom. II. p. 14. Mathesius, Historien von Luther, Nürnberg
1592 Bl. 121. — Kordes S. 389 flg.

[3]) Corp. Ref. I. 165. de Wette I. 469. Tischreden III. 360.

deutsch und lateinisch in Druck ausgehen ließ. Diese Appellations=
urkunde nahm unser Agricola als „publicus sacra apostolica
autoritate Notarius" auf, verlas sie feierlich vor den mitanwesenden
Zeugen und untersiegelte sie.¹) Er wird ohne Zweifel auch an
dem dritten Protest Luthers gegen die Bannbulle, der feierlichen
Verbrennung derselben am 10. Decbr. vor dem Elsterthore, leb=
haften Anteil genommen haben. Wir wissen wenigstens, daß ein
in jenen Tagen bei ihm logirender Kaplan, ein Freund Münzers,
Zeuge dieses Actes der Loslösung von Roms Gesetz gewesen war.²)

Hatte Luther den sich immer mehr häufenden Angriffen der
Romanisten gegenüber schon mehrfach seine jüngeren Gehülfen
und Freunde in's Feuer geschickt, um in ernster Widerlegung oder
mit spöttischem Gedichte zu repliciren und die literarische Fehde
zu führen, so geschah es wol auch auf seine Anregung, daß sich
Agricola im nächsten Jahre mit einem Spottgedichte auf Luthers
Feinde und Widersacher an die Oeffentlichkeit wagte. Es geschah
das in dem Schriftchen: „Eine kurze Anrede zu allen Mißgünstigen
Doctor Luthers und der christlichen Freiheit."³) Fremden gegen=
über bewahrte er dabei eine gewisse Anonymität, indem er sich
nur mit seinen Anfangsbuchstaben unterzeichnete: „J. A. hat es
gemacht, da er fröhlich war." Es ist aber weder an seiner Autor=
schaft noch daran zu zweifeln, daß das Gedicht bereits im Jahre
1521 veröffentlicht wurde.⁴) Der poetische Wert dieses Versuches
in Pasquilldichtung ist freilich nur gering; an Schärfe der Satire
wird es von ähnlichen Erzeugnissen jener Jahre vielfach über=
troffen. Doch fand die Dichtung gute Aufnahme und weite Ver=
breitung. Wir kennen außer einem Druck von 1521 noch zwei
Abdrücke aus dem Jahre 1522, von einer vierten Ausgabe
abgesehen, die nur den Anfang der Flugschrift in Prosa enthält.

---

¹) de Wette I 522. 526. Corp. Ref. I. 418. Opp. var. arg. V. 130.
Köstlin I. 404.

²) Seidemann, Th. Münzer S. 121.

³) Abgedruckt in O. Schade, Satiren II. 190—195. 349 flg. Besprochen
in Baur, Deutschl. in den J. 1517—1525. S. 66—69.

⁴) Vergl. Zeitschr. des Harzvereins 1879 S. 644. 645.

Eine Ausgabe besorgte der Ulmer Humanist Wolfgang Rychardus.[1]) Ein großer Holzschnitt auf dem Titelblatt, welcher 6 Hauptfeinde Luthers in Tiergestalt darstellt, half wol dazu, dem Schriftchen Popularität zu verschaffen. Seiner eigenen Dichtung stellte Agricola die Uebersetzung eines Abschnittes aus der witzigen lateinischen Spottschrift Murnarus Leviathan voran, die wol in den ersten Monaten des Jahres 1521 an die Oeffentlichkeit gekommen war. Da diese, von Raphael Musäus (Pseudonym für Matthias Gnidius) verfaßte Schrift speciell nur auf Straßburger Feinde Luthers, besonders auf Th. Murner und den Juristen Weddel[2]) Bezug nimmt, so flocht Agricola schon seiner Uebersetzung allerlei Anzüglichkeiten auf Persönlichkeiten ein, die in Sachsen bekannter waren: Emser, den Freiberger Dominikaner Thamm,[3]) Aleander und Eck. Und wie schon der latein. Text sich darin gefiel, jene „Feinde der Freiheit" in Tiere zu verwandeln, so brachte er nun eine vermehrte Gesellschaft von sechs Tieren zusammen, die auch auf dem Titelblatte im Bilde zu schauen waren. In dem Gedicht selbst ist Grundgedanke, daß Luthers Gegner mit Lügen gegen die Wahrheit kämpfen, dieser aber unerschütterlich fest geblieben und ihre Angriffe siegreich zurückgeschlagen habe. Er charakterisirt hier besonders Eck, dann einen „grauen Esel," unter welchem sicher der Franziskaner Alveld zu verstehen ist, der sich wegen seiner einfältigen und dummdreisten Schriften sehr bald bei den Wittenbergern das Epitheton „Esel" oder „Waldesel" verschafft hatte;[4]) endlich als dritten im Bunde einen „kühnen Degen," der den Namen „Ziegenbock" trägt, also

---

[1]) Schelhorn Amoen. lit. I. 298.

[2]) Ueber diesen Mann, den Jung, Beiträge II. S. 289 und Röhrich, Gesch. d. Ref. im Elsaß I. 223 irrig zu einem Franziskaner gemacht haben, während er ein verheirateter Advokat war, sind wir nur auf die Notizen angewiesen, die sich aus dem Murnarus Leviathan selbst über seine Person entnehmen lassen.

[3]) Ueber Thamm oder Dam vergl. Album p. 35. Seidemann, Leipz., Disp. S. 88. Jakob Schenk S. 116 flg.

[4]) z. B. de Wette, I. 451. 470. 471. 533. 542. Cyprian, Urkunden, II. 159.

natürlich Emser.¹) Von Eck sagt er, Luther habe ihn gebannt, daß er im Lande nicht habe bleiben dürfen, sondern auf seine Pfarre habe heimkehren müssen — wol in Anspielung auf Ecks fluchtähnliches Entweichen aus Leipzig, nachdem er dort die Bannbulle publicirt hatte, und seine Rückkehr nach Ingolstadt. Von Alveld erwähnt er ein uns nicht näher bekanntes Auftreten desselben in Annaberg, und daß ihm Luther bald sein loses Schreiben verboten habe — bekanntlich hatte dieser dem „groben Müllerstier zu Leipzig" eine derbe und mit überlegenem Humor gewürzte Abfertigung zu Teil werden lassen und von da an keine Notiz mehr von seinen Gegenschriften genommen.²) Bei Emser hebt er hervor, sein Sinnen gehe dahin, die frommen Fürsten gegen Luther aufzuhetzen, Feindschaft unter „gesippten Freunden" (den sächsischen Fürsten) anzurichten. „Legaten" seien bei ihm gewesen, die ihn dazu angestiftet hätten. Er bezieht sich damit auf die im Oct. 1520 in Wittenberg bekannt gewordene Schrift des Thomas Rhadinus „ad principes et populos Germaniae," für deren Verfasser man in Wittenberg (irriger Weise) Emser selbst hielt, während dieser erklärte, durch einen guten Freund aus Rom die Hetzschrift zugesendet erhalten zu haben.³)

---

¹) s. Walch, XVIII. 1557.

²) Walch, XVIII. 1196. Alvelds Ordensbrüder selbst bemühten sich, den ungeschickten Menschen zum Schweigen zu bewegen. Cyprian, Urkunden II. 161.

³) Durch dies sowie durch einige später zu erwähnende poetische Erzeugnisse hat sich Agricola den Beinamen eines „Poeten" bei katholischen wie evangelischen Zeitgenossen erworben. Cochläus nannte ihn in seinen Commentaria 1549 p. 199 „Poëticus Theologus." Johann Vogelgesangs „Ein heimlich Gespräch" 1539 bezeichnet ihn spöttisch als den „Poeten" unter den Wittenbergern Bl. A. 4b. Auch Mathesius a. a. O. Bl. 121 nennt ihn „dieser Dichter und Baur."

## III.

## Die Docentenjahre in Wittenberg.

Wie Agricola gleichzeitig mit dem Freunde Melanchthon zu theologischen Studien sich gewendet hatte, so traten Beide fast gleichzeitig in den Ehestand, und auch bei diesem Schritte finden wir Luther als Ratgeber und Förderer beteiligt. In einem Briefe vom 22. Juli 1520 erwähnt Luther, von Beiden ginge das Gerücht, daß sie freien wollten, von Melanchthon sei ihm jedoch die Sache nicht so glaublich wie von dem Anderen. Aber Fama hatte diesmal von Beiden recht berichtet. Schon wenige Tage später, am 1. August, meldete Melanchthon: unser Eisleben hat ein Weib genommen (uxorem duxit, d. h. sich verlobt), und 14 Tage darauf teilte er die eigne Verlobung mit. Die Hochzeitsfeier und Heim= holung der Braut folgte in kurzer Zeit nach, am 10. Sept. bei Agricola, am 25. Nov. bei Melanchthon. Luther verwendete sich für Agricola durch Spalatins Vermittlung beim Kurfürsten um ein Geschenk zum Hochzeitsschmause; ein Hirsch wurde als Gabe gespendet.[1]) In der Zwischenzeit zwischen Verlobung und Hoch= zeit muß in beiden Fällen allerlei Verdrießlichkeit durch das Geklätsch böser Zungen und durch die Einmengung von Freunden und Verwandten entstanden sein; wenigstens zog Luther aus diesen Beispielen die gute Lehre, man möge die Zwischenzeit zwischen Verlobung und Hochzeit nach Möglichkeit abkürzen. „Ich rate, sagte er in seinen Tischreden, daß man nach vollzogener Verlobung möglichst schnell zur Hochzeit eile, denn aufschieben ist gefährlich.

---

[1]) De Wette, I. 471, 482, 486. Corp. Ref., I. 209. vergl. Stud. und Krit. 1878 S. 68.

Denn Satan hinderts, Verleumder und beiderseitige Freunde mischen sich drein. So ging mir's mit der Ehe des Philippus und des Eisleben, so daß ich nicht mehr Andre verloben mag; es muß flugs zusammen!"[1]) Damit stimmt, daß Agricola in einem Briefe aus den Tagen seines jungen Ehestandes (2. Nov. 1520) an Thomas Münzer klagte, aus Anlaß seiner Eheschließung seien ihm die, die er für seine besten Freunde gehalten, entfremdet worden, und habe er jetzt lernen können, was es um die Menschen und ihre Treue eigentlich sei. Uebrigens meldet er auch in demselben Briefe, in seiner jungen Ehe lasse sich Alles aufs Glücklichste an.[2])

Seine Braut, Elisabeth oder Else mit Vornamen, wohnte in Wittenberg, wie es scheint im Hause ihrer daselbst an den Stadtschreiber Mag. Andreas Meinhard (Stadtschreiber von 1511—1524) verheirateten Schwester Hanna. Letztere heiratete nach dem Tode ihres ersten Mannes den Wittenberger Salbenhändler (Myropola) Ignatius († 1544), starb aber nicht lange darauf im October 1527. Als Elisabeths Geburtsort bezeichnen die nach ihrem Tode verfertigten Epitaphien[3]) das eine Wittenberg, das andere Leipzig. Sie wird als eine eifrige Besucherin der Predigten Luthers gerühmt. Ihr Familienname war vermutlich Moßhauer; wir schließen dieses daraus, daß der Eislebener Bürger Bartholomäus Drachstedt, der uns als „Schwager" Agricolas bezeichnet wird, laut der von Dreyhaupt mitgeteilten Stammtafeln der Drachstedts mit einer „Moßhauerin" vermählt gewesen war. Noch zwei andere Schwäger Agricolas finden wir genannt, die beide vermutlich jüngere Schwestern seiner Frau in späteren Jahren heimführten: Andreas Musculus, der um's Jahr 1540 in Wittenberg, wo er sich als ein eifriger Schüler und Anhänger Agricolas

---

[1]) Excerpta Fol. 63 b. Hirzels Tischreden-Manuscr. Bl. 47. (Bei Ericaeus Bl. 183 b. abweichend: . . Hoc mihi contigit cum conjugio P. et L. Quare non volo differri nuptias). Tischr. IV. 41 Binds. Coll. II. 337.

[2]) Seidemann, Th. Münzer S. 117.

[3]) In Cod. Erlang. 1665, Fol. 198. 202.

erwies, Hochzeit hielt, und den 1547 verstorbenen „Famulus, M. Eislebens, Bonifacius, der seines Weibes Schwester hat." [1]) Luthers Zuneigung zu Agricola übertrug sich alsbald auch auf dessen Frau und hernach auf seine Kinder. Die Wittenberger Theologen konnten es später als notorisch bezeichnen, daß Luther „ihn sein Weib und Kind allezeit lieb gehabt und gefördert." [2])

Wir begegnen in Agricolas Schriften mancherlei Aussprüchen über den Ehestand, in denen sich in gewissem Maße das Bild seiner eigenen Ehe widerspiegeln wird. In frühester Zeit finden wir auch bei ihm jene derb natürliche Rechtfertigung der Ehe, wie sie für den Anfang der reformatorischen Bewegung in ihrem Kampf sowol gegen den Priestercölibat wie gegen den sacramentalen Charakter der Ehe so charakteristisch ist. Ohne irgend eine Andeutung einer tieferen ethischen Auffassung des ehelichen Lebens schreibt er, sowie es andere natürliche Verrichtungen gebe, die dem Menschen zwar lästig seien, aber doch nicht ohne Schaden unterdrückt werden können, so fordere auch der Geschlechtstrieb seine Befriedigung,[3]) wer also nicht in Unzucht geraten wolle, der müsse Pauli Rat befolgen und heiraten. Etwas später lehrt er: „Es erzwinget der Schöpfung Art, die Gott also zur Not erfordert hat, daß ein Männlein soll an ein Weiblein gebunden werden und wiederum ein Weiblein an ein Männlein, und man

---

[1]) P. G. Kettner, Historische Nachricht von dem Rathscollegio der Chur-Stadt Wittenberg. Wolfenbüttel 1734 S. 146. Zeitschr. f. histor. Theol. 1872 S. 350. 351. 1873 S. 156. de Wette, III 241. Spieker, Andr. Musculus S. 307. 319. Flacius, Ein Prophetische Buspredigt ... Bl. A iij b. Dreyhaupt, Genealog. Tabellen, Halle 1750 S. 30—38 Nr. 17.

[2]) Förstemann, N. Urkundenb. S. 327.

[3]) „Um des Bestandes und der Erhaltung der menschlichen Gesellschaft willen hat Gott Mann und Weib geschaffen, als er gesprochen hat: Seid fruchtbar und mehret euch. Diesem angeborenen Gesetz (natali Fato) sind daher alle Menschen verpflichtet, außer wer durch besondere Gnadengabe, durch Naturfehler oder durch Verstümmelung davon eximirt ist." Annot. in Evang. Luc. Cap. 16. — Doch lehrt er auch an demselben Orte, daß die Ehe ihrer Idee nach eine so hohe geistliche Sache sei, daß sie in Wahrheit nur zwischen „Gläubigen" existiren könne. „Matrimonium tantum est credentium. Matrimonium est tantum Christianorum."

kann es nicht wehren." Er schildert ferner die Unbequemlichkeiten, die dem Manne durch den Ehestand erwüchsen: „Der Mann dienet Weib und Kind, denen er muß Essen, Trinken, Schuhe und Kleider verschaffen, und ist ein Hausvater ein geborener Spitel= meister, und der Ehestand ein Spital und Diensthaus. Es ist ein arm gebrechlich Tier um ein Weib und kann seines Sinnes nicht gewaltig sein. Es wird leichtlich zornig, es schilt und murrt aus lauter Schwachheit . . . Es ist den Weibern angeboren, daß sie gerne regieren und herrschen wollen." Aber niemand solle sie darum verachten, denn sie seien Gottes Werkstatt, Gottes „Werk= lade". Wieder später hören wir ihn auseinandersetzen: „Der Mann soll wissen, daß sein Weib ein Weinstock sei und nicht ein Ochse oder Esel. Daher soll er sie mit aller Güte und Sänfte regieren und aufs Beste halten. Denn einen Weinstock bindet man an mit kleinen Binsen, mit Stroh oder dünnen Rütlein, man nimmt keine Wagenkette oder Kuhseil dazu, man bindet's nicht an mit eisernen Ketten, Fesseln oder dicken Ruten, sondern mit dünnen Fäden, und unterweilen mit Flachs oder Seide. Und dies ist die Kunst, die ein Hauswirt und Ehemann wissen muß, wenn er ein Weib regieren und anhalten will zur Gottseligkeit und zu allen Ehren, denn St. Peter sagt: „Ihr Männer, wohnet bei euern Weibern secundum scientiam," nach Meisters Kunst, und wer diese Kunst nicht kann und auch nicht lernet, der schäme sich, Mann zu sein . . . . St. Paul sagt: „Ihr Männer, liebet eure Weiber," welches Gebot ich verlachte, da ich ein junger Theologus war, und gedachte bei mir, es wäre vergebens geredet, denn wer wollte doch sein Weib nicht lieb haben? Aber wenn man's bei dem Lichte besieht, so ist's gewiß, daß dies Gebot hoch von Nöten ist. Denn wer ein Weib nimmt wegen der Schöne, der Jugend, Lust oder Geldes, derselbige wird sein Weib über einen Monat nicht lieb haben . . . Es ist ein Weinstock, nicht ein Eichenholz, Klotz oder Mastbaum, und wenn man einen Weinstock mit harten Stricken will anbinden, so bricht er, und die Weinreben verwelken. Es soll aber auch das Weib wissen, daß sie ein Weinstock sei, nicht des Mannes Herr, Meister oder Doctor." „Ein gläubiges Weib wird selig, wo sie in den Werken ihres Berufes Gott dienet, wie denn alle Werke sind, die ihr zustehen, Kinder tragen, säugen, nähren, aufziehen, des Hauses warten, fleißig aufsehen, dem Manne gehorsam sein und was mehr häusliche Aemter sind." [1]

Als Ehemann bedurfte Agricola nun aber auch einer gesicherten Existenz. Diese wurde ihm durch eine zwiefache Berufsthätigkeit. Einmal war er Docent an der Universität, an welcher er seit seiner Beförderung zum baccalaureus in bibliis neben philosophischen Disciplinen nun vorwiegend exegetische Collegia las. Wir sind über diese seine Thätigkeit noch ziemlich genau orientirt, da in der Zwickauer Ratsschulbibliothek die Collegienhefte sich befinden, die ein Zuhörer, vermutlich Stephan Roth, in den zwanziger Jahren in den Vorlesungen der verschiedensten Wittenberger Docenten nachgeschrieben hat. Wir finden hier Nachschriften folgender Collegia Agricolas: über Melanchthons Dialektik (welche zuerst 1520 erschienen war);[2] ferner über Römerbrief, Apostelgeschichte, 1 Korintherbrief, Lucas, Johannes, Marcus, Galater, 5 Mose Kap. 20, von denen freilich die meisten nur in Bruchstücken erhalten sind, teils nur einzelne Kapitel, teils nur die Einleitung umfassend; auch sehen wir aus diesen Nachschriften, daß es in dem Wittenberger Freundeskreise üblich war, daß im Falle der Verhinderung des Einen der Andere in seine Vorlesung eintrat und stellvertretend da fortfuhr, wo Jener stehen geblieben war. So trat Agricola in eine Amsdorffsche Vorlesung

---

[1] Auslegung des XIX. Psalm. 1525 Bl. E. iiij. Christliche Kinderzucht 1527 (Georg Rhau), Bl. XL. b. und XLII. b. Auslegung von Psalm 128 in Manuscr. germ. Fol. Nr. 50 der Berl. Bibl. Monotessaron I. 53. vergl. Hagen, Deutschl. lit. u. rel. Verh. II. 1 S. 411 flg. Strampff, Luthers Ansichten v. d. Ehe, S. 72. Opp. exeg. VI. 39. I. 145 und die ähnlichen Bekenntnisse Fr. Lamberts in Schelh. amoen. lit. I. 304 und des Jonas bei Pressel S. 129.

[2] Auch die im Oct. 1521 im Druck erschienenen, Agricola gewidmeten Institutiones rhetoricae Melanchthons dienten wol als Grundlage für eine Vorlesung Jenes.

über 1. Kor. bei Kap. 11 Vers 23 ein und beendigte ein andres
Mal Luthers Auslegung von 1. Kor. 12 (ähnlich finden wir, daß
Luther selbst in einer Vorlesung Bugenhagens über 2 Kor. im
1. Kap. eintrat, während in der nächsten Stunde dieser wieder
fortfuhr). Daß es Agricola nicht an Zuhörern und an Beifall
fehlte, können wir aus einem Briefe Franz Lamberts ersehen, in
welchem dieser den Aerger laut werden läßt, der ihm dadurch
bereitet worden sei, daß Agricola kurz vor ihm über das Lucas-
Evangelium Vorlesungen gehalten, so daß seine eigne Vorlesung
über dieses bibl. Buch nun nur geringes Interesse finde.¹) Gleichwol gewährte diese Privatdocenten-Thätigkeit nicht genügende
Einnahmen, um damit einen eignen Hausstand erhalten zu können.
Er fand eine anderweitige Beschäftigung, indem er seit dem Frühjahr 1521 mit dem Amt eines „Katecheten" an der Pfarrkirche
betraut wurde. Er erteilte der Jugend Religionsunterricht in der
Pfarrkirche²) und erhielt dafür aus der Wittenberger Kämmerei
eine Remuneration von anfangs 7, später 10½ Schock Groschen.
Neben diesem Jugendunterricht half er gelegentlich den Diakonen
bei ihren Amtsgeschäften, wurde auch zur Aushülfe mit Predigten
herangezogen.³) So war seine Thätigkeit an der Pfarrkirche
ziemlich erheblich, wenngleich er nie eine fundirte Anstellung an
derselben gehabt hat. Die Pfarrkirche war ja in jenen Jahren
mit geistlichen Kräften nur unzulänglich versorgt. Der Pfarrer
Simon Brück war „ein kranker Mann und durch seine Krankheit
also zugerichtet, daß er in der Kirche nichts nütze gewest, allein

---

¹) Cod. Goth. 187 Fol. 289 b. 21. Oct. 1523 an Spalatin.

²) Luther bezeichnet Agricola als vocatus in partem docendi verbum
super pueros (de Wette II. 4), Melanchthon nennt ihn urbis nostrae cate-
chetes (Zeitschr. f. histor. Th. 1872 S. 360), die Wittenberger Kämmerei-
rechnungen reden von seiner „Lection in der Pfarrkirche" (Förstemann, Neue
Mittheil. III. 112, 113).

³) Fröschels Bericht in Fortges. Samml. 1731 S. 697 Corp. Ref. I. 757.
Auch bei der Beschlußfassung in einem schwierigen Ehefall finden wir Agricola
1524 unter den „Ministris eccles. Viteb." Zeitschr. f. h. Th. 1872 S. 327.
— Agricola als Unterschriftszeuge bei einem von Luther ausgestellten Ehe-
schein. de Wette VI. 501.

daheim seiner Krankheit gewartet"; seine beiden Kapläne oder Diakonen, Johann Rhau und Tiburtius müssen auch nicht im Stande oder nicht geschickt genug gewesen sein, um zu den ihnen bereits obliegenden Functionen noch neue und außerordentliche zu übernehmen. Man mußte ja auch, als man im Frühjahr 1523 anfing, tägliche Früh= und Abendbetstunden in der Pfarrkirche einzurichten, fremde Kräfte zur Besorgung dieser Gottesdienste heran= ziehen.¹) — Zu beachten ist, daß trotz jener ziemlich umfänglichen Verwendung Agricolas im Kirchendienste, er weder damals noch auch später eine Ordination erhalten hat; er ist bis an sein Lebensende, obgleich er 45 Jahre lang geistliche Aemter verwaltet hat, ein „Laie" geblieben.²)

Sowol als Universitätslehrer wie als „Diener der Witten= berger Kirche" war er Zeuge jenes unruhigen Treibens, das während Luthers Aufenthalt auf der Wartburg in der Stadt sich erhob. Wir finden mehrfache Erinnerungen an jene Zeit in seinen Schriften. Er gedenkt daran, wie Luther „an der Sächsischen und Henne= bergischen Landgrenze gefangen genommen und hinweggeführt worden sei," und rühmt die Verschwiegenheit deutscher Edelleute, deren mehr als 10 Personen Luthers Versteck gekannt hätten; trotzdem sei noch bis auf den heutigen Tag (1528) dasselbe verschwiegen geblieben, also daß auch etliche Schwarzkünstler sich vergeblich bemüht hätten, durch Befragung des Teufels es zu ermitteln.³) In dem

---

¹) Fortg. Samml. 1731 S. 689 flg. Schelh. Amoen. IV. 406. Köstlin I. 613. De Wette VI. 514.

²) Er hat diesen Umstand selber mehrfach hervorgehoben; er habe, sagt er in der Vorr. zu seinen Evangelien= Summarien, die Hg. Schrift nie zu dem Zwecke studirt, um andre Leute darin zu unterweisen, wie er denn auch bis auf diese Stunde (1537) ein „ungeweihter, ungesalbter Laie" sei, wolle es auch gern bleiben (Förstem. N. Urkundenb. 298); ebenso später in der Vor= rede zur „Historie des Leidens" Bl. A ij b. Man hat ihm den Mangel der Ordination denn auch verschiedentlich von evangel. wie von kathol. Seite zum Vorwurf gemacht: so Alber im Dialog v. Interim Bl. J. Cochläus Comment. p. 199. Die Havelberger Domherren bei Riedel, cod. dipl. I. 2. 131.

³) 300 Sprichw. N. 195. vergl. dazu Cochläus, der noch 1549 als Luthers Pathmos das Schloß zu Alstedt vermutete, Comm. p. 43. 108: und Leutinger opp. I. 61.

Briefe an Reusch schilderte er das Treiben Karlstadts und der Zwickauer Propheten, das nun in Wittenberg begann, mit lebhaften Farben. Freilich stand er damals selber durchaus nicht so kritisch dem Vorgehen Karlstadts gegenüber, als es nach dieser späteren Schilderung scheinen möchte. Wir finden anfangs Agricola ebenso wie Melanchthon mit Karlstadt noch liirt in der Affaire des Predigers Jakob Seidler in Glashütte, für den sich diese drei Männer gemeinsam beim Bischof Joh. v. Schleinitz von Meißen energisch verwandten, als er wegen Heirat seiner Köchin am 19. Mai 1521 nach Stolpe gefänglich eingezogen worden war.[1]) Weder Melanchthon noch Agricola haben den stürmischen Neuerungen Karlstadts gegenüber eine besonnene und kräftige Gegenwirkung zu üben vermocht. Ja, Karlstadts Einfluß auf Agricola tritt wenigstens in einem Punkte deutlich zu Tage, in jener kleinlichen Antipathie gegen die akademischen Würden und Grade. Es muß nämlich auffallen, daß, als Agricola im Wintersemester 1523/24 Decan der philosoph. Facultät war, er in seinen Eintragungen der unter ihm erfolgten Magisterpromotionen die alten Ausdrücke, „in Magistros prometi sunt" u. dergl. sorgfältig vermied; er bediente sich dafür der eigentümlichen Redewendung: „sequentium professio pro veteri scholarum more publice hominibus commendata est."

Mit den Zwickauer Propheten, (deren er nur zwei mit Namen nennt, Marcus und Nicolaus Storck,) scheint Agricola Berührungen gehabt zu haben. Er klagte nicht nur später[2]) über

---

[1]) Seidler war im October 1520 nach Wittenb. gekommen und hatte sich dort mit Agricola schnell befreundet, daher dieser außer durch jenes Collectivschreiben an den Bischof auch durch einen an Seidler gerichteten Trostbrief seine Freundschaft bezeugte. Dieser gehört zu den evangelischen Männern, die durch ihre Sitten und das Tumultuirende ihres Auftretens der Reformation mehr schadeten als nützten. Später wurde er in Nürnberg angestellt und schloß am 3. August 1524 einen anderen Ehebund. Es scheint also, als wenn jene erste eheliche Verbindung durch den Bischof für ungültig erklärt worden sei, und er sich dieser Erklärung gefügt habe. Seidemann Erläuterungen S. 12. 32. 33. Sächs. Kirchen- und Schulbl. 1877, 279 flg. Corp. Ref. I. 442. Jäger, Karlstadt S. 176. Seidler starb 1557.

[2]) Osterpredigten Bl. 91 b. (Halle, Mar. Bibl.)

ihr „unschickerliches" Disputiren von der Taufe und dem Fasten, sondern er gedenkt auch mehrfacher Gespräche, die er mit Wiedertäufern über das Verhältnis von Glauben und Taufe zu einander gehabt habe, die vermutlich eben dieser Zeit angehören. Sie hätten gesagt, man solle Niemand taufen, er glaube denn zuvor, unter Berufung auf die Schrift, die erst den Glauben und dann die Taufe nenne (also wol Marc. 16, 16); er habe ihnen aber Joh. 3, 5 entgegengehalten, wo erst das Wasser und dann der Geist genannt sei, da also bald das Wasser voran, bald hinterher genannt sei, so sehe man daraus, daß beides, Glaube und Taufe, zusammengehören; in dem G e h o r s a m gegen den Befehl Christi wirke die Taufe die Wiedergeburt.[1]

Klarheit kam in die verwirrten Wittenberger Verhältnisse erst durch Luthers Rückkehr von der Wartburg. Seine gewaltigen Predigten gegen die Zwickauer Propheten haben auch auf Agricolas Gemüt einen unauslöschlichen Eindruck hervorgebracht. Er bezeugt: „Es ist nicht denkbar, daß Jemand mit größerer Beredsamkeit, größerem Ernste oder größerem Eifer diese Sache hätte behandeln können; immer sich selbst gleich, hat er hier sich selbst übertroffen!"[2]

Im Herbst desselben Jahres begleitete er zugleich mit Melanchthon und dem ehemaligen Antwerpener Augustiner=Prior Jakob Probst Luther auf seiner bedeutsamen Reise nach Erfurt. Die Streitigkeiten, die dort über den Heiligendienst und über den Zustand der Verstorbenen ausgebrochen waren, die gewaltsamen Neuerungen von evangelischer Seite, der hartnäckige Widerstand von Seiten der dem römischen Kirchenwesen treu Gebliebenen — das Alles hatte Luther schon seit längerer Zeit stark in Anspruch genommen. Seine zahlreichen Briefe an Joh. Lange aus jenen Tagen, wie sein wahrhaft apostolisches Sendschreiben an die Erfurter Gemeinde vom 10. Juli geben davon Zeugnis. Während er im Frühjahr noch abgelehnt hatte, persönlich trotz der Reichsacht

---

[1] Grüntl. anzeigung. 1552 Bl. E. Es ist jedoch auch möglich, daß Agricola Dispüte späterer Zeit mit Wiedertäufern hier im Sinne habe.

[2] Zeitschr. f. hist. Th. 1872 S. 405.

in Erfurt zu erscheinen, um nicht Gott zu versuchen, so entschloß
er sich im Herbste doch zur Reise. Ueber Weimar führte ihr Weg,
wohin Luther von dem Hofprediger Wolfgang Stein, den die Erfurter
an die St. Michaelskirche berufen hatten, Einladung erhalten hatte;
daselbst hielt Luther am 19. October zwei Predigten. Am nächsten
Tage langte die Reisegesellschaft, der sich nun auch Stein angeschlossen
hatte, in Erfurt an. Nach zwei anstrengenden, arbeitsreichen und
unbehaglichen Tagen kehrten sie nach Weimar zurück, woselbst Luther
vor dem Herzog und der Gemeinde noch an den nächsten vier Tagen
predigte. Für Agricola hatte diese Evangelisationsreise auch dadurch
Bedeutung, daß sich für ihn freundschaftliche Beziehungen zu den
bedeutenden Vertretern der neuen Richtung in Erfurt anknüpften,
so zu Eoban Hesse, Johann Lange und Euricius Cordus.[1])

Agricolas akademische und kirchliche Thätigkeit gab ihm nun
auch seit 1524 Anlaß zu selbständiger schriftstellerischer
Beteiligung an dem reformatorischen Neubau in Theologie und
Gemeinde. Aus seinen Vorlesungen erwuchs sein Commentar
über das Lukas-Evangelium, durch den er sich als Schriftausleger einführte und alsbald auch einen geachteten Namen
erwarb. Im J. 1523 hatte er über dieses Evangelium Vorlesungen gehalten. Spalatin hatte ihn darauf ermuntert, dieselben
in Druck zu geben; er hatte aber noch gezögert. Da starb
plötzlich im Sommer 1524 der Liebling der Wittenberger, der
auch mit Agricola nahe befreundete Humanist Wilhelm Nesen.[2])

---

[1]) de Wette, II. 175. 237. Schelh. Amoen. IV. 402. Köstlin, I.
552 flg. 560. Kampschulte, Erfurt, II. 146 flg. 167. Corp. Ref. I. 579.

[2]) Wir können die allgemeine Liebe, die Nesen sich erworben hatte, noch
aus den allseitigen beweglichen Klagen über sein plötzliches Scheiden — er
ertrank in der Elbe — erkennen: s. Corp. Ref. I. 663. 676. 693. X. 491.
Binds. Epp. Mel. pg. 18. Zeitschr. f. hist. Th. 1872, 326. 327. 1874, 556.
557. de Wette II. 529—531; auf katholischer Seite hatte man begreiflicher
Weise Lust, Gottes Gericht in dem jähen Tode zu erkennen, Fortg. Samml.
1732 S. 692, und man ersann das Märlein, Luther habe sich vergeblich
bemüht, an dem Verstorbenen ein Auferweckungswunder zu vollbringen.
Cochl. Comm. p. 76, 145. — Die Literatur über Nesen siehe verzeichnet bei
Burkhardt S. 72, Zeitschr. f. hist. Theol. 1874 S. 567, Steitz im Archiv für
Frankfurts Gesch. u. Kunst VI. (1877) S. 36—160.

Erschreckt gedachte er der Kürze und Hinfälligkeit menschlichen Lebens und daß es gelte, zu wirken, so lange es Tag sei, und nicht zu zaudern. Schnell entschloß er sich zur Fertigstellung seines Commentars; Lukas Edenberger, der ihm vielleicht damals als Famulus diente, besorgte die Reinschrift und vermittelte, daß ein Buchdrucker in seiner Heimat, Sympertus Ruff in Augsburg, den Druck übernahm. Edenberger besorgte auch eine deutsche Uebersetzung der längeren Einleitung zum Commentar, welche im Jahre darauf unter dem Titel: „Wie man die Heilig geschrifft lesen... soll" gleichfalls in Augsburg gedruckt wurde.[1])

Spalatin nahm die Widmung des Commentars an, trieb auch den noch zögernden Agricola durch einen ermunternden Brief vom 1. Februar 1525 [in Cod. Erlang. 1665 Fol. 2b] zur Publication dieser ersten größeren Arbeit an, indem er ihm zugleich nahe legte, in gleicher Weise Bearbeitungen der drei anderen Evangelisten in den Druck zu geben. Der Augsburger Druck fiel jedoch schlecht aus, Agricola klagte über viele Druckfehler und Incorrectheiten, die durch die Nachlässigkeit des Druckers entstanden

---

[1]) Der von dem Augsburger Urbanus Regius an Melanchthon und von diesem an Agricola als Famulus empfohlene junge Mann, von welchem wir Zeitschr. f. hist. Theol. 1872 S. 360. 361 lesen, war vermutlich Edenberger. Dieser stammte wol aus der Nähe Augsburgs, denn dort befindet sich ein Dörfchen Edenbergen; Spalatin nennt ihn „natione Suevus." Er ist wol auch identisch mit dem im Wittenberger Album p. 119 am 24. Aug. 1523 eingetragenen „Lucas odenbergius Augusten. dioc." [Demnach kann die von Ratzeberger S. 58, Köstlin I. 763. 809 erzählte Geschichte aus Luthers Leben frühestens 1523 vorgefallen sein.] Daß Edenberger in Augsburg bekannt war, erhellt auch aus Corp. Ref. VIII. 129. 130. Später wurde Edenberger Erzieher des Prinzen Johann Ernst, Spalatin Vitae aliq. Elect. Sax. bei Menken II. 1148. Binds. Coll. I. 344. Corp. Ref. I. 978. Ueber ein hebräisches Autographon Edenbergers v. J. 1546 s. Buchhändler-Börsenbl. 1879 S. 2759. [Zu der Angabe Veesenmeyer's, ein Brief Capitos an Edenb. stehe in Capitos Instit. hebr. Argentorati 1516 — vergl. de Wette VI. 710* — bemerke ich, daß derselbe sich in der Ausgabe Basil. 1518 nicht befindet, auch nicht in der bei Riederer, Nachr. IV. S. 1 flg. beschriebenen Institutiuncula.] Vergl. ferner Agricolas Brief an Spalatin v. 17. Mai 1525 in Hekelii Manipulus pg. 87. 88.

wären; aber seine Arbeit fand trotzdem gute Aufnahme. Noch in demselben Jahre erschien ein zweiter Druck in Nürnberg bei Petrejus; im Jahre darauf gab der bekannte Hagenauer Drucker Johann Secerius eine vom Verfasser selbst „verbesserte Auflage" heraus, und in demselben Jahre erschien ein Nachdruck bei Amandus Farcallius in Hagenau. Endlich druckte Secerius den Commentar nochmals im J. 1529. Die Verbreitung, die diese Schriftauslegung fand, wird uns auch dadurch bezeugt, daß man auf katholischer Seite das Buch im J. 1546 der Ehre würdigte, auf den Index librorum prohibitorum gesetzt zu werden.[1]

Daß Agricola fortan den Ruf eines tüchtigen Schrifterklärers genoß, sehen wir auch aus der Anerkennung, die ihm ein Mann wie Johann Brenz zollte, der ihm (am 3. Nov. 1528) schrieb, er schätze ihn schon lange wegen seiner trefflichen Schriften, an denen ihm besonders die Durchsichtigkeit und Leichtigkeit, mit der er die hlg. Schrift behandle, gefallen habe; er forderte ihn auf, in gleicher Weise noch ferner der Sache des Evangeliums zu dienen.[2]

In der That ist dieser Commentar ein interessantes Zeugnis für die unter Luthers Einfluß wiederbelebten exegetischen Studien. Allerdings ist der Ausleger noch in manchen Stücken durch die Tradition patristischer Exegese gebunden, auch noch nicht völlig frei von künstlichem Allegorisiren. Ersteres erkennen wir z. B. in der Fassung der Botschaft des Täufers aus dem Gefängnisse als einer Connivenz gegen die Schwachheit seiner Jünger. Für letzteres haben wir ein Beispiel in der Leidensgeschichte, wo ihm der Mann, der den Wasserkrug trägt, das durch die Last des Gesetzes gedrückte jüdische Volk bedeutet; es trägt nur die Bürde, bekommt aber das Wasser nicht zu trinken, wird auch nicht dadurch gereinigt; das Wasser ist das Gesetz, das irdene Gefäß die „Decke Mosis;" andrerseits ist jener Wasserträger auch wieder ein Bild Mosis, denn die Jünger sind an ihn nur so lange gewiesen, bis sie den Hauswirt selbst (d. i. Christum) gefunden haben.

---

[1] Fortges. Samml. 1744 S. 789.
[2] Zeitschr. f. hist. Th. 1872 S. 410.

Aber neben dieser Gebundenheit an exegetische Tradition und Spielerei früherer Zeit findet sich doch auch eine beachtenswerte Freiheit und Unabhängigkeit des Urteils, eine Unbefangenheit, wie sie der späteren lutherischen Exegese unter dem Uebergewicht dogmatischer Rücksichten im Allgemeinen wieder verloren gegangen ist. So urteilt er über die Anordnung des Stoffes bei Lucas ganz unbefangen (auch im Gegensatz gegen Luther, der grade die Chronologie des Lucas der Evangelienharmonie zu Grunde gelegt wissen wollte) und sagt, Lucas habe zwar versprochen, der Reihe nach zu berichten, aber dies Versprechen nur in den vier ersten Capiteln gehalten, von da an menge er die Geschichten weit mehr durcheinander als die andern Evangelisten, so daß man im einzelnen Falle, z. B. Capitel 16, darauf verzichten müsse, den Zusammenhang nachzuweisen. Er behauptet sehr entschieden, daß das Griechisch der Apostel unrein sei und stark hebraisire, „denn ob die Apostel schon haben griechisch geschrieben, so schlägt sie doch der Landsmann immer in den Nacken." Er nimmt an, Lucas habe nach Matthäus geschrieben und eben darum die von diesem berichteten Abschnitte der Kindheitsgeschichte in seinem Evangelium ausgelassen. In der Frage, an welchem Tage Christus sein letztes Passamahl gehalten habe, entscheidet sich Agricola dafür, daß derselbe es am Tage vor dem jüdischen Passa gehalten, also den jüdischen Brauch um einen Tag anticipirt habe. Die Taufe Johannis will er inhaltlich von der sacramentalen Taufe Christi geschieden wissen; denn Johannis habe nur Macht, den Sünder zu schrecken und durch seine Predigt die Sünde noch sündlicher zu machen, dazu die Macht, auf den hinzuweisen, der den Geist und mit ihm die Sündenvergebung geben könne; nur in so weit heiße seine Taufe eine Taufe zur Vergebung der Sünden, als er die durch seine Bußpredigt Erweckten zu dem Sündentilger Christo weise. Dieser allein gebe, worauf jener deute. In christologischen Fragen bemerken wir gleichfalls bei dem Exegeten große Unbefangenheit; er gibt sich dem Eindrucke des Textwortes hin, ohne ängstlich darum zu sorgen, ob auch der

Exeget der Terminologie der Dogmatik überall genüge. So in
der Anmerkung zu 2,40, wo er die Realität der menschlichen
Natur und deren natürlich=menschliche Entwicklung kräftig hervor=
hebt: „Jesu Jugend war nicht anders als die anderer Menschen;
dazu wird sie so genau beschrieben, daß wir gewiß seien, Christus
habe von der Jungfrau einen wahren Leib, wahres Fleisch an=
genommen. Dafür dient uns als Beispiel, daß seine Mutter
Maria, nachdem sie gehört hatte, was geschehen, Alles inwendig
in ihrem Herzen bewahrte, denn sie wunderte sich, weil sowohl
vernünftige Ueberlegung als der gegenwärtige Zustand des Kindes
es ihr verwehren wollten, so große Hoffnungen von ihm zu
hegen." Betreffs des in Gethsemane Christum stärkenden Engels
bemerkt er: „Das ist uns ein deutliches Zeichen, daß Christus in
diesem Kampfe erlegen war, denn was hätte es sonst eines Engels
bedurft, ihm Kräftigung zu bringen? Gott pflegt doch nicht so
leicht hin Hülfe zu senden, sondern nur denen, die, eigener Kraft
beraubt, von ihm sich Rat und Hülfe erbitten. Wer da will, kann
hier bei sich dieses äußerste Maß der Erniedrigung Christi erwägen,
in der es ihm gar ein Labsal ist, von einem Engel Trost zu
erhalten; in der er also geringer geworden ist als Engel und
Menschen." Ebenso nimmt er bei Christi Leiden am Kreuze ein
ganz reales Empfinden des zur Hölle verdammenden Gotteszornes,
und daher das Kosten einer Angst, die noch viel schrecklicher sei
als Todesangst, an, dadurch Christo die Klage ausgepreßt sei:
Mein Gott, mein Gott, warum hast du mich verlassen? Interessant
ist auch die Entschiedenheit, mit welcher er bei Luc. 16 für Wieder=
aufrichtung eines geordneten Ehescheidungsverfahrens eintritt, um
den unseligen und unerträglichen Zuständen ein Ende zu machen,
denen man aller Orten in völlig zerrütteten Ehen begegne. Der
Kaiser und die weltliche Obrigkeit müßten zur Ehefrage ganz
ähnlich stehen wie Mose; nur wo wahre Christen seien, da komme
auch Christi Regel von der Unlöslichkeit der Ehe zur Geltung,
wie denn überhaupt zu sagen sei, daß eine wirkliche Ehe nur
unter Christen bestehen könne. Auf die Aeußerungen des

Commentars über Gesetz und Evangelium, Glauben und Buße werden wir noch in einem späteren Zusammenhange hinweisen.

Außer dieser größeren fertigte er in Wittenberg noch zwei kleinere Schriften an. In Form eines vom 1. Oct. 1524 datirten Briefes an einen guten Freund publicirte er eine kleine Abhandlung „de capitibus ecclesiasticae doctrinae", in welcher er die Lehre vom Glauben und den Werken darstellte und daran eine Erörterung knüpfte, in welchem Maße das katholische Kirchenwesen zu reformiren sei und auf welche Weise dies geschehen müsse. Den Glauben schildert er als das Hangen an Christi Person und Werk, die Werke behandelt er als die mancherlei Erweisungen der Liebe gegen den Nächsten. In drei Stücken fordert er unbedingt Reform: der Mißbrauch des Meßcultus, die Mönchsgelübde und der Cölibat der Priester müssen unter allen Umständen beseitigt werden; wer nicht dem Evangelio wieder absagen will, der darf diese drei Stücke nicht ertragen. Aber die Neugestaltung darf auch nicht in tumultuirender, aufrührerischer Weise angegriffen werden, nur ein Schwert gilt hier, das des Geistes, nämlich das Wort Gottes. Man versuche, den Widersacher mit der Schrift zu überwinden; wolle er die nicht hören, dann möge man ihn fahren lassen. Wir erkennen hier deutlich einen Protest gegen das Treiben Münzers, vielleicht ist der gute Freund, an den das Schreiben gerichtet ist, in den durch jenen beunruhigten Gegenden zu suchen.[1]

Die andere, in deutscher Sprache abgefaßte Schrift erschien im Anfang des Jahres 1525[2] zu Wittenberg unter dem Titel: „Eyn kurtze verfassung des spruchs Matthei am 16. Wen sagen die leutte, das do sey des menschen son rc. Für die iugent vnd eynfeltigen." Wir haben in dieser Schrift offenbar

---

[1] Eine Inhaltswiedergabe des Büchleins findet sich in dem Programm v. Starcks über Agricola S. 4. 5. Uebrigens kehrt ein Teil des Briefes wörtlich wieder in Agricolas Auslegung von Lucas C. 17.

[2] Spalatin erwähnt das Büchlein bereits in dem Briefe vom 1. Februar 1525; er bittet ihn noch mehr Evangelienauslegungen zu publiciren, „denn seit ich neulich Dein Scholion über Matth. 16 gelesen habe, gibt es nichts, was ich lebhafter wünsche."

eine Probe seiner „Lectionen in der Pfarrkirche" für die Jugend.[1]) In schlichter Weise trägt er vor, es gebe zweierlei Weise von Christo zu lehren. Die eine sei, daß man wol alle Artikel des Glaubens auswendig herzählen könne, aber doch nicht Antwort wisse auf die Frage: wie willst du deine Sünde los werden? wie Gott zum Freunde machen? wie dich in Kreuz und Verfolgung halten? Dann lehrten Jene: ich will fasten, beten, Almosen geben u. s. w. Das sei die Lehrweise der Papisten; ihnen gelte Christus eigentlich nur als ein Prophet. Die andere Lehrweise dagegen sei, daß man nicht so sehr auf das achte, was Christus von Gott verkündige, als auf das, was er selbst für uns thue, nämlich daß er unsre Sünde und Gottes Zorn hinnehme, Trost im Gewissen erstatte und die Versicherung wirke, daß uns Gott gnädig sei. Diese Predigt allein mache rechte Christen. Die Kirche, lehrt er dann weiter, die Matth. 16 auf das Bekenntnis zu Christo gegründet sei, sei eine unsichtbare; es seien nämlich die Herzen, in denen Gott durch seinen Geist ruhe und sein Erkenntnis darin wirke. Der Binde- und Löseschlüssel werde auf eine zweifache Weise angewendet, öffentlich und heimlich; öffentlich in der Predigt des Evangeliums, welches einerseits den Sünder strafe, anderseits auf Gottes Lamm hinweise, welches unsere Sünden trage; heimlich, indem ein Bruder zum andern gehe und ihm sage: du sündigst wider Gott, laß ab! und dieser darauf entweder folge oder nicht folge. Einen speciellen kirchendisciplinarischen, dem Pfarramt übertragenen Gebrauch des Binde- und Löseschlüssels kennt er hier noch nicht. Die lutherische Lehre von der Absolution und vom Bann ist noch nicht entwickelt.

In jene Wittenberger Gehülfenjahre fallen auch die Anfänge der hymnologischen und katechetischen Mitarbeit Agricolas an dem Neubau evangelischen Gemeindelebens. Das Jahr 1524 ist bekanntlich das eigentliche Geburtsjahr des evangelischen Kirchenliedes. 20 bez. 21 Lieder Luthers sind in diesem einen Jahre entstanden,

---

[1]) „Darum ich auch verursacht, diesen Ort Matthäi auf das Einfältigste auszulegen, damit die Eltern ihre Kinder diesen Ort baß berichten und lernen mögen."

und sein Vorangehen wurde auch hier dem Freundeskreis zu einem Beispiel, das mannigfache Nachahmung fand. Jonas dichtete in demselben Jahre sein Lied über Psalm 124: „Wo Gott der Herr nicht bei uns hält." Und auch Agricola lieferte einen ersten Beitrag zum evangel. Gesangbuche mit seiner Umdichtung von Pf. 117 „Frölich wollen wyr Alleluia singen." Dieses Lied erschien zuerst als Anhang zu Luthers Schrift „Ein weyse Christlich Meß zu halten ... Wyttenberg M. D. xx iiij.," und ist seitdem in viele evangel. Gesangbücher des 16. und 17. Jahrhunderts übergegangen. In der Kirchenordnung der Stadt Riga von 1530 finden wir es für den Sonntagsgottesdienst als Halleluja=Lied nach der Epistellection verordnet.[1]) Außer diesem ersten Liede sind noch weiter von ihm bekannt geworden eine Umdichtung des 2. Psalmes, „Ach Herre Got, wie haben sich", welche zuerst in Joh. Lörffelts Erfurter Enchiridion 1526 erschien;[2]) sodann unter der Aufschrift „Eyn hübsch geystlich lied" sein Gesang vom Gesetze: „Gottis recht vnd wunderthat wil vns Herr Moses zeygen," als dessen erster Druck uns der im Erfurter Gesangbuch von 1527 bekannt ist.[3]) Diesen drei Liedern ist freilich kein besondrer Wert beizumessen; fast alle jene zahlreichen Psalmen=umdichtungen, mit welchen dem evangel. Volke ein Vorrat geistlicher Gesänge geschaffen werden sollte, sind ja von nur geringem Werte, und die meisten unter ihnen haben sich daher auch nicht in dem Liederschatz der singenden Kirche halten können; und jenes Lied vom Gesetze trägt zu sehr den Charakter in Reime gebrachter Lehre, als daß es imstande wäre, den Ton echten Kirchenliedes zu treffen. Agricolas bestes Lied ist bis in die neueste Zeit hinein entweder ohne Namen des Verfassers, oder unter dem eines Anderen gesungen worden; erst neuere hymnologische Forschungen

---

[1]) Wetzel, Hymnopoeographia 1719 S. 27. Fortges. Samml. 1744 S. 186. Wackernagel III. S. 51. Mützell, Geistl. Lieder aus dem 16. Jahrh. I. S. 74. Koch, Gesch. d. Kirchenliedes, 3. Aufl. I. S. 281. 348. 350. Richter, Kirchenordnungen II. S. 488.

[2]) Wackernagel III. 52. 53. Koch I. 281.

[3]) Kordes S. 191. 192. Wackernagel und Koch a. a. O.

haben es ihm mit Fug und Recht wiederzugeben vermocht. Es
ist das Lied „Ich ruff zu dir, her iesu christ." Denn der
älteste Druck desselben auf einem Flugblatte bezeichnet es als ver=
fertigt von „Joh. Eisleben, des Herzog Hans von Sachsen Prediger."
Es wird also auf einer der Reichstagsreisen Agricolas, während
welcher er allein Prediger des Kurfürsten Johann gewesen ist,
gedichtet worden sein; ob in Speier 1526 oder 1529, ist wol
nicht mehr zu entscheiden. Dieses Lied ist mehr als gereimte
Prosa, es ist ein inniges, warmempfundenes Bittgebet „um Glauben,
Liebe und Hoffnung, und um ein seliges Leben," wie die alte
Ueberschrift besagt.[1]) Dagegen müssen ihm auch einige Lieder
abgesprochen werden, die noch in neuester Zeit mit seinem Namen
in Gesangbüchern aufgeführt zu finden sind; so namentlich das
Lied „O Vater aller Frommen," das bald für sich allein, bald
als Schlußvers des Liedes „Herr Gott, nun sei gepreiset" in
unsern geistlichen Liederbüchern erscheint. Zwar hat dieses auch
einen Mag. Johann Agricola zum Verfasser, ist aber erst 14 Jahre
nach dem Tode Eislebens (1580) gedichtet worden. Es gehört
Johann Agricola aus Spremberg zu, der von 1579—1590 Pastor
primar. in Bautzen gewesen ist.[2])

---

[1]) Wackernagel III. S. 52. Mützell I. S. 87. Wetzel III. 246. Speratus,
den Neuere noch als Verfasser bezeichnen wollten (z. B. Alt, christl. Cultus
2. Aufl. I. 447. Koch I. 353), wird erst in Gesangbüchern aus der 2. Hälfte
des 17. Jahrhunderts bei diesem Liede genannt, also ohne geschichtlichen Anhalt.

[2]) Unschuld. Nachr. 1713 S. 991. Kordes S. 25—36. Mohnike in
in Ersch. u. Gruber II. 220. Mützell III. 742. Wackernagel V. 13. — Dieser
J. Agricola lieferte in früheren Jahren die Verse zu mehreren schönen Holz=
schnittwerken, welche der Wittenberger Buchdrucker Gabriel Schnellboltz publicirte.
Ich kenne von diesen aus eigener Anschauung: 1) „Die Zwelff Artickel vnsers
Christlichen glaubens, sampt der heiligen Aposteln ankunfft u. s. w. M. D.
LXII." 5 Bg. 4°. [Dieses Werk enthält die Bilder Christi, der Apostel, des
jüngsten Gerichtes, und zum Schluß ein Medaillonbild Melanchthons.]
2) „Abcontrafactur Vnd Bildnis aller Grosherzogen, Chur vnd Fürsten, welche
vom . . . 342. bis . . . 1563. Jar, das Land Sachssen . . regirt haben,
u. s. w. 15 63. 4°. — Ebenso wurden durch Wackernagel irrtümlich die
Lieder „Erbarm dich meyn, o herre got" und „Wolauff jr frommen Deutschen"
Agricola als Verfasser beigelegt (d. Kirchenlied 1841 u. III. S. 55); beide
Versehen sind von Wackern. selbst später berichtigt worden (III. 48 u. 992).

Wie Luther in seinen Bemühungen um den deutschen Kirchengesang bei seinem Freunde Agricola thätige Hülfe fand, so wollte er ihn auch zu einer andern wichtigen Arbeit für das evangelische Volk heranziehen, nämlich zur Anfertigung eines Katechismus für den Unterricht der Jugend. Auf Bitten und Anregen des Zwickauer Pfarrers Nicol. Hausmann hatte Luther das Ersprießliche einer solchen Arbeit im Anfang des Jahres 1525 ins Auge gefaßt; selbst mit andern Arbeiten beschäftigt, wollte er die jüngeren Mitarbeiter hiezu in Anspruch nehmen. Jonas und Agricola erhielten Auftrag, einen Katechismus auszuarbeiten. Aber aus der gemeinsamen Arbeit wurde damals nichts, erst später werden wir Agricola für sich allein mit Katechismusarbeiten an die Oeffentlichkeit treten sehen. Für jetzt erlitt ihre Arbeit zuerst eine Unterbrechung durch Agricolas Absendung nach Frankfurt a. M., und als er von dort wieder heimgekehrt war, wurde eine gemeinsame Weiterführung der Arbeit unmöglich gemacht durch seine Uebersiedlung nach Eisleben. So ist dieser Katechismus des Jonas und Agricola niemals zustande gekommen.[1] Daß aber Luther grade Agricola für diese Arbeit sich ersehen hatte, ist ein Beweis dafür, daß er mit seiner Thätigkeit als Katechet in Wittenberg wohl zufrieden gewesen sein muß.

---

[1] Siehe das Nähere hierüber Stud. u. Krit. 1879 S. 47. 48. vergl. ferner Pressel, Jonas S. 129. Am 8. Aug. 1525 schrieb Hausmann an Steph. Roth: „Catechismus nondum editus est. Fortassis Eislebius nuper ablegatione impeditus consummare laborem non potuit. Tu virum pietate clarum instiga;" und am 23. August: „Catechismus propter discessum Eislebii cui sit commendatus ignoro. Utinam a Jona suppleretur citoque ederetur in lucem; speraremus profectum inde maximum." Cod. Goth. 397 fol. 112. 117. 118 (correcter als bei de Wette VI. 504).

## IV.

## Der Bauernkrieg und die Reise nach Frankfurt a. M.

Agricola war in früheren Jahren, vielleicht schon auf der Leipziger Universität, wahrscheinlich aber in Braunschweig, mit Thomas Münzer bekannt und befreundet geworden, hatte auch von Wittenberg aus die Freundschaft anfangs noch weiter cultivirt. Als Münzer an der Zwickauer Marienkirche fungirte, standen beide noch in Correspondenz. In einem Briefe vom 2. Nov. 1520 hatte jener dem Freunde über sein reformatorisches Vorgehen in Zwickau seine bewundernde Anerkennung ausgesprochen; die Unannehmlichkeiten, die sich Münzer dort bereits bereitet hatte, werden als eine Schmach, die er um Christi willen leiden müsse, gerühmt, für die er den Freund meint beglückwünschen zu sollen. Doch lesen wir auch bereits die Warnung, er möge sich doch in der Feindschaft gegen seinen Amtsgenossen Egranus (Johann Sylvius Wildenauer aus Eger) mäßigen.[1]) Diesen kannte Agricola von der Leipziger Disputation her; er hatte zwar auch eine sehr ungünstige Meinung von ihm: er schildert ihn als einen ungeschliffenen und wankelmütigen Menschen, dem es gänzlich an höherer Bildung fehle. Aber doch mußte man wohl oder übel auf ihn Rücksicht nehmen, zumal grade jetzt, da ihn Eck in das Namensverzeichnis derer gesetzt, die von der Bannbulle getroffen werden sollten, und somit als ein hervorragendes Glied der Oppositionspartei gekennzeichnet hatte. Aber Münzers Verhalten wurde immer kecker und maßloser:

---

[1]) Seidemann, Th. Münzer S. 117.

und als er die von Wittenberg aus an ihn gelangenden Bitten, sich zu mäßigen und Besonnenheit zu bewahren, in großsprecherischer Weise von obenherab zurückwies, da kam die Freundschaft Agricolas gegen ihn ins Wanken. Er schrieb ihm noch einmal — und wie es scheint, im Auftrage der Wittenberger Genossen — im Frühjahr 1521, und bat ihn um bescheideneres Auftreten; er sei zwar in dem Urteil über Egranus mit ihm ganz einverstanden, daß dieser nichts von der heil. Schrift verstehe, daß er ein Kind in der wahren Theologie und daß er wilden Sinnes sei; aber wohlwollende Leute klagten jetzt über ihn, daß er Mißbrauch mit seinem Predigtamte treibe, daß er, anstatt sich an der Verkündigung des Evangeliums genügen zu lassen, gegen alle möglichen Personen sogar mit Namennennung losziehe. Man melde ja bereits über ihn, daß er auf nichts anderes sinne als auf Mord und Blutvergießen! Er rügt sein großsprecherisches Wesen, welches großen Lärm anrichte. Er bittet ihn, seinen hoffärtigen Sinn abzulegen, seinen Haß gegen einzelne Personen zu überwinden. Es sei auch nicht recht von ihm, daß er sich weigere, auf die an ihn ergangene Citation (des Officials zu Zeitz, 13. Jan. 1521) sich zu stellen und Rechenschaft von seinem Glauben abzulegen; vergeblich berufe er sich hiefür auf das Beispiel Pauli in Damaskus. Man merkt dem in mannhaftem Ernst geschriebenen Briefe an, daß die Wege beider Männer sich jetzt schieden, und daß die Freundschaft in Kurzem zerrissen sein würde.[1]) Die Spuren freundschaftlicher Verbindung Beider hören in der That von jetzt an auf; das Schriftchen Agricolas "de capitibus eccl. doctr." enthält dagegen, wie wir oben sahen, einen deutlichen Protest gegen das gewaltsame Reformiren, zu welchem Münzer in den nächstfolgenden Jahren immer mehr antrieb. Aber es war natürlich, daß Agricola mit ganz besonderem Interesse das Münzersche Umsturztreiben beobachtete: es trieb ihn dazu ebenso die ehemalige Freundschaft wie der Umstand, daß der Schauplatz der tollen Bewegung die heimatliche Gegend Agricolas war, die Landstriche zwischen Harz und Thüringer Wald, daß daher

---

[1]) Seidemann a. a. O. S. 117. 118. 12.

auch Freunde und Bekannte mit in das Treiben verwickelt waren. Daher sind Agricolas Schriften reich an Erinnerungen aus dem Bauernkrieg und enthalten zahlreiche Mitteilungen zur Charakteristik Münzers und seines Treibens. Er erzählte später, er habe aus Münzers eigenem Munde es gehört (also doch noch in einem früheren Stadium seiner Schwärmerei), er sei jetzt so weit gekommen, daß, wenn es keine Bibel gäbe, er selbst eine neue schreiben wollte.[1]) Er berichtet von der am Ostertage 1524 erfolgten Geburt eines Söhnleins Münzers. „Nun sind Etliche aus den Unsern die Zeit zu Alstedt gewesen, und ist des Schossers (Hans Zeis) Weib daselbst kommen zu Th. M. und gesagt: Er Magister, Gott hat Euch einen jungen Erben geben, deß sollt Ihr ihm danken. Darauf hat Th. kein Wort geantwortet, auch kein Zeichen von sich geben, als sei es ihm lieb, daß ihn Gott begnadet hat mit einem Sohn. Da aber die Schosserin wieder hinweg ist gangen, hat sich Th. umgekehrt zu den Unsern und gesagt: Nun sehet ihr fürwahr, daß ich den Creaturen ganz entrissen bin."[2]) Von Münzers Gottesdiensten in Alstedt erzählt er: „Wenn man in der Messe zu Alstedt die Epistel las, so sang man allweg hinten dran des Teufels Reim, den er führet: Man soll die Fürsten zu Tode schlagen und ihre Häuser verbrennen."[3]) Weiter berichtet er, Thomas habe stets einen Alten und einen Jüngling bei sich, welche jede Nacht Träume und Gesichte hätten; diese deute er dann des Morgens aus, predige auch darüber und mache ein solches Geschrei davon, als wenn es gar nicht möglich wäre, daß der Teufel diese armen Leute mit Larven und Gesichten verführte. Er macht auf die „prächtigen, hohen, schwülstigen" Worte aufmerksam, mit denen Münzer und ebenso die Zwickauer Propheten sich brüsteten, Worte, die eigens zu dem Zwecke ersonnen zu sein

---

[1]) Summarien zu den Episteln. Berlin 1544 Bl. P.
[2]) Auslegung des 19. Psalms. 1525. 8°. Bl. Biij. (Etwas anders erzählt Luther den Vorgang Opp. exeg. X. 167.)
[3]) a. a. O. Bl. B v j b Zeitschr. f. hist. Theol. 1872 S. 408, wo „yr heuser vorbernen" natürlich nur verbrennen (to burn, aber nicht to forbear) bedeuten kann.

schienen, um durch ihre Neuheit und ihre „Majestät" das gewöhnliche Volk anzulocken; solche Worte, mit denen sie verschiedene Stadien des geistlichen Lebens benannten, seien: Verwunderung, Entgrobung, Studirung, Langweil, Besprengung, den Creaturen entrissen sein u. s. w.[1]) „Er verachtete und verlachte auch spöttisch alle, die sich der heil. Schrift annahmen und trösteten, und sagte, wenn man sich auf die Bibel berief: „Was Bibel, Bubel, Babel, man muß auf einen Winkel kriechen und mit Gott reden!" Dann hebt Agricola wieder treffend den einseitigen und verkehrten Schriftgebrauch Münzers und der Seinen hervor. „Sie haben 3 Bücher, daraus sie die Urteile Gottes studiren, die 5 Bücher Mosis (darein sie auch rechnen Josua und Judicum), die Bücher Samuelis und Hiob. Wo in diesen Büchern gedacht wird eines Wortes als vom Abraham, Josua u. s. f., so deuten sie es auf sich: sie seien Moses, Josua, Abraham u. s. f. Wiederum alle, die keine Bärte tragen und wider sie halten, seien Gottlose, über die haben sie Recht zu töten und zu morden." Thomas wolle den „Jehu" aller Gottlosen spielen, d. h. aller, die keine Bärte trügen und nicht „eingeschrieben" seien, die sich nicht getraueten zehn Gottlose mit einem Filzhute zu Tode zu werfen und zu erwürgen. Seine Losung laute: „Frisch hämmern und bink, bank, bink, bank spielen auf dem Ambos Nimrod."[2])

Man erkennt aus diesen Mitteilungen, wie aufmerksam Agricola das ungestüme Treiben seines alten Freundes verfolgt hatte. Nun sollte er aber mit dem im Frühjahr 1525 in Sachsen zum Ausbruch kommenden Bauernaufruhr in ganz nahe unmittelbare

---

[1]) Psalm 19. Bl. B b A i j. Zeitschr. f. hist. Th. 1872 S. 405. Gründliche anzeigung Bl. O 2.

[2]) Summarien über die Episteln Bl. P. Psalm 19 Bl. Biiij. Zeitschr. f. hist. Th. 1872 S. 407. Vrgl. Spangenberg Mansf. Chronik Bl. 419b: „Wenn man Selig werden wolte, so müßte man ... Haar und Bart wachsen lassen." Luther: „Ihr elenden Rottengeister, wo sind nun eure Worte, da ihr sagtet ... mit einem Filzhut würden sie fünfe tot werfen?" Leipz. Ausg. XIX. Sp. 291. — Fernere Mitteilungen Agricolas über den Bauernkrieg s. 750 Sprichw. No. 156. 217. 240. 374. 382. Titusbrief 1530 Bl. 4b. 500 Sprichw. No. 174. 216. Ferner Arnold Kirchen- und Ketzer-Historie XVI. 2, 10 = Fortg. Samml. 1731 S. 697.

Berührung kommen. Er begleitete nämlich Luther zusammen mit Melanchthon am 16. April auf jener denkwürdigen Reise, die dieser im kritischen Moment in die Landstriche zwischen Harz und Thüringer Wald antrat; wenigstens war er auf dem ersten Teile dieser Fahrt Luthers Genosse. Das erste Reiseziel war nämlich Eisleben, woselbst Luther auf den Wunsch des Grafen Albrecht von Mansfeld eine Schule einrichten sollte, und eben um dieses nächsten Zweckes willen begleiteten wol beide Freunde den Reformator, Agricola speciell als der von Luther ausersehene Leiter der zu errichtenden Schule, der sich jetzt dem Grafen vorstellen sollte. Aber die Reise hatte noch eine viel umfassendere Bedeutung; die Zeichen der Zeit waren zu drohend, als daß für den Augenblick an die Eröffnung der Schule zu denken gewesen wäre. Es galt wo möglich noch dem Ausbruch der Bauernrevolte zu wehren, zum wenigsten noch einzelne Verblendete von der Teilnahme am Aufruhr zurückzuhalten. So schrieb Luther bei dem Aufenthalt in Eisleben im Garten des Mansfeldischen Kanzlers Johann Thür an seiner „Ermahnung zum Frieden auf die 12 Artikel [1]) der Bauernschaft in Schwaben," und zog dann (20. April) in die bedrohtesten Gegenden im Mansfeldischen, Stolbergischen, in der goldenen Aue und in Thüringen, in raschem Fluge von Ort zu Ort eilend, bis ihn die Nachricht vom Ableben des Kurfürsten Friedrich am 5. Mai schleunigst nach Wittenberg zurückrief. [2]) Es war ja auch schon zu spät, sein Wort vermochte nicht mehr den wilden Gewässern Einhalt zu thun. Während Melanchthon von Eisleben alsbald wieder nach Wittenberg zurückgekehrt war, verweilte Agricola noch einige Tage in seiner Vaterstadt. Er erzählt nämlich so genau über ein Verhör, das am 23. und 24. April mit einem Anhänger Münzers in Eisleben geführt wurde, daß wir annehmen müssen, er sei nicht nur dabei, sondern auch selber der Examinirende gewesen. [3]) Die bevorstehende Schulein-

---

[1]) Als den Verfasser dieser 12 Artikel nennt Agricola (500 Sprichw. Nr. 173) Schapler. Vergl. Janssen Geschichte des deutschen Volkes II. 443.
[2]) de Wette II. 646. VI. 703. Köstlin I. 738. Walch XXI. Sp. 34\*.
[3]) Psalm 19. Bl. B iiij b flg.

richtung und die Verwandtschaft scheint ihn also noch einige Zeit in Eisleben zurückgehalten zu haben; so war er wol noch Zeuge von dem Ausbruch der Unruhen im Mansfeldischen Gebiete. Am 4. Mai fand jene Zusammenrottung der Bergknappen zwischen Helbra und Klostermansfeld statt, von der er erzählt, daß einer der Rädelsführer dem Grafen Albrecht auf seine Frage, warum sie denn einen Aufstand machten, die Antwort gegeben habe: Getreuer Herr, getreue Knechte![1]) Dazu kam noch für ihn ein besondrer Grund, der ihn in Eisleben festhielt. Ein Eislebener Bürger, Christof Meinhard, — vielleicht ein Verwandter Agricolas, denn sein Schwager, der Wittenberger Stadtschreiber, war ja auch ein Meinhard — war ein eifriger Anhänger Münzers geworden. Dieser hatte ihm 1524 eine Auslegung des 19. Psalmes zugeeignet, ein seltsames Product seiner phantastischen Schrifterklärung. Agricola machte sich an den Verführten heran, ließ sich mit ihm in ernstliche Gespräche über seinen Glauben ein und bekam auch von ihm die merkwürdige Psalmenauslegung Münzers ausgehändigt, die er bald darauf mit eingestreuten widerlegenden Glossen und mit Mitteilungen zur Charakterisirung des Münzerschen Geistes in Druck gab unter dem Titel: „Auslegung des XIX Psalm. Coeli enarrant, durch Thomas Muntzer an seyner besten iunger einen, auff new prophetisch, nicht nach der einfeltigkeit des wort Gotts, sonder aus der lebendigen stimme vom hymel. Auslegung des selben Psalms, wie yhn S. Pauel auslegt nach der einfeltigkeit der Apostel vnd nach der meinung Dauids."[2]) Welch besonderen

---

[1]) 500 Sprichw. Nr. 173. vergl. Krumhaar, Grfsch. Mansf. S. 152.
[2]) Agricola widmete diese Schrift dem Mansfeldischen Kanzler Dr. Johann Rühel: „Es soll aber ausgehen in Euerm Namen, sintemal Ihr neben Andern gehört habt und wisset, wie jämmerlich die Leute bei Euch durch diesen Geist bethört und verführt seien." Am Schluß teilt Agr. auch einen interessanten Brief Münzers an Melanchthon mit, den Bindf. epp. Mel. p. 21—23 neuerdings wieder abgedruckt hat; aber er hat ihn irrig ins Jahr 1525 gesetzt. Von inneren Gründen abgesehen, führt schon das Datum „quinta Annunciationis" auf das J. 1524. Denn in diesem fiel Annunc. auf einen Freitag, quinta Ann. (nicht post Ann.) war also die Vigilie auf Mariä Verkündigung, Donnerstag, 24. März.

Anteil man in Wittenberg an jenem Christof Meinhard nahm, erkennen wir aus einem Briefe Luthers vom 23. Mai d. J. an den Kanzler Joh. Rühel, in welchem wir lesen: „Tröstet auch Christoffel Meinhard, daß er Gott seinen Willen lasse." Luther selbst hatte wol bewirkt, daß es dem stark Compromittirten nach dem Siege der Fürsten nicht an Leib und Leben ging; wenigstens muß sich Meinhard ihm zu besonderem Danke verpflichtet gefühlt haben, dem er im nächsten Jahre durch das Geschenk eines silbernen Kelches Ausdruck zu geben suchte.[1]) In dieser Schrift über den 19. Psalm erwähnt Agricola nun schon das trübselige Ende, das es mit den Prahlereien Münzers und seiner Gesinnungsgenossen genommen habe. Er schreibt nämlich: „Wenn sie irgend sollen stehen vor der Gewalt, da es ihnen das Leben kostet, so verbleichen und verstummen sie, wie allen diesen geschehen ist, und ich von D. C. Th. M. D. S. und ihren Genossen gesehen habe."[2]) Diese hier nur durch einzelne Buchstaben angedeuteten Namen wird man wol als Karlstadt, Münzer und Strauß zu deuten haben. Von Münzer ist ja bekannt, wie nach der Niederlage bei Frankenhausen eine klägliche Verzagtheit sich seiner bemächtigte, in welcher er schließlich noch im Rücktritt zur kathol. Kirche sein Heil suchte. „Wie es ihm aber gegangen ist samt andern, also daß er zuletzt nichts Gewisses hatte, darauf er bauen mochte, und ließ sich mit dem halben Sacrament des Altars zu Heldrungen berichten, das weiß ganz Deutschland wohl."[3]) Bei Karlstadt gedenken wir an die demütige Haltung, die er nach Beendigung des Krieges annahm, an seine von Jakobi 1525 datirte Schrift, in der er sich gegen den Vorwurf zu verteidigen suchte, daß er „der Bauern Hauptmann und Anreger" gewesen sei, sowie an sein Anrufen der Fürsprache

---

[1]) de Wette II. 667. III. 108. Zeitschr. f. hist. Theol. 1872 S. 364. Krumhaar S. 260 (Album p. 308). Walch XXI. Sp. 150—152.* Die Versuche Andrer, den „Cris. Meni.," welcher in Agricolas Schrift genannt wird, auf Justus Menius oder einen Verwandten desselben zu beziehen (vergl. Kordes S. 101. Schmidt, Justus Menius I. 149), halte ich für ganz verfehlt.

[2]) Psalm 19 Bl. C. v. b.

[3]) Epistelsummarien Bl. P.

Luthers, um ihm wieder Aufnahme in Sachsen zu verschaffen.[1]) Bei Strauß aber erinnern wir uns daran, daß auch dieser Eisenacher Christlich-Sociale wegen seines Verhaltens im Bauernkriege ein Verhör in Weimar zu bestehen hatte; es mußte wol böser Verdacht gegen ihn vorliegen, da sich in Wittenberg sogar das Gerücht verbreitete, er sei bereits hingerichtet worden. Freilich kehrte er aus dem Verhör wieder glücklich nach Eisenach zurück und durfte dort sein Amt weiter verwalten, aber es scheint nach Agricolas Bemerkung anzunehmen zu sein, daß er diesen glücklichen Ausgang zum Teil wenigstens seiner demütigen Haltung zu verdanken hatte.[2]) Diese geschichtlichen Beziehungen sind zugleich ein Anhaltspunkt, um die Zeit, in welcher Agricola jene Münzeriana publicirt hat, näher zu bestimmen. Vor dem August 1525 kann die Schrift schwerlich vollendet gewesen sein, möglicher Weise ist sie also erst nach seiner Uebersiedelung nach Eisleben fertig gestellt worden.

Ehe es jedoch zu dieser kam, führte ihn ein ehrenvoller Auftrag noch auf eine weite Reise, auf welcher er zum ersten Male selbständig als Vertreter der Reformation, als Deputirter Wittenbergs auftreten und wirken sollte. Es war das seine Reise nach Frankfurt a. M.

Dort war es zu Ostern d. J. zu einem ebenso kirchlichen wie socialen Aufstande gekommen. Die Reformation hatte bisher auf den Kanzeln der Stadt noch keine Vertreter gehabt, dabei aber doch im Volke mehr und mehr Boden gewonnen. Karlstadts Schwager, Dr. Gerhard Westerburg, war das geistige Haupt der Bewegung gewesen und hatte eine evangel. Bruderschaft gestiftet, die ebenso socialpolitische wie kirchenreformatorische Tendenzen verfolgen wollte. Am 17. April war der Aufstand losgebrochen. Die Sachsenhäuser und Neustädter rotteten sich zusammen unter Anführung eines Schneiders und eines Schusters. Man drang

---

[1]) Vergl. Köstlin I. 756. Leipz. Ausg. XIX. 234. 303.
[2]) De Wette II. 670. Leipz. Ausg. XIX. 292. Zeitschr. f. hist. Theol. 1865 S. 294. 295, wo G. Schmidt das Verhalten Strauß' im Bauernkriege gegenüber dem Luthers in auffälliger Weise glorificirt, leider ohne die Quellen näher zu bezeichnen, aus denen seine Darstellung geschöpft ist.

ins Predigerkloster und ließ den Klosterwein sich schmecken; die
Dechanten von St. Bartholomäus und Liebfrauen, letzterer der
bekannte Joh. Cochläus, ergriffen die Flucht. Der Rat sah sich
genötigt, mit den Aufständischen in Verhandlungen zu treten, deren
Ende war, daß er 45 Artikel annehmen mußte, die ein von jenen
erwählter Ausschuß von 61 überwiegend radicalen Männern auf=
gesetzt und am 20. April übergeben hatte. Gleich der erste dieser
Artikel forderte, „daß hinfort ein ehrsamer Rat u. Gemein einen
Pfarrherrn in den Pfarrkirchen und andern Kirchen zu setzen
und zu entsetzen Macht haben soll. Dieselben erwählten Pfarr=
herrn sollen auch nichts anderes, denn das lautere Wort Gottes,
das heil. Evangelium unvermengt menschlicher Satzung predigen,
damit das Volk in rechter Lehre gestärkt, nicht verführt werde."
Der eingeschüchterte Clerus stimmte zu und am 22. April beschwor
auch der Rat die neue Ordnung. Das war aber nur der
Anfang. Jener Ausschuß löste sich nicht auf, sondern wählte
am 25. einen engeren Ausschuß von 10 Männern, der die aller=
radicalsten Elemente vereinigte und sich als eine Nebenregierung
neben dem Rat etablirte. Sie zwangen die katholischen Geistlichen,
ihre „Meide" zu entlassen und ängsteten den Rat durch immer
höher geschraubte Forderungen. Eine erste Reaction erfolgte aber
bereits am 5. Mai, da der Bürgermeister durch Söldner die
Haupträdelsführer verhaften und einen neuen Ausschuß von
79 Personen erwählen ließ, in welchem nunmehr die gemäßigten
Elemente das Uebergewicht hatten. Mit Hülfe dieses neuen Aus=
schusses setzte der Rat die Austreibung Westerburgs durch, der
nach anfänglichem Sträuben am 17. Mai die Stadt verließ.[1])

---

[1]) Cochlaeus Comm. 115 116. Ritter, Evang. Denkm. d. Stadt Frank=
furt 1726, S. 73 folg. Steitz im Archiv f. Frankfurts Geschichte V. S. 1 fl.
Janssen Geschichte des Deutschen Volkes II. 510 flg. Ueber Westerburg be=
sonders vergl. noch Krafft Br. u. Docum. S. 84 flg. Corp. Ref. V. S. 42.
Sicher meint Melanchthon auch Westerburg mit seiner Bemerkung Corp.
Ref. I. 746: „auctorem (tumultus) illum Zenonem (oder Sinonem?) doctor-
culum urbe ejectum esse. Ego spero, fore, ut urbem propterea pacatiorem
invenias."

So standen die Dinge, als sich der Rat um der Ausführung jenes 1. Artikels willen an Luther mit der Bitte gewendet hatte, ihnen einen oder zwei bewährte Männer zu senden, die den evangel. Gottesdienst könnten einrichten helfen. Luther fertigte am 30. Mai für Agricola ein Empfehlungsschreiben an den Rat aus, in welchem er erklärte, er könne ihnen jetzt nur den einen Mann schicken, den Unterpfarrherrn (damit meint er einen der Diakonen) könne er nicht entbehren, „weil in diesen Läuften viel Leute not seien." Und auch Agricola beabsichtige nur etwa einen Monat bei ihnen zu bleiben.[1]) Denn er sollte ja die Leitung der Schule in seiner Vaterstadt übernehmen. Agricola reiste zusammen mit dem bekannten Hagenauer Buchdrucker Joh. Secerius, in dessen Officin seit 1526 auch die verschiedensten Schriften Jenes gedruckt worden sind. Am 2. Juli weilten Beide in Erfurt bei Eoban Hesse, der ihnen am nächsten Tage ein warmes Empfehlungs= schreiben an den Frankfurter Humanisten und Schulrector Jacob Micyllus mitgab.[2]) Vor dem 8. Juni werden die Reisenden schwerlich Frankfurt erreicht haben. Dort war inzwischen ein wichtiger Fortschritt geschehen. Der Rat hatte zwei evangelische Prediger gefunden, den ehemaligen Ulmer Dominikaner Dionysius Melander und den Rheingauer Johann Bernhard Algesheimer. Zu Pfingsten am 4. Juni, hielten beide ihre ersten Predigten, ersterer zu St. Bartholomäus und in der Liebfrauenkirche, letzterer zu St. Leonhard.[3]) Diese Männer vereint mit Micyll standen jetzt als Leiter der Evangelisation Frankfurts da. Besonders innig hatten sich Melander und Micyll befreundet; Agricola fand bei ihnen freudige Aufnahme. Seine Mission scheint demnach sehr einfach zu erledigen gewesen zu sein. Die Ordnung des evangelischen

---

[1]) De W. II. 672.

[2]) Hesses Brief wurde zuerst von Kraft im Progr. des Hamburger Johanneums 1842 S. 17—19, dann von Classen, Jacob Micyllus S. 63—65 veröffentlicht. Hesse erwähnt den Besuch beider Männer bei ihm auch in einem Briefe an Joh. Lange vom 6. Juni in Cod. Goth. 399, Fol. 184. Corp. Ref. I. 749.

[3]) Ritter, S. 88. Döllinger, Ref. II. 210. Janssen II. 551.

Gottesdienstes war bereits gut in Gang gebracht; er brauchte nur zu bestätigen, was er vorfand. Am 13. Juni nahm der Rat die bisher nur provisorisch angestellten beiden Prädicanten definitiv als Prediger an und beschloß „den von Wittenberg fahren (d. h. heimkehren) zu lassen und einen gütlichen Abschied („eine gute Verehrung", sagt Ritter dafür) zu geben."[1]) Agricola brauchte also nicht einmal den Monat, den er für den Aufenthalt in Frank=furt bestimmt hatte, auszuhalten. Zwar fühlte er sich dort sehr wohl; sein fröhliches und gemütliches Wesen hatte ihm in den wenigen Tagen die fast überschwengliche Freundschaft Michylls erworben. Es vergehe fast keine Nacht, schrieb dieser einige Wochen hernach an Agricola, daß er nicht von ihm träume, so sehr trage er sein Bild und die lebhafteste Erinnerung an ihn in seinem Herzen.[2]) Agricola hatte Frankfurt schon wieder verlassen, als unter der drohenden Annäherung des pfälzisch=trierischen Bundes=heeres, das soeben den Bauernaufstand siegreich niedergeworfen hatte, der Rat sich entschloß, jene 45 Artikel zu widerrufen und gänzlich abzuthun. Aber die evangelischen Prediger blieben; ihre Verjagung wurde zwar vom Erzbischof von Mainz verlangt, aber der Rat weigerte sich unter Hinweis auf die Zustimmung, die sie in der Bürgerschaft fänden, diese Forderung zu erfüllen.[3])

Während Agricolas Abwesenheit von Wittenberg hatte sich Melanchthon als guter Freund[4]) um sein Haus und seine Familie — sein Ehestand war bereits mit mehreren Kindern gesegnet,[5]) —

---

[1]) Archiv für Frankfurts Geschichte V. S. 244. 245.

[2]) Zeitschrift f. hist. Theol. 1872, S. 391.

[3]) Cochl. Comm. 115. 116. Zeitschrift f. hist. Theol. 1872, S. 391. 392. Janssen II. 551. 552.

[4]) Corp. Ref. I. 746. Melanchthon wiederum hatte in den letzten Jahren in seinen oft drückenden Geldverlegenheiten bei Agricola mehrfach Hülfe gefunden. Zeitschrift f. hist. Theol. 1872, S. 361. 362.

[5]) Die Geburt des ersten Kindes begrüßte Luther von der Wartburg aus mit herzlichen Segenswünschen und mit einer Geldspende. Einen Gulden sendete er für den jungen Sprößling, einen anderen zur Kräftigung der Wöchnerin. „Wäre ich anwesend, so müßte ich jedenfalls Gevatter sein." De Wette II. 4. Zeitschrift für hist. Theol. 1872, S. 331.

treulich bekümmert. Seine erste Mission hatte er also glücklich vollbracht; sein Ansehen war bisher beständig gewachsen. Auch der neue Kurfürst Sachsens, Johann der Beständige, war auf ihn als auf einen der hervorragenden Gehülfen Luthers aufmerksam geworden. Denn als Spalatin im Juli 1525 nach Altenburg berufen werden sollte, da finden wir ihn mit unter den Männern genannt, auf deren Rat und Urteil sich der Kurfürst hiebei stützte.[1] Luther fand den Freund jetzt tüchtig, um aus dem Gehülfendienst in Wittenberg zu selbständigerer Arbeit überzugehen. Und ihn selbst trieb es nach einem Platze, der ihm für ernste Studien Stille und Sammlung gewähren möchte, nach einem eigenen und freieren Arbeitsfelde, auf dem er seine Kraft erproben könnte.

---

[1] Spalatin an Warbeck 20. Juli 1525: „Principi nostro Electori jam scribunt de Aldenburgensi vocatione Lutherus, Melanchthon, Jonas, Pomeranus, Eislebius." Schlegel, Vita Spalatini pg. 82. 219.

## V.

## Der Schulmann in Eisleben.

Luthers Aufruf „An die Radherrn aller stedte deutsches lands: daß sie Christliche schulen auffrichten vnd hallten sollen" vom Jahre 1524 hatte nicht vergeblich von dem Segen eines wohlgeordneten Schulwesens für Kirche und Staat in beredten Worten Zeugnis abgelegt: wie an andern Orten deutschen Landes, so gab er auch in der Graffschaft Mansfeld Anlaß und Anregung, des Schulwesens mit Eifer sich anzunehmen und der Kirchen-Reformation die Neugestaltung des Jugendunterrichtes nachfolgen zu lassen. Die von Luther ausgegangene Reformationsbewegung hatte in seinem Geburtslande damals schon in den weitesten Kreisen Eingang gefunden. Wären nicht die drei Grafen der älteren Linie, namentlich Graf Hoyer VI., dem katholischen Kirchenwesen treu geblieben, so wäre wol damals bereits ein völliger Sieg der evangelischen Lehre innerhalb der Graffschaft zu verzeichnen gewesen. Aber auch so war es nur noch eine geringe Minorität der Bewohner, die Luthers Fahne bisher nicht gefolgt war. Graf Albrecht VII. gehörte zu den ersten deutschen Fürsten, die evangelische Männer zu ihren Hofpredigern machten und in ihre unmittelbare Nähe beriefen. Schon vor dem bekannten Augustiner Michael Stiefel,[1])

---

[1]) Daß Stiefel wirklich dem Ruf des Grafen Albrecht Folge geleistet und ihm als Prediger gedient hat, wird wahrscheinlich gemacht durch seine Schrift „Dz Euan | gelium v͞ dem verlorne͞ Son | Luce xv. ca. Ain mensch | hatt gehabt zwen sün ꝛc. | Außgelegt, durch. | Michael Styffel Von | Eßlingen." | — MDXXIIII. 4º Bl. aiij b: „Es grüßt euch Caspar Meller [Müller] meines gnedigen herrn Kantzler." Freilich scheint er dem Rufe nicht sofort Folge gegeben zu haben, vgl. Kolde, Augustinercongreg. S. 381. de Wette II. 153. (Die im Brief erwähnte „nova civitas" darf nicht auf Neustadt Eisleben bezogen werden, wie de Wette gethan, sondern ist wahrscheinlich Neustadt a. d. Orla.) Krumhaar S. 77.

der im März 1522 als Prediger zu ihm berufen wurde, war der Augustiner Johann Heise, gebürtig zu Großengottern, ein gleichfalls evangelisch gesinnter Mann, Albrechts Prediger gewesen. Später, 1526, finden wir Matthias Limperg,[1]) dann Michael Coelius (bis 1542) als von Albrecht berufene Hofprediger. In Eisleben selbst war die evangelische Lehre sehr frühzeitig auf den Kanzeln und durch Flugschriften verkündigt worden. Luthers Ordensbruder und treuer Freund, Caspar Güttel, war schon in der Fastenzeit 1518 kühn als evangelischer Zeuge gegen die Werkgerechtigkeit in der Augustinerkirche zu St. Anna vor Eisleben hervorgetreten.[2]) Er war zwar in Leipzig zum Doctor der Theologie promovirt, schloß sich aber schnell und entschieden an Luthers Lehre an: besonders, nachdem er zu Epiphanias 1522 dem Augustiner-Convent in Wittenberg beigewohnt hatte.[3]) Noch in demselben Jahre war er als Reformprediger in Arnstadt,[4]) und im Jahre darauf in Zwickau thätig gewesen,[5]) dann aber wieder nach Eisleben zurückgekehrt. Hier wurde seine Wirksamkeit noch bedeutender, seitdem er (1525) in die Altstadt als Prediger an die St. Andreas-Kirche berufen worden war, wenngleich er hier nur an den Nachmittagen predigen durfte, während Vormittags noch die katholischen Priester Messe lasen.[6]) Und er war nicht der einzige evangelische Geistliche in der Stadt; neben ihm standen bereits Friedrich Reuber an der Petri-Kapelle, Johann Artius an St. Spiritus, und als sein Nachfolger an St. Anna Ottomar Korn. So war die evangelische Lehre durch mehrerer Zeugen Mund hier vertreten, und wie weit jene bereits in den Herzen

---

[1]) Hekelii Manipulus pg. 91. Schelhorn Amoenit. IV. 431.

[2]) Kolde, Augustinercongr. S. 310 flg.

[3]) Weller Altes und Neues I. 406 flg. Knaake, Scheurls Briefbuch II. 6. Kolde S. 378 flg.

[4]) Scultetus Annal. I. 135. Er war am 13. Sept. nach Arnstadt gekommen und hatte auf Bitten der Einwohner sieben Predigten auf dem Markte gehalten.

[5]) Müller, Paul Lindenau S. 13. Fortg. Samml. 1727 S. 882—884.

[6]) Krumhaar S. 109. — Ueber Güttel als Prediger vrgl. G. L. Schmidt in Zeitschr. f. prakt. Theol. 1880 S. 17—25.

der Bevölkerung Eislebens Eingang gefunden hatte, dafür genügt
es an die zahlreichen Männer aus dem Laienstande zu erinnern,
deren Namen in der Reformationsgeschichte uns bekannt geworden
sind: Dr. Johann Rühel und Kanzler Johann Dürr (Thür), die
Familien Rink und Drachstedt, Kanzler Caspar Müller u. A. m.

Wie nun aber im gräflichen Hause zwischen der älteren und
jüngeren Linie in kirchlichen Fragen der Zwiespalt zwischen
römisch und evangelisch offen hervortrat, so war es auch, als es
sich um Gründung einer lateinischen Schule in Eisleben handelte,
nicht möglich, daß sich sämtliche Grafen zu gemeinsamem Vor=
gehen vereinigt hätten. Denn in der zu gründenden Schule
mußte selbstverständlich der Confessionsstand der Begründer zu
scharfem Ausdruck gelangen. Von den Grafen der jüngeren Linie
war der Entschluß ausgegangen, eine Schule, wie Luther sie in
der oben angeführten Schrift empfohlen hatte, ins Leben zu rufen.
Sie hatten sich, wie wir bereits erwähnt haben, im Frühjahr 1525
an Luther mit der Bitte gewendet, er möchte selbst die Einrichtung
einer solchen in die Hand nehmen. Mit Melanchthon und Johann
Agricola war Luther damals in Eisleben gewesen. Aber die Zeit
war zu stürmisch, um das Friedenswerk einer Schuleröffnung
alsbald ausführen zu können. Erst als das Blut der Bauern
geflossen, und jene sociale Revolution blutig niedergeworfen war,
gestatteten die Zeitläufte, die projectirte Schule wirklich zu eröffnen.
Bald nach seiner Rückkehr von Frankfurt a. M., am 19. Juli
1525, reiste Agricola zum zweiten Male, diesmal mit Justus
Jonas zusammen, zu weiteren Besprechungen nach Eisleben, und
in den ersten Augusttagen siedelte er mit Weib und Kindern
definitiv von Wittenberg in seine Vaterstadt über, und die Schule
wurde eröffnet.[1]) Ein für damalige Zeit ansehnliches Gehalt von

---

[1]) Schlegel, Vita Spalatini pg. 220. 221. Jonas stattete dem Grafen
Albrecht den Dank der Wittenberger für seine Bemühungen um die Errichtung
der Schule in einem Briefe vom 18. Nov. 1525 ab, in welchem er sagt:
„Wir wissen, wie E. Gn. dem Evangelio also geneigt ist, daß E. Gn. mit
Beweisung rechter christlicher Weise, nämlich durch Wiederaufrichten christlicher
Schulen u. Predigtstühle neulich andern Herrschaften ein sonder gut Exempel

120 Gulden war ihm vom Grafen Albrecht zugesichert worden, dafür sollte er nicht nur die Leitung der neuen Schule übernehmen, sondern auch an der Kirche zu St. Nicolai Predigten halten, — ein eigentliches Pfarramt war ihm damit jedoch nicht übertragen worden. Mit herzlichen Wünschen feierte Melanchthon die Schuleröffnung in einem an Agricola gerichteten Carmen:

— ut servet Christus teque tuamque domum.
Auspiciisque scholae faveat, vestrosque labores
Provehat, atque suo numine coepta juvet.
Inserat et pueris pulcrae virtutis amorem,
Quos commendavit patria chara tibi. etc.
Corp. Ref. X. 504. 505.

Mit sehr gemischten Empfindungen trat dieser die neue Stellung an. Es war ihm eine Freude, zu selbständiger und so ehrenvoller Arbeit in seine Vaterstadt berufen worden zu sein. In Wittenberg war zwar ein außerordentlich reges geistiges Leben, aber die Stille und Sammlung zu ernsten Studien wollte sich schwieriger finden; daher ging er gern an einen stilleren Ort, wo er „sich verkriechen und heimlich sein und bleiben, Sprachen lernen und sein Weib und seine Kinderlein in der Stille zu Gottesfurcht und aller Ehrbarkeit aufziehen könnte;" er zog daher auch „desto williger in seine Vaterstadt und sang mit Freuden das Wort Jesajä: „Secretum meum mihi."[1]) Andrerseits band ihn an Wittenberg die herzliche Freundschaft zu Luther, Melanchthon und jenem zahlreichen um Luthers gewaltige Persönlichkeit in Liebe und Verehrung gescharten Freundeskreise. Wittenberg verlassen

---

gegeben." Walch XVIII. 2050. — Neben dieser evangelischen Lateinschule bestand bis zum Jahre 1546 noch eine zweite von der katholischen Grafenlinie unterhaltene höhere Schule, beide „hart bei St. Andreas Kirchen" gelegen. Ueber die Zeit, wann letztere begründet sei, fehlt es unsers Wissens an einem Zeugniß; vermutlich wurde sie erst aus Rivalität gegen Albrechts Stiftung ins Leben gerufen. de Wette V. 795. Ist die Nachricht richtig, daß Graf Johann Georg einer der Stifter dieser katholischen Schule war, so wird ihre Gründung wol frühestens in die dreißiger Jahre fallen, da dieser erst 1515 geboren wurde (vgl. Krumhaar S. 113. 223). Da Graf Hoyer nicht unter ihren Stiftern genannt wird, fand die Gründung möglicher Weise erst nach seinem Tode (9. Jan. 1540) statt. —

[1]) Vorrede zur „Historie des Leidens und Sterbens," Bl. Aij.

zu müssen, das galt allgemein als herber Verlust! Wie wenig
man aber im Allgemeinen die Berufung von einer Universität
an eine Particular=Schule als eine Degradation auffaßte, geht
auch daraus hervor, daß mit ihm zugleich noch ein zweiter
angesehener Wittenberger Docent nach Eisleben zur ersten Schul=
Organisation entsendet wurde, Mag. Hermann Tulich.¹) Dieser
war Ende 1519 in Gemeinschaft mit dem jüngeren Melchior
Lotther von Leipzig nach Wittenberg übergesiedelt, wo ihm eine
Professur übertragen war. Bald darauf hatte ihm Luther seine
Schrift de captivitate babylonica zugeschrieben. Bedeutendes
Aufsehen erregte es, daß er, zum Canonicus und Stiftsherrn in
Wittenberg erwählt, sich entschieden geweigert hatte, die bischöfliche
Ordination anzunehmen. Auf dieser bestand aber Friedrich d. W.
unbedingt; daher verlor er 1523 wieder seine Stiftsherrnwürde,
da er die kurfürstliche Confirmation nun nicht erlangen konnte.²)
Seine Thätigkeit an der Schule zu Eisleben dauerte aber nur
wenige Wochen, denn bereits im October 1525 finden wir ihn
wieder in Wittenberg, wo er für das Winterhalbjahr 1525/26
zum Rector der Universität erwählt wurde. Melanchthon äußerte
von ihm, er gehöre zu den Menschen, die sich nur schwer dazu
entschließen könnten, von den Vorträgen vor Studenten zu den
Schularbeiten der Knaben zurückzukehren.³) Allein der Haupt=
grund seiner so schnellen Rückkehr von Eisleben lag wol darin,
daß es sich als ein mißliches Ding erwies, Agricola und Tulich
zusammen an der neuen Schule anzustellen; die Schule ver=
langte eine einheitliche Leitung, es ging aber weder an, Tulich
zu Agricolas noch Agricola zu Tulichs Untergebenem zu machen.
Sie scheinen Beide zunächst paritätisch als Collegen angestellt
gewesen zu sein, sie nannten sich Beide professores der neuen
Schule, keiner nannte sich Rector. Das war aber natürlich ein
unhaltbarer Zustand. Als später sich für Tulich die Gelegenheit

---

[1]) Spalat. Ann. bei Mencken II. 646.
[2]) Fortg. Samml. 1731, S. 695; vgl. C. R. I. 728. 732.
[3]) Corp. Ref. I. 761.

bot, ein selbständiges Schulrectorat zu übernehmen (1532 an der Johannisschule in Lüneburg), nahm er die Berufung an und wirkte in dieser Stellung als ein vielgerühmter Schulmann bis zu seinem am 28. Juli 1540 erfolgten Tode.[1]

Nur ein einziges Erinnerungszeichen an ihre gemeinsame Arbeit in Eisleben ist erhalten geblieben, nämlich der Lehrplan, den sie für die neue Schulanstalt ausgearbeitet hatten.[2] Erst neuerdings hat ein glücklicher Zufall ein Druckexemplar desselben — wol das einzige noch erhaltene — auf der Hamburger Stadtbibliothek auffinden lassen; aus diesem ist der Lehrplan von Dr. F. L. Hoffmann, Hamburg 1865, veröffentlicht worden. Derselbe ist ein interessantes Document aus der evangelischen Schulgeschichte; denn, wenn er auch nicht „der älteste, bis jetzt bekannte" Lehrplan ist, wie der Herausgeber meinte,[3] so doch der ältesten einer, namentlich älter als der von Melanchthon 1527 für die sächsischen Visitations-Artikel entworfene, der für die höheren Schulen des 16. Jahrh. vielfach als Muster gegolten hat.

Die Einteilung der Schüler geschieht wie auch in Melanchthons Visitations-Artikeln in drei Klassen oder „Haufen." In die 1. Klasse gehören die „Elementarrii," die zunächst die Lesekunst zu erlernen haben. Dazu sollen die gebräuchlichen, Gebete und Sentenzen enthaltenden Büchlein gebraucht werden. Es sind jene Handbüchlein gemeint, welche außer dem Alphabet eine Anzahl

---

[1] Vgl. z. B. Schelhorn Amoen. liter. II. 440. Biograph. Material über Tulich hat Hoffmann in dem „Lehrplan für eine deutsche Schule" S. 18 bis 28 zusammengetragen. Vergl. Fortg. Samml. 1732 S. 518. Reichling, Joh. Murmellius 1880 S. 107.

[2] Der Lehrplan scheint noch in Wittenberg während des Krieges verfaßt zu sein „in medio bello hos inter strepitus." Euricius Cordus, der bekannte Humanist, begleitete ihn mit einigen den Grafen Albrecht als einen neuen Mäcenas und Augustus preisenden Distichen. Cordus war 1525 in Wittenberg zum Besuch. Corp. Ref. X. 508.

[3] Schon 1523 verfaßte Leonhard Natter in Zwickau eine „Ordnung deß Nawen Studii vnd yetzt aufgerichten Collegii yn Fürstlicher Stadt Zwickau." Weller a. a. O. II. 678 flg. — Auch darf man den Lehrplan nicht den einer „deutschen" Schule nennen, denn dem Sprachgebrauch gemäß handelte es sich um Gründung einer „lateinischen" Schule.

von Gebeten, Psalmen, die Gebote, Vater Unser und Ave Maria, einige Schriftabschnitte, auch wol nützliche Sentenzen wie die „Sprüche der 7 Weisen" enthielten, und in bunter Mannigfaltigkeit vorhanden waren. Melanchthon selbst hatte es nicht unter seiner Würde gehalten, ein solches Büchlein (Elementa puerilia. Wittenb. 1524) zu verfassen, welches deutsch und lateinisch weite Verbreitung fand.[1]) Dann beginnt der lateinische Unterricht, aber zunächst nicht als Unterricht in lateinischer Grammatik, sondern mit dem Auswendiglernen und Erklären von Schriften, welche kurze lateinische Sinnsprüche, Gespräche oder Fabeln enthalten. Es soll zuerst ein reicher Vokabelvorrat angeeignet werden, um möglichst bald zum Lateinisch=Sprechen zu gelangen. Als Lehrbücher zu diesem Zweck werden vier Bücher von unserm Lehrplan aufgeführt. Zunächst die Paedologia Mosellani, ein jener Zeit weit verbreitetes Büchlein mit lateinischen Gesprächen über die verschiedensten innerhalb des Gesichtskreises der Schüler liegenden Gegenstände des Lebens, welches 1518 zu Leipzig erschienen war.[2]) Sodann die fabulae Aesopi, welche vom Mittelalter her in zahlreichen lateinischen Bearbeitungen im Schulgebrauch waren. Ferner „carmen de moribus, quod Catonis nomine circumfertur," eine im Mittelalter sehr beliebte und auch in den Schulordnungen des 16. Jahrh. fast allgemein recipirte Sammlung von Sprüchen praktischer Lebensweisheit, die nach des Erasmus Ausspruch nur um deswillen Catos Namen trug, weil sie Sinnsprüche enthalte, die eines Cato würdig seien. Erasmus selbst hatte eine Ausgabe davon besorgt, „Catonis praecepta moralia recognita atque interpretata ab Erasmo Roterodamo."[3]) Endlich „Mimi Laberii," eine gleichfalls

---

[1]) Corp. Ref. XX. 391. Weber, Melanchthons Kirchen= und Schulordnung. 1844. S. 152. Richter, Kirchenordn. I. S. 100: „Der erste hauffe sind, die kinder die lesen lernen. Sie sollen erstlich lernen lesen, der kinder handbüchlein."

[2]) Hoffmann a. a. O. S. 14. 15. v. Raumer, Gesch. d. Pädagogik. 3. Aufl. I. 188.

[3]) Vgl. Teuffel, Gesch. d. röm. Litt. 3. Aufl. S. 38. 39. v. Raumer a. a. O. I. 227. Herzog, Real=Encycl. 2. Aufl. VI. 305.

aus älterer Zeit stammende Sammlung von „Sprüchen allgemeiner Klugheitsregeln und Sätzen alltäglicher confessionsloser Lebens-anschauung", die, alphabetisch geordnet und den Schriften verschiedener Verfasser entnommen, daher auch unter verschiedenen Titeln aufgeführt werden. Erasmus hatte sie mit den Praecepta Catonis zusammen zuerst Strasburg 1515 als „Mimi Publiani" für den Schulgebrauch herausgegeben.[1]

In der 2. Klasse ist die Hauptaufgabe die Erlernung der lateinischen Grammatik, „denn die sorgen sehr schlecht für die Studien der Knaben, welche die Regeln nicht wollen lernen lassen und meinen, man könne auch auf andre Weise die Grammatik erlernen." Die Schüler werden nun so weit gefördert, daß sie die lateinischen Klassiker selbst lesen können, und die Lectüre soll wieder dazu dienen, die gelernten Regeln zu verdeutlichen und den Vokabelschatz zu vermehren. Obenan steht die Lectüre des Terenz, der wol in keinem Schulplan des 16. Jahrhunderts fehlt, daneben die Bucolica des Vergil. Und diese Schriftsteller werden nicht nur gelesen, sondern auch von den Schülern auswendig gelernt. Daneben wird aber auch die Lectüre neuerer Bukoliker als für die Fassungskraft der Jugend besonders geeignet empfohlen. Auch schriftlich werden die Schüler mit lateinischen Stilübungen in Prosa und in Versen beschäftigt, und damit ist ein weites Feld auch für häusliche Arbeiten derselben bezeichnet.

In der 3. Klasse werden diejenigen, welche in der lateinischen Grammatik fest geworden sind, in Dialektik und Rhetorik unter-wiesen und im lateinischen Stile nach Anleitung der berühmten Schrift des Erasmus de duplici copia verborum ac rerum commentarii duo vervollkommnet. Diese Schrift enthält außer grammatischen Regeln Anweisungen, wie man sich über ein und denselben Gegenstand auf verschiedene Weise gut und elegant lateinisch ausdrücken könne. Römische Geschichte soll aus Livius und Sallust kennen gelernt werden. Von römischen Dichtern

---

[1] Weigel-Kuczyński, Thesaurus libellorum, 1870, S. 63, Nr. 694. Teuffel a. a. O. S. 418.

werden außer den übrigen Dichtungen Vergils noch Horaz, Ovids Metamorphosen, de Ponto und Tristium gelesen. Von Ciceros Reden werden nur die leichteren (pro Archia, pro M. Marcello u. A.) genannt, von seinen Abhandlungen die Officien, de amicitia und de senectute. Zwei Tage in der Woche bleiben für die Durchsicht der schriftlichen Elaborate der Schüler der beiden oberen Klassen bestimmt; in diesen Tagen werden daneben Plautus und die Briefe Ciceros gelesen, ferner die Anweisung de ratione conscribendi epistolas, welche Erasmus für einen seiner Schüler aus England, den Lord Montjoie, während seines Pariser Aufenthalts verfaßt hatte,[1]) und die von Mosellanus gefertigte lateinische Uebersetzung des griechischen Rhetors Aphthonius. Die Fortgeschritteneren in dieser Klasse werden auch zum Studium der griechischen Sprache angeleitet. Als Lehrbücher dienen dabei Oecolampads Dragmata graecae Litteraturae[2]) und ein „Elementale," d. h. die 1508 erschienene kleine Wittenberger griech. Grammatik. Als Klassiker werden ihnen etliche Dialoge des Lucian, und außerdem Hesiod und Homer vorgelegt. Nur einzelne Schüler werden sein, die, nachdem sie im Griechischen einen guten Grund gelegt haben, nun auch noch als dritte Sprache das Hebräische anfangen dürfen. Dies aber muß als Regel gelten, daß Niemand zu den griechischen und hebräischen Lectionen Zutritt erhält, der nicht gute Fortschritte im Lateinischen gemacht hat. Gern möchte man auch Mathematik lehren, ja am liebsten den ganzen orbis artium, doch bleibt das einstweilen nur frommer Wunsch, dem vielleicht eine spätere Entwicklung der Anstalt zur Verwirklichung verhelfen kann. Doch soll täglich eine Stunde der Musik, d. h. dem Gesange gewidmet werden. Im Uebrigen ist der Unterricht ausschließlich Sprachunterricht, die Realien werden nur in so weit den Schülern nahe gebracht, als bei der Lectüre der Klassiker und den Stil- und Redeübungen gelegentlich Einzelnes aus diesen Gebieten zur Mitteilung kommt. Aber, fragen wir, wo bleibt denn die religiöse Bildung der Jugend? „Nur dann," so schließt

---

[1]) Müller, Leben des Erasmus 1828, S. 163. 202.
[2]) Basileae 1518. cf. Corp. Ref. I, 275. XX, 5.

unser Lehrplan, „werden diese Studien gesegnet sein, wenn sie mit Gottesfurcht verbunden sind. Wie Christus spricht: Trachtet am ersten nach dem Reiche Gottes ꝛc. Und Gott hat selbst Deut. VI befohlen, daß wir die Kinder in der Frömmigkeit unterweisen sollen. Daher soll jeder S o n n t a g zum Religionsunterricht verwendet werden. Der Lehrer soll der gesamten Schule entweder einen der Evangelisten, oder einen paulinischen Brief oder die Sprüche Salomos erklären, und zwar möglichst schlicht, nicht um der Disputirlust der Jugend Stoff zu geben, sondern damit sie lautere Frömmigkeit lerne und von aller Scheinfrömmigkeit unterscheiden könne; der Unterricht soll auf Weckung der Gottesfurcht, des Glaubens und guter Sitten gerichtet sein. Dazu wird aber nicht genug sein, daß den Knaben viel vorgelesen und vorgetragen wird, ein gewisser Stoff muß auch von ihnen auswendig gelernt werden, nämlich: Vater Unser, Glaubensbekenntnis, der Dekalog; ferner ausgewählte Psalmen und gewisse Schriftabschnitte. Damit diese nun sicher im Gedächtnis haften bleiben, hat der Lehrer es als Sonntags-Pensum zu fordern, daß diese Stücke der Reihe nach aufgesagt werden." Uns fällt es auf, daß der S o n n t a g hier gleichfalls als Schultag, wenn auch ausschließlich für Religionsunterricht, aufgeführt wird; aber im 16. Jahrhundert war dies nichts Ungewöhnliches, auch Joh. Brenz ließ in Schwäbisch Hall den Sonntag mit Schulstunden belegen.[1]) Doch scheint in Eisleben diese Anordnung bald abgeändert worden zu sein. Michael Coelius, der Mansfelder Hofprediger, pflegte nämlich am S o n n a b e n d nach Eisleben zu kommen, um sich an den „praelectionibus" Agricolas zu erbauen.[2]) Danach darf man wol annehmen, jene Vorträge über biblische Bücher seien auf den Sonnabend verlegt worden; — ähnlich bestimmte Melanchthon in der sächsischen Visitations-Ordnung den Mittwoch und Sonnabend für die Schrifterklärungen des Lehrers.

---

[1]) Vergl. Kirchenordnung v. Schwäbisch Hall bei Richter, Ev. Kirchenordnung I. S. 49.
[2]) Bieck, dreifaches Interim S. 18.

Wir gewinnen aus diesem Schulplane ein Bild von der Gestalt und dem Lehrpensum eines kleineren Gymnasiums damaliger Zeit. Zu dem Ansehen einer Lateinschule ersten Ranges hat sich Eisleben niemals aufzuschwingen vermocht; den Ruf, den die Partikularschulen zu Zwickau, Torgau, Wittenberg, Gotha, Eisenach, Magdeburg genossen, — es sind das die, deren Luther mit besonderen Lobsprüchen gedenkt[1]) — hat die Schule unter Agricolas Rectorate nie völlig zu erreichen vermocht; Lehrer- und Schülerzahl hielten sich in bescheidnen Grenzen. Daß sie aber Tüchtiges geleistet hat, und daß der Name ihres Leiters in bestem Ansehen stand, dafür liegen mancherlei Zeugnisse vor uns. Außer den Söhnen des Grafen Albrecht wurde auch ein junger Prinz von Braunschweig-Grubenhagen hierher in Unterricht gegeben. Und die Schriften, welche Agricola zunächst für den Gebrauch seiner Schüler verfaßte, erfreuten sich beifälliger Aufnahme und Verwendung in den verschiedensten Gegenden Deutschlands. Graf Albrecht hat freilich später gegen Agricola den Vorwurf erhoben, er habe in Eisleben „mehr versäumt als ausgerichtet." Die Anklage erscheint aber unbillig, wenn man den für sein Schulamt allerdings sehr ungünstigen Umstand in Rechnung zieht, daß er während der 11 Jahre seines Rectorats dreimal monatelang auf Reichstagen (1526, 1529, 1530) und einmal wochenlang auf der Reise Johann Friedrichs nach Wien (1535) als Hofprediger verwendet und dadurch seinem Berufe in Eisleben entzogen worden war. Im September 1529 brach der „englische Schweiß" in Eisleben aus; darauf folgte eine Pestepidemie, welche den Winter hindurch wütete. Während dieser langen Zeit scheint die Schule geschlossen gewesen zu sein; Agricola lebte wenigstens während jener Monate in Saalfeld.

Agricolas eigne Lehrthätigkeit erstreckte sich wol vorzüglich auf die Schüler der obersten Klassen. Jene im Lehrplan genannten Religionsvorträge lagen in seiner Hand; außerdem aber trieb er

---

[1]) Tischreden IV. 546. De Wette V. 421. Hoffmann, Geschichte der Stadt Magdeburg II. 96.

mit besondrer Liebhaberei die Lectüre und Erklärung des Terenz. Natürlich konnte er nicht allein den gesamten Schulunterricht erteilen, und die Gewinnung tüchtiger Schulgehülfen bildete fortan einen hervorragenden Gegenstand seiner Sorgen.[1] Beständig finden wir ihn mit den Freunden in Wittenberg in Correspondenz betreffs des Engagements geeigneter Lehrkräfte; und willig sahen sich Luther und Melanchthon nach tüchtigen jungen Lehrern um, die sie ihm zusenden konnten.[2] Unter diesen finden wir auf freilich nur kurze Zeit Franz Burkhard, den nachmaligen Vicekanzler Sachsens, in Eisleben thätig; Krankheit nötigte ihn schon nach wenigen Wochen, seinen Posten zu verlassen.[3] Ferner war mehrere Jahre hindurch Veit Amerbach Agricolas Gehülfe; am 27. Juni 1526 trat er seine Stellung an.[4] Oefters werden in den Schriften der Reformatoren „Syrus" und „Davus" in gleicher Stellung erwähnt, scherzweise nach den bekannten Lustspielfiguren des Terenz so genannt, deren wahre Namen zu ermitteln wol nicht mehr möglich sein möchte.[5] Von jenem „Syrus" sagt Melanchthon, er werde ein guter Ersatz für den so bald wieder nach Wittenberg zurückgekehrten Tulich sein, Agricola werde ihn ganz in seiner Hand haben, auch verstehe er griechisch und könne einen ordentlichen lateinischen Vers schreiben. Daneben lag Agricola die Sorge ob, auch für die jungen Grafen, welche in Eisleben erzogen

---

[1]) Er klagte, in wenigen Jahren werde Niemand mehr zu finden sein, der die Jugend in der Grammatik unterrichten wolle; denn die Aussicht auf größere pekuniäre Vorteile locke die „jungen gelehrten Gesellen", lieber Aerzte und Juristen als Schulmeister zu werden. 750 Sprichwörter Nr. 379.

[2]) Vgl. Corp. Ref. I. 758. 760. 761. De Wette III. 35. 118. 394. Zeitschr. f. histor. Theol. 1872, 365. 384. 388.

[3]) Zeitschrift f. hist. Theol. 1872, S. 388.

[4]) Vgl. Neudecker, Ratzeberger S. 101. Corp. Ref. I. 564; der Brief gehört auf den 6. Nov. 1527, nicht in den Febr. 1522 (!).

[5]) Man nennt zwar M. Theobald, auch Mercker genannt, und Lorenz Colditz als Mitarbeiter Agricolas; in dem Briefwechsel der Reformatoren liegt aber kein Zeugniß vor, daß diese Beiden etwa unter Syrus und Davus gemeint seien. — M. Andreas Theobald wird 1561 als Prediger in Eisl. erwähnt, Cod. Goth. 123 Fol. 376.

wurden und neben dem öffentlichen Unterricht noch eines besonderen Instructors bedurften, einen Hofmeister zu gewinnen. Eine Zeit lang versah ein Holsteiner, Namens Erhard, diesen Dienst.[1]) Und als im Frühjahr 1526 auch an die Errichtung einer guten „deutschen Schule," d. h. Volksschule gegangen wurde, mußte Agricola auch für diese eine geeignete Lehrkraft suchen, die ihm denn auch Luther in Wendelin Faber, dem nachmaligen Prediger zu Seeburg bei Eisleben, verschaffte.[2]) Auch eine Mädchenschule wurde errichtet, in welcher der Unterricht sich wol auch hier wie andrer Orten nur auf die ersten Elemente (Lesen, Schreiben, Katechismus, Singen) beschränkte.[3]) Daß in dieser einer Schullehrerin der Unterricht werde übertragen worden sein, ist nach der Praxis jener Zeit durchaus wahrscheinlich; wenn aber Lebensbeschreibungen Agricolas berichten, seine Frau habe diesen Posten verwaltet, so ist das vielleicht nur ein übereilter Schluß aus einem Briefe Luthers vom 10. Juni 1527 an diese Frau, in dem er sie titulirt als „Schulmeisterin zu Eisleben."[4]) Daß diese Benennung nichts hiefür beweise, liegt auf der Hand, zumal bei dem scherzhaften Tone, den Luther der nahestehenden Hausfreundin gegenüber anschlug. Es ist schwer ersichtlich, wo diese Frau Zeit zu einem regelmäßigen Schuldienste hergenommen haben sollte; mit vier kleinen Kindern war sie nach Eisleben gekommen, deren Zahl dort auf neun wuchs; sie hatte also einem großen Familienwesen Zeit und Kraft zu widmen.[5])

---

[1]) Ztschr. f. hist. Th. 1872 S. 380. (de Wette III. 405. Corp. Ref. III. 215.)

[2]) de Wette III. 103. Corp. Ref. I. 796. Dieser trat sein Amt am 18. April 1526 an.

[3]) Vgl. z. B. die K. O. v. Schwäbisch Hall 1526: „Es were auch vast gut das man fur die Jungen tochter ein geschickte fraw bestelt welche am tag zwo stund .. die tochter in zuchten schryben vnd lessen vnderricht." Richter I. 49. Bugenhagens Hamburg. K. O. (Hamburg 1861) S. 19. 20.

[4]) de Wette III. 182.

[5]) Förstemann, Neues Urkundenb. S. 291. Zeitschrift f. hist. Th. 1872 S. 388, wo zu lesen sein wird: Saluta uxorem, filiolos (nicht filiolas) et utramque puellam.

Agricola ist während der elf Jahre seines Rectorats in sehr mannigfaltiger Weise literarisch thätig gewesen. Aber nur ein Teil seiner Schriften kann als eine Frucht seiner Schularbeit angesehen werden.

Vier von seinen Schriften können wir als unmittelbar aus der Schule zu Eisleben geschrieben bezeichnen. Nach dem ersten Jahre seiner Schulpraxis erschien: „**Eine Christliche kinder zucht ynn Gottes wort vnd lere. Aus der Schule zu Eisleben.**" 1527. (Wittemberg durch Jorg Rhaw.) Dieselbe Schrift wurde gleichzeitig lateinisch unter dem Titel: „ELEMENTA Pietatis congesta a Iohanne Agricola Isleb. — 1527 (Wittemberg. Per Josephum Clug)" herausgegeben. Die Vorrede (in der deutschen Ausgabe von Martini 1526 datirt) ist an die jungen Grafen Ernst v. Braunschweig und Kaspar v. Mansfeld gerichtet. Außerdem erschien noch ein deutscher Auszug aus dieser Schrift unter dem Titel: „Eyn ausszug aus der Christlichē kinderlere." (Erffurdt durch Wolffgangk Stürmer.)[1])

Vorbezeichnetes Buch ist ein Abriß der christlichen Lehre im Anschluß an die von den Schülern auswendig zu lernenden Katechismusstücke. Einen Katechismus kann man es zwar nicht nennen, insofern man darunter ein in Frage und Antwort gefaßtes Lehrbuch versteht; die Elemente der christlichen Lehre werden hier in fortlaufendem Vortrage entwickelt. Das Buch beginnt nach Erörterung der Frage, warum Gott das Gesetz gegeben habe, mit einer Auslegung der 10 Gebote in oft recht treffender, populärer und bündiger Weise. Nicht nur werden Bibelsprüche, sondern auch die Agricola so ganz besonders geläufigen deutschen Sprichwörter und volkstümlichen Redeweisen zum Verständnis des göttlichen Gebots verwertet. Nach den 10 Geboten erklärt er das Vater Unser und dann „die 12 Artikel des Glaubens," d. h. das apostolische Glaubensbekenntnis. Daran schließt sich ein Unterricht „was man von der hlg. Dreifaltigkeit christlich halten soll" und eine kurze Auseinander-

---

[1]) Die genauere Beschreibung der verschiedenen Ausgaben s. in Zeitschr. d. Harzvereins 1879 S. 225.

setzung „vom Brauch des Leidens Christi." Der darauf folgende Unterricht von den Sacramenten beschäftigt sich fast nur mit der Abendmahlslehre. Daran schließt sich eine Belehrung über den christlichen Ehestand. Den Schluß bildet ein ganz kurzer Abschnitt über die Buße.

Man merkt aus der Anordnung des Ganzen, daß Luthers Katechismus mit seiner für spätere Zeiten maßgebenden Stoff= verteilung und Ordnung der 5 Hauptstücke damals noch nicht erschienen war. Es findet sich bei Agricola teils Stoff, den wir aus einem Schulbuche ganz herausweisen würden, so namentlich die Abschnitte über den Ehestand, andrerseits fehlt die uns unent= behrlich scheinende Belehrung über die Taufe, sowie eine Berück= sichtigung der Stücke der christlichen Haustafel, welche die Jugend unmittelbar berühren. Sichtlich ist der Verfasser bemüht, die Lehrstücke dem Verständnis der Jugend nahe zu bringen. Dazu dient ihm einmal der Hinweis auf den Sprichwörterschatz der Deutschen. So erläutert er das 8. Gebot mit dem Sprüchlein:

Der ist weise und wohl gelehrt,
Der alle Dinge zum Besten kehrt.

Bei der 4. Bitte im Vater Unser erklärt er: „Brot heißt die Schrift Alles, was wir bedürfen zu unsrer Erhaltung und das wir täglich gebrauchen, als da sind Essen, Trinken, Kleider, wie wir Deutschen sagen: Hülle und Fülle, Um und An;" und er erinnert an das Sprichwort: „Gott bescheret über Nacht." Ferner versucht er durch Vergleichungen aus der Natur das Ver= ständnis geistlicher Dinge zu erleichtern. So erinnert er bei Christi Auferstehung an allerlei Vorgänge in der Natur, wo ein vor unsern Augen Entschwundenes wieder auflebe: die auf den Neumond wieder erfolgende Zunahme des Monds, die Fruchtbildung beim Obstbaum, zu der das Abwerfen der Blüten nötig sei u. dgl. Die Drei= einigkeit verdeutlicht er an Licht, Strahlen und Wärme der Sonne; daneben auch dadurch, daß man die drei Personen als aeternitas, species und usus der Gottheit sich vorstellen möge.[1]

---

[1] Aehnlich Luther Opp. exeg. I. 63.

Die Sacramentslehre sucht er aus der Erzählung von der ehernen Schlange zu erläutern: da sei ein von Menschenhand gemachtes Zeichen, das an sich Niemandem helfen könne; aber ein Verheißungswort Gottes sei darauf gefallen, dadurch die Schlange, obgleich sie nach wie vor dieselbe eherne Schlange geblieben sei, nun doch eine geistliche, heilkräftige Schlange geworden sei.[1]) Auch dogmatisch bietet das Buch manches Interessante; zuvörderst in der Behandlung der Lehrpunkte, in welchen Agricola später mit den Wittenberger Reformatoren in scharfen Conflict geriet, der Lehre von der Buße und vom Gesetz. Doch ist hier noch nicht der Ort, darauf näher einzugehen. Wir heben nur seine Auslegung des 3. Gebots hervor, in welcher er von einer directen Uebertragung des Sabbatsgebotes auf den christl. Sonntag nichts weiß, vielmehr das Ruhen als ein allgemeines nach Gottes Freundlichkeit der Natur des Menschen wie der Tiere zukommendes Recht entwickelt, das Heiligen aber in ganz umfassender Weise ohne directe Beziehung auf den Gottesdienst als das Hangen des Herzens an Gottes Willen, als das Ablassen von allem selbsterwählten Thun definirt.[2]) — Christi Höllenfahrt denkt er nicht als ein reales Hinabsteigen, sondern als ein „Empfinden der Schmerzen der Hölle und der Verzagung," wie Christus selbst in seinem Rufe am Kreuz: Mein Gott, mein Gott, warum hast du mich verlassen! angezeigt habe — also in bemerkenswerter Abweichung von Luther, der

---

[1]) Daneben finden sich freilich auch arge Trivialitäten und pädagogische Taktlosigkeiten; so wenn er den Nutzen des Gesetzes schließlich in den Terminus zusammenfaßt, es sei „der Knüppel beim Hunde;" oder wenn er unter den Uebeln, vor welchem der Schüler bitten solle bewahrt zu bleiben, auch „die Franzos" aufführt. Als Curiosum erwähnen wir, daß unter den 16 „Seuchen und Krankheiten," die er namentlich aufführt, auch die „Werwölffe" figuriren.

[2]) Also ganz im Sinne der Verse Luthers:
Du sollst von deim Thun lassen ab,
Daß Gott sein Werk in dir hab.

Melanchthons Bemerkungen in Corp. Ref. XXIII. 137 gegen Diejenigen, welche als Kern des 3. Gebotes ein „Deum agentem in nobis pati" bezeichneten, scheinen demnach auf Agricola zu gehen.

in seiner „kurzen Form, den Glauben zu betrachten" 1520 eine ganz
andre Bedeutung diesem Stück des Apostolicum beigelegt hatte.[1]

Die günstige Aufnahme, welche diese erste katechetische Arbeit
Agricolas fand, wurde ihm zum Antrieb, ein Jahr danach ein
zweites ähnliches Schriftchen nachfolgen zu lassen, welches denselben
Stoff für das Bedürfnis der Elementarschulen zubereitet enthalten
sollte. So erschienen:

„Hundert vnd dreyssig gemeiner Fragestücke für die iungen
kinder yn der Deudschen Meydlin schule zu Eysleben, vom wort
Gottes, glauben, gebete, heiligen geiste, creutze vn liebe, auch ein
vnterricht von der Tauffe, Vnd leibe vnd blute Christi." (Gedruckt
durch Gabriel Kantz. Mit Vorrede an seinen Schwager Bartel
Dragstat, datirt „Eysleben Montag nach Martini M.D.XXVII.")

Schon 1528 erschien dieselbe Schrift erweitert unter dem
Titel: „156 gemeyner fragstücke," und noch später vermehrte er das
Büchlein bis auf 321 Fragestücke.[2]

Diese Schrift ist nun wirklich ein Katechismus, in Frage
und Antwort abgefaßt. Sie besteht aus zwei Teilen, dem Stoff
für die Anfänger, „Milchsuppe und Kinderbrei" für die Kleinen,
die noch nicht „angezahnt" haben, wie Agricola sich ausdrückt, und
das sind eben jene 130 Fragen; darauf folgt für die Größeren
ein Stück aus dem für die Lateinschule geschriebenen Buche, nämlich
die Abschnitte von der Dreieinigkeit, vom Gebrauch des Leidens
Christi, vom Abendmahl und von der Buße. Das Neue besteht
also hier nur in jenem ersten Teile des Büchleins.

Ganz seltsam ist die von Agricola jetzt angewendete Ordnung
des Stoffes. Er beginnt mit Besprechung des Unterschiedes von
Wort und Glauben, von Gesetz und Evangelium; dann hebt er
an mit der Frage: was ist Gott für ein Mann? und läßt die
Wohlthaten, die Gott den Menschen erweise, aufzählen. Damit
kommt er auf die Taufe, als die erste dem Neugebornen zu

---

[1] Jenens. Ausg. I. Fol. 250 b.
[2] Bibliograph. Angaben über die verschiedenen Ausgaben dieses Katechismus s. in Zeitschr. des Harzvereins 1879 S. 228.

teil werdende Gnadenerweisung Gottes zu sprechen. Von der Taufe bringt er das Gespräch auf das sündliche Verderben des Menschen; als Schutzmittel dagegen werden Gebet und Buße genannt, als Trost für den Sünder das Abendmahl.[1]) Daran schließt sich eine Unterweisung der Kinder über Beichte, Absolution und Abendmahlsfeier. Dann hebt er neu an mit der Frage, was Gott für seine Wohlthaten von uns fordere; Antwort: Glauben! Er geht nun die drei Artikel des Glaubensbekenntnisses im Einzelnen durch, besonders eingehend im 3. Artikel die Frage beleuchtend, wie ein Mensch gläubig werde; in directer Polemik gegen die katholische Kirche wird das Verhältnis von Glauben und guten Werken zu einander und die Freiheit des Christen vom Gesetz ausführlich abgehandelt. Dann folgt ohne Ueberleitung und Verbindung mit dem Vorigen eine Belehrung über die Leiden der Christen, woher sie kämen und wozu sie gut seien, eine kurze Auslegung des Vater Unser und der zehn Gebote, bis das Ganze mit einer nochmaligen Hervorhebung des Unterschiedes von Gesetz und Evangelium, Glauben und Werken geschlossen wird.[2]) — Die Mängel dieser Stoffverteilung sind augenscheinlich; auch tritt die eigentümliche Stellung des Verfassers zum Gesetz hier schon viel schärfer hervor als in der „christl. Kinderzucht." An drei verschiedenen Stellen kommt er auf den Gegensatz von Gesetz und Evangelium zu sprechen und weist damit diesem Lehrstück einen

---

[1]) Die Abendmahlslehre ist merkwürdig einfach und unentwickelt in Beziehung auf die Differenzpunkte zwischen Luther u. den Schweizern. Das Abendmahl ist „das Wort Christi von der Vergebung der Sünden, daran das Zeichen seines Fleisches u. Blutes gehängt ist;" „so wahr als ich das Brot sehe und beiße, den Wein rieche und schmecke, so wahr will mir Gott um seines Sohnes willen die Sünde nicht zurechnen, den Glauben stärken und den heil. Geist geben." (Frage 46.) Melanchthon bezeugte ihm später (1535) sein besonderes Wohlgefallen an dieser Behandlung der Abendmahlslehre: „certe Sacramentorum naturam tu sine hac quaestione [scil: de physica conjunctione panis et corporis] tractas pie et graviter in tua Catechesi" Corp. Ref. II. 827, während er ihn 1529 im Verdacht gehabt hatte, daß er es mit Zwingli halte I. 1041.

[2]) In den vermehrten Ausgaben ist nach der Erklärung der 10 Gebote noch ein beträchtliches Stück Polemik gegen Rom eingeschaltet.

ganz ungerechtfertigten Umfang zu; diesem einen Stück gegenüber wird alles Andre kurz und flüchtig erledigt. Zwar tritt auch hier wieder die Begabung Agricolas für volkstümliche Ausdrucksweise hervor, aber sie verfällt auch mehrmals bedenklich ins Platte und Geschmacklose; z. B. Frage 19: „Sag mir, was ist Gott für ein Mann? Gott ist ein frommer Mann." Oder in Frage 11: „Gott erwählet Leute, denen er sein Wort **ins Maul** legt." Man läßt es sich gefallen, wenn er die Sünde im Herzen dem unter der Asche glimmenden Feuer vergleicht; aber wenn er dann weiter dociert: „der Teufel hat **einen starken Atem**, wenn der in das Fleisch bläset, so weichet die Asche von den Kohlen," so wird das Bild doch gar zu drastisch, zumal wenn wir bedenken, daß Fragen und Antworten zum Auswendiglernen der Kinder bestimmt waren.[1]) Ein Vergleich mit Luthers Katechismus drängt sich auch hier ganz unwillkürlich auf. Wie hat der sonst oft so derbe und drastische Luther hier jedes Wort wohl erwogen und seine Feder in den gemessensten Schranken gehalten! Agricola versteht nicht recht, knappe und präcise Fragen zu stellen; gleich mit der ersten Frage, die er formulirt („Worinnen stehet und in wie viel Punkten, Alles, das Gott ist, darinnen die Heiligen Gott kennen und selig werden, das ist: Worin stehet die Gottseligkeit?") hat er ein rechtes Muster einer langatmigen und verkehrten Fragestellung geliefert. Sehr beachtenswert scheint uns auch der Unterschied zu sein, daß Luther in seinem Katechismus nur positiv die evangelische Lehre hinstellt, Agricola dagegen seine Schrift zugleich zu einem Handbüchlein der Polemik gegen Rom macht. — Und doch, mit welcher Begierde diese unsers Erachtens in der Anordnung wie in der Einzelausführung verfehlte Arbeit Agricolas aufgenommen wurde, einem wie großen Bedürfnis in

---

[1]) Von wörtlichem Auswendiglernen und dem Fassen der Lehre in ganz feste Formen ist er ein großer Freund: „Ego enim omnino in eo sum, quod putem juventutem juxta praescriptum sonare debere praeceptoris verba, ne variis adsuefacta omnium interim obliviscatur, id quod fit, cum multa sine ordine ingerantur, antequam grandescant pueriles animi." Vorrede zum Titusbrief unter Berufung auf Horaz, Epist. II. 335—337.

den evangelischen Gemeinden sie entgegen kam, das beweisen die zahlreichen, in wenigen Jahren sich drängenden Auflagen. In dem wahrscheinlich 1529 erschienenen Büchlein „Christenliche vnderweysung der Jungen in Fragßweis" legt der Verfasser, der Ulmer Prediger Sam, ein Zeugnis ab von der weiten Verbreitung, die Agricolas katechetische Arbeiten gefunden hatten. Er sagt nämlich, in der Schule zu Ulm seien bisher mancherlei Kinderbücher, ein Straßburgisches, ein Nürnbergisches, ein Eislebisches u. s. f. gebraucht worden. Hier ist bei dem Straßburgischen wie bei dem Eislebischen Kinderbüchlein an Agricolas Schriften zu denken, bei ersterem an einen Straßburger Druck der 156 Fragestücke, bei letzterem an die „Kinderzucht aus der Schule zu Eisleben." (Unter dem Nürnbergischen ist dagegen wol der Katechismus Althamers [Nürnberg 1528] gemeint.)[1])

Ersehen wir aus den beiden bisher besprochenen Schriften, in welcher Weise in Eisleben in der lateinischen und in der deutschen Schule der Katechismus-Unterricht betrieben wurde, so haben wir in einer dritten Schrift eine Probe von den Vorträgen über biblische Bücher, die Agricola den Schülern zu halten hatte.

Es erschienen nämlich: „IN EPISTOLAM PAVLI AD TITVM Scholia." (Vvitebergae apud Georgium Rhau. M. D. xxx.)[2]) Er widmete diese Arbeit seinem Freunde Caspar Aquila, Pfarrherrn in Saalfeld, in dessen Hause er bei seinem längeren Aufenthalte in dieser Stadt die Vorrede (15. März 1530) niederschrieb. Es empfehle, so schreibt er darin, den Titusbrief seine wunderbare Abgerundetheit und Knappheit, um an ihm den Weg zur Frömmigkeit lehren zu können. Daher habe er ihn auch den seiner Sorge anvertrauten Knaben gern wollen nützlich werden lassen. Und da nun die „communes atque pueriles precationes",[3]) welche er für seine Schule verfaßt habe, einigermaßen von den

---

[1]) Veesenmeyer Nachr. v. einigen Katech. 1830 S. 40.

[2]) Genaueres über diese und eine spätere Auflage des Buches s. in Zeitschrift des Harzvereins 1879 S. 231.

[3]) Damit meint er doch wol jene katechetischen Schriften und nicht wie vermutet worden, ein verloren gegangenes Schulgebetbuch.

Knaben gelernt und angeeignet seien, so wolle er ihnen nun in
diesem Buche eine kurze Anleitung geben zu der Frömmigkeit,
welche das Leben heiligt. Das Buch ist denn auch durchaus nicht
ein Commentar nach gewöhnlicher Weise, sondern ein Schulbuch,
welches in Fragen und Antworten die Schüler auf den religiösen
Gehalt der einzelnen Worte und Sätze des Briefes aufmerksam
machen will. Dabei fällt er öfters aus der lateinischen in die
deutsche Rede, indem er mit möglichst treffendem deutschen Worte
die Meinung des Apostels wiederzugeben sucht, mischt auch nach
seiner Liebhaberei deutsche Sprichwörter zur Verdeutlichung der
Lehre des Apostels bei. Das Ganze ist schlicht und praktisch
gehalten.

Endlich muß noch einer Schrift hier Erwähnung geschehen,
die zwar erst geraume Zeit nach seiner Thätigkeit als Rector in
Eisleben erschienen, aber doch eine Frucht seiner Schularbeit
gewesen ist:

„Terentii An=DRIA GERMANICE REDDITA et Scholijs
illustrata." (Berlin. Anno Domini M. D. XLIIII.)[1]) In der
Zuschrift an den jungen Prinzen Erich von Braunschweig=Lüneburg
(geb. 10. August 1528), einen Schüler des mit Agricola befreun=
deten Theologen Antonius Corvinus, erwähnt er, daß dies eine
Arbeit seiner jungen Jahre sei, die er vor mehr als den sprich=
wörtlichen 9 Jahren begonnen habe. Die Arbeit ist also unzweifel=
haft in Eisleben aus der Schulpraxis entstanden. Wir erwähnten
schon oben, daß Agricola eine besondere Liebhaberei für Terenz
hatte. Gestand doch Luther auch in den Tagen seiner schweren
Verbitterung gegen Agricola zu, daß dieser ein guter „Terentianus",
vielleicht ein besserer als er selbst, sei.[2]) Und Agricola selbst

---

[1]) Siehe Zeitschrift des Harzvereins 1879 S. 232.
[2]) Tischreden II. 418. Bindseil Coll. II. 18. Vergl. Neudecker, Ratze=
berger S. 97: „(Agricola) beflisse sich ad purum et elegans genus dicendi
Terentianum." Lemnius läßt in seiner Spottschrift „Ein heimlich Gespräch"
1539 Bl. Aiij b. Melanchthon sich über Agricola folgendermaßen äußern:
„Es wäre ihm und uns besser auch ehrlicher, daß er wäre zu Eisleben geblieben
und hätte den Schützen und Bachanten seinen Terentium resumirt."

drückt in vorliegender Schrift unverhohlen seine Freude an den Dichtungen des Römers aus: „Terenz ist es offenbar wert, daß man ihn wörtlich auswendig lerne, denn er befördert die Sprachgewandtheit und enthält eine reiche Fülle praktischer Lebensweisheit." Seine Vorliebe für diesen Dichter wurde von Vielen damals geteilt. Schrieb doch Kanzler Brück einmal an den Kurfürsten von Sachsen, nächst dem Unterricht im Katechismus sei die Lectüre des Terenz für die Jugend die beste.[1]) Vorliegende Bearbeitung der Andria, der ersten und ältesten der sechs Komödien des Terenz, ist ein ganz eigentümliches Buch: es ist nicht Uebersetzung und nicht Commentar; am bezeichnendsten wäre wol der Name „Präparation" dafür. Er gibt den lateinischen Text — und zwar unter Zugrundelegung der Textrecension des Johann Rivius[2]) — aber mit beständig dazwischen geschobener deutscher Uebersetzung, auch mit Einschaltung lateinisch geschriebener Anmerkungen und Erklärungen. Dabei ist sein Bestreben darauf vorzüglich gerichtet, den lateinischen Ausdruck wirklich durch eine entsprechende, gut deutsche Redensart wiederzugeben. Wir finden hier Luthers berühmte Anweisung, wie man verdeutschen solle, auf profanem Gebiete verwertet, und in dieser Hinsicht ist diese Ausgabe der Andria entschieden eine bedeutsame und interessante literarische Erscheinung.[3]) Wenn Agricola in derselben Art mit seinen Schülern in der Klasse die römischen und griechischen Klassiker gelesen hat, dann hat sein Unterricht nichts von trockner Pedanterie an sich gehabt. Beispielsweise übersetzt er hier esse inimicitias inter eos, „sie seien einander todspinnefeind"; fallere, „über ein

---

[1]) Muther, Universitätsleben S. 335. Ueber Melanchthons Vorliebe für Terenz vergl. Raumer Pädag. I. 209.

[2]) Vergl. Corp. Ref. XIX. 659 flg. IV. 1015. 1018.

[3]) Irreleitend ist die Angabe Friedländers über dieses Buch in Märk. Forsch. II. Berlin 1843, S. 222: „A. machte den ersten Versuch mit Einführung der classischen dramat. Werke des Altertums u. s. w." Vergl. auch Friedländer Berliner Buchdruckergesch. 1834, S. 20. Eine kurze Comedien (1839) S. VIII.

Wein werfen"; vinctus est, „er liegt im Stocke" oder „er liegt im Hundehause"; obsecro, „um Gottes willen"; utinam, „gebs ja Gott"; occidito, „so töte mich für einen tollen Hund"; u. dgl. m. Es war seine Absicht, auch die übrigen Komödien des Terenz in gleicher Weise zu bearbeiten; es blieb aber bei dem Vorsatz, wenigstens ist unsers Wissens kein weiterer Band diesem ersten nachgefolgt.[1]

---

[1] Schon während des Aufenthaltes Agricolas in Wittenberg während der Jahre 1536—1540 muß es Luther bekannt gewesen sein, daß er sich mit einer Verdeutschung des Terenz beschäftigte; denn als er eines Tages selber die Terenz-Ausgabe des Rivius in der Hand hatte, sagte er mit spöttischer Bezugnahme auf Agricola: „Terenz kann gar nicht ordentlich ins Deutsche übersetzt werden, unsre Sprache leidet's nicht, sie ist zu schwerfällig; eher ginge es an, ihn ins Französische zu übertragen, denn das ist geschmeidiger." Binds. Coll. I. 192.

## VI.

## Der Reichstagsprediger.

Agricolas Schularbeit erlitt in den elf Jahren, die er in Eisleben verlebt hat, mehrmals längere Unterbrechungen. Denn man war bei Hofe auf ihn als einen tüchtigen Prediger aufmerksam geworden, die Freunde Luther und Spalatin hatten es wol auch nicht an Empfehlungen fehlen lassen, und so erging dreimal nach einander der ehrenvolle Ruf an ihn, dem Kurfürsten von Sachsen während der Reichstagssitzungen als Reise- und Hofprediger zu dienen. So begleitete er den Kurfürsten zuerst auf den Reichstag zu Speier 1526. Am 25. Juni nahm der Reichstag seinen Anfang, aber erst vier Wochen später (am 20. Juli) langte Johann mit seinem Gefolge in Speier an.[1] Schon auf der Hinreise hatte Agricola zu predigen gehabt, so namentlich bei dem Aufenthalte in Frankfurt a. M., wo er am 16. Juli in St. Bartholomäus, am Tage darauf in St. Leonhardt predigte.[2] Es charakterisirt den Fortschritt, den die reformatorische Bewegung in Deutschland gemacht hatte, daß die beiden hervorragenden Vertreter der evangelischen Lehre unter den Fürsten des Reichs, Kurfürst Johann und Landgraf Philipp, auf diesem Reichstage zum ersten Male das Recht öffentlicher evangelischer Predigt

---

[1] Die Verspätung des Kurfürsten war Agricola sehr erwünscht, da er so noch imstande war, die Entbindung seiner Frau, die am 27. Juni nahe bevorstand, abzuwarten, s. de Wette III. 118.

[2] Spal. ap. Menck. II. 657. 1115. Ney, Reichstag zu Speier im J. 1529. 1880 S. 77.

während der Reichstagsverhandlungen für ihre Prediger in Anspruch
nahmen und ausübten. In allen Nachrichten über den Reichstag
wird daher auch dieser Neuerung als eines Ereignisses gedacht.
Cochläus erzählt: „Sie forderten, man möge ihnen eine der Kirchen
in Speier für ihren Gottesdienst einräumen, aber der Bischof von
Speier und der Pfalzgraf verwehrten es ihnen. So befahlen sie ihren
Predigern, täglich im Hof ihrer Herberge öffentlich zu predigen.
Ungeheuer war der Zulauf des Volks aus Stadt und
Land zumeist aus Neugier, um die Ausfälle gegen die Cleriker
und den Papst anzuhören. Wegen Ungunst der Zeiten mußten
die guten Katholiken leider zu diesem Treiben die Augen zudrücken."[1])
Tritt in diesem Berichte des katholischen Geschichtschreibers der
Aerger darüber hervor, daß man ihnen das Predigen nicht völlig
verwehren konnte, so in dem Berichte Spalatins die Unzufrieden=
heit damit, daß es nicht gelungen war, eine der Kirchen für die
evangelischen Gottesdienste zugeteilt erhalten zu haben, daneben
aber auch die Freude über die ungeheure Zuhörermenge, welche
den Predigten beiwohnte. „Da war der arme Christus bei den
Pharisäern so verachtet, daß weder des Kurfürsten zu Sachsen
noch des Landgrafen Philipps Prediger in einiger Kirche Platz
und Erlaubnis hatten, Gottes Wort zu predigen, sondern mußten
in ihrer Herberge Hof lassen predigen. Aber dazu denn oft etlich
viel tausend Menschen kamen, und wiewol der Teufel sehr zornig
auf Christum war, noch blieb er mit seinem lieben Wort unver=
hindert." Und ähnlich in einem Briefe: „Mein gnäd. Herr, der
Kurfürst zu Sachsen und Landgraf zu Hessen lassen einen Tag
um den andern das Evangelium lauter und rein in ihren Her=
bergen predigen, dazu mein gn. Herr Mag. Joh. Agricola v.
Eisleben und mich armen Schweiß, und der Landgraf Mag. Adam
(Kraft) von Fulda seinen Prediger, auch einen Ehemann, gebraucht.
Und mag auch in Wahrheit schreiben, daß täglich sehr viel Volks
zur Predigt kommt, ja an Feiertagen etlich viel tausend Menschen,

---

[1]) Cochl. Comm. p. 147. 148.

darunter etlich Fürsten, Grafen, Ritterschaft und Botschaften sind."[1]) Uebereinstimmend damit berichtet Agricola: „Ich sehe hie zu Speier, mit was Begier das Volk Gottes Wort nachläuft. Es ist mir eine große Thür eröffnet, und sind hie viel Widerwärtiger!"[2]) Die drei evangelischen Prediger sahen sich vor eine überraschend große Gemeinde gestellt, unter denen viel Neugierige, aber auch Viele waren, die das Evangelium heilsbegierig aufnahmen; sie sahen, „daß das Evangelium daselbst noch neu, ungehört und seltsam sei." Und so predigten sie denn mit großer Freudigkeit. Um „den Hunger und Durst des armen Häufleins zu Speier nach dem Wort Gottes etlichermaßen zu stillen," nahm Agricola den Colosserbrief zum Text für fortlaufende Predigten, die mit großer Aufmerksamkeit angehört wurden. Dieser Brief gab ihm Gelegenheit, ebenso positiv wahres christlich-evangelisches Glaubensleben zu schildern, wie polemisch an dem katholischen Satzungswesen, das ja in der That eine Fortsetzung des von Paulus zurückgewiesenen Judaismus ist, Kritik zu üben.[3]) Zu Anfang bat er die zum größten Teile ja katholischen Zuhörer, sie möchten ihr Urteil über die Evangelischen zurückhalten, bis sie diese Epistel bis zu Ende würden haben auslegen hören; auch möchten sie den Lügen nicht Glauben schenken, die über die Evangelischen ausgesprengt würden. — Nach seiner Heimkehr vom Reichstage gab er diese Briefauslegung mit einer Widmung an Landgraf Philipp in Druck unter dem Titel: „Die Epistel an die Colosser,

---

[1]) Spalatin Annales S. 96. ap. Menck. II. 658. Schlegel Vita Spalat. p. 96.

[2]) Epistel an die Colosser Bl. A iiij.

[3]) Besonders scharf polemisirte er gegen den kathol. Meßcultus. Es sei große Gotteslästerung und teuflischer Mißbrauch, daß man für Lebendige u. Tote Messe halte. Ein Priester, der von solchem Greuel nicht abstehe, solle von Niemand gehört werden. Das Lästerliche der Messe suchte er an einzelnen Gebeten des Meßcanons nachzuweisen. Später, in den Tagen des Augsburger Interims, wurde er in einer für ihn sehr fatalen Weise an diese seine eignen Zeugnisse gegen Rom wieder erinnert durch Abdruck des Abschnittes über die Messe und den Canon.

S. Pauls, zu Speier geprebigt auff dem reychstage, von Joann Agricola Eysleben. Durch D. Martinum Luther vbersehen. Wittenberg 1527. (Wittenberg, durch Simphorian Reinhart.)"[1])

Doch predigte Agricola daneben auch über die Sonntagsevangelien; eine dieser Predigten über das Evangelium vom Pharisäer und Zöllner, eine warme und schöne Predigt, gab er hernach gleichfalls in Druck: „Johann Agricola Eyßlebens predig auff das Euangelion vom Pharisser vnd Zolner, Luce. xviij. zu Speyer auff dem Reychstag geprebigt. Anno M. D. XXVI." (s. l. et impr.)[2]) An den eigentlichen Reichstagsverhandlungen hatten die Theologen nicht Anteil zu nehmen; doch waren sie auch diesen gegenüber nicht müßige Zuschauer; denn wir besitzen noch ein umfängliches Schriftstück, welches Agricola und Spalatin in gemeinsamer Arbeit damals gefertigt haben unter dem Titel: „Die Articul der Beschwerung in der Kirchen 2c. 1526 auf dem Reichstag zu Speyer zusammen getragen, überreicht und bewogen."[3]) Außerdem fand sich für sie Gelegenheit zu persönlicher Begegnung und Auseinandersetzung mit den Theologen der Gegenpartei. So machte Agricola die Bekanntschaft des erbitterten und intriganten Gegners der Reformation, Johann Fabri, des Vikars des Costnitzer Bischofs. Dieser einst der humanistisch liberalen Richtung angehörige Theologe war seit 1521 ins Lager der strengen Romanisten übergegangen und hatte sich seit 1522 in hervor-

---

[1] Vergl. Kordes S. 125 flg. Kirchenhistor. Archiv v. Stäudlin 1825, Heft I. S. 125—127.

[2] Vrgl. Kordes S. 117 flg. Daß die Wirksamkeit der evangel. Reichstagsprediger nicht ohne Erfolg war, bewies u. A. die am 30. Juli in Speier erfolgte Communion des pfälzischen Feldhauptmanns Eberhard Schenk v. Erbach nach evangel. Ritus, bei welcher Agricola als Zeuge anwesend war. Spal. ap. Menck. II. 659.

[3] Cyprian Urkunden II. S. 380—404. Es ist dabei zu bemerken, daß Cyprian beim Abdruck dieses Actenstückes aus der Handschrift Spalatins ganz übersehen hat, daß das Original in Cod. Goth. 338 von Spalatins eigner Hand den Vermerk trägt: „Islebij et mea Collecta in Capita Grauaminum Ecclesie et Ro. Imperij. 15. 26. In Comitijs Spirensib." Daher ist Agricolas Mitarbeit daran bisher unbekannt geblieben.

ragender Weise literarisch an dem Kampfe der Geister für Rom gegen Luther beteiligt. Er übte einen besonderen Einfluß aus, seitdem er 1524 von Erzherzog Ferdinand an dessen Hof gezogen worden war.[1]) Charakteristisch für ihn ist, was Agricola von ihm erzählt, daß er mit einem der beim Reichstage anwesenden evangel. Fürsten viel „von diesen Läuften" geredet und schließlich leichthin geäußert hatte: „Gnädiger Herr, was bemühet sich Ew. Gn. so faft (sehr), diese Dinge zu erforschen? Neutra pars est vera, neque nostra, neque vestra." Daraus zog Agricola nicht mit Unrecht den Schluß, daß er seiner Lehre selber nicht gewiß sei, also zu jenen Parteigängern gehöre, die nur um äußerer Interessen willen der von ihnen verfochtenen Sache dienen.[2]) Agricola hatte Gelegenheit gefunden, mit ihm über die Rechtfertigungslehre zu disputiren, wobei dieser — wie er hernach klagte — Schriftstellen citirt hatte, die nirgends zu finden waren. Gleiches hatte Faber in seinen Predigten in Speier gethan. Darauf richtete Agricola ein längeres Schreiben an ihn, worin er ihm die paulinisch-lutherische Lehre vom Glauben und den Werken unter Hinweis auf zahlreiche Sprüche der hlg. Schrift gründlich auseinander zu setzen suchte. Der Glaube trage rechtfertigende Kraft in sich selbst ohne die Werke, aber das sei des Glaubens Wirkung, daß der Gläubige mit Lust und Freuden des Nächsten Diener sei. Die Werke seien das lebendige Zeugnis des Glaubens. Der Glaube gebe uns Christum mit all seinen Gaben zu eigen, die Liebe hinwiederum verpflichte und gebe uns mit all unsern Gaben dem Nächsten hin.[3]) Um diesem Briefe noch mehr Nachdruck zu geben, wandte er sich zugleich brieflich an Melanchthons alten

---

[1]) Vrgl. Cochl. Comment. p. 73 flg. Zasii epistol. ed. Riegger p. 423. Lämmer, Vortrident. kath. Theol. 1858 S. 61 flg. Herzog Real-Enc. 2. Aufl. IV. 475 flg.

[2]) Sprichwörter 2. Teil. Bl. 44 b. (Ausgabe v. M. Sachs 1529). Auf Fabers Lebenswandel wirft Melanchthons bereits 1521 auf ihn gedichtetes Distichon ein eigentümliches Licht: Emserus caper est, Fabrum Constantia mittit, Jlle suis fumis uritur, hic scabie. Corp. Ref. X. 482. Vrgl. XX. 556.

[3]) Kappens kl. Nachlese II. 691.

Jugendfreund, der aber jetzt auch der Reformation feindselig gegen=
überstand,[1]) den in Speier gleichfalls anwesenden Tübinger
Professor Caspar Kurrer, und bat ihn, er wolle doch Faber
ermahnen, daß er die Wahrheit nicht „propter pugillum aquae
et fragmen panis," um zeitlicher Vorteile willen verleugnen sollte.
Auch mit Kurrer hatte Agricola disputirt; dieser hatte ihm in
Bezug auf die Reinheit der von den Evangelischen gepredigten
Lehre erhebliche Zugeständnisse gemacht, dafür aber ihren Lebens=
wandel gerügt. Darauf Bezug nehmend erwiderte er, man müsse
in jetziger Zeit betreffs des Lebenswandels nachsichtig urteilen;
die Hauptsache sei jetzt, daß die Lehre richtig gestellt werde; „es
kommt jetzt nicht in Betracht, wie ein Bischof lebt, sondern was er
und wie er es lehrt." Uebrigens warte er sehnlichst auf Fabers
Antwort, um zu sehen, ob er imstande sei, ihn in der Recht=
fertigungslehre zu widerlegen. Kühnlich schließt er seinen Brief
gegenüber einschüchternden Reden des Gegners: „Wir, die wir
auf den Fels gegründet sind, sind nicht gewohnt, dem Rohrhalme
gleich vom Winde uns schaukeln zu lassen!"[2])

Aber Faber schwieg auf diese doppelte Provocation. Ent=
rüstet zog Agricola in einer Predigt dies Verfahren des Gegners
an die Oeffentlichkeit. „Ich habe auch einem aus den Vornehmsten
des Widerteils, einem Prediger, geschrieben, Doctor Fabri von
Costnitz, ihn Lügen gestraft seiner Predigten halber, darinnen er
die Schrift gefälscht hat, brüderlich ermahnt, davon abzustehn
oder Ursache zu geben. Er soll aber noch antworten! Wenn man
einem Handwerksmann ein Ding zusagt (vorwirfst), und er kann
sich nicht verantworten, so wird er zu einem Schelm und Lügen=
mann; aber diesen Leuten gilt es Alles gleich. Ich will ihm noch
eine Weile zu gut halten, und wo er nicht kommt und sich ent=
schuldigt, so will ich ihm zu Ehren einmal in Druck lassen aus=
gehen dieselbe Vermahnung!"[3]) Eine besondre Genugthuung

---

[1]) Vrgl. Döllinger, Reform. I. 565.
[2]) Kappens kl. Nachlese II. 693. 694.
[3]) Brief an die Colosser Bl. Riiij b.

gewährte es ihm, daß der fahrende Poet, der bekannte Humanist Hermann v. d. Busche, der von Worms aus in Speier zu Besuch erschien, sich hier Fabri ganz besonders zur Zielscheibe seiner improvisirten Epigramme erwählte. Agricola wurde nicht müde, ihn zu immer neuen Productionen dieser Art anzutreiben. Mit freudigem Behagen begrüßte er es, als der nach Worms wieder zurückgekehrte Poet alsbald die Spottverse drucken ließ und ihm wie Spalatin sofort (am 26. August) ein Exemplar derselben übersandte.[1]) Nach Agricolas Abreise rächte sich Faber durch heftige Schmähreden, die er gegen ihn laut werden ließ.[2])

Während des Reichstages sollte auch Agricola in den seit Kurzem zwischen den sächsischen und den süddeutschen resp. schweizerischen Theologen entbrannten Sacramentsstreit verwickelt werden. Butzer hatte die Psalmenauslegung Bugenhagens in deutscher Uebersetzung herausgegeben, dabei aber großen Anstoß erregt durch Einmischung seiner eignen vermittelnden Anschauungen über das Abendmahl an Stelle der lutherischen Abendmahlsauffassung Bugenhagens (in der Erklärung von Psalm 111). Letzterer war darüber höchst aufgebracht und protestirte öffentlich gegen diesen „gefälschten Psalter." Er widmete die Protestschrift den beiden in Speier weilenden Freunden, Spalatin und Agricola, denn sie beide hätten ja in Speier beste Gelegenheit, ihren Wittenberger Freund zu verteidigen gegen den Verdacht, daß er ein Sacramentirer geworden sei. „Da Ihr grade an dem Orte seid, wo jener deutsche Psalter, der unter meinem Namen veröffentlicht worden ist, zum Verkauf gebracht und gelesen werden wird, und gewisse Leute sich damit brüsten werden, daß wir mit den Sacramentirern übereinstimmten, so sende ich Euch den Pommer selbst, daß er für sich rede, damit Ihr beruhigt sein könnt. Denn wenn

---

[1]) Schelh. Amoen. lit. IV. 431. Zeitschr. f. hist. Theol. 1872 S. 396. Eine Probe jener improvisirten Distichen Busches teilt Spalatin mit:
    Tempora quid faciunt? Patrem olim Christus habebat
    Fabrum: nunc hostem coepit habere Fabrum.
[2]) Zeitschr. f. hist. Th. 1872 S. 394.

Ihr auch in dieser Angelegenheit meine besten Sachwalter sein
würdet, so möchte man doch Eurem Zeugnis allein in dieser fatalen
Sache nicht Glauben schenken wollen, da Ihr ja gute Brüder des
Pommer seib."[1]) Agricola hatte seit Kurzem selber literarisch
an dem Sacramentsstreit Anteil genommen. Er hatte nämlich
eine von ihm angefertigte Verdeutschung des sogen. Schwäbischen
Syngramma, des von Joh. Brenz und einer Anzahl andrer
schwäbischer Theologen am 12. Oct. 1525 gegen Oekolampad
gerichteten Abendmahlsbekenntnisses veröffentlicht; diese Uebersetzung
erschien bei dem Freunde Joh. Seccerius in Hagenau, betitelt:
„Gegrundter vnd gewisser beschluss etlicher Prediger zu Schwaben
vber die wort des Abendmals Christi Jesu (Das ist mein Leib)
an Johannem Ecolampadion geschriben, von newen durch Johannem
Agricolam verdeutscht." Schon im Februar hatte ihn Luther auf
diese Schrift aufmerksam gemacht, die diesem ja so wohl gefiel,
daß er sie anfangs selber hatte übersetzen wollen; da sich aber
die Ausführung dieses Planes verzögerte, so war er erfreut, daß
ihm Agricola die Arbeit abgenommen hatte, und er selber auf ein
kürzeres aber geharnischtes Vorwort gegen die Sacramentirer sich
beschränken konnte.[2]) Agricola widmete seine Arbeit dem Mans=
feldischen Kanzler Johann Thür, von dem er bekannte, zu dieser
Publication angetrieben worden zu sein.[3]) Auch in der nächsten

---

[1]) ORATIO IOHANNIS BVGENHAGII POMMERANI, quod ipsius
non sit opinio illa de eucharistia, quae in psalterio, sub nomine eius Germanice translato legitur. Wittembergae. M. D. XXVI. Widmung. Vrgl.
Sculteti Annal. ad a. 1526. II. 51. 53. 58—60.

[2]) De Wette III. 93. Leipz. Ausgabe XIX. 386. Köstlin II. 86. Kordes
S. 107 flg.

[3]) „Dieweil Ihr mich also sehr getrieben u. für nötig geachtet, daß diese
Schrift möchte verdeutscht werden, auf daß sie viel Leute in diesen irrigen,
aufrührischen Zeiten, da der Teufel durch mancherlei Sekten die Einfältigen
verführet, sehen u. lesen, auch des Grundes erkunden möchten, was sich jeder
männiglich des Abendmahls zu trösten habe, bin ich desto williger dazu gewesen,
u. Eurem Rat gefolget. Sintemal diese fromme Leute [Brenz u. Genossen]
fast förmlich u. mit großem Ernst, auch gewissen unwiderleglichen Gründen u.
Schriften vom Abendmahl des Herrn reden. Denn in diesem Fall der Gemeinde
u. Euch zu dienen, erkenne ich mich schuldig. Datum Eisleben. Joh. Agricola."

Folgezeit finden wir Melanchthon und Agricola in Correspondenz über die Abendmahlslehre, und zwar war es damals noch Melanchthons Bestreben, grade aus Aussagen der Kirchenväter Rüstzeug für die Verteidigung der Lutherschen Abendmahlslehre herbeizuschaffen und auch Agricola in dieser Auffassung zu befestigen.[1])

Auf der Rückreise vom Reichstage (25. August) wurde wieder wie auf dem Hinwege in Frankfurt Halt gemacht, wo Agricola in St. Leonhardt abermals vor großer Volksmenge predigte,[2]) zu besondrer Freude des Freundes Jakob Micyllus. Dieser hatte ihm nach Speier dicht vorher einen Brief voller Klagen über die Maßlosigkeit gesendet, mit welcher einer ihrer Frankfurter Geistlichen sein Predigtamt jetzt mißbrauche, der sogar in unbedachtester Weise das Taufsacrament in einer Predigt angegriffen hatte. „Ich wollte, du könntest unsre Prediger dahin bringen, daß sie sich an deinen Predigten ein Muster nähmen! Allgemein rühmt man deine Sorgfalt und deinen Eifer in der Predigt des Evangeliums. Ich kenne dich als einen, der es versteht, den Fabris und andern Rückschrittlern („cancris") zu Leibe zu gehen, nicht mit Geschrei und maßlosem Geschwätz, sondern mit wahren und richtigen Gründen und mit solider Beredsamkeit."[3])

Von Speier glücklich und mit dem Bewußtsein, das ihm übertragene Amt nach besten Kräften und mit bestem Erfolge ausgerichtet zu haben, heimgekehrt, widmete er dem evangelisch gesinnten Brüderpaare, den Grafen Albrecht und Gebhard von Mansfeld, eine Auslegung des 91. Psalmes: „Wer unter dem Schirm des Allerhöchsten sitzt".[4]) Es sollte ihnen ein Andenken daran sein, daß „der vermeinte geistliche Stand mit seinem Pracht

---

[1]) Zeitschr. f. hist. Theol. 1872 S. 366. 367.
[2]) Spalatin an Güttel, 6. Sept. 1526 in Cod. Goth. 1048 fol. 46. Cod. Erlang. 1665 fol. I. (Spal. ab. Menck. II. 1115.)
[3]) Zeitschr. f. histor. Theol. 1872 S. 392 flg.
[4]) Titel: „Der Neunzigeste Psalmus Wie seyn trost, hülff, odder sterck, sey, dem teuffel vnd aller fär, geystlich vnd leyplich, zu widderstehen, denn alleyn bey Gott, vnd seinem heyligen wort Joan. Agricola. Isleben. 1526. (Wittemberg, durch Jorg Rhaw.) — Die Vorrede ist datirt vom 6. Dec. 1526. Der Psalm ist gezählt nach der von der hebräischen Bibel

und Gleißen" sie vergeblich von Gottes Wort hinweg zu treiben
versucht habe, sie vielmehr standhaft und mutig ohne Scheu und
Menschenfurcht öffentlich vor aller Welt dem Wort Gottes zugethan
gewesen wären und es bekannt hätten; und eine Ermunterung,
getrost auf dem betretenen Wege fortzufahren. Die Grafen waren
u. A. jetzt dabei, die im Bauernkriege zerstörten Klöster innerhalb
ihres Gebietes einzuziehen und den Wiederaufbau derselben zu
verhindern; es drohte ihnen deswegen Klage beim Kaiser. In
deutlicher Beziehung hierauf ruft ihnen Agricola zu: „Ew. Gn.
lassen sich in diesem Handel, so das unchristliche, gotteslästerliche
Klosterleben anbetrifft, nicht schrecken, ob die vermeinten geistlichen,
gleißenden Werkheiligen und scheinenden Tempeldiener dies dem
Kaiser oder andrer Obrigkeit, wie zu vermuten, klagen würden;
sondern sollen fest darob halten und nicht verzagen. Und sonderlich
dieweil es mit Gottes Wort ist angefangen, so soll es auch mit
Gottes Wort hinausgeführt werden. Es ist Gottes Werk, nicht
Ew. Gn. Werk. So ist es auch vor denselbigen Heuchlern,
Pharisäern, Gleißnern und Verächtern des Evangelii mit klarer
Schrift und göttlichem Wort unwiderleglich dermaßen beweiset,
daß es unleugbar; so sein auch Ew. Gn. vor Gott gewiß, daß die
Klöster und Stifte des Teufels H . . häuser und gotteslästerlich sind.
Sollen sie etwas ausrichten, so werden sie gewißlich unsern Herrgott
auch vorhin müssen darum fragen, und im Fall, daß es also käme,
so wäre es doch viel besser, die Seele erhalten und Leib und Gut
verloren, wie Christus sagt Matth. 16. Wiewol ichs gänzlich dafür
achte und schier gewiß bin, Ew. Gn. werden des Evangelii und des
Wortes Gottes halben keinen Anstoß oder gewaltige Verfolgung noch
zur Zeit, wo nicht andre Sachen mit einliefen, zu fürchten haben."[1]

abweichenden Zählung der Vulgata. — Es fällt uns hier zuerst Agricolas Neigung
auf, seine Kenntnis der bibl. Grundsprachen in erbaulichen Schriften zur Schau zu
tragen. Er geht nämlich mehrfach auf die hebräischen Ausdrücke des Grundtextes ein.

[1] a. a. O. Bl. C. — Es muß freilich bezweifelt werden, daß die
Grafen wirklich nur um des Gewissens willen sich der Wiedererrichtung der
Klöster widersetzt haben. Diese und ähnliche „Bekenntnis=" und „Gewissens=
Acte hatten einen häßlichen Beigeschmack persönlicher, materieller Interessen.
Vergl. meine Publication in Zeitschr. des Harzvereins 1880 S. 335 flg.

Die politische Lage hatte er richtig als eine zur Zeit für die evangelischen Fürsten noch nicht ernstlich gefahrdrohende in vorstehenden Worten bezeichnet. Doch konnte er auch anderseits sich nicht der Besorgnis verschließen, daß der Riß, den die Religionsstreitigkeiten verursacht hatten, für die Zukunft auf Krieg und Blutvergießen hindeute. „Anno 1526 — so schrieb er nicht lange darauf — hat unser Herrgott aus besondern Gnaden deutschem Lande eingegeben, daß zu Speier durch gemeine Stände des Reichs einhellig beschlossen ward, eine jede Obrigkeit sollte des Glaubens, Predigens und der Ceremonien halben handeln, wie sie es wüßte vor Gott und kaiserl. Majestät zu verantworten. Gott gebe, daß die deutschen Fürsten und unser allergnädigster Herr der Kaiser samt allen Ständen diese Gnade erkennen, annehmen und stattlich danach handeln; sonst wird Deutschland gar neulich (bald) — Gott gebe, daß ich lüge — in Blut schwimmen!" [1]

Drei Jahre später erging zum zweiten Male der ehrenvolle Ruf an Agricola, den Kurfürsten von Sachsen — diesmal gemeinsam mit Melanchthon — auf den Reichstag nach Speier (1529) zu begleiten. [2] Am 13. März ritt Kurfürst Johann in Speier ein. [3] Er suchte für seinen Prediger eine der dortigen Kirchen eingeräumt zu erhalten; da aber kein Pfarrer dazu sich willig zeigte, auch der Rat der Stadt die Ueberlassung einer Kirche nicht verfügen wollte, so wurden die evangelischen Gottesdienste wie vor 3 Jahren im Hofe der Herberge abgehalten. [4] Die erste Predigt hielt Agricola am Sonntage Judica, dem 14. März, und fuhr täglich damit fort. Der Straßburger Ratsherr Matth. Pfarrer meldete schon am 15. in die Heimat: „Des Kurfürsten von Sachsen Prediger, der Agricola, predigt hie zu Speier in seinem Hof alle Tage; den ich einmal und Herr Jacob (Sturm) am Sonntag gehört haben." Derselbe schrieb am nächsten Sonntage, der Reichstag sei zwar langweilig und verdrießlich, doch

---

[1] 300 Sprichwörter Nr. 217.
[2] De Wette III. 423.
[3] Ney, der Reichstag zu Sp. S. 48.
[4] Ney S. 98 flg.

hoffe er, Gott werde diejenigen nicht verlassen, die gern sein eigen sein wollten und den Trost aus den Predigten annähmen, die beim Kurfürsten von Sachsen und bei dem Landgrafen von Hessen (durch Erhard Schnepf) geschähen. Und wieder am 3. April: „Neuer Zeitung weiß ich Euch nicht zu schreiben, denn daß das Wort Gottes **herrlich und klar** gepredigt wird von dem sächsischen und hessischen Prädicanten. Dazu hat Markgraf Georg von Brandenburg auch einen Prädicanten mit ihm bracht (Johann Rurer?); ob er aber auch predigen wird, kann ich nicht wissen."[1]) Der Andrang zu den evangelischen Predigten war auch in diesem Jahre ungeheuer. Die Zuhörer bei Agricolas erster Predigt schätzte man auf tausend Personen; am Sonntag darauf waren bei den Vor- und Nachmittagspredigten etwa achttausend Menschen versammelt gewesen. König Ferdinand verlangte von dem Kurfürsten Johann, daß er das Predigen sollte einstellen lassen. Als dieser darauf nicht einging, verbot er wenigstens — und andre Fürsten folgten seinem Beispiele — seinen Leuten den Besuch der Predigten, ein Verbot, das wol eher das Gegenteil von dem, was dabei beabsichtigt war, zur Folge haben mochte. Melanchthon gedenkt in anerkennenden Worten der Sorgfalt und der Mäßigung, durch welche sich Agricolas Predigten während des Reichstages auszeichneten.[2])

Auch mit seinem alten Gegner Johann Fabri sollte Agricola hier wieder zusammentreffen. Er scheint zwar diesmal nicht wie im J. 1526 persönliche Berührungen mit ihm gehabt zu haben. Doch lernte er ihn von seiner schlimmsten Seite, der der Falschheit und Hinterlist, in der Affaire des Heidelberger Gelehrten Simon Grynäus kennen. Dieser war, um Melanchthon zu besuchen, nach Speier gekommen, hatte — wahrscheinlich am Gründonnerstage — einer Predigt Fabers im Dome beigewohnt, in welcher dieser über die Transsubstantiation und die Anbetung der Hostie die alten scholastischen Argumente vorgetragen hatte. Auf der

---

[1]) Jung, Beiträge zu der Gesch. d. Reform. I. 1830 Nr. III. VII. XVIII. vergl. Ney S. 81.

[2]) Corp. Ref. I. 1041.

Straße hatte der freimütige Grynäus darauf Faber wegen seiner Predigt angesprochen. Als der unerwartete Interpellant sich ihm vorgestellt hatte, hatte ihn Faber, indem er eilige Geschäfte vorschützte, dringend für den nächsten Tag zu sich in seine Herberge eingeladen, war aber sofort zu Ferdinand geeilt und hatte einen Verhaftsbefehl gegen Grynäus erwirkt. Als nun Melanchthon mit seinem Gaste und den drei Mansfeldern, Agricola und den gräflichen Räten, Rühel und Caspar Müller, zu Tische saß, erschien plötzlich ein ihnen völlig unbekannter Greis von ehrwürdigem Aussehen und bat Grynäus, schleunigst nach Heidelberg zu entfliehen. Die Tischgenossen erhoben sich und eilten zum Rhein, Melanchthon und Agricola voraus, die Andern, Grynäus in der Mitte, folgten nach. Kaum waren sie vier Häuser weit geschritten, als auch schon die Häscher sichtbar wurden. Ob diese in der Gruppe den Gesuchten nicht erkannt oder nicht hatten erkennen wollen — genug, die Flucht des Gefährdeten gelang. Melanchthon aber hat sich bis an sein Ende den Glauben nicht nehmen lassen, es sei ein Engel Gottes gewesen, der sie im Augenblick der höchsten Gefahr gewarnt habe.[1])

Von Speier aus vollendete Agricola die Herausgabe des zweiten Teiles seiner Sprichwörter (4. April). Er trat hier zum zweiten Male in Berührungen mit dem Landgrafen Philipp, dessen Seele damals bereits conciliatorische Pläne bewegten betreffs einer Vereinigung und Aussöhnung der beiden durch den Sacramentsstreit entzweiten evangelischen Parteiungen. Er trug sich schon mit dem Gedanken, in einem Religionsgespräch zwischen den Führern beider Richtungen den Weg zum Frieden zu suchen. Er suchte Melanchthon für seine Pläne zu gewinnen; aber dieser

---

[1]) Corp. Ref. XIII. 906 und genauer in XXV. 595. Letzterer Bericht ist bei Ney S. 56. 155 flg. leider ganz übersehen worden. Weniger genau bei Camerarius, Vita Mel. Lips. 1566 pg. 114. 115. Die Erwähnung Caspar Crucigers als eines Zeugen des Vorganges bei Ney (nach dem Berichte bei Manlius) beruht auf einer Verwechslung der beiden Caspare, Müller und Cruciger. Letzterer war gar nicht in Speier (de Wette III. 442). Vergl. auch Schmidt, Melanchth. S. 160.

verhielt sich sehr spröde, wie er denn auch nach seiner Rückkehr nach Wittenberg nur im Sinne einer Zurückweisung dieses Vorschlags wirkte. Agricola dagegen zeigte sich zugänglicher, so daß er auf kurze Zeit in den Verdacht kam, er habe sich der Zwinglischen Abendmahlslehre zugewendet. Agricola ließ sich bewegen, hernach im Interesse des Landgrafen nach Wittenberg zu reisen, um Luther die Versicherung zu geben, „daß er in der Sache vom Sacrament dem Landgrafen gänzlich vertrauen möge, denn er wisse, daß dieser rechtschaffen sei und es treulich meine." [1]) Wir können hier zum ersten Male die Wahrnehmung machen, daß die Auszeichnung, von hohen Herren ins Vertrauen gezogen zu werden, eine gewisse Nachgiebigkeit und Wandelbarkeit in seinen Ueberzeugungen wirkte, die in späterer Zeit äußerst verhängnisvoll für ihn werden sollte.

Am 24. April wurde der Reichstag geschlossen; Mitte Mai war Agricola wieder bei seinen Schülern. Aber nur für kurze Zeit. Im September wurde auch Eisleben von der Epidemie des „Englischen Schweißes" heimgesucht, und auf diese folgte ein Ausbruch der Pest, dem in der kleinen Stadt in den nächstfolgenden Monaten circa 600 Personen zum Opfer fielen. Graf Albrecht zog sich mit seinem Rate C. Müller nach Saalfeld zurück und berief auch Agricola dorthin, wie er sich dessen später selbst gegen seinen Prediger rühmte, daß er denselben „ihm selbst zum Besten vor dem Sterben nach Saalfeld erfordert," ihn auch daselbst „ausgehalten" (unterhalten), ihm trotzdem seine Besoldung, als wenn er Schule hielte, habe reichen lassen, ja noch eine besondere „Verehrung" hinzugefügt habe. [2]) Agricola siedelte mit seiner

---

[1]) Corp. Ref. I. 1041. J. J. Müller, Historie v. d. evang. Stände Protestation, Jena 1705 S. 256 flg. (Vrgl. Latendorf Progr. des Gymn. zu Schwerin 1873 S. 15). Vrgl. Köstlin II. 127. 128.

[2]) Förstemann N. Urkundenb. S. 293, woselbst dieser Saalfelder Aufenthalt irrtümlich ins Jahr 1535 gesetzt wird. Vrgl. oben S. 67. Die Briefe Luthers und Melanchthons vom 12. Oct. 1529 (de Wette III. 513. Corp. Ref. I. 1107 vrgl. IV. 970) sind von Jena aus nach Saalfeld gerichtet. Cod. Goth. 399 fol. 237.

Familie über und blieb den Herbst und Winter hindurch an dem fremden Orte, wo er jedenfalls dem Grafen als Prediger diente. Er sowohl wie Kanzler Müller fanden in der Wohnung des Saalfelder Pfarrherrn Caspar Aquila Herberge.[1]) Zwischen diesem und Agricola knüpfte sich eine sehr herzliche Freundschaft an, die erst 1548 zusammenbrach. Vermutlich kehrte Agricola gar nicht erst nach Eisleben zurück, sondern trat von Saalfeld aus[2]) seine dritte Reichstagsreise an, auf den Reichstag zu Augsburg 1530.

Am 13. März wendete sich Kurfürst Johann an den Grafen Albrecht mit dem Begehren, „Ihr wollet Mag. Joh. Eisleben mitnehmen, der auf solcher unsrer Reise als für einen Prediger soll gebraucht werden."[3]) Am 3. April brach der Kurfürst mit seinem Gefolge von Torgau auf; in den Tagen vom 16. bis 23. machte er Rast in Coburg. Hier treffen wir nun auch Agricola, dem sich der Saalfelder Freund Aquila angeschlossen hatte, in der Umgebung des Fürsten. Am 23. setzte sich die Reisegesellschaft wieder in Bewegung; Luther blieb auf dem Schlosse zurück, sandte aber noch an demselben Tage den Freunden, darunter auch dem Freundespaar Agricola und Aquila herzliche Grüße nach, gab ihnen auch Grüße an Eoban Hesse mit, den sie in Nürnberg aufsuchen wollten.[4]) Hier weilten sie am 28. April; Agricola benutzte die Rast zu einer Predigt, die er in der dortigen Frauenkirche vor dem Kurfürsten hielt. Zwei Tage darauf waren sie in Weißenburg, woselbst er in der Andreaskirche die Frühpredigt übernahm.[5]) Von hier ging der Weg auf Donauwörth. Aus einem Bericht Agricolas an Luther ersehen wir, wie fröhlich und lustig die Theologengesellschaft mitunter sein konnte. Aquila diente ihnen zur Zielscheibe für allerlei Scherz und Neckerei. Den, wie

---

[1]) Corp. Ref. IV. 972.
[2]) Am 15. März war er noch in Saalfeld, s. oben S. 76.
[3]) Förstemann, Urkundenb. z. Gesch. d. R. zu Augsburg I. 14. 26.
[4]) de Wette IV. 3. 4. 6. (Die Briefe sind vom 23., nicht 22. resp. 24. April) vrgl. Köstlin II. 625.
[5]) Schirrmacher, Briefe und Acten 1876 S. 466. 467.

es scheint, etwas ängstlichen Mann suchten sie betreffs der Gefahren, die seiner in Augsburg warteten, einzuschüchtern. Auch ein bedeutsamer Traum Melanchthons — dieser litt bekanntlich öfters an ahnungsschweren Träumen — gab viel Unterhaltungsstoff. Von einem Adler hatte ihm geträumt, der durch Zauberei in eine Katze verwandelt, als solche in einen Sack gesteckt worden sei und in diesem klägliches Geschrei erhoben habe. Da sei Luther dazugekommen und habe den Gefangenen befreit. Die einen von den Gefährten wollten dem Traume eine hochpolitische Ausdeutung geben: der Adler sei Kurfürst Johann, dem es auf dem Reichstag übel ergehen werde, und der nur, wenn Luther von Coburg herbeicitirt werde, aus den Schlingen, die man ihm legen werde, frei werden könne. Ein Anderer deutete den Adler auf den Kaiser selbst, der von Cardinälen und Pfaffen sich so werde bezaubern lassen, daß er die Sache der Evangelischen weder recht zu beurteilen, noch überhaupt nur zu vernehmen imstande sein werde. Wenn er aber Luther selbst hören werde, dann werde der Zauber von ihm weichen. Eine dritte Deutung endlich bezog den Adler (aquila) auf Caspar Aquila und sagte diesem das schwerste Unheil voraus, das ihn in Augsburg treffen werde. Luther lachte herzlich, als er von diesen Scherzen erfuhr; er wußte auch, daß Agricola, „der Grundschalk," der Anstifter solcher Kurzweil war. Daher bediente er sich auch seiner, als er selber mit dem wackern, aber auf seine großen Musikkenntnisse eingebildeten Mag. Georg Rörer einen lustigen Schelmenstreich ausführen wollte. Er wußte, daß er sich da an den rechten Mann wendete.[1]

Am 2. Mai zogen sie in die Reichsstadt Augsburg ein. Tags darauf durfte Agricola in der Dominikanerkirche predigen und öffentliche Predigten in einer der Kirchen der Stadt auch

---

[1] Kappens Kleine Nachlese III. 363. Der Brief gehört in die ersten Tage des Mai; Luthers Antwort, de Wette IV. 36, ist vom 15. Mai, nicht 15. Juni. Agricolas Brief ist von Burkhardt S. 176 falsch verstanden; er scheint „Caesarem" ganz übersehen oder dafür Casparem gelesen zu haben. In dem Satze Caesarem ajebant sacrificari incantatum muß offenbar significari für sacrif. gelesen werden. Vrgl. auch Köstlin II. 204. 626.

an den nächsten Tagen halten. Denn Augsburg stellte sich anders, als Speier im vorigen Jahre: „das Evangelium ist allhie frei gepredigt worden, und unserm gnädigsten Herrn eine Kirche durch die Regierer der Stadt dazu vergönnt."[1]) Aber die Freude der Evangelischen an solcher öffentlichen, freien Predigt — auch Landgraf Philipp erhielt für seinen Prediger Erhard Schnepf die Kirche des Stifts zu St. Moritz und die Ulrichskirche eingeräumt — währte nicht lange. Sofort war dem aus Italien heranziehenden Kaiser gemeldet worden, daß sich der Kurfürst von Sachsen „eine besondere Kirche zu Augsburg nach seiner Ankunft, darinnen predigen zu lassen, vorgenommen;"[2]) und schon am 8. Mai wurde dem Kurfürsten von Innsbruck aus der kaiserliche Wunsch zu erkennen gegeben, daß während des Reichstages die Predigten unterbleiben sollten. Die sächsischen Theologen erwiesen sich dieser kaiserlichen Kundgebung gegenüber zaghafter, als der Kurfürst und Kanzler Brück: einstweilen wurde weiter gepredigt.

Als der Kaiser aber am 15. Juni seinen Einzug in Augsburg gehalten hatte,[3]) war es das Erste, daß er alsbald bei der Vorstellung der Fürsten vor ihm auf der Pfalz den evangelischen Fürsten sein „ernstliches Begehren" aussprach, „ihre Predigt allhie abzustellen." Landgraf Philipp führte die Sache der Prediger; er bat den Kaiser, durch Commissarien ihre Predigten besuchen zu lassen, damit diese sich davon überzeugten, daß jene

---

[1]) Schirrmacher S. 368. Förstemann a. a. O. I. 186. Corp. Ref. II. 46. Aurifabers Bericht in Leipzig. Ausgabe XX. 197.

[2]) Corp. Ref. II. 43.

[3]) Agricola erzählte später: „Als der Kaiser Ao. 30 kam, da beging man das Fest Corporis Christi mit großem Gepränge. Da ging es Etlichen sauer an, daß man den Abgott, den man erkannt, sollte anbeten. Der Kurfürst, der das Schwert trug (Sachsen, als Erzmarschall) wartete auf seinem Herrn; wie man aber opfern sollte, ging er zurück. Da nahm ihn sein Herr und führete ihn selbst. Da mußte er es thun, aus Gehorsam, aber sein Herz war nicht dabei." Predigt Assumpt. Mariae in Homiliae Islebii. Agricola verwechselt hier offenbar die Fronleichnamsprocession mit der am 20. Juni celebrirten Messe, die den Reichstag eröffnete. Vergl. Sleidan Bl. 107 b. Coelestin. hist. Comit. I. 103. 115.

„nichts Böses oder Neues, sondern allein das Wort Gottes" predigten. Aber der Kaiser blieb bei seiner Willenserklärung, und die Fürsten fügten sich einstweilen unter Protest. „Auf solches gleichwol die gedachten Fürsten mit der Predigt still gestanden sind, und die von Augsburg auf sondere Handlung von Kais. Maj. wegen ihre Predigt auch in Ruhe gestellt haben." Am 18. erließ der Kaiser das Gebot, daß von keiner Seite während des Reichstages öffentliche Predigten gehalten werden dürften. Der Kurfürst hatte nicht Lust, sich diesem Verbote zu fügen, aber seine Theologen bewiesen ihm, daß man mit gutem Gewissen hierin nachgeben könne. Ihre Argumente waren: Da der Kaiser beiden Teilen das Predigen verboten habe, so sei nicht über Parteilichkeit zu klagen; der Kaiser habe versprochen, sich jetzt über die Lehre der Evangelischen durch Vorlage ihres Bekenntnisses Rechenschaft geben zu lassen, und das sei so wichtig, daß man die Erreichung dieses Verhörs ihrer Lehre nicht durch einen Streit über die Predigten in Frage stellen dürfte; auch seien ja die Prediger der evangel. Fürsten nicht vocirte Geistliche der Stadt Augsburg. Agricola fügte noch das Argument hinzu, daß sie ja nicht um des Predigens willen nach Augsburg citirt worden seien, sondern um als Partei über ihre Lehre verhört zu werden.[1])

Die evangelischen Fürsten nahmen nun das Recht für sich in Anspruch, in ihren Herbergen, wie auf den vorigen Reichstagen, Predigten halten zu lassen; aber auch hiervon mußten sie Abstand nehmen. „Kein Fürst," so meldeten die Nürnberger Gesandten am 21. Juni, „hat noch in seiner Herberge predigen lassen, achten auch nicht, daß es leichtlich geschehen werde, aus Ursachen, daß das Verbot (vom 18.) so gar in gemein beruft ist." [2]) Uebrigens pflichtete auch Luther dem Rate der Theologen bei, daß der Kurfürst als an fremdem Orte auch dem Gebote eines andern Herrn, des Kaisers, fügsam sein sollte. Freilich war ihm dies Verbot der Predigten zugleich ein trübes Vorzeichen für den weiteren Verlauf

---

[1]) Corp. Ref. II. 112.
[2]) Corp. Ref. II. 115. 123.

der Reichstagsverhandlungen.¹) Augsburg genoß jetzt das seltsame Schauspiel neutraler Gottesdienste nach kaiserlicher Verordnung, mit Textverlesung, Gebet und Abkündigungen, aber ohne Predigten.

Somit war Agricolas eigentliche Wirksamkeit, um deren willen er nach Augsburg gefordert worden war, nach kurzer Zeit lahm gelegt worden. Fortan erscheint er nur als ein, und zwar untergeordnetes Glied in dem theologischen Beirat des Kurfürsten während der Reichstagsverhandlungen. Unter den zahlreichen Gutachten, welche die evangel. Theologen in Augsburg abfaßten, finden sich nur einige wenige, die wahrscheinlich von ihm herrühren; seine Name erscheint auch nur selten bei Collectiv-Gutachten.²) Aus diesem Wenigen erkennen wir jedoch, daß er im Gegensatz zu Melanchthon in den auf die Uebergabe der Augsburgischen Confession folgenden Verhandlungen entschieden allen Concessionen, die man der römischen Partei etwa machen sollte, anderseits aber auch dem Gedanken an eine organisirte Notwehr zum Schutz des Evangeliums mit bewaffneter Hand entgegentrat. Doch scheint seine Stellung zu Melanchthon diese ganze Zeit gemeinsamer Arbeit hindurch recht freundschaftlich geblieben zu sein, sonst würde gewiß nicht Melanchthons vertrautester Freund Camerarius grade an Agricola sich im tiefsten Vertrauen mit der Bitte um Aufklärung gewendet haben, als über die nachgiebige Haltung Jenes beunruhigende

---

¹) de Wette IV. 5758. Tischr. II. 259. Brück blieb mit dieser Fügsamkeit durchaus unzufrieden, Förstemann Archiv I. S. 18: „Wollte Gott, daß nur in dem nit zu wenig von dem christl. Ständen und Gewalten ihren Predigern geschehen wäre, daß sie nach vielfältigen Ratschlägen ... das Predigen und Verkündigen Gottes Worts auf kais. Maj. Gebot abgestellet."

²) Corp. Ref. II. 180. 182. 203. Auch im Briefwechsel Luthers finden sich aus jenen Monaten verhältnismäßig wenig Briefe Agricolas an ihn; nur einer von Anfang Mai, ein Brieffragment von Ende Juni (Corp. Ref. II. 147, vrgl. Tischr. IV. 356 und Köstlin II. 630) und einer vom 28. Juli; doch können wir noch die Spuren verloren gegangener Briefe nachweisen, so eines Briefes vom 8. August (vrgl. Corp. Ref. II. 259. 260. de Wette IV. 133. Schirrmacher S. 194—196) und eines Ende Juni an Luthers Gesellschafter in Coburg, Veit Dietrich, gerichteten Briefes, vrgl. Zeitschr. f. kirchl. Wissenschaft 1880 S. 49. [In dem daselbst von mir mitgeteilten Briefe ist der Druckfehler dictam in diaetam S. 50. Z. 8 v. o. zu verbessern.]

Gerüchte coursirten.[1]) Auch knüpften sich jetzt neue Theologen=
freundschaften für Agricola an, so mit Urbanus Regius und mit
Andreas Osiander.[2]) Gegen die schweizerischen Theologen stellte
er sich in scharfen Parteigegensatz; die Freunde rühmten an seinen
Augsburger Predigten sein tapfres Zeugnis gegen die Sacraments=
schwärmer. Ebenso feindselig stellte er sich gegen die in der
Abendmahlslehre gleichfalls verdächtigen Straßburger Theologen.
Erregt machte er Luther Mitteilung von den Umtrieben Capitos
und Butzers, die sich nach Kräften bemühten, für ihre Sacraments=
lehre Propaganda zu machen; sie hätten sogar mit Henkel, dem
Prediger der Königin Maria, Beziehungen anzuknüpfen gewußt,
und als Brenz sich hätte bewegen lassen, mit ihnen eine Unterredung zu halten, da hätten sie alsbald das Gerücht ausgesprengt,
daß er es mit ihnen halte; so sehr wüßten sie jedes Mittel zu
benutzen, um ihrer Lehre Anerkennung zu verschaffen.[3])

Noch in späteren Jahren erinnerte sich Agricola mit besonderer
Freude der Verbindung, in welche er samt seinen Gefährten mit
der eben erwähnten Königin Maria, der Schwester des Kaisers,
und ihrem Prediger, Dr. Henkel von Commerstadt, damals getreten
war. Sie sandte letzteren zu den sächsischen Theologen, um ihnen
zu berichten, wie ihre Verwandten sich bemüht hätten, sie vom
evangel. Glauben abwendig zu machen; andernfalls hätte man sie
bedroht, ihr alle Hülfe zu entziehen, „also daß sie auch noch im
Spital sterben sollte." Sie ließ sich dem Gebete der evangelischen
Theologen empfehlen. Hernach erhielten letztere von dem Hof=
meister der Königin eine Einladung, und da versuchten die Gäste
sich der Hülfe Marias zu bedienen, um einmal sicher in Erfahrung
zu bringen, wie eigentlich Kaiser Karl persönlich gegen die
Evangelischen gesinnt wäre. Sie baten die Königin, bei günstiger

---

[1]) Coelest. hist. Comit. III. 65.
[2]) Corp. Ref. II. 59. Hummel epist. Cent. I. 36. Möller, Osiander
S. 134.
[3]) Schlegel, Leben Aquilas S. 208. Kappens Kl. Nachlese III. 361,
wo „Capito et Fabricius" wol ein Schreibfehler für Capito et Bucerus
sein wird.

Gelegenheit, wenn er einmal „gutes Muts" wäre, zu erkunden, „was er doch gesinnet wäre mit denen, die diese Lehre bekenneten." „Da trug sich's zu in Vigilia Joh. Bapt.,[1]) daß der Kaiser Bankett im Garten hielt. Da ihn nun die Königin Maria gefraget, was er mit den Leuten und mit der überantworteten Confession zu thun gedächte, darauf er geantwortet: Liebe Schwester, da ich bin ausgezogen ins heilige Reich, da ist große Klage kommen über die Leute, die diese Lehre bekennen, daß sie auch ärger sein sollten als die Teufel. Aber der Bischof von Sevilla hat mir den Rat gegeben, ich wollte ja nicht Tyrannei üben, sondern fleißig erkunden, ob die Lehre streitig wäre mit den Artikeln unsers christlichen Glaubens. Dieser Rat gefiel mir. So befinde ich, daß die Leute nicht so teufelisch sind, wie vorgebracht ist, es betrifft auch nicht die 12 Artikel [d. i. das apost. Symbolum] sondern äußerlich Ding, darum habe ich's auch den Gelehrten übergeben. Wenn aber ihre Lehre streitig mit den 12 Artikeln unsers christlichen Glaubens, so habe ich mit der Schärfe des Schwerts dazu thun wollen. — Diesen Rat ihres Herrn Bruders teilte uns die Königin Maria mit. Wer war froher, denn wir?"[2]) Seit jener Zeit haftete in Agricolas Herzen eine übertrieben günstige Meinung von den „evangelischen Neigungen" des Kaisers, die später für ihn verhängnisvoll werden sollte.

Ueber die Vorlesung der katholischen Confutationsschrift richtete er am 6. August an den alten Freund Johann Lange in Erfurt einen Bericht. „Am 3. wurde im Namen des Kaisers vor den versammelten Fürsten und Ständen die Widerlegung unsrer Confession vorgelesen. Es ist nicht zu sagen, wie unangemessen, um

---

[1]) In diesem Datum irrt sich Agricola vrgl. Corp. Ref. II. 157; es kann erst einige Tage später gewesen sein, aber wol vor dem 10. Juli, wo Mel. berichtet: „ἡ ἀδελφὴ αὐτοκράτορος, mulier vere heroico ingenio, praecipua pietate et modestia studet nobis placare fratrem, sed cogitur id timide et verecunde facere." Corp. Ref. II. 178.

[2]) Predigt auf Assumpt. Mar ae in Homiliae Islebii. Ueber Maria und ihren Prediger vergl. Walch XXI. 50. 53. 58. 59.* Zeitschr. f. hist. Theol. 1861 S. 629. Seckendorf II. 58. Corp. Ref. II. 233. Köstlin II. 227.

nicht zu sagen, wie dumm sie ihre Sache geführt haben. Der
Kaiser forderte nach der Verlesung dieser Confutation, daß sich
unsere Fürsten nach den Artikeln dieser Schrift richten und alles,
was sie gegen den Brauch der römischen Kirche bisher in ihren
Landen geändert hätten, wieder auf den alten Stand zurückführen
sollten. Da sich die Unsern gegen solche gewaltsame Zumutung
des Kaisers sträubten und ihre Gründe vorbrachten, warum sie
diesem Befehl nicht gehorsamen könnten, ereignete es sich, daß
der Mainzer Erzbischof und einige andere Fürsten, unter denen
Herzog Heinrich von Braunschweig sich höchst ehrenvoll benahm,
als Vermittler eintraten und den Kaiser baten, er wolle ihnen
gestatten, auf Wege und Vereinbarungen zu sinnen, durch welche
der Friede unter den Fürsten zustande zu bringen wäre. Denn
sie könnten nicht dulden, daß die Eintracht der Deutschen schmählich
zerrissen würde. So sind wir nun in banger Erwartung des
Ausganges, den uns der Reichstag bringen wird."[1]

Schon Mitte Juli hatte Luther den Theologen den Rat
gegeben, wieder heimzuziehen, da sie ihre Arbeit gethan und ihr
Bekenntnis abgelegt hätten; aber volle zwei Monate gingen noch
hin, ehe ihnen die Erlösungsstunde schlug. Endlich brachen sie
am 23. Sept. mit dem Kurfürsten von Augsburg auf; und nun
konnte Agricola wieder das ihm so lange verwehrte Predigtamt aus=
üben. Nachdem sie drei Meilen von Augsburg das erste Nachtquartier
bezogen, hielt Agricola am nächsten Morgen eine Frühpredigt;
er wird seitdem noch öfter auf der Reise seines Amtes gewartet haben.
Am Nachmittag des 27. kehrte Melanchthon mit den drei Eis=
lebenern Rühel, Müller und Agricola bei Camerarius in Nürnberg
ein.[2] In den ersten Octobertagen war Agricola wieder daheim,
nachdem er über ein volles Jahr von Eisleben entfernt gewesen war.

Nicht lange darauf, vermutlich im November, wendete sich
Melanchthon, der schon auf der Heimreise viel mit der Ueber=
arbeitung seiner Apologie der Augsb. Confession beschäftigt gewesen

---

[1] Cod. Goth. 399 fol. 237. cf. Corp. Ref. II. 245. 253. 254.
[2] Corp. Ref. II. 388. Schirrmacher S. 321. De Wette IV. 96.

war, an ihn mit der erneuerten Bitte, diese Schrift einer Durchsicht zu unterziehen und ihm zu sagen, ob und was er darin geändert wünsche. „Du siehst, wie unsre Gegner in so wichtigen Sachen Sorgfalt anwenden, wie sie die Ergebnisse ihrer Studien und ihre Arbeit einander gegenseitig zu gute kommen lassen. So sollten wir doch wol um so mehr verfahren, die wir nicht, wie Jene, für unsern Vorteil fechten, sondern die wir zum Heil der Kirche die rechte Lehre ans Licht zu stellen suchen, daß sie auch noch auf unsre Nachkommen Bestand behalten möge. Und es sind große Fragen, die wir behandeln. Ich bitte dich also, laß es dir angelegen sein, meine Schrift als Censor zu prüfen." Leider erfahren wir nicht, in welcher Weise Agricola dieser Aufforderung nachgekommen war.[1])

Es begann nun eine äußerlich ruhigere Zeit für ihn; erst 5 Jahre später erging noch einmal der Ruf an ihn, in dem Gefolge des Kurfürsten als Reiseprediger auszuziehen.[2]) Zwar Kurfürst Johann war am 16. August 1532 gestorben. Aber sein Sohn und Nachfolger, Johann Friedrich, kam ihm mit gleichem Vertrauen entgegen und berief ihn, als er um der Belehnung mit der Kurwürde willen nach Wien zu König Ferdinand ziehen wollte, durch ein Schreiben vom 18. Sept. 1535 als Prediger für diese Reise zu sich. Am 9. October sollte er sich in Weimar einfinden. Außer ihm nahmen an diesem Zuge noch Teil Spalatin, Vicekanzler Franz Burkhard, Hans von Dolzigk, der Jurist Blikard Sindringer, Leibarzt Augustin Schurf u. A. Es war ein glänzender Zug von 3 Fürsten, 12 Grafen und 300 Reisigen. Erst

---

[1]) Cod. Goth. 1048 fol. 60 b. Zur Zeitbestimmung vrgl. Corp. Ref. II. 438. 440. 493.

[2]) Nur einer kleineren Reise sei noch gedacht, die ihn im J. 1532 nach Wittenberg führte, grade als dort am 22. Jan. Luther schwer erkrankte. Laut der eigenhänd. Niederschrift Veit Dietrichs waren es nämlich Melanchthon, der grade auf Besuch anwesende Agricola und Dietrich, die an Luthers Bett citirt wurden und mit dem zum Tode Schwachen eine Unterredung hatten. s. Sächs. Kirchen- und Schulbl. 1876 Sp. 355. Unrichtig nennen Cod. Bavari I. 249 u. Obenanders Thesaurus Bl. 277 b Rörer an Stelle Agricolas u. Dietrichs; zu berichtigen sind demnach auch Seckend. III. 38 und Köstlin II. 268.

am 30. Oct. erfolgte wirklich die Abreise gen Wien. Dort fand die Belehnung am 20. Nov. statt; am Tage darauf finden wir den Zug, wol schon auf der Heimreise, in Korneuburg, am 30. in Prag, am 6. Dec. in Schneeberg. Die beiden Theologen wurden nicht nur als Reiseprediger gebraucht; sie waren auch für den Fall, daß die kirchlichen Streitfragen in Wien zur Sprache kamen, als Ratgeber bei der Hand. Ferdinand legte dem neuen Kurfürsten die Frage vor, wie er sich zu einem Concil zu stellen gedenke. Die beiden Theologen setzten die Antwort darauf auf, in welcher sie „ein frei gemein christlich Concil" in Uebereinstimmung mit den Erklärungen, die Kurfürst Johann auf allen Reichstagen abgegeben hatte, als ein den Evangelischen durchaus erwünschtes Mittel bezeichneten, um in der Religionssache zur Einigung zu kommen. Ein solches gedenke der Kurfürst auf keinerlei Weise zu hintertreiben. Anderseits werde Ferdinand nicht verlangen, daß er sich wider Gottes Wort und Ehre, zu Beschwerung der Gewissen und der Christenheit auf eine Vergleichung einlassen sollte.[1]) — Auf seine während dieser Reise gehaltenen Predigten berief sich Agricola später dem Kurfürsten gegenüber im antinomistischen Streite und forderte ihn selbst zum Zeugnis heraus, daß er dort die rechte evangel. Lehre gepredigt habe. Die Heimkehrenden begrüßte der unermüdliche Versschmied Johann Stigelius mit schwung= vollen Versen, in welchen er Agricola folgendermaßen anredete:

Nomen et Agricolae justum sortite Joannes,
In mentes hominum coelica verba serens etc.

Der Kurfürst und ein Teil seiner Begleiter begab sich direct nach Schmalkalden zum Convent, Agricola kehrte nach Eisleben zurück.[2])

---

[1]) Corp. Ref. II. 973 flg., wo nur die Anmerkung: miserunt hoc scriptum Sp. et Agr. Viennam irrig ist, da ja Beide beim Kurf. in Wien waren.

[2]) Vrgl. Zeitschr. f. Kirchengesch. 1880 S. 305. 306 u. die dort von mir angeführte Literatur; ferner Bertram, Litterar. Abhandl. Stück 4 Halle 1783 S. 170, der die Reise irrtümlich in's Jahr 1536 setzt; Schlegel Vita Spalat. p. 148. (Rüdiger) Sächs. Merkwürdigkeiten, Leipzig 1724 S. 464.

## VII.

## Die „Sprichwörter".

Der schriftstellerischen Arbeiten Agricolas während seines Aufenthaltes in Eisleben haben wir, soweit dieselben theologischen oder pädagogischen Inhalts sind, in den voranstehenden Abschnitten fast vollständig Erwähnung gethan. Wir müssen nur noch einiger Uebersetzungsarbeiten gedenken. Es ist charakteristisch für das Bestreben der Reformatoren, die neu gewonnenen dogmatischen und exegetischen Kenntnisse auch der Gemeinde zu vermitteln, daß auch die bedeutendsten Männer unter ihnen, die wohl imstande waren, durch eigne Arbeiten an dem Ausbau der evangelischen Theologie teilzunehmen, es nicht unter ihrer Würde achteten, lateinisch geschriebene Commentare oder Lehrschriften Anderer ins Deutsche zu übertragen. So waren beispielsweise Justus Jonas, Spalatin und Wenceslaus Link neben selbständiger schriftstellerischer Production zugleich eifrig als Uebersetzer thätig. Auch Agricola schritt auf dem durch die Verdeutschung des schwäbischen Syngramma betretenen Wege weiter fort und ließ im Jahre 1527 Melanchthons Commentare zum Römerbrief und zu den beiden Korintherbriefen,[1]) sowie ferner den zum Kolosserbrief[2]) in deutscher Uebersetzung folgen. Aber in seine Eislebener Zeit fallen auch schriftstellerische Arbeiten, die ihm für alle Zeit einen Platz in der Geschichte unsrer deutschen Nationalliteratur sichern: vor Allem seine Sammlungen und Auslegungen deutscher Sprichwörter.

---

[1]) Corp. Ref. XV. 441. Aus der Vorrede an den Mansfelder Freund Wilhelm Rinck (20. Jan. 1527) geht zunächst nur hervor, daß Agricola der Uebersetzer des Römerbriefs gewesen sei.

[2]) Corp. Ref. XV. 1221. Es ist mir nicht gelungen, ein Exemplar dieser Uebersetzung selber einzusehen. Vrgl. übrigens Corp. Ref. II. 601, wonach Melanchthon an derartigen Uebertragungen seiner Schriften nicht besondre Freude gehabt zu haben scheint.

Er hat im Ganzen drei derartige Sammlungen veranstaltet. Im Jahre 1528 sammelte und bearbeitete er zunächst „Dreihundert Sprichwörter," die zum Beginn des nächsten Jahres erschienen. In rascher Folge ließ er dieser ersten Sammlung während des Reichstages zu Speier „Das Ander teyl gemeiner deutscher sprichwörter" folgen, in welchem dem Titel zufolge 450 (in Wahrheit jedoch nur 449) weitere Sprichwörter Aufnahme und Besprechung gefunden hatten. Beide Teile wurden seit 1534 häufig in einer von Agricola revidirten Gesamtausgabe unter dem Titel: „Sybenhundert vnd Funfftzig Teütscher Sprichwörter, verneüwert vnd gebessert" aufgelegt.[1]) Endlich ließ er zwei Jahrzehnte hernach während des Reichstages zu Augsburg 1548 eine dritte Sammlung unter dem Titel: „Fünfhundert Gemeiner newer Teütscher Sprüchwörter"[2]) erscheinen.

Agricola war sich bewußt, mit diesen Arbeiten einen in Deutschland noch nicht betretenen Weg eingeschlagen zu haben. Was ein Erasmus für die griechische und lateinische Sprache geleistet, der aus den Klassikern jener Sprachen einen großen Haufen von Sprichwörtern gesammelt habe, das wolle er auch für die deutsche Sprache wenigstens in einem ersten Anfange zu leisten versuchen. „Es muß eines Dinges ein Anfang sein, und Anfänger sind aller Ehren wert. Ich habe der deutschen Sprichwörter verzeichnet fast in 5000 oder drüber." So äußert er sich selbst in der Vorrede

---

[1]) Die verschiedenen Ausgaben sind besprochen bei Schelhorn Ergötzlichkeiten III. 73 flg. Kordes S. 155 flg.; am besten in der Monographie Latendorfs, Agricolas Sprichwörter, Schwerin 1862 S. 235 flg. Letzterer hat auch überzeugend nachgewiesen, daß die plattdeutsche Ausgabe nicht das Original (vrgl. Mieg, über das Studium der Sprachen 1782 S. 167. Allgem. liter. Anzeiger 1796 S. 288. Adrian in Serapeum II. 382), sondern eine Uebersetzung aus dem in Zwickau bei Gabriel Kantz erschienenen Nachdruck ist. Trotzdem hat Gaß in Allgem. deutsche Biogr. I. 147 die irrige Angabe erneuert, die Sprichw. seien 1528 plattdeutsch und erst im Jahre darauf hochdeutsch veröffentlicht worden.

[2]) Vrgl. Franck im Anzeiger f. Kunde der deutschen Vorzeit 1865 Spalte 388—395, über das Vorhandensein einer 2. Aufl. der 500 Sprüchwörter. Mir ist nicht gelungen, eine andre Ausgabe als die bekannte zu Gesichte zu bekommen, ich bin daher nicht imstande, die bibliogr. Frage zu entscheiden.

zur erſten Sammlung über ſein Unternehmen. Er iſt auf abſchätzige Urteile der Kritiker gefaßt, aber er tröſtet ſich darüber: „Ich baue hie mit dieſem Buch der Sprichwörter am Wege, darum werde ich mich müſſen in den Stich geben, daß dieſen Fleiß viel Leute tadeln werden. Etlichen wird es zu gering ſein, an etlichen Orten wird zu viel oder zu wenig ſein; aber ich hab einen breiten Rücken, der iſt's ſchier gewohnt, ich kann's wohl ertragen. So hab ich in der Vorrede gebeten, man wollt mir's als dem Anheber verzeihen, ſonderlich weil Niemand von Anfang unſrer Sprache Wege oder Deutung geſchrieben hat."

Was an ſeiner Arbeit erfreut, iſt vorerſt das kräftige nationale[1]) Bewußtſein, das ihn beſeelt. Der einſeitigen Verherrlichung der alten Sprachen von Seiten der Humaniſten tritt er mit einem kühnlichen Lobe der Mutterſprache und mit dem Hinweis auf den Sprach= und Weisheitsſchatz entgegen, den er in der heimiſchen Literatur niedergelegt findet. Zwar verwertet er in ſeiner Aus= legung der Sprichwörter auch reichlich die latein. und griechiſchen Klaſſiker, indem er Weisheitsſprüche oder anekdotenhaften Stoff zur Beſtätigung und Exemplification aus ihnen herbeiholt, aber er benutzt auch in ausgiebiger Weiſe die deutſchen Dichter und Volksſchriftſteller. Aus Freydank und Renner, Johann v. Mörs= heim und Sebaſtian Brant[2]) entlehnt er manchen Weisheitsſpruch.

---

[1]) So regt ſich auch ſein deutſcher Stolz gegenüber dem Spotte, mit welchem der große Erasmus in ſeinen Colloquia familiaria in der Plauderei „Diversoria" die Deutſchen wegen ihrer Roheit und Ungeſchliffenheit dem Gelächter andrer Nationen preisgegeben hatte.

[2]) In der Ausgabe des Narrenſchiffs, welche Jakob Cammerlander 1545 unter dem Titel „Der Narrenſpiegel" veranſtaltete, wird es als Agricolas Verdienſt gerühmt, daß er durch ſeine Sprichwörter die Aufmerkſamkeit der Deutſchen auf die leider in Vergeſſenheit geratene Schrift Seb. Brants wieder gelenkt habe; das Narrenſchiff ſagt dort von ſich ſelbſt:

    Die Sprüchwörter haben gemacht,
    daß ich wider mitt aller macht,
    far ſchon außhin durch alle landt u. ſ. w.

Ein ſeltſames Mißverſtändnis hat ältere Literatoren veranlaßt, Agricola ſelbſt zum Bearbeiter jenes „Narrenſpiegels" zu machen, Kordes S. 344 flg. Dagegen vrgl. Zarncke, Narren Schiff, Leipzig 1854 S. 3.

Der Rosengarten, das Heldenbuch v. Wolf Dietrich, Tanhäuser, Tristrant und derartige Volksbücher werden benutzt. Ebenso kennt er die Sammlungen des Volkswitzes wie den Eulenspiegel oder den Pfaffen vom Kalenberge; auch die Centinovella, d. h. die zuerst 1473 in Deutschland gedruckte Uebersetzung resp. Nachahmung des Decamerone. Der Sprichwörtersammler verrät eine seltene Belesenheit in der Nationalliteratur, an welcher ja sonst die Gelehrten nur zu oft mit vornehmer Geringschätzung vorbeigingen. Sein Interesse für diese Literatur zeigte sich auch in dem Sammeleifer, mit welchem er nicht nur Gedrucktes, sondern auch Handschriftliches aus diesem Gebiete in seine Bibliothek zusammentrug.[1]

Es läßt sich gegen Agricolas Arbeit mancher tadelnde Vorwurf erheben. Es ist zunächst nicht ganz unbegründet, was einst an Luthers Tische gegen dieselbe geltend gemacht wurde, daß die von ihm citirten Sprichwörter zum guten Teil ungebräuchlich und von ihm selbst fabricirt seien;[2] er hat nämlich den Begriff des Sprichworts durchaus nicht in scharfer Abgrenzung gefaßt. Er sammelt nicht nur Weisheitssprüche, die er dem Volksmunde abgelauscht hat, sondern auch in großer Anzahl sentenziöse Dichterworte, oder er faßt auch selber einen Gedanken praktischer Lebensweisheit in einen Spruch oder Reim zusammen. Also nur ein Teil der von ihm gesammelten Worte darf im engeren Sinne auf den Namen „Sprichwörter" Anspruch machen. Auch der Tadel, den er selbst vorausgesehen, „es werde an etlichen Orten zu viel oder zu wenig sein," kann mit Grund gegen ihn erhoben werden; denn in seiner Bearbeitung und Auslegung verfährt er außerordentlich ungleich: bald giebt er eine seitenlange Exposition, bald

---

[1] Cyriacus Spangenberg erzählt (Hennebergische Chronica, Straßb. 1599 S. 97), er habe in Agricolas Bibliothek 1545 „ein geschrieben buch von reymen gesehen: darinne viel von herrn Otten von Bodenleube, vnd seinen ritterlichen thaten geschrieben war." Er hätte gern dieses und „etliche mehr Heldenbücher" in jener Bibliothek durchgelesen, aber seine Zeit habe es nicht gestattet. (Nach freundl. Mitteilung des Herrn Dr. Schnorr v. Carolsfeld).

[2] Bindseil, colloq. I. 423: „dicebatur de proverbiis Joannis Agricolae, quae magna ex parte essent insolita et nova ab ipso autore conficta."

begnügt er sich mit ein paar Zeilen, oder er schreibt auch nur als „Sprichwort" ein Dichterwort didaktischen Inhalts hin, ohne überhaupt ein auslegendes oder exemplificirendes Wort hinzuzufügen. Besonders in der 3. Sammlung tritt diese Ungleichartigkeit in der Bearbeitung hervor; wir empfangen hier den Eindruck, als habe er schließlich die Arbeit sich leicht machen wollen, indem er einfach, um sein Buch zu füllen und die Zahl 500 zu erreichen, Stelle um Stelle aus den ihm besonders vertrauten Didaktikern zusammengeschrieben. Auch lassen sich einzelne Derbheiten in seinen Sprichwörtern beanstanden; aber es war ein unbilliges Urteil, wenn Luther letztere als frivole Sprichwörter, als eine Sammlung von „Possen und Flüchen" verurteilte. Seine Verstimmung gegen den Verfasser hat ihn hier ungerecht gemacht.[1]

Aber über jenen Mängeln dürfen die unleugbaren Verdienste dieser Arbeit nicht übersehen werden. Es darf nicht vergessen werden, daß er so tapfer das Lob der Muttersprache verfochten und in weiten Kreisen Geschmack an der Nationalliteratur geweckt hat. So rief ein Zeitgenosse (1539) dankbar aus, Agricola habe sich durch seine Sprichwörter um Deutschland hoch verdient gemacht; werde er sein so glücklich begonnenes Werk in gleicher Weise fortführen, so werde den Nachbar-Nationen der Beweis geliefert werden, daß es uns Deutschen weder an herrlichen Thaten noch an geistvollen und treffenden Sinnsprüchen gefehlt habe.[2] Hat er auch den Begriff des Sprichworts nicht scharf genug gefaßt, so hat er doch unleugbar für jene große und wertvolle Sprichwörterliteratur,

---

[1] Bindf. Coll. I. 425. „frivola illa et inusitata proverbia fugienda sunt." Excerpta haec omnia etc. v. 1540 fol. 13 b: „Es ist ein fein Ding um Proverbia germanica, vnd sind starke Beweisunge, u. wär fein, so sie Jemand zusammengelesen hätte. Grickel hat nur Possen u. Flüche zusammen gelesen, damit er ein Gelächter anrichtet. Man muß die besten nehmen die ein Ansehen haben. Der Teufel ist den Sprichwörtern feind." Auch in S. Hirzels Handschr. der Tischr. v. 1563 Bl. 65 b. Ericeus, Sylvula Sentent. 1566 Bl. 213 a. Kordes S. 156.

[2] Eberh. Tappius, german. adagiorum .. centuriae septem. Argentorati 1539 Bl. 237 bei Latendorf a. a. O. S. 74 u. Schweriner Progr. 1873 S. 34.

die seitdem an seine Arbeit zuerst in Nachahmungen dann in selbständiger wissenschaftlichen Bearbeitung sich angeschlossen hat, Bahn gebrochen. Er hat endlich — und das Verdienst ist auch nicht gering anzuschlagen — seinen Zeitgenossen in seinen „Sprichwörtern" Lesebücher geschaffen, die für Gelehrte wie für Ungelehrte, für alt und jung einen reichhaltigen Stoff praktischer und religiöser Lebensweisheit in schmackhafter Form, in buntem Wechsel von Poesie und Prosa, von Erzählung und Belehrung, von Scherz und Ernst darboten und viele Jahrzehnte hindurch, ja selbst in spätere Jahrhunderte hinein, wahre Volksbücher gewesen sind.[1]) In dieser Beziehung haben sie für ihre Zeit ähnlichen Wert gehabt, wie etwa für eine spätere die Hebelschen Erzählungen des rheinischen Hausfreundes. Mit welcher Begierde die Sprichwörter gelesen wurden, das beweisen die zahlreichen Auflagen, die Ueberarbeitungen, Uebersetzungen und Nachahmungen, die denselben zu teil geworden sind. Hat Luther so abschätzig in späteren Jahren über sie geurteilt, so hat er doch zugleich sie zu benutzen gewußt.[2]) Und Melanchthon bezeugt uns die Verbreitung und Beliebtheit dieser Schriften, indem er in seiner Postille gelegentlich seinen Zuhörern bei einer derben Redensart sagt: „darüber lest in Agricolas Sprichwörtern nach."[3])

Das hatte Agricola freilich nicht geahnt, daß seine Sprichwörterarbeit ihn in die unangenehmste Verwicklung mit deutschen Fürsten führen und zu einem umfassenden diplomatischen Schriftenwechsel Anlaß geben sollte.[4]) Er hatte an vier Stellen seiner

---

[1]) Vrgl. K. Tim. Zumpt in Wachlers Philomathie 1820 II. S. 235—244. Mohnike urteilte über Agricola als deutschen Prosaisten, daß er vielleicht unter den Zeitgenossen Luther am nächsten zu stellen sei; in Ersch u. Gruber II. 216.

[2]) Man vrgl. z. B. bei Agricola 300 Sprichw. N. 234 „ich glaube wie der Köhler glaubt," mit Luthers Schrift an die zu Frankfurt 1533 Jenens. Ausg. VI. Bl. 112 b.

[3]) Corp. Ref. XXV. 252: „de quo legite Proverbia Eislebii."

[4]) Zum Folgenden vrgl. Schelhorn Ergötzlichkeiten III. 297—337. Kordes S. 186 flg., u. besonders Latendorf im Progr. des Schwer. Gymn. 1873.

erften Sammlung des 1519 vom schwäbischen Bundesheere ver=
jagten Herzogs Ulrich von Würtemberg[1]) in einer für diesen nicht
grade schmeichelhaften Weise gedacht. Er hatte ihn als ein bekanntes
Exempel angeführt bei dem Sprüchlein, daß, wenn Gott ein Land
strafe, er ihm einen Tyrannen und Wüterich gebe, auch einige
Beispiele seiner grausamen und ungerechten Justiz mitgeteilt. Nun
weilte Ulrich im J. 1529 als Gast bei Landgraf Philipp; er hatte
sich nicht nur der Reformation angeschlossen, sondern nahm auch
an den weitausschauenden politisch=kirchlichen Plänen des Land=
grafen regen Anteil. Als daher Philipp im Sommer 1529 mit
Sachsen behufs einer Vereinigung mit den oberdeutschen Städten
in Unterhandlungen trat, — in deren Verlauf dann im Herbst
d. J. das berühmte Marburger Gespräch zustande kam, —
beschwerte er sich (am 18. Juli) beim Kurfürsten Johann über die
Unbilden, die sich Luther und die Seinen gegen fürstliche Personen
hätten zu schulden kommen lassen. Er rügte nicht nur, daß Luther
selbst seinen Schwiegervater, Herzog Georg von Sachsen, mit
Schmachworten angegriffen hätte, sondern auch Eisleben habe jetzt
in seinen Sprichwörtern, die er kürzlich habe ausgehen lassen, „den
guten verjagten Herzog Ulrich von W. mit etlichen Schmachworten
mit Unwahrheit hart angefasset," und wenn es auch wahr sein
sollte, was er über ihn schreibe, so hätte er doch als ein Evan=
gelischer billiger, „wie sie uns lehren," seines Nächsten Schande
verschweigen, zudecken und nicht so öffentlich vor der ganzen Welt
ihm vorrücken sollen.[2]) Gleichzeitig schrieb er an Agricola direct
und hielt ihm sein Unrecht vor. Dieser entschloß sich im ersten
Schreck über das ungnädige Schreiben eines Fürsten, an dessen
Gunst er sich bisher auf den Reichstagen zu Speier erfreut hatte,
zu einer demütigen Abbitte (24. Juli). Er bedankte sich für die

---

[1]) Reuchlin nannte Ulrich den "Räuberhauptmann," princeps latronum,
f. Geiger, Reuchlins Briefwechsel S. 319. Ueber Ulrichs Willkürherrschaft u.
endliche Verjagung vrgl. Janssen, Gesch. d. deutschen Volkes I. (4. Aufl.)
560 flg.

[2]) Latendorf, Schweriner Progr. 1873 S. 14 flg.

„Gnade, daß eine so hohe Person, wie der Landgraf, ihn würdig geachtet, ihn um seiner Thorheit willen zu strafen." Er erklärte sich schuldig und meinte, Gott habe es so über ihn verhängt, um ihn zu demütigen. Freilich sei es ja nicht seine Absicht gewesen, den Landgrafen damit zu kränken; sonst würde er ja nicht gewagt haben, ihm ein Exemplar seiner Schrift in Speier zu verehren. Er erinnerte auch an die guten Dienste, die er ihm in Sachen der Abendmahlsverhandlungen mit Luther (s. oben S. 93) erwiesen hätte. Am 26. antwortete der Kurfürst, der von dieser Abbitte nichts wußte, er wolle Luther und Agricola gegen die Anklagen des Landgrafen nicht vertreten, sie würden sich aber wol selber zu verantworten wissen. Philipp sendete nun sofort nach Empfang Agricolas Abbitte an den Kurfürsten in Abschrift zum Zeugnis, daß seine Anklage gerechtfertigt gewesen sei, denn dieser gestehe ja seine Schuld ein; er „verhasse," so versichert er nochmals, die Sprichwörter desselben „als ein christliches Aergernis." Abermals antwortete der Kurfürst (am 9. August) in versöhnlicher Haltung; und man konnte meinen, der Zwischenfall sei durch jene Abbitte nun erledigt. Allein in Marburg wollte man sich dabei noch lange nicht beruhigen. Ein Edelmann in Ulrichs Gefolge, Ludwig von Passavant, hatte inzwischen eine besondere Ehrenrettung Ulrichs verfaßt, die zugleich eine stachlichte Anklageschrift gegen Agricola und weiter gegen Luther selbst war: „Verantwortung der Schmach= und Lästerschrift, so Joh. Agricola Eyßleben genannt, im Büchlein Auslegung deutscher Sprichwörter wider etliche Ehrenleute .. ausgehen lassen."[1]) Mit guter Ueberlegung war die Streitschrift den Mansfelder Grafen gewidmet. Sie begnügt sich nicht damit, Ulrich, „der schon unrechter Weise von Land und Leuten vertrieben" sei, gegen die „Lügen, mit denen er unter die Welt gebracht werden solle," in Schutz zu nehmen; sondern sie enthält auch eine ganz maßlose, von blinder Parteiwut

---

[1]) Wieder abgedruckt in dem angeführten Programme Latendorfs. Ein Exemplar der sehr seltenen Schrift befindet sich auf der Königl. Bibl. zu Dresden.

dictirte Kritik der „Sprichwörter," und weiter eine Beschimpfung des Lebens und Charakters ihres Verfassers. Jene Verbinduug von Geistlichem und Weltlichem in der Sprichwörterauslegung wird verurteilt als ein widerliches Gemisch von Gottes Wort und „altweibischen Fabeln und Biermären;" es sind „thörichte, närrische, leichtfertige" Sprüche. Nicht nur sei der gute Herzog Ulrich in ihnen verunglimpft, sondern auch umgekehrt sei unwürdigen Fürsten (nämlich Maximilian und den Habsburgern überhaupt) geschmeichelt: hier tritt das politische Parteigängertum des Verfassers, überhaupt der Unterschied zwischen den politischen Tendenzen am Hofe Philipps und der sächsischen habsburgfreund= lichen Politik recht bezeichnend hervor. Kleinlich sind die Vorwürfe, die gegen Agricola um deswillen gerichtet werden, daß er den Marcolfus als deutsche Quelle ansehe und sogar den Claus Narren [1]) citirt habe. Völlig ungerecht ist der Tadel, daß er sich über Erasmus habe erheben wollen. [2]) Voller Hohnes schildert Passavant Agricolas Persönlichkeit. Es sei ein Mann, dessen evangelische Lehre und Geist so berühmt sei, daß man ihn seiner vor= trefflichen Kunst halber schier zu einem Exempel und Vorbilde zu Wagen auf die Reichstage führe, dem auch Niemand seines Erachtens sonst mit Predigen, Lehre und Kunst gleichen möge; der nun „gleich einem Hippenbuben [d. h. gleich einem Jungen, der Back= waare feil bietet; wir würden sagen: gleich einem Fischweibe] [3])

---

[1]) Vrgl. über diesen Archiv für Literaturgesch. 1876 S. 278. 300 Sprichw. N. 58 und 291.

[2]) Man vrgl. Agricolas Lobreden auf diesen Abgott der gesamten gelehrten Welt seiner Zeit: „Der hochgelehrte Herr Er. v. Rotterdam, den Alle, die sich latein. und griech. Sprachen geflissen haben, um seine Mühe und Arbeit, so er hierin wohl und treulich beweiset hat, hold sein, höchlich loben und preisen müssen, wo sie anders eine Ader in ihnen haben, die ehrbar ist." 300 Sprichw. No. 78.

[3]) Vrgl. Schade, Satiren II. 345. 165. III. 64. — Wenn Passavant auch erwähnt, Agricola sei auf einem Wagen umhergefahren worden, „die Pfarren zu visitiren," so deutet dies offenbar auf eine von den Mans= felder evang. Grafen in ihrem Ländchen angeordnete Kirchenvisitation; dazu stimmt, daß Agricola im Octob. 1526 in gräflichem Auftrage auf Reisen

im Bierkeller lotterſche Sprüche übe und den neuen Marcolfus
ſchreibe." „Deine Bierbrüder zu Eisleben," ſo ſchildert er Agricolas
Umgang; gleich einem Hippenbuben ſitze er im Bierkeller bei
andern vollen und aus allen Landen entlaufenen Berghauern —
vielleicht eine Anſpielung auf den Bergmannsſohn Luther? Habe
Luther ſolch Geſchrei wegen eines ihm geſtohlenen Briefes [1])
gemacht, wie wolle ſich dann der verantworten, der andern Leuten
die Ehre ſtehle?

Dieſe maßloſe Schrift war wol im Auguſt veröffentlicht
worden. Zugleich wendete ſich Ulrich perſönlich, unterſtützt von
ſeinem Schwager, dem Herzog von Braunſchweig, und dem Land=
grafen, an die Mansfelder Grafen mit dem directen Begehren,
Agricola wegen ſeiner Fürſtenbeleidigung zur Beſtrafung zu ziehen.
Graf Albrecht kam dadurch in Verlegenheit und ſuchte Rat bei
Luther. Und dieſer gab gründlichen Beſcheid.[2]) Hätte Agricola
ſich wirklich gegen Herzog Ulrich verſündigt, ſo wäre dieſe Ver=
fehlung durch das „giftige, böſe, liſtige Buch" Paſſavants reichlich
aufgewogen. Zu den Sprichwörtern ſelbſt ſtellt er ſich ganz
neutral, er wolle weder hindern noch fördern, daß Agricola noch
mehr ſolcher Sprichwörter veröffentliche. Aber es verdrieße ihn
ſehr, daß dieſer, nachdem er ſich ſo demütig verantwortet gehabt,
nun einen ſo ſchändlichen Angriff ſich gefallen laſſen ſolle. Er
ſowohl wie Melanchthon ſeien höchſt aufgebracht darüber, daß der
Landgraf die Publication einer ſolchen Schrift geſtattet hätte.
Damit nun der Graf eine paſſende Antwort auf das fürſtliche
Schreiben geben könnte, ſetzte Luther ſelbſt in Agricolas Namen
eine kräftige Verantwortung auf, in welcher die Anklage Paſſavants
einfach gegen dieſen ſelbſt gerichtet wird. Die Verjagung Ulrichs

---

war, vgl. Corp. Ref. I. 827. Graf Albrecht hatte gegen eine Viſitation in
ſeinen Territorien durch die vom Kurfürſten von Sachſen entſendeten Viſitatoren
im Sommer 1526 energiſch ſeine Hoheitsrechte geltend gemacht, vgl. Burkhardt,
Geſch. d. ſächſ. Kirchen= u. Schulviſ. S. 18. (89. 119.)

[1]) Vgl. Luthers Schrift „von heimlichen und geſtohlenen Briefen . .
wider Herzog Georg," Neujahr 1529. Köſtlin II. S. 120.

[2]) Am 9. Sept. 1529, de Wette III. 502—507.

sei ja rechtmäßig auf Beschluß des schwäbischen Bundes und des Hauses Oesterreich geschehen; somit handle Passavant offenbar aufrührerisch, indem er sich zum Richter über das Vorgehen dieser Mächte aufwerfe. Es sei ja klar, daß Agricola ihm nur dazu herhalten müsse, seinem politischen Hasse gegen jene Mächte Luft zu schaffen. Wer wolle es jenem verwehren, wenn er in dieser Sache mit seinen politischen Sympathien Anhänger der andern Partei sei? Passavants Schrift sei aber auch ein Lügenbuch gegen die Wittenberger im Allgemeinen; es sei zu erwarten, daß sein Verfasser dafür vom Landgrafen bestraft werden würde. Luther überließ es übrigens Agricola, diesen ziemlich derb und deutlich ausgefallenen Brief noch auszufeilen und in eine Form zu bringen, in welcher er von Albrecht an die Fürsten gesendet werden konnte. Gegen Agricola persönlich aber sprach er sein Bedauern darüber aus, daß er sich zuerst so habe einschüchtern lassen, daß er jene Abbitte an Philipp gesandt habe. Nun solle er schreiben: er habe durch seine Abbitte bewiesen, wie ernstlich er Frieden gewünscht hätte; da sie aber solchen Lärm erhöben, so wolle er von nun an seine Sache nicht nach der Demut, sondern allein nach der Gerechtigkeit führen; er ziehe somit seine Abbitte wieder zurück.

Für den Augenblick kam die Sache hiermit zum Abschluß. Philipp überzeugte sich, daß er eine Bestrafung Agricolas nicht erreichen konnte, und durfte es mit Luther nicht verderben, wenn er das Marburger Religionsgespräch, dessen Zustandekommen schon schwierig genug gewesen war, nicht noch im letzten Augenblicke in Frage stellen wollte. Natürlich konnte aber Agricola an der Reise nach Marburg sich nicht beteiligen; es beruht nur auf einer Verwechslung mit Stephan Agricola aus Augsburg, wenn er als Teilnehmer am Colloquium genannt worden ist.[1] Am 17. Jan.

---

[1] Vrgl. Salig Historie der Augsb. Conf. I. im Register (im Texte S. 143 richtig). Förstemann Urkundenb. z. Gesch. des Reichstages zu Augsb. I. 449, woselbst angegeben ist, daß die Regensb. Handschrift der Augustana einen „S t e p h a n' Agricola Jsleben" (!) in Marburg beim Colloquium zugegen sein läßt.

1530 aber schreibt Agricola an den alten Erfurter Freund Joh. Lange: „Die frechen Reden Passavants habe ich glücklich verwunden, und die Sache ist jetzt so weit gediehen, daß er wünscht, er hätte lieber nicht gethan, was er gethan hat."[1])

Agricola suchte nun für immer den Anstoß, den seine Bemerkungen über Ulrich gegeben hatten, dadurch zu beseitigen, daß er in der 1534 veranstalteten Gesamtausgabe einmal die Stellen, welche ihm besonders verdacht worden waren, durch Ueberarbeitung milderte, dann aber auch eine neue Vorrede fertigte, in welcher er erklärte: er hätte am liebsten das Buch ganz verschwinden lassen wollen, da er so viel Verdruß damit gehabt, und diese böse Welt „Worte, die ihm unterweilen unversehens ohne allen Falsch entfahren, aufgeklaubt und auf die Goldwage gelegt" hätte. Aber er finde doch, daß nicht Alles in seinem Buche so untüchtig sei, wie es Etliche gemacht; daher lasse er es in dieser neuen Gestalt wieder ausgehen. Auch wolle er später noch mehr Sprichwörter sammeln und ediren, „denn ein Ding zu verachten, ist bald geschehen, aber nachthun ist Kunst; und ist wahr, wie man sagt: Können wir nicht alle tichten, so wollen wir doch alle richten."

Aber trotz dieser revidirten neuen Ausgabe sollte er noch einmal einen Strauß darüber zu bestehen haben. Mit Philipps Hülfe war Herzog Ulrich 1534 wieder in seine Herrschaft eingesetzt worden; er erwies sich hier als einen eifrigen Beförderer der Reformation, welcher er in Württemberg zu schnellem Siege verhalf. Er hatte aber noch immer nicht die Beleidigung verwunden,

---

[1]) Cod. Goth. 399 fol. 237: „Ludovici Passavantii ἀτασθαλίας jam devoravi, resque eo rediit, ut vellet se hoc non fecisse quod fecit." — Man hielt in der Folgezeit die Sache mit Philipp sächsischerseits so völlig für erledigt, daß Johann Friedrich im Jan. 1535 nebst anderen Theologen auch Agricola dem Landgrafen namhaft machte als einen, dessen Urteil man in den Vergleichsverhandlungen über die Abendmahlslehre anhören müsse. Daher erhielt Melanchthon Auftrag, ihn über das Ergebnis der Kasseler Verhandlungen mit Butzer zu benachrichtigen. Neudecker, Actenstücke I. S. 100. Corp. Ref. II. 826.

die ihm einst durch Agricola zugefügt worden war. Als nun im Frühjahr 1536 die Unionsverhandlungen zwischen Wittenberg und den Oberdeutschen eine so günstige Gestaltung annahmen, wie noch nie zuvor, da sollte auch dies alte Aergernis endlich gründlich beseitigt werden. Der Landgraf schrieb im März an Melanchthon, wol mit der Aufforderung, daß dieser seinen Einfluß dahin geltend machen möchte, daß sich Agricola zu einer Abbitte gegen Herzog Ulrich entschlösse.[1]) Melanchthon erschien der Handel höchst kleinlich und jener Fürsten unwürdig; doch setzte er den Kurfürsten davon in Kenntnis, dagegen wünschte er, daß Graf Albrecht nichts davon erführe, damit dieser nicht darüber in Streit mit Philipp geriete.[2]) Auch die Vermittlung der Wünsche des Landgrafen an Agricola übernahm er; und dieser entschloß sich mit Rücksicht auf die kirchliche Zeitlage in der That zu einer Abbitte an den Herzog (Mitte April). Ein Exemplar derselben wurde an Erhard Schnepf gesendet, der auf Ulrichs Bitte vom Landgrafen im Interesse der Reformation Würtembergs nach Stuttgart entlassen worden war; ein zweites sendete Melanchthon an den Landgrafen, damit es also von zwei Seiten her dem zürnenden Herzog überantwortet würde.[3]) Aber selbst damit kam die Sache noch nicht zum Abschluß. Denn einen Monat später schrieb Melanchthon schon wieder an Philipp, er wolle mit Eisleben „weiter handeln".[4]) Die vorliegenden Urkunden lassen aber nicht mehr erkennen, was eigentlich noch weiter von dem, der nun schon zum zweiten Male Abbitte geleistet hatte, gefordert worden sei. — Nach dem schmalkaldischen Kriege schrieb Agricola die stolzen Worte nieder: „Herzog Ulrich von Würtemberg wollte mich nirgend dienen lassen wegen des, daß ich in meinen deutschen Sprichwörtern ihm den armen Kunz und den Mord des von

---

[1]) Schirrmacher, Briefe und Acten S. 375.
[2]) Man ersieht daraus, daß Agricola mit dem Grafen damals noch in gutem Einvernehmen stand.
[3]) Corp. Ref. III. 55—57.
[4]) Corp. Ref. III. 75.

Hutten[1]) aufgerückt hatte. Da war der Bogen hart gespannt, das Schwert zum Hauen gezückt, der Turm und das Gefängnis zugerichtet — aber Würtemberg ist verwüstet, ich stehe und gehe von Gottes Gnaden noch frei!"[2])

---

[1]) Gemeint ist der herzgl. Stallmeister Hans v. Hutten, ein Vetter des Dichters, welchen Ulrich, der in sträflicher Leidenschaft zu dessen Weibe entbrannt war, durch Meuchelmord 1515 beseitigt hatte.

[2]) Monotessaron (Marienbibl. zu Halle) II. Bl. 418.

## VIII.

## Hussitica.

Seitdem Luther am 5. Juli 1519 auf der Leipziger Disputation den kühnen Ausspruch gethan, unter den Sätzen des Johann Hus und der Böhmen seien manche sehr christliche und evangelische,[1]) und in der Folge immer entschiedener an der Autorität des Costnitzer Concils zu rütteln gewagt hatte, seitdem wandte sich naturgemäß die Aufmerksamkeit der Evangelischen den Schriften, dem Leben, besonders dem Martyrium des vor hundert Jahren als Ketzer Verbrannten zu. Wie man auf gegnerischer Seite jetzt Luther als „Böhmen" brandmarkte und ihm vorwarf, daß er „die Deutschen in ein solch' Spiel führe, als Hus die Böhmen jämmerlich verführt habe,"[2]) und in besondren Rechtfertigungsschriften das Urteil des Costnitzer Concils aufrecht zu halten sich bemühte, so gingen evangelische Theologen daran, Schriften des böhmischen Reformators wie auch die Acten des mit ihm angestellten Ketzerprocesses in Deutschland bekant zu machen. Von Wenceslaus Link sind Uebersetzungen einzelner Schriften des Märtyrers bekannt, welche 1525 erschienen waren. Und auch Agricola trat auf diesem Gebiete als Mitkämpfer hervor, indem er zunächst 1529 ein Büchlein zum Druck beförderte, welches sein Freund, der Querfurter Geistliche Lic. Nicol. Krumbach, aus einer in der Bibliothek des Arztes Paul Rockenbach in Zeitz aufgefundenen lateinischen Schrift verdeutscht hatte. Es enthielt die „Histori vnd warhafftige geschicht, wie das heilig Euangelion mit Johañ Hussen ym Concilio zu Costnitz durch den Bapst und seinen

---

[1]) Vergl. Kolde, Luthers Stellung zu Concil und Kirche 1876 S. 47 flg.
[2]) Janssen II. 109.

anhang offentlich verdampt ist, ym Jare nach Christi unseres Herren geburt 1414." (Hagenau, bei Joh. Secerius.)¹) Krumbach hatte sich auch sonst schon als Uebersetzer einer Schrift des Ambrosius, verschiedener Teile des neuen Testaments und der Vorrede des Erasmus aufs N. T. bekannt gemacht.²)

Als dann am 12. Juni 1536 der Papst im Einverständnis mit Kaiser Karl ein Concil nach Mantua auf den 23. Mai des nächstfolgenden Jahres ausgeschrieben hatte, und also die Concilsfrage Aller Gemüter beschäftigte und aufregte, da wandte sich abermals das Interesse den Concilien der Vergangenheit, und wieder in erster Linie dem berühmten Costnitzer zu. So kam auch die Geschichte des Johann Hus aufs Neue auf die Tagesordnung. Luther selbst publicirte zunächst mit einer kurzen Vorrede vier Briefe des Märtyrers aus Costnitz (nebst einem Schreiben böhmischer Edelleute ans Concil), die er sich aus böhmischer Sprache ins Lateinische hatte übertragen lassen, unter dem merkwürdig ungenauen Titel: Tres epistolae sanctissimi martyris Joh. Hussii [Wittenberg 1536 bei Joseph Klug].³) Von dieser kleinen Briefsammlung fertigte Agricola eine deutsche Uebersetzung an, die — ohne daß seines Namens darin Erwähnung geschah — am 26. Nov. 1536 unter dem genaueren Titel: „Vier Christliche briefe, so Johan Hus der heylig marterer . . geschriben hat, verteutscht" im Druck vollendet wurde.⁴) Diesen Briefen war zugleich angefügt eine „wahrhafte Beschreibung der letzten Handlung, so mit dem heiligen Mann Johann Hus ist vorgenommen."

---

¹) Herzogl. Bibl. zu Wolfenbüttel. Riederer, Nachrichten III. 468 flg. Kordes S. 194.

²) Vrgl. über ihn Fortg. Sammt. 1732 S. 688. Riederer I. 139. 264. 279 flg 381 flg. Herzog, Real-Encycl. 2. Aufl. III. 547. Zeitschr. des Harzvereins 1880 S. 57. 338.

³) Fortges. Sammt. 1732 S. 997 flg.

⁴) Daß Agricola der ungenannte Uebersetzer war, ergiebt sich aus der Tischredenhandschrift des German. Museums fol. 66 b „M. Eyslebén legens aliquas literas Joannis Huss, quas ipse transtulit," als Variante zu Tischr. IV. 390. Bindf. Coll. III. 153. Ueber eine zweite schlechtere Uebersetzung jener Briefe von 1537 s. Riederer III. 367.

Während nun Luther jener kleinen Schrift im nächsten Jahre eine viel umfänglichere Publication nachfolgen ließ, welche neben einer reichhaltigeren Sammlung von Briefen auch eine ausführliche Geschichte des Processes gegen Hus enthielt,[1]) so fuhr gleicher Weise der inzwischen nach Wittenberg übergesiedelte Agricola fort, Dokumente zur Geschichte des Märtyrers zu veröffentlichen. Aus einer von ihm nicht näher bezeichneten Quelle publicirte er einen Husschen Aufsatz zur Verteidigung der Laiencommunion unter beiderlei Gestalt, ferner den Concilsbeschluß vom 15. Juni 1415, der diese Communionsweise als häretisch verwirft, endlich ein Bekenntnis des Märtyrers, in welchem er nebst der Bitte, ihn nicht ungehört verurteilen zu wollen, die Sufficienz des „Gesetzes Christi" [d. i. der hlg. Schrift] für die Regierung der Kirche auf Erden behauptet.[2]) Diese kleine Sammelschrift versah Agricola mit Vor- und Nachwort, auch mit einer Anzahl von Randglossen, welche zum Teil in bitterer Ironie den Abfall der Römischen vom Worte Gottes geißeln. Außerdem aber verfaßte er auch eine in demselben Jahre, und dann nochmals im Jahre 1538 von Georg Rhau in Wittenberg gedruckte Dramatisirung jenes Ketzerprocesses, „Tragedia Johannis Huss, welche auff dem Unchristlichen Concilio zu Costnitz gehalten, allen Christen nützlich und tröstlich zu lesen."[3]) In diesem Stücke, dessen Personenverzeichnis nicht weniger als 41 Mitwirkende erfordert, kommt in 5 Acten die Citation, Anklage, Verurteilung, Degradation und das Martyrium des böhmischen Wahrheitszeugen zur Darstellung. Das Ganze ist

---

[1]) EPISTOLAE QVAEDAM PIISSIMAE & eruditissimae Johannis Hus . . . VITEMBERGAE EX officina Joannis Lufft. Anno. M. D. XXXVII.

[2]) Titel: DISPV-tatio Ioannis Hus, quam absoluit dum ageret Constantiae . . VITEBERGÆ. 1537. 2 Bg. 8. am Schluß: VITEBERGÆ EXCVDEBAT NICO-laus Schirlenz 1537. — Vergl. Herzog Real-Encycl. 2. Aufl. VI. 392. 393.

[3]) Das Büchlein ist am Anfang wie am Ende mit einem Holzschnitt-Porträt geziert. Vielleicht ist daher diese Schrift gemeint, wenn Luther am 12. Dec. 1538 einem Bekannten „sancti viri Joh. Huss effigiem" als Geschenk sendete, Burkh. S. 313.

in schmucklosen Reimen geschrieben, nur im 5. Acte wird in prosaischer getreuer [1]) Uebersetzung die Predigt des Bischofs von London eingeschaltet, jedoch mit der Bemerkung für die Schauspieler, so der Sermon zu lang wäre, möchte man nur ein kurz Argument daraus begreifen.[2]) Eine in schwungvollen, zorneseifrigen Worten „die Büberei der antichristischen Synagoge zu Costnitz" strafende Vorrede spricht den Wunsch aus, daß diese Historie, nachdem sie in Reime und in Weise einer Tragödie verfaßt sei, nun auch gelesen und gespielt werden möchte, „auf daß Jedermann, jung und alt, dieses greulichen Lästerers, des Antichrist, und aller seiner Rotte Verführung und Tyrannei von Tage zu Tage feinder werde." Und in der That gelangte das Stück am Hofe des Kurfürsten zu Torgau zur Aufführung.[3]) Auch auf Luther wird, ohne ihn jedoch direct zu nennen, in der Vorrede hingewiesen. „Indem daß sie verhoffen, durch ihren Mord dieser Gans (des Hus) Geschrei zu stillen, erweckt Gott der Herr, wie Johann Hus zuvor verkündigt hat,[4]) diese versengte Gans wieder von den Toten auf, und geschieht eine solche Verwandlung, daß sie in einen schneeweißen Schwan verwandelt wird, und dieweil sie der heiseren Gans Gesang zuvor nicht haben wollen hören, so müssen sie jetzund, es sei ihnen lieb oder leid, ohn allen Dank, dieses Schwanes helle und liebliche Stimme, nicht in Böhmen allein, sondern über die ganze Welt schier hören singen und klingen." Diese Tragödie ist also offenbar noch vor der Zeit seines scharfen Conflicts mit Luther verfaßt worden.

---

[1]) Lateinisch steht die Predigt in den Epistolae quaedam Bl. V 8b flg.

[2]) In der Ausgabe von 1538 ist die Predigt in drastischer Weise überarbeitet und zu einem Specimen kathol. Predigtmanier umgestaltet worden.

[3]) Der Baccalaureus an der Schule zu Torgau, Michael Schultes, nennt sich im Februar 1538 „yhm kunfftigen spiel vom Johan Hus Vorreder vnd Beschließer," Burkhardt S. 301. In Vogelgesangs „Ein heimlich Gespräch" 1539 Bl. A. ij heißt es: „Es ist mir darneben geschrieben, das offt gedachte Tragedia sey zu Torgaw offentlich gespielt worden."

[4]) Vrgl. betreffs dieser in der Reformationszeit weit verbreiteten „Weißagung" Hagenbach Kirchengesch. II. Leipz. 1869 S. 540. 552.

Die solcher Gestalt versuchte Popularisirung der Märtyrer-
geschichte des Hus muß nun auf gegnerischer Seite hart verdrossen
haben. Eine gewandte und boshafte Feder machte sich daran, nicht
nur die Wirkung und Verbreitung der Tragödie unschädlich zu
machen, sondern zugleich bei dieser Gelegenheit ihren Verfasser und
vor Allem Luther selbst mit raffinirtem Hohn und mit vielem
Schmutz zu überschütten. Es erschien nämlich zu Beginn des
J. 1539 eine Flugschrift unter dem Titel: „Ein heimlich Gespräch
von der Tragedia Johannis Hussen, zwischen D. Mart. Luther
vnd seinen guten Freunden. Auff die weiß einer Comedien. Durch
Joan. Vogelgesang."[1] Hinter dem Pseudonym Joh. Vogelgesang
(oder wie er sich am Schluß latinisirend nennt Avicinius) verbarg
sich der zu Pfingsten 1538 aus Wittenberg wegen des Aergernisses,
das er mit seinen Epigrammen erregt hatte, flüchtig gewordene
junge Humanist Simon Lemnius.[2] Dieser war in Wittenberg
noch davon Zeuge gewesen, wie Luther im Verlauf des antinomistischen Streites am 6. Jan. 1538, Agricola die Erlaubnis,
theologische Vorlesungen zu halten, entzogen hatte, wie aber wenige
Tage darauf durch Vermittlung der Frau Agricolas eine zeit-
weilige Aussöhnung Beider erfolgt war. Diese Vorgänge benutzte
nun Lemnius zu folgender Fabel seiner „Komödie." Luther sowohl
wie Melanchthon sind höchst entrüstet über das Erscheinen der
„Tragedia Johannis Huß." Ersterer, weil er sich eines Wider-
spruchs namentlich der Abendmahlslehre Hus' mit seiner eignen

---

[1] Die Schrift scheint in derselben Officin gedruckt zu sein wie „M.
SIMO- | NIS LEMNII EPI- | GRAMMATON | LIBRI III." 1538. In
Leipzig?

[2] Vrgl. Weller, Index Pseudonymorum 1856 S. 155. Gervinus,
Gesch. d. deutsch. Dicht. II. 4. Ausg. 1853 S. 406. Ein Hauptgrund für
mich, die Identität des Pseudon. Vogelgesang mit Lemnius zu behaupten, ist
die eigentümliche Taktik, mit welcher Melanchthon in dieser Schrift behandelt
wird. — Der vorangestellte Widmungsbrief des „Procopius Spalicius von
Piltzu" an „Mag. Joh. Horatius zu Pudweis" vom 8. Jan. 1538 ist offenbar
fingirt, da auf Vorgänge angespielt wird, die erst einige Zeit später
(14. Januar) in Wittenb. stattfanden. Der Brief hat den Zweck, die Anti-
pathien der Böhmen gegen Luther zu dokumentiren.

bewußt ist,¹) faßt daher das Stück als einen versteckten Angriff
gegen seine Lehre und Person auf; dazu ärgert ihn die Anony=
mität und daß es "hinter seinem Rücken" erschienen sei. Melan=
chthon dagegen ist dem Stücke zumeist aus formellen, kunstkritischen
Gründen abgeneigt. "Die Reime sind vielmals ungereimt, kindisch
gekuppelt und mit unnötigen Worten genötiget." "Der Stilus ist
viel zu gering und niedrig, denn eine rechte Tragödia haben soll."
Ferner sind "viel zu viel Personen da, daß man sie nicht leichtlich
spielen kann. Andre Tragödien haben selten über 10 Personen,
oftmals weniger, diese aber hat 38 — das Verzeichnis weist sogar
41 auf — Personen, und wo dieselbigen sollten auch Knechte bei
sich haben nach Gebühr und Gewohnheit ihres Standes, so würde
wol ein ganzes Heer daraus . . . Sollen sie Diener bei sich haben,
so mögen die Leute nicht Raum haben, das Spiel zu sehen. Dazu
würde viel Unkostens laufen auf die Kleidung so vieler Personen."
Desgleichen tadelt er die Weise des Verfassers, scenische Bemer=
kungen und Anweisungen für die Schauspieler einzuschalten.²)
Denn daraus merke ja jeder einfältige Leser des Stücks, daß es
sich nur um ein Gedicht handle, "denn ihr sonst nirgend weder
in Komödien noch in Tragödien findet, daß solche Gebärde, wie
man sich stellen soll, sind neben oder über den Text ausgedrückt."
Melanchthon verwirft also die Tragödie wesentlich vom Stand=
punkte der klassischen antiken Vorbilder aus. Er hat Luther auf
das Erscheinen der Tragödie aufmerksam gemacht, ihm Agricola
als Verfasser angegeben und sich beklagt, daß dieser "der ganzen

---

¹) Diesen Unterschied ihrer Lehre hat Luther stets offen anerkannt; vrgl.
z. B. "Huss . . ne latum unguem a Papatu discessit. Idem docuit, tantum
vitia et moralia carpsit; ipse nihil peccavit contra Papatum." "Hus eandem
habuit occasionem scribendi contra indulgentias Papae et avaritiam, sed
nondum erat tempus bestiae confundendae. Ich hab im nicht allein die
abusus, sondern auch doctrinam angegriffen." "Huss nondum intellexit
Papatum, quia tantum abusus agnovit aliquos." Lauterbachs Tagebuch
S. 48. 68. 149.

²) Z. B. im 3. Acte ordnet Agricola an: "Da sollen die Cardinele vnd
Bischoffe alle lachen, vnd zum letzten vor zorn jre köpff schütteln;" drgl.
Anweisungen finden sich in großer Zahl.

Universität eine Schande und Unehre mit dieser tölpischen Tragödie" anthue. Luther, der sich durch Lectüre des Stücks von dem Schaden, der ihm und seiner Abendmahlslehre durch diese Schrift zugefügt werde, überzeugt hat, macht Agricola die heftigsten Vorwürfe darüber. Dieser sucht sich nach Kräften wegen der guten Absichten, die er dabei gehabt habe, zu verteidigen, er beruft sich auf seine Publication vom J. 1529, mit welcher Luther wohl zufrieden gewesen sei; aber dieser wird immer zorniger: „Hätte ich's zuvor gelesen, so hätte ich's auch nicht in Druck bringen lassen. Denn sie ist wider meine reine evangelische Lehre." Spalatin, „ein dürres, zappelndes Männlein," Luthers „alter Patron, der ihm bei dem alten Kurfürsten oft aus einem Schweißbade geholfen," sucht zu beschwichtigen und zu vermitteln. Er warnt Luther, er werde, wenn er seine guten Freunde so hart behandle, diese auf die Wege des — zur römischen Kirche zurückgekehrten — Witzel treiben. Aber Luther fordert von Agricola einen Widerruf seiner Publicationen über Hus, und da dieser solche Zumutung zurückweist, so poltert er heraus: „So wirst du auch mein Freund nicht bleiben, sollst auch keine Lection oder Predigt mehr thun, so lang diese Tragödie feil stehet. Heb dich davon, du loser Mann; meinst du, ich soll meine Sache um deinetwillen verderben?" In höchster Aufregung gegen Luther, „den hoffärtigen Mönch," kommt Agricola nach Hause und klagt seinem Weibe „Martha" seine Not. „Es ist der bittre Neid, der Mönche alte Krankheit! Er mag nicht leiden, daß ein Andrer etwas neben ihm sei. Er will mich gar zu einem Bettler machen." Er bittet Frau und Tochter, zu „Luthers Käthe" zu gehen und ihre Vermittlung anzurufen. Seine Frau wendet ein: „Ich bin nicht wohl mit ihr bekannt, da ich noch neu hier bin."[1] Aber er gebietet: „Nimm andre Weiber zu Dir, welche sie besser kennet, denn Dich;[2] so magst

---

[1] Hier tritt (wie vorhin auch bei der Angabe des Namens der Frau Agricolas) recht auffällig hervor, daß Lemnius mit den **näheren** Verhältnissen wenig bekannt war.

[2] Im Texte der Druckfehler: „ich."

Du etwas ausrichten." Damit hat sich der Komödienschreiber Gelegenheit geschafft, uns in den folgenden Scenen die Ehefrauen der Reformatoren vorzuführen; außer Agricolas Frau treten noch die Frauen von Melanchthon, Jonas, Spalatin und endlich Luthers Käthe auf. Die Unterhaltung derselben mit einander strotzt von Gemeinheit und Unsauberkeit.[1]) Agricolas Frau trifft auf dem Markte mit den Frauen Melanchthons und Jonas' zusammen und nimmt ihre Vermittlung bei Frau Käthe in Anspruch; aber erstere sagt ihr: „Uns wird sie nur stumpfe Antwort geben, sie ist ja ein üppiges Tier darum, daß sie ein wenig edel (von Adel) ist." „Sie will hochgehalten sein; wer nicht wohl mit ihr bekannt ist, der sollte lieber eine Gräfin ansprechen denn sie." Aber die Frauen raten der Weinenden, sich an Spalatins Frau zu wenden, die grade zum Besuch anwesend sei um der Hochzeit der Melanchthonschen Tochter willen.[2]) Dieselbe wird als eine ganz eitle und putzsüchtige, aber bei Käthe Luther angesehene Frau geschildert. Die andern Frauen geben ihr gute Worte, und so wendet sie sich an Käthe, von der sie auch das Versprechen erhält, daß diese sich bei Luther für Agricola verwenden wolle. Die Scene, welche sich darauf zwischen Luther und seinem Weibe abspielt und damit endet, daß die Frau ihrem Manne abschmeichelt, was sie begehrt, ist voll widerlicher Frivolität. Sie erreicht nicht nur von ihm das Versprechen, allen Zorn gegen Agricola fahren zu lassen und ihm „ein gnädiger Herr und Förderer" zu sein, jedoch unter der

---

[1]) Nur Melanchthons Frau wird anständig behandelt. Sie wird in scharfem Gegensatz gegen die andern gezeichnet als die einzige, die „mit Gott und Ehren einen rechten Ehemann hat," da ihr Mann niemals das Cölibatsgelübde abgelegt hatte; die andern Frauen, „die Mönch= und Pfaffenhuren", behandeln sie geringschätzig, und sie fühlt sich überall zurückgesetzt, tröstet sich aber in dem stolzen Bewußtsein, daß sie die einzige sei, deren Mann betreffs der Treue seines Weibes nicht argwöhnisch sei.

[2]) Diese Hochzeit hatte nicht lange vorher, am 6. Nov. 1536, stattgefunden. Wir bemerken dabei, daß Agricola als derjenige bezeichnet wird, welcher einst Sabinus zur Verheiratung mit Anna Mel. angetrieben habe, vrgl. Corp. Ref. V. 406.

Bedingung, daß dieser hinfort nichts mehr hinter seinem Rücken ohne sein Wissen und Willen wolle drucken lassen, denn sonst „würde der letzte Zorn ärger denn der erste," sondern sie schlägt ihm auch vor, im Falle ihres früheren Absterbens niemand anders als Agricolas Tochter zu heiraten. In der Schlußscene überbringen Käthe und Frau Spalatin Agricola die Freudenbotschaft von Luthers versöhnlicher Gesinnung, melden ihm, daß er wieder predigen und lesen dürfe; letztere ladet ihn zu einem Besuche in Altenburg ein, Käthe aber reicht ihm die Hand zu einem Freudentänzchen. — Die boshafte Komödie liefert klar den Beweis, daß Agricola als Verfasser der Tragödie Hus in Wittenberg bekannt war.[1] — Es war freilich eine starke Zumutung an die Leser, die doch wol wissen konnten, mit welchem Eifer Luther selbst in jenen Jahren Hussitica veröffentlicht hatte, dieser Fabel Glauben schenken zu sollen. Der Hauptzweck der Schrift war aber wol auch einfach der, an Luther und den Wittenbergern durch möglichste Verunglimpfung Rache zu nehmen und namentlich ihre ehelichen Verhältnisse vor den Augen der Welt zu verdächtigen. Hatte Luther beim Erscheinen der beiden ersten Bücher der Epigramme des Lemnius in vielleicht übertriebenem Zorne gegen dieselben als gegen ein „rechtes Erzschand=, Schmach= und Lügenbuch wider viel ehrliche, beide Manns= und Weibsbilder"[2] geeifert, so bewies Lemnius durch sein „heimlich Gespräch" wie durch die andern nach seiner

---

[1]) Seltsamer Weise hat Goedeke grade unter Berufung auf das Zeugnis dieser Spottschrift den Zwickauer Schulmeister Joh. Ackermann zum Dichter der „Tragedia Joh. Hus" machen wollen, Götting. gel. Anz. 1880. Stück 21. S. 660. Vgl. dagegen Archiv für Literaturgesch. X. Heft 1 S. 7 flg.

[2]) Jenens. Ausgabe VI. Bl. 568b. Es finden sich in jenen beiden ersten Büchern allerdings mehrere stark erotische Gedichte, auch Spottgedichte auf Ehemänner, die von ihren Frauen betrogen sind, oder auf verblühte Schönheiten, die doch noch einen Liebhaber begehrten u. drgl. Epigramme, bei denen sich wol eine oder die andre Wittenberger Persönlichkeit getroffen fühlen konnte; aber es wird schwer nachzuweisen sein, wie weit Lemnius wirklich auf einzelne bestimmte Personen dabei gezielt hatte. Das Widerwärtigste an jenen Epigrammen waren die durch die beiden Bücher sich hindurchziehenden Schmeicheleien gegen Erzbischof Albrecht.

Flucht veröffentlichten Schriften, daß er ganz das Zeug dazu hatte, „Erzschand=, Schmach= und Lügenbücher" zu schreiben, daß also Luther im Grunde ihn ganz richtig taxirt hatte.¹)

Es läßt sich denken, daß das „heimlich Gespräch" in Wittenberg Aufsehen und Verdruß erregte. „Am Abend des 16. April 1539 las Luther" — so erzählt Ant. Lauterbach²) — einen recht groben und lügenhaften Dialog gegen die Wittenberger in Sachen J. A.'s, daß dieser die Tragödie Joh. Hus gedichtet habe, und ein Weibergespräch, welches einen recht unverschämten Angriff gegen das weibliche Geschlecht enthält. Aber D. M. L. lachte und sagte: Mit ehrlichem Kampfe vermögen sie nichts wider uns, daher suchen sie uns mit Lästerungen zu ärgern. Aber so sollen sie uns nicht ankommen, so soll's ihnen nicht gelingen den Papst zu verteidigen! Wir wollen durch Stillschweigen sie mit Verachtung strafen und im Namen des Herrn fortfahren in der Verkündigung des Evangeliums, den Papst zu widerlegen. Wir wollen uns nicht in den Dreck mit ihnen legen; es ist uns genug, daß sie solches lügen. Läßt sich Jemand durch diese ihre Lügenreden bethören, so ist's nicht unsre Schuld, denn unsre Lehre wie unser Leben geht frei öffentlich. Sie sind giftige Verleumder. Es scheint mir Witzels Stil und Denkart in diesem Dialoge zu sein, der sich ärgert, daß wir uns so wenig aus ihm machen." War Luther hier noch im Unklaren über den Pseudonymus, so scheint er nach einer andern Tischrede doch bald genug auch darüber Gewißheit erlangt zu haben. Denn vermutlich bezieht sich auch folgender Bericht auf das „heimlich Gespräch:" „Da des Lemnii Schandbuch D. Mart. bracht ward, in welchem er auch des armen, weiblichen Geschlechtes nicht ver=

---

¹) Vgl. das Urteil des Camerarius: „Autor elapsus impudentissime mentiendo tam foeda atque impura postea scripta emisit, ut neque priorum veniam dandam ei, et quicquid accidisset, id lenius, quam nefaria ipsius vesania mereretur, omnes boni statuerent." Vita Mel., Lips. 1566 pg. 180.

²) Cod. Goth. B. 169 Bl. 97. In den Worten: „colloquium muliercularum et satis impudenter inuehit in sexum," scheint statt „et" „quod" gelesen werden zu müssen.

schonete, da sprach er: Wolan, sie handeln wider uns mit Lügen und Schein. Daher sagt Christus (Matth. 5, 11. 12): Selig seid ihr, wenn euch die Menschen um meinetwillen schmähen und verfolgen u. s. w. Solche Bücher machen mich nicht blöde noch kleinmütig, die Witzel, Tölpel, Lemnius u. dergl. schreiben." [1])

---

[1]) Tischr. III. 277. Diese Worte Luthers scheinen nämlich auf die Epigramme nur wenig zu passen, desto besser treffen sie zu bei jener Komödie.

## IX.

## Das Vorspiel des antinomistischen Streites.

Wir haben in den letzten Abschnitten bereits mehrfach Vorgänge erwähnt, welche nicht mehr dem Eislebener Aufenthalte, sondern späterer Zeit in Agricolas Leben angehörten. Namentlich bei der Besprechung der Hussitica, welche Agricola veröffentlicht hat, wurden wir schon lebhaft an das Zerwürfnis erinnert, durch welches seine alte und herzliche Freundschaft zu Luther zerstört und seine bisherige Stellung im Kreise der Evangelischen erschüttert wurde. Ehe wir zur Schilderung jener Wittenberger Haberjahre des antinomistischen Streites übergehen, müssen wir jedoch noch den ersten Keimen, dem Vorspiele zu jenem Streite, durch welche bereits in Eisleben die Sonderstellung Agricolas sich vorbereitete, unsre Beachtung zuwenden. Und das um so mehr, je weniger dieses Vorspiel bisher in den Stadien seiner Entwicklung genauer verfolgt worden ist. — Die überaus intime Freundschaft, welche einst in Wittenberg zwischen den jungen Docenten Melanchthon und Agricola bestanden hatte, war bald im Anfange der Schularbeit des Letzteren in Eisleben bedenklich getrübt worden. Bald nach seiner Uebersiedelung hörte Agricola durch den alten Freund, daß in Wittenberg eine neue theolog. Professur creirt werden solle, die diesem selbst zwar angeboten, aber aus Gesundheitsrücksichten nicht annehmbar sei; man nenne aber auch Agricola für diese Stelle, und er möge ernstlich die Sache in Erwägung nehmen. Wenn ihn die Liebe zu seiner Vaterstadt nicht zu fest binde, so werde man ihn sicher, sowie die Schulorganisation beendigt sei, an die Universität zurückberufen. Während Melanchthon so dem Freunde große Hoffnungen erweckte, ließ er in demselben Briefe zugleich verlauten, ihm selbst sei bereits eine Gehaltszulage gegeben worden auf die Bedingung hin, daß er die theolog. Professur mit übernehme. Und kurz darauf erfuhr Agricola, daß Melanchthon in der That selbst diese Professur angenommen, wenn er auch vorher noch einige Ablehnungsversuche gemacht hatte.¹) Wir begreifen, daß Agricola von jenem Briefe und diesem Verhalten des Freundes nicht angenehm berührt wurde. Melanchthon fühlte, daß ihn sein unentschiedenes Wesen hier in eine äußerst peinliche Lage gebracht hatte, und suchte nun den übeln Eindruck bei Agricola durch ganz besondre Complimente und Lobeserhebungen vergessen zu machen. Diese waren aber übel angebracht, denn sie mußten grade den Eindruck verstärken, daß er dem Freunde gegenüber kein ganz reines Gewissen habe. Er hoffte, die Verstimmung durch eine persönliche Aussprache beseitigen zu können. Sie sahen sich im April 1526 in Eisleben; aber wie es scheint, kam die Sache zwischen ihnen hier noch nicht völlig in's Reine. Denn auch in den nachfolgenden Briefen Melanchthons spricht sich alsbald wieder die Sehnsucht nach einem persönlichen Begegnen aus.²) Er hoffte, ihn im October d. J. in Mansfeld sprechen zu können, aber Agricola konnte nicht abkommen. Als Melanchthon darauf ihn in Eisleben selbst aufsuchen wollte, fand er den Freund nicht daheim; er war im Auftrage des Grafen Albrecht, vermutlich zu einer Visitation in der Grafschaft (s. oben S. 113), auf Reisen.³) Aber seit jenen Tagen schwand die Verstimmung Agricolas mehr und mehr. Er sendete zu Weihnachten dem alten Freunde ein Geschenk und wendete sich seitdem auch wieder in theol. Fragen an ihn mit der Bitte um Rat und Auskunft.⁴) Auch die Verdeutschung Melanchthonscher Schriften, die er grade jetzt vornahm (s. oben S. 104), sollte sicherlich ein öffentlicher Beweis der wiederhergestellten Freundschaft sein.

---

[1] Corp. Ref. I. 784. Stud. u. Krit. 1879 S. 35.
[2] Zeitschr. f. histor. Theol. 1872 S. 364 (11. April). Corp. Ref. I. 795.
[3] Corp. Ref. I. 827. Gegen die Darstellung Schmidts, Melanchthon S. 151: „er ließ sich nicht sehen," vgl. Stud. u. Krit. 1879 S. 36.
[4] Corp. Ref. I. 853. Zeitschr. f. hist. Theol. 1872 S. 357.

Es war daher eine ungenügende Erklärung, die man bisher der im Herbst 1527 zwischen Beiden entbrannten dogmatischen Controverse zu geben pflegte, daß man die Gründe zu derselben wesentlich in jener persönlichen Verstimmung, in gekränkter Eitelkeit oder Rachsucht Agricolas hatte suchen wollen. Die Schriften Agricolas beweisen vielmehr, daß er von Anfang an in den dogmatischen Fragen, um deren Beantwortung es sich hier handelte, nämlich in der Frage nach der Bedeutung des Gesetzes für den Christen und nach dem Verhältnis von Buße und Glauben zu einander eigne Wege eingeschlagen, die anfangs kaum bemerkbar von denen Luthers abwichen, aber je länger je weiter ihn von diesen hinwegführten. Es fand ein ganz allmähliches Verschieben der von Luther wiedererweckten paulinischen Lehre statt, das ihm selbst längere Zeit hindurch völlig unbewußt blieb; überall wollte er ja Luthers „Evangelium" reproduciren, überall schloß er sich mit Bewußtsein an einzelne Aussprüche seines Lehrers an — und doch verfehlte er dessen wahre Meinung je länger je mehr.

Eine zusammenhängende Darstellung der evangelischen Lehre von Gesetz und Evangelium und von der Heilsaneignung finden wir bei Agricola zuerst in der Einleitung zu seinem Lukas-Commentar. Die hlg. Schrift — so sagt er dort — unterscheidet eine doppelte Geburt, eine leibliche und eine geistliche. Nach jener sind wir Adams Kinder, und als Kinder des gefallenen Adam auch Kinder des Zorns und der Sünde, dem Tode und der Hölle verfallen. Adams Krankheit hat sich auf Alle vererbt; sündigen ist uns zur Natur geworden.[1] Zugleich mit diesem Sündengift ist Blindheit über uns gekommen, so daß wir unsre Sünden auch nicht erkennen konnten. Da hat Gott durch Mose das Gesetz gegeben, um Erkenntnis und Empfindung des Sündenschadens in uns zu wecken.[2] Unter der Predigt des Gesetzes öffnet sich vor

---

[1] „Peccatum mutatum est in hominis naturam estque natura hominis factum peccatum, cogitur denique velit nolit in peccatum praeceps ruere." In der Ausgabe „Norembergae apud Joan. Petreium. MD XXV." Bl. A 3.

[2] „Lege data vulnus mortale retectum est, sentinae olentissimae pestilens foetor sentiri coeptus est."

dem Menschen der Abgrund der Verdammnis, in welchen er unzweifelhaft versinken müßte, wenn nicht eine völlige Veränderung mit seinem Herzen vorgehen könnte. Das Gesetz zeigt, wie Herz und Leben beschaffen sein müßte und doch nicht beschaffen ist; dadurch treibt es zu völliger Verzweiflung. Je ernster es der Mensch mit der Erfüllung des Gesetzes nimmt, um so mehr verzagt er, um so drückender wird des Gesetzes Joch, um so größer die Not des Gewissens, welches nur immer neue Sünde an sich wahrnimmt. Im günstigsten Falle gelingt es dem Gesetz, eine äußere Ehrbarkeit zu bewirken, also daß Zunge, Auge und Hand vom Sündendienst zurückgehalten werden; aber das widerstrebende Herz läßt sich dem Gesetz nicht unterthan machen. Eine nach außen gleißende Gerechtigkeit läßt sich wol erreichen, aber inwendig bleibt die Macht der Sünde ungebrochen. Das Gesetz offenbart den Schaden, hat aber keine Arzenei für ihn. Aber Gott selbst hat für ein Heilmittel gesorgt. Neben dem Gesetz steht schon im Alten Testamente die Verheißung der Barmherzigkeit Gottes. Während das Gesetz wesentlich nur den Zweck verfolgte, die Sünden zu mehren und zu offenbaren,[1]) so ist schon durch Mose der große Prophet verkündigt worden, der Denen, die ihre Sünden erkennen und beklagen würden, Hülfe und Rettung bringen werde. Und die Propheten verheißen eine neue geistliche Geburt, in der das alte sündliche Herz in ein neues umgewandelt werden soll. Die Verheißung ist erfüllt; Gott hat seinen Sohn gesendet. Die Botschaft von dieser unermeßlichen Güte und Freundlichkeit Gottes, das Evangelium, lockt das verzagte Herz mit überwältigender Kraft aus seiner Verfinsterung zu neuer Freude und neuem Leben. Das Herz erwacht aus seinem Schlaf: das bekümmerte Gewissen hört, daß ihm seine Sünden vergeben seien, und richtet sich an diesem Worte auf. Indem das Herz die Süßigkeit solcher Gottesgüte innerlich empfindet, d. h. glaubt, empfängt es die neue, geistliche

---

[1]) „Lex addita est non tam ut coërceret labem congenitam aut tolleret, quam ut augeret et revelaret, atque ut peccatum vires acciperet." Bl. A. 7. „Lex peccatum ostendit et auget auxilium tacet." Bl. P. 8.

Geburt, durch welche es zu der Gewißheit gelangt, ein Kind Gottes zu sein. Der Gläubige zieht Christum an, d. h. dieser regieret in ihm, und das Herz hangt an seinem Willen. Das zuvor so widerwärtige Gesetz ist jetzt des Herzens Lust; dieses thut den Willen des Gesetzes fortan aus eignem freien Triebe. — Dies ist in kurzem Auszuge die Lehrdarstellung in der Einleitung des Lukascommentars, die in ihrem Schwunge und in ihrer Wärme die Begeisterung widerspiegelt, welche Luthers Wiederbelebung der Gnadenbotschaft auch in Agricolas Herzen entzündet hatte. „Es läßt sich gar nicht beschreiben, — so schließt er diese Auseinandersetzung ab — wie groß solche Freude im Herzen ist; wer sie gekostet hat, der muß jubelnd ausrufen: O wie groß ist der Reichthum deiner Güte, die du verborgen hast für Die, die dich fürchten!"

Offenbar ist diese Darstellung und will auch nichts anders sein als ein Widerhall der reformatorischen Lehre von Gesetz und Evangelium, wie sie Luther in der Auslegung des Galaterbriefes oder Melanchthon in seinen Loci theologici gegeben hatten. Und doch ist der Widerhall nicht ganz rein. Wir machen zunächst darauf aufmerksam, wie bei Agricola in dem Bestreben, den Sündenschaden recht groß erscheinen zu lassen, unvermerkt das Wichtigste, die persönliche Verschuldung und Verantwortlichkeit des Sünders, bedenklich entschwindet. In einer an spätere Irrtümer des Flacius erinnernden Weise redet er davon, wie die Sünde ein Bestandteil der menschlichen Natur geworden sei, wie diese degenerirte Natur den Menschen zur Sünde zwinge. Demgemäß ist es nicht zufällig, daß er fast nirgend von einer Schuld der Sünde redet, dagegen beständig von der Sünde als einem Uebel und Verhängnis, unter dem der Mensch leiden müsse; die bei ihm besonders beliebten, häufig wiederholten Bezeichnungen für die Sünde sind: „Krankheit, beständig eiternde Wunde, Uebel, Flecken, Seuche." Demgemäß entgeht ihm bei der Schilderung der Wirkung des Gesetzes völlig die Bedeutung desselben, die Sünde eben als Schuld dem heiligen Gotte gegenüber zu offenbaren und zum Bewußtsein zu bringen. Zwar redet er auch von einer offenbarenden Wirk=

samkeit des Gesetzes; aber was es nach ihm offenbar macht, das
ist wesentlich nur der Schaden der Sünde, die eigene Hülf=
losigkeit; es macht offenbar, daß es selber ein Joch und eine
Gewissenstyrannei für den Menschen sei. Daher erscheint ihm
denn auch die Oekonomie des Gesetzes schließlich fast als ein
verfehlter Versuch Gottes, der Macht der Sünde zu wehren.[1]
Er lehrt wie Luther, daß das Gesetz das Gewissen schrecke und
verzagt mache, aber während nach Luthers Anschauung eben
hiedurch jene Prädisposition des Herzens erreicht wird, welche
für die gläubige Annahme der Gnadenbotschaft unbedingt notwendig
ist,[2] kommt bei ihm dieser heilsame und notwendige Dienst des
Gesetzes nicht zu rechter Anerkennung. Er leugnet ihn nicht
gradezu; er redet gelegentlich von Mose als einem Zuchtmeister
auf Christus hin (Bl. V. 6 b.) oder von Sündenerkenntnis und
Reue als einer Frucht des Gesetzes; wie er auch in dem Liede:
„Gottis recht und wunderthat" vom Gesetz als einem strafenden
und verdammenden, den Sünder schlagenden und damit zu Christo
weisenden Gotteswort singt.[3] Aber diese Anschauung tritt außer=
ordentlich zurück; als eigentlicher Nutzen des Gesetzes bleibt nur
das Eine bestehen, daß es gut sei als ein Zügel für die rohen
Massen, für die heidnisch gesinnte Welt.[4] So nehmen wir hier

---

[1] „Sciebat Deus, imo longo usu nunc didicerat (!) — si modo
aliquid est, quod Deum lateat — carnem contemplatione majestatis terreri ..
animumque imbecilliorem esse, quam ut sublimia illa de Deo comprehendere
possit, deinde lege augeri, non cohiberi peccata, in quod
legem ipse promulgaverat." Bl. B.

[2] Vergl. Resolutiones disp. de virt. indulg. Concl. VII: „Wenn Gott
anfängt, den Menschen gerecht zu machen, so verdammet er ihn vorher; wen
er will erbauen, den reißet er zuvor ein; wen er will heilen, den schlägt er
erstlich, und wen er will lebendig machen, den tötet er ... Das thut aber
Gott, wenn er den Menschen zerknirschet und ihn demütiget, daß er sich und
seine Sünden erkennen lerne, und in solch' Schrecken und Zittern setzt, daß
der arme Sünder sagen muß: Es ist kein Friede in meinen Gebeinen vor
meiner Sünde ... Hier thut Gott alsdann ein fremdes Werk, auf daß
er sein Werk wirke." Walch XVIII. 314.

[3] Wackernagel, Kirchenlied III. 52.

[4] „Veritatis oratio lege utitur apud gentes, gratia et Evangelio apud
spirituales, hos consolando, illos urgendo." Bl. J. 4.

schon eine gewisse Herabwürdigung des Gesetzes wahr; es begegnet ihm beispielsweise bei der Auslegung von Luc. cap. 22 die arge Uebertreibung, daß er das Gesetz mit der Lehre der Pharisäer einfach identificirt; das Gesetz ist der Sauerteig, das Evangelium der Süßteig; das Gesetz macht uns zu Lügnern und Heuchlern, das Evangelium macht uns aufrichtig und wahrhaftig.[1])

So tritt nach Agricola die Oekonomie des N. Testaments ein, ohne daß klar geworden wäre, wozu die vorangegangene Gesetzesökonomie nütze gewesen wäre. Ebenso läßt er an den Einzelnen die Gnadenbotschaft von Christo herantreten, ohne daß eine prädisponirende Arbeit des Gesetzes am Herzen des Sünders ausdrücklich und klar hervorgehoben worden wäre. Da fällt nun weiter auf, daß Agricola die Wirkung, durch welche der Glaube hervorgerufen wird, wiederholentlich als eine Rührung des Herzens, als ein Ergriffenwerden von der Süßigkeit und Freundlichkeit Gottes schildert.[2]) Es ist natürlich, daß da, wo die Sünde nicht scharf genug als Schuld gefaßt wird, auch die rechtfertigende Gnade sich leise umbiegt zu einer ein wenig an rationalistische Sentimentalität erinnernde Güte und Freundlichkeit, von welcher das Herz sich gerührt und bewegt fühlt. Von dieser „Rührung" an datirt das neue Leben des Christen; und zwar ist es ein Leben in der Buße. Denn Buße ist des Glaubens Frucht, die tägliche Erneuerung des geistlichen Lebens.[3]) Was Johannes der Täufer Buße nennt, dasselbe nennt Christus das ihm nachzutragende Kreuz, die Seelen verlieren, auf schmalem Wege wandeln, am Weinstocke sein u. dergl. Buße nimmt nicht ihren Anfang von der Sündenerkenntnis, sondern von der dankbaren Empfindung der Wohlthaten Gottes. Das ist Beschreibung rechter Buße, wenn Paulus sagt: wer gestohlen hat, der stehle nicht mehr; oder wenn

---

[1]) Bl. V. 5.

[2]) Man beachte die häufig wiederkehrenden Ausdrücke: gustus bonitatis divinae, olfacere dulcedinem gratiae, tangi et affici gustu quodam beneficiorum Dei per Christum u. dergl.

[3]) „Est novae creaturae vocabulum poenitentia quae de die in diem innovatur, donec mors eam consummaverit." Bl. C. 8.

Psalm 116 sagt: wie soll ich dem Herrn vergelten alle seine Wohlthat? „Nimmer thun ist die höchste Buße." [1]) Demgemäß bedarf es auch für dieses Leben in der Buße nicht des Dienstes des Gesetzes, denn ihre Triebfeder ist ja die aus der Erlösungsfreude hervorquellende Dankbarkeit des Herzens. Zwar haften auch dem Erlösten noch viele Sünden, auch grobe an; es geht im Christenleben auf und ab. Aber das soll auch nach Gottes Willen so sein und so bleiben. Gottes Ordnung ist: „heute heilig, morgen unheilig, eine Stunde im Himmel, die andre in der Hölle." „Alsbald du denkest, so und so sollt's in der Christenheit zugehen, es sollten feine, ehrbare, züchtige, heilige, keusche Leute sein, und keiner unrein, keiner, der Unrecht thäte, so hast du des Evangeliums schon gefehlet. Denn Gott braucht darum solch Kampfstück, daß Einer heute ein Engel sei, morgen ein Teufel." [2]) Es gilt hier dem heiligen Geiste Raum lassen, der mitten in Sünde und Tod seine Kinder erhält. Es sind das freilich nur Uebereilungs=, niemals Bosheitssünden. Aber von diesen gilt auch: „Sünden schaden nicht, sie seien so groß als sie wollen." [3])

Wir würden ihm sehr Unrecht thun, wenn wir ihn um solcher Aussprüche willen eines sittlichen Libertinismus zeihen wollten; denn er geht ja davon aus, daß Gottes Geist zugleich in den Wiedergeborenen den Trieb, willig und mit Lust Gottes Gesetz zu erfüllen, gepflanzt habe, und daß jene trotzdem auffstoßenden Uebereilungssünden das Mittel in Gottes Hand seien, den Christen in der Demut zu erhalten. Aber ebenso leuchtet auch ein, daß an diese

---

[1]) Bl. C. 8 u. S. 5.
[2]) Bl. I. 5. „Wo Christen sind, da geht es also zu, daß, die heute Engel sind, morgen Teufel, heute fromm, morgen unfromm, heute Gottes Kinder, morgen des Teufels Kinder sind, übermorgen wieder Gottes Kinder." Eyn kurtze verfassung des Spruchs Matthei am 16. Bl. A. vij. b.
[3]) Bl. R. 7. Schon in seiner Vorlesung über den Galaterbrief sagt er: „Peccata non obsunt Christiano secundum Christianam libertatem. Si credit, non obsunt peccata, quominus sit filius Dei." Und in der Predigt über Pharis. u. Zöllner: „Ich will gern ein Sünder bleiben, allein laß mir Deine Hülfe widerfahren." S. Stud. u. Krit. 1879 S. 27, 32.

Lehrweise ein praktischer Antinomismus gar leicht sich anlehnen konnte. Wir heben in dieser Hinsicht noch namentlich zwei Punkte hervor. Der Gegensatz gegen katholische Werkgerechtigkeit, gegen den Mechanismus äußerlicher frommen Verrichtungen ohne Rücksicht auf die dabei das Herz leitende Gesinnung treibt ihn, scharf zu betonen, daß Gott in allen Dingen auf die Herzensstellung sehe, nicht auf das äußerliche Werk. „Das Himmelreich," sagt er, „hat es **nur** mit den Herzen zu thun, nicht mit äußerlichen Werken; am jüngsten Tage wird Gott über die Herzen, nicht über die Werke der Einzelnen Gericht halten. Für das Herz entscheidet allein der Glaube, der durch Gottes Wort gewirkt wird, der Leib dagegen muß durch gute Werke beschäftigt werden, um nicht auf üble Abwege zu geraten." [1]) Er läuft hier Gefahr, Aeußeres und Inneres, Werk und Gesinnung ganz von einander loszulösen und die Werke für etwas Indifferentes zu erklären, und es liegt nahe, von hier aus die bedenklichsten Consequenzen für das Leben zu ziehen. Ferner finden wir auch bei Agricola den — richtig verstanden — wol berechtigten Satz, daß die Sünden gegen die erste Tafel viel sündlicher seien als die gegen die zweite. Sünden wider die erste Tafel sind nun aber in seinen Augen vorwiegend Abweichungen von der rechten Lehre, Lästerungen Gottes durch falsche Lehre und falschen Gottesdienst; wer z. B. den Cölibat der Geistlichen **verteidigt**, ihn für eine dem Willen Gottes entsprechende Ordnung erklärt, sündigt schwerer, als wer ein unzüchtiges Leben führt. Sünden wider den Glauben werden schwerer taxirt als Sünden wider die Pflichten der Nächstenliebe; wie denn überhaupt eine große Einseitigkeit darin sich zeigt, daß der Lebenswandel des Christen vorwiegend unter den Gesichtspunkt der Nächstenliebe [2]) gestellt wird. Durch diese Lehrweise wird nur zu sehr der Meinung Vorschub geleistet, als könne

---

[1]) Bl. R. 2. 6 b. 7. „Corpus rursus, ne subinde in pejus ruat, operibus **fatigandum est**." „Regnum coelorum cordium est tantum, non operum." „Dies Domini judicaturus est singulorum corda non opera."

[2]) Bl. R. vergl. auch Kappens Kl. Nachlese II. 691. Aehnlich Karlstadt, vergl. Jäger, Karlstadt S. 181.

in einem Christen gesundes Glaubensleben, also das die Seligkeit verbürgende, im Gericht Gottes Ausschlag gebende Erfordernis vorhanden sein, während daneben auf dem Gebiet der Werke, in dem Kreise, in welchem die Nächstenliebe waltet, Lücken und Gebrechen vorhanden sind und bleiben.

Freilich liegt die Lehreigentümlichkeit Agricolas, die wir hier zusammenzufassen versucht haben, in seinem Lukas-Commentar nicht in so scharfer Ausprägung vor als sie nach dieser Darstellung erscheint. Denn neben den von uns herausgehobenen Stellen finden sich auch andre, in denen er durchaus übereinstimmend mit Luther sich ausdrückt,[2]) oder Aussagen, die all jenen bedenklichen Consequenzen und übeln Ausdeutungen, die wir als naheliegend bezeichneten, entgegentreten. Ein klar ausgebildetes S y s t e m liegt in jenen Eigentümlichkeiten noch nicht vor uns; wir haben es erst mit den Ansätzen zu einem solchen zu thun. Auch darf nicht vergessen werden, daß auch die Agricola eigentümlichen Sätze, die wir zusammenstellten, durchgängig irgend welche A n l e h n u n g a n S ä t z e L u t h e r s verraten. Seine Sätze über das Gesetz schließen sich an Luthers Commentar zum Galaterbrief von 1519 an; daß Buße die tägliche Lebenserneuerung des Gläubigen sei, hatte er aus Luthers berühmter 1. These vom 31. Oct. 1517 entnommen; daß der Glaube das Erste sei, was im Herzen gewirkt werden müsse und daß Reue dem Glauben von selbst nachfolgen werde, dafür konnte sich Agricola auf Luthers Schrift von der babyl. Gefangenschaft (Walch XIX. 101, 102) mit scheinbar gutem Rechte berufen. Wenn er die Werke als Uebungen des Leibes bezeichnet und als Beweise der Nächstenliebe dem Glauben gegenüberstellt, so lehnt er sich an Worte Luthers an, die wir in dessen Auslegung von 1. Tim. 1 vom Jahre 1524

---

[2]) z. B. finden sich auch Stellen, in welcher er die Buße nicht als Frucht, sondern als Vorbedingung der Rechtfertigung darstellt: „Poenitentia primum praedicanda est in nomine Christi, deinde remissio peccatorum, haec duo pariter ire debent. Poenitentia homines ab errore revocat in viam, prohibens peccandi licentiam. Remissio peccatorum in viam revocatos, id est vere poenitentes consolatur."

antreffen (Jenenſ. Ausg. II. 480 b.) Ja ſelbſt jener Satz, daß Sünden wider den Glauben viel ſchwerer wiegen, als die gegen die Liebe, könnte ſich mit Luthers Autorität decken wollen.[1]) Aber mögen auch die einzelnen Sätze mit ähnlichen Ausſagen Luthers ſtimmen, die ganze Richtung, die Agricolas Theologie einſchlägt, iſt auf einem andern, Luther fremden Wege begriffen, nämlich dem Wege, das Schuldbewußtſein des Sünders zu verflachen und eine Gnadenbotſchaft zu verkündigen, die weder durch den richtenden und ſtrafenden Ernſt des Geſetzes vorbereitet wird, noch in dem neuen Leben den alten Menſchen, der des Geſetzes zur Buße, d. h. eines fortgeſetzten Gerichtes Gottes über die Sünde bedarf, genügend in Rechnung zieht. — Wie wenig Agricola bisher ſeine eigenartige Faſſung der Heilslehre zum Syſtem ausgeprägt hatte, erkennen wir recht deutlich aus dem Büchlein, in welchem er die Chriſten= lehre für die lateiniſche Schule bearbeitet hatte, der „chriſtlichen Kinderzucht" von 1527. Da hebt er nämlich mit einer ausführ= lichen und teilweiſe wohl gelungenen Auslegung des Geſetzes (der 10 Gebote) an und erklärt daneben in einem einleitenden Abſchnitt, „warum Gott das Geſetz gegeben habe," Gott habe das Geſetz gegeben, „um die Menſchen mit einem unerträglichen Joche zu beſchweren und zu demütigen;" er fängt dann zwar an, davon zu reden, daß das Geſetz die Bedeutung habe, unſre Sünden aufzudecken und dadurch zur Verzweiflung an uns ſelbſt zu treiben, aber ſchließlich bleibt ihm doch das die hauptſächliche Bedeutung desſelben, daß es der „Knüttel beim Hunde," alſo der Zügel der wilden Fleiſchesnatur ſei, „damit dieſe nicht allzu geil, ſondern ein wenig zahm werde." Und wie wenig er mit der Bedeutung des Geſetzes, die Sünden aufzudecken, Ernſt macht, beweiſt er dadurch, daß er in dem Abſchnitt von der Buße, dem Schlußabſchnitt (!) ſeiner ganzen Lehrdarſtellung, des Geſetzes

---

[1]) „Wiewol ſolche grobe äußerliche Stücke (nämlich Unkeuſchheit, Trügerei im Handel u. drgl.) Gott auch ſtrafet, ſo man ſie nicht meiden und laſſen will, ſo ſind ſie doch leidlicher, denn die großen Stücke, da man im Glauben und Lehre fehlet." Erlanger Ausg. (1. Aufl.) VIII. 137.

mit keiner Silbe gedenkt, vielmehr die Buße als eine Wirkung des rechtfertigenden Glaubens beschreibt, als „ein neues Herz und andere Gedanken," nicht als ein Empfinden und Bereuen der Sündenschuld, sondern als ein „das Böse nicht mehr thun."

Mit dieser Lehrweise beabsichtigte Agricola weder einen Conflict mit den Wittenberger Theologen, noch war er sich offenbar dessen bewußt, daß er im Begriff stand, eigne und abweichende Wege zu wandeln. Er war des guten Glaubens, sich mit Luther in Uebereinstimmung zu befinden, und die Wittenberger beachteten ebensowenig, daß sich bei ihm eine Lehrdifferenz anbahne. Zu einem Conflict konnte es erst dann kommen, wenn von anderer Seite einmal die von Agricola zurückgeschobenen oder vergessenen Sätze mit Nachdruck in den Vordergrund geschoben und als Kriterium reiner evangelischer Lehre geltend gemacht wurden. Das geschah durch die im Sommer 1527 in Druck ausgegangenen Articuli de quibus egerunt per Visitatores Melanchthons. Dieses Schriftchen, die Vorarbeit zu seiner umfassenden deutschen Schrift „Unterricht der Visitatoren," daher auch nicht für die Oeffentlichkeit bestimmt,[1]) war der erste bedeutende Reactionsversuch gegen das immer fühlbarer gewordene Unheil, daß so mancher evangelische „Gnadenprediger" anrichtete. Ohne tieferes Verständnis der evangelischen Lehre, vor Allem ohne tiefere Heilserfahrung warfen Manche die Schlagwörter von Freiheit und Glaubensgerechtigkeit in das Volk hinein, eiferten gegen Rom und damit zugleich gegen kirchliche Ordnungen überhaupt als gegen gesetzliches Wesen; die Gnade wurde auf eine Weise gepredigt, auf welche sie notwendig zum Deckmantel der Bosheit werden mußte. Die Vorwürfe, welche katholische Gegner gegen die Predigtweise der Evangelischen erhoben,[2]) waren gewiß in vielen Fällen nicht unbegründet. Da

---

[1]) Corp. Ref. I. 919. libellus . . minime in hoc ut ederetur scriptus, Witebergae me inscio excusus est.

[2]) z. B. Cochleus im Comment. de actis et scriptis M. Lutheri 1549, p. 96, 97. — G. Witzel in seinem „Evangelion Luthers" u. v. A.

lehrt nun Melanchthon in jenen Articuli, zweierlei habe ein
Prediger zu verkündigen: die Predigt der Buße und die der Sünden=
vergebung. Es werde so viel vom Glauben gepredigt; aber
Niemand könne verstehen, was Glauben sei, wenn nicht zuvor
Buße gepredigt sei. Es heiße neuen Wein in alte Schläuche
schütten, wenn man Glauben verkündigen wolle ohne voran=
gegangene Lehre von der Buße, von der Furcht Gottes und vom
Gesetz. Gesetzespredigt treibt zur Buße, daher ist der Dekalog
fleißig auszulegen. Buße ist **Vorbedingung** des Glaubens:
ita tractent fidem, ut dicant non posse sine poenitentia existere;
fides non potest concipi nisi in corde contrito. So weist er
dem Dekalog seine Stelle am Eingange aller christlichen Lehre
zu. Und hernach wieder, wo er von der Heiligung der Gläubigen,
der Ertötung des alten Menschen handelt, weist er abermals auf
den Segen hin, den hiebei fleißiges Verkündigen des Gesetzes
schaffen werde. Melanchthon beschränkt also keineswegs wie
Agricola den Gebrauch des Gesetzes auf die rohe heidnische Masse,
behandelt überhaupt nicht die Leute nach dem Schema „weltlich
und geistlich Gesinnte," sondern verfährt im Geiste des Luther=
wortes, daß, wer ein Christ sei, eben noch nicht ein Christ sei,
und daher auch noch des Gesetzes zur Vertiefung seiner Sünden=
erkenntnis und zur Förderung in der Heiligung bedürfe. Und
Buße ist ihm nicht eine dem Glauben naturgemäß nachfolgende
Bethätigung des neuen Menschen, sondern das dem Glauben sowol
bei seinem ersten Erwachen wie bei seiner nachfolgenden Bewährung
beständig vorangehende und zu Grunde liegende Erfahren des
züchtigenden und verdammenden Gottesgerichtes über die eigene
Sünde. Melanchthons Artikel erregten nicht nur auf katholischer
Seite, sondern auch bei vielen evangelischen Predigern großes
Aufsehen. Sie hatten einen wunden Punkt in der Lehrpraxis
Vieler getroffen. Daß auch Agricola, so wenig er wol persönlich
von Melanchthon gemeint worden war, sich getroffen fühlte, kann
uns nach dem vorher Bemerkten nicht verwundern. Da er aber
überzeugt war, mit Luther völlig übereinzustimmen, so konnte er

nur Melanchthon des Abfalles beschuldigen und mußte in das Geschrei Vieler, daß er „wieder rückwärts kröche," einstimmen. Er gab jetzt seiner eigenen Auffassung der Glaubenslehre im Gegensatz zu jenen Artikeln eine schärfer ausgeprägte Gestalt und fing mit dem alten Freunde Streit an. Ersteres geschah in der im Herbst 1527 von ihm ausgearbeiteten zweiten katechetischen Schrift „130 gemeiner Fragestücke für die jungen Kinder," deren Vorrede vom Montag nach Martini 1527, also wenige Tage vor dem Torgauer Convent, datirt ist; letzteres in jenem „ersten antinomistischen Streite," der im November 1527 durch Luthers Vermittlung einen (vorläufigen) Abschluß fand.

Harmlos führen sich seine „130 Fragestücke" ein als aus dem Bedürfnis der Elementarschüler erwachsen, für die sich die „christliche Kinderzucht," die er ein Jahr vorher geschrieben, nicht als brauchbar erwiesen habe. Aber es muß sofort auffallen, wie er jetzt dem Dekalog, dem er in der früheren Schrift den ersten Platz und eine breit ausgeführte Auslegung gewährt hatte, fast den letzten Platz zugewiesen hat und denselben mit einigen erklärenden Worten erledigt. Und was er jetzt vom Gesetze lehrt, ist so beschaffen, daß wir es als Inconsequenz oder als Accommodation an den Schulgebrauch bezeichnen müssen, daß er dasselbe nicht gänzlich beseitigt hat. Denn in einer nahe an gnostische Ideen anstreifenden Weise schildert er wiederum die Oekonomie des Gesetzes als einen verfehlten Versuch Gottes, auf die Menschen einzuwirken. Zuerst habe es Gott mit dem ins Herz eingeschriebenen Gewissensgesetz versucht, aber die Bosheit der Menschen sei größer gewesen, als dieser ins Herz geschriebene „Gedanke." Darauf habe Gott einen zweiten Versuch gemacht, den Menschen zu helfen, indem er sich ein Volk zum Eigentum erwählt, diesem ein geschriebenes Recht gegeben und also auf dem Wege des Drohens und Strafens es versucht habe. „Aber es ist Alles verloren." „Gott sahe, daß es wahr wäre, je mehr Schläge, je fauler. Da gedachte er: Ich sehe wol, ich muß die Welt zuvor lieben und ihr Gutes thun. Ich will mich thörlich stellen und will sie mit

Gutthaten gewinnen, ihr will ich meinen Sohn schenken, der soll ihnen mein Herz öffnen." (Frage 75—78.) Er kennt jetzt nur noch eine einzige Function des Gesetzes, nämlich das Dringen und Zwingen, das Strafen und Peinigen. Er sieht das Gesetz nur als ein **Strafgesetzbuch** an, es ist „der Juden Sachsenspiegel",[1]) und diese einzige Function des Gesetzes hat Christus für den Christen völlig beseitigt (Frage 15, 104—106). Der ganze Prozeß der Heilsaneignung verläuft, ohne daß das Gesetz an irgend einem Punkte zur Mitwirkung käme. Wie wird nämlich ein Mensch gläubig? „Gott läßt unter die ungläubige Welt Christi Tod und Auferstehung predigen, nämlich, daß es ihr zugut geschehen, und sie durch Christi Blut Gott versöhnt sei. Welchen nun das Blut Christi **rühret**, und wem diese Predigt **wohl gefällt**, den zieht der Vater zu Christo und besprengt ihn mit dem Blut Christi. Derselbe glaubt den Worten der Predigt, er sieht und erkennt die **Güte Gottes**, die ihm verkündigt ist. Auch sieht er nun seinen Irrtum und Gebrechen, er schreit über seinen Unglauben, d. h. er büßet, reuet und klaget und hütet sich mit Fleiß, daß er den nicht mehr erzürne, der ihm so viel verziehen hat" (Fr. 11, 66, 67). Und das ist nicht etwa eine zufällige Incorrectheit des Ausdruckes, daß Agricola den Sünder erst gläubig werden und dann zur Buße kommen läßt, sondern mit größtem Nachdruck macht er dies als evangelische Anschauung der des Papstes gegenüber geltend. Dieser lehre: „Erst betrachte und bekenne deine Sünden, dann wirst du der Gnade würdig werden. Aber das Evangelium predigt **zum ersten die Genugthuung Christi, zum anderen aber** predigt es auch, wie wir **büßen sollen**." Paulus predige den Römern elf Capitel hindurch, wie sie zum Erbe Gottes durch Glauben kommen könnten, und dann erst mahne er die Gläubigen, in einem neuen Leben zu wandeln. Er habe Heiden und Juden nicht erst „mit Gesetzen, Furcht und Schrecken vor Gottes Gericht und

---

[1]) Den **Ausdruck** entlehnt Agricola auch hier von Luther, der ihn in seiner Schrift „wider die himmlischen Propheten" anwendet; vergl. Köstlin I. 722.

Betrachtung ihrer Sünden drücken und beschweren" wollen, sondern habe mit Christi Genugthuung und Auferstehung den Grund gelegt, ohne zu scheuen, daß etwa rohe Christen daraus werden möchten, welche die ihnen dargebotene Freiheit übel gebrauchen möchten (Fr. 71—73). Hier ist also der Dienst des Gesetzes zur vorbereitenden Sündenerkenntnis völlig beseitigt, und für die Gerechtfertigten gilt ja Pauli Wort: dem Gerechten ist kein Gesetz gegeben. Freilich sündigt auch der Gerechtfertigte „alle Augenblicke." Aber diese Versündigungen bezeichnet er sehr charakteristisch wieder nur als eine „Not," die wir Gott klagen sollen, es sind Regungen des **Erbschadens** (wie er beständig es nennt), hervorgerufen durch Teufel und Welt. Gegen dieselben soll der Christ freilich kämpfen, und eben dieser Kampf dawider heiße Buße (Fr. 33), aber es gilt auch der Trost: „es hindern an der Seligkeit keine Sünden nicht, denn Gnade heißt es, nicht gute, nicht böse Werke." Princip des neuen Lebens des Gerechtfertigten ist nicht etwa das „ihr sollt heilig sein, denn ich bin heilig," sondern lediglich und daher in oberflächlicher Weise die **Nächstenliebe**.[1]) Weil er das Gesetz beiseite geschoben hat, fehlt ihm bei Betrachtung der Sünden der Ernst des **Schuldbegriffes** und bei der Darstellung des Christenlebens der Begriff der **Heiligkeit**.

Diese kurze Zeichnung des Lehrbegriffes der 130 Kinderfragen liefert unzweifelhaft den Nachweis, daß bereits eine **sehr erhebliche Differenz** ihn von Melanchthon und auch von Luther trennte. Die Gedanken, denen wir in Lukascommentar begegneten, sind jetzt bereits schärfer und systematischer ausgeprägt. Die Differenz greift so tief, daß wir uns nur wundern müssen, daß es nicht schon jetzt zu einem Bruch gekommen ist. Daß man sich noch so leicht einigen konnte, das lag teils an der Weise, in welcher Agricola in Torgau die tiefsten Differenzpunkte zu verschleiern wußte, teils daran, daß

---

[1]) Frage 82: „Fordert denn Gott keine guten Werke? Für sich fordert er keine guten Werke, denn Gott bedarf unserer Güte und Werke nicht. Aber das will er haben, daß wir also leben sollen auf Erden, daß **andre Leute** unser genießen mögen und ihn darum preisen. Gott hat uns erst geliebt, darum sollen wir **den Nächsten** wieder lieben."

die Wittenberger nicht daran dachten, jetzt schon mit kritischem
Auge seine Schriften zu durchforschen. — Noch ehe Melanchthons
Articuli gedruckt waren, hatte sich Agricola bereits mit Bedenken
gegen sie an Luther gewandt, wurde aber beschwichtigt:[1] es werde
über sie verhandelt werden, sowie Melanchthon von der Visitation
zurückgekehrt sein werde; dann würden die Articuli auch gedruckt
werden. Bis dahin möge er sich gedulden und mit Disputationen
darüber zurückhalten, damit er nicht das so nötige Werk der
Visitation aufhalte. Bald darauf, als er sie gedruckt vor sich
hatte, wandte er sich mit bestimmten Anklagepunkten aufs Neue
an Luther, sorgte auch durch abschriftliche Verbreitung seiner
„Censur," daß sein Widerspruch gegen Melanchthon allgemein
bekannt wurde. Mit Recht konnte sich Melanchthon darüber
beschweren, daß sich der alte Freund, wenn er Ausstellungen zu
machen hatte, nicht zuerst damit an ihn selber wendete. Erst auf
der Conferenz zu Torgau im September[2] erfuhr er von dem
Vorgehen Agricolas gegen ihn und suchte ihn zunächst mit der
Erklärung zu beruhigen, Luther sei mit seinen Articuli völlig ein=
verstanden. Wir kennen leider Agricolas „Censur" nicht dem
Wortlaute nach, wir müssen uns seine Einwendungen nur aus
Luthers und Melanchthons Aeußerungen zusammenstellen. Darnach
machte er folgende Anklagepunkte geltend. 1) Im Allgemeinen:
Melanchthon gebe der Gesetzespredigt eine viel zu große Bedeutung
und beeinträchtige die christliche Freiheit.[3] 2) Im Besonderen:
Er leite die Buße aus Furcht vor Strafe her, während sie doch
aus der Liebe zur Gerechtigkeit fließe.[4] Hierin liegt verhüllt
Agricolas Standpunkt bezeichnet, daß die Buße erst nach der
Erneuerung des Lebens als Frucht des Glaubens entstehen könne.
Melanchthon merkte aber nicht, worauf er eigentlich hinauswolle,
denn er schrieb ihm darauf: „Darin wirst du sicher mit mir über=

---

[1]) de Wette III. 197. 31. August 1527.
[2]) Vgl. Zeitschr. f. histor. Theol. 1872, S. 373 und dazu Köstlin, Luther II. 614.
[3]) C. Ref. I. 920.
[4]) C. Ref. I. 907, 920.

einstimmen, daß in den Herzen, ehe die Wiedergeburt oder Rechtfertigung geschieht, Angst und Schrecken und Gewissensbeschämung vorangehen muß."[1]) 3) Ferner hatte er bemängelt, daß Melanchthon die Ausdrücke timor poenae und timor Dei nicht gehörig geschieden, daß er dem Gesetze die Wirkung beigelegt, Gottesfurcht zu erzeugen, während es doch nur Furcht vor Strafe hervorbringe.[2]) Luther hielt diesen Einwand für ein leeres Wortgezänk; aber wir wissen aus Agricolas Kinderfragen, daß das Gesetz nach seiner Meinung eben nur „schreckt und droht," also auch gar nicht rechte Gottesfurcht, sondern nur die knechtische Furcht vor der Strafe zeitigen kann. 4) Endlich warf er ihm falsche Exegese vor und wußte ihn besonders durch diese Anklage in Verlegenheit zu bringen, weil er ihm hier in der That einen Widerspruch gegen Luther nachweisen konnte. Es betrifft die berühmte Stelle Gal. 3, 19 lex est posita propter transgressiones. Melanchthon hatte in Art. 12 gesagt, das Gesetz sei zuvörderst zu treiben, ut coërceantur rudes homines, und hatte dazu citirt: lex est posita propter transgressiones, scilicet cavendas. Das war freilich nicht Luthers Sinn, der bekanntlich — und unzweifelhaft richtig — zu transgressiones nicht cavendas, sondern augendas ergänzt: „ut transgressio sit et abundet" „peccatum per legem incrementum sumit."[3]) Indem nun Agricola diesen Widerstreit zwischen Luther und Melanchthon aufdeckte und sich mit allem

---

[1]) C. Ref. I. 904. Weil Melanchthon die Tragweite seines Einwurfs nicht übersieht, gesteht er ihm auch willig den Satz zu, daß Buße nur aus der Liebe zur Gerechtigkeit stamme; er habe sich nur des für den gemeinen Mann verständlicheren Ausdrucks bedienen wollen. Agricola hatte auch jenen Satz von Luther, der ihn wiederum (de Wette I. 116 f.) Staupitz verdankte, mit ihm aber den anderen Satz verband, daß dem Glauben und so auch der Liebe zur Gerechtigkeit schon ein Wirken des Gesetzes aufs Gewissen vorausgehen müsse. — Mit Corp. Ref. I. 904 gleichzeitig schrieb Melanchthon den Brief an Veit Amerbach, welcher im Corp. Ref. I. 564 unbegreiflicher Weise in den Februar 1522 gesetzt worden ist.

[2]) Vgl. de Wette III. 215 mit den betreffenden Stellen der Articuli Visit.

[3]) Comm. in epist. ad Galat. 1519 ed. Erl. III. 286 sq. In der ersten Ausgabe seiner Loci theol. hatte auch Mel. erklärt: „Propter transgressiones lex tradita est, i. e. ut augeretur praevaricatio." Corp. Ref. XXI. 151.

Eifer für Luthers Exegese ins Zeug legte, brachte er Melanchthon bei oberflächlich Urteilenden in den Verdacht einer Lehrdifferenz. Aber die Hauptsache war, daß für Agricola in dem Satze „lex posita est propter transgressiones augendas" die Bedeutung des Gesetzes sich erschöpfte und er eben daher auf dem Punkte stand, die Offenbarung des Gesetzes für verfehlt zu erklären: das blieb aber bei seinem Angriff auf Melanchthon verhüllt im Hintergrunde. Er selbst befand sich in bedenklicher Lehrdifferenz, während der von ihm Beschuldigte, ob auch in der Exegese den Spuren des Hieronymus anstatt Luthers folgend, doch in der praktischen Verwertung des Lehrstücks vom Gesetze mit diesem völlig harmonirte. Mit Recht konnte sich daher Melanchthon über diesen Einwurf beschweren; Paulus lehre ja doch beides, sowohl das, was Luther in den Worten finde, als auch, was er anlehnend an die Exegese der Alten als den Sinn der Stelle bezeichnet habe. Man könne ja doch wol über die Interpretation einer einzelnen Stelle abweichender Meinung sein und doch in der Lehre zusammenstimmen.[1]

Agricolas Einwendungen mußten auf Den, der nicht auf die eigentümliche Färbung seiner Lehre vom Heil bereits aufmerksam geworden war, den Eindruck unnützer und spitzfindiger Wortklaubereien machen. Und da er selber merkte, daß er Luther keineswegs so auf seiner Seite hatte, wie er bisher angenommen, daß es ihm also nicht gelingen werde, vereint mit Luther gegen die Articuli und ihre Lehre von Buße und Gesetz Front zu machen, so zog er sich durch zahme und subtile Wendungen aus der Affaire heraus. Das sehen wir, als der Kurfürst die streitenden Parteien und Luther nebst Bugenhagen als Schiedsrichter für die Tage vom 26. bis 28. November zur Erledigung des Streites nach Torgau vorlud. Der Abschnitt in den Articuli von der Buße wurde vorgelesen. Dagegen trat nun Agricola mit der Anklage hervor, derselbe streite mit der Schrift und mit Luthers Lehre. Beim Propheten Jonas Cap. 3 heiße es von den Niniviten

---

[1] C. Ref. I. 906; IV. 958.

erst, „da glaubten sie" und dann erst „sie thaten Buße."¹) Und betreffs des Widerstreites mit Luther verwies er auf den Satz dieses, daß Buße von der Liebe zur Gerechtigkeit ihren Anfang nehme. Melanchthon verteidigte dagegen tapfer die der Rechtfertigung vorangehende Buße. Erst müsse das Herz die Schrecken eines geängsteten Gewissens erfahren haben, in diesem Vorgange sei aber Furcht vor Strafe und Liebe zur Gerechtigkeit schwer zu unterscheiden. Hier war der Punkt, wo ihre Differenz scharf hätte hervortreten müssen, wenn Agricola jetzt offen dagegen Einspruch erhoben hätte, daß Melanchthon die Buße vor die Rechtfertigung setze — aber er wich vorsichtig aus: er gebe zu, daß nur ein durch göttliche Drohungen zerknirschtes Herz Buße thun könne, aber um diese Drohungen zu empfinden, sei vorher der Glaube an dieselben erforderlich: also gehe jedenfalls der Buße diese fides minarum voran. Es war das offenbar ein schwächliches Spielen mit dem Worte Glauben²), durch welches er freilich formell seinem Satze: „Erst Glauben, dann Buße!" zum Siege verhalf. Luther konnte nun den Streit leicht schlichten durch den Nachweis, daß Agricola das Wort Glauben in einem viel weiteren Sinne als Melanchthon gefaßt habe. Die Vereinigungsformel, in welcher der Streit zum Austrag kam³), räumte denn auch nach Agricolas Wunsche ein, daß man in gewissem Sinne sagen müsse, daß die Buße erst nach und aus dem Glauben, nicht vor dem Glauben zu lehren sei, denn man müsse zuvor glauben, daß ein Gott sei, der da drohe, gebiete und schrecke. Da man aber — und hiemit kommt Melanchthon zu seinem Rechte — das Wort Glauben vornehmlich als fides justificans fassen wolle,⁴) so wolle

---

[1]) Vrgl. Walch XIX. 101.

[2]) Man denke an die Kinderfragen, in denen er lehrt, daß der Buße das Gläubigwerden, das Besprengtsein mit Christi Blute vorangehen müsse!

[3]) Zeitschr. f. hist. Theol. 1874 S. 116, 117.

[4]) Dieses Festhalten an dem paulinischen Begriff des Glaubens kann um so weniger als ein Act der Willkür Luthers gelten (wie Ritschl Lehre von der Rechtfert. I. 189 meint), als auch Agricola sonst stets das Wort Glauben in diesem Sinne gefaßt hatte, vergl. oben S. 40. 132.

man, um Irrungen zu vermeiden, die Lehre von der Buße nicht unter das Lehrstück vom Glauben fassen, sondern als ein gesondertes behandeln. Und diese Vereinigungsformel wurde dem „Unterricht der Visitatoren" fast wörtlich einverleibt.¹) Ebenso scheint auch die strittige Auslegung von Gal. 3, 19 in Torgau zur Sprache gekommen zu sein,²) und Melanchthon sah sich genötigt, seine Exegese preiszugeben. Dies ergiebt sich daraus, daß diese Beweisstelle mit ihrer Auslegung nicht nur in der zweiten Ausgabe der Articuli gestrichen, sondern auch in der deutschen Umarbeitung der Articuli zum „Unterricht der Visitatoren" nicht angewendet wurde.³) So hatte auch in diesem Punkte Agricola einen kleinen Sieg davongetragen.

Bei Tische in Torgau äußerte Agricola — viel freier als in den officiellen Verhandlungen —, es gefiele ihm nicht, daß der Dekalog überhaupt getrieben werden solle, lieber möchte man die paulinischen Ermahnungen in den Schlußcapiteln seiner Briefe an dessen Stelle setzen.⁴) Melanchthon merkte auch hier nicht das Bestreben Agricolas, einen Beweis dafür zu gewinnen, daß die Lehre vom Glauben der Lehre von der Buße vorangehen müsse; denn er replicirte nur, das komme ja auf eins heraus, und Christus habe doch selber den Dekalog in der Bergpredigt behandelt. Agricola erwiderte darauf, Christi Beispiel habe auf uns keine Anwendung, da er zu Juden, also zu solchen, die noch unter dem Gesetze standen, geredet habe; das passe also nicht auf uns.

Es ist begreiflich, daß diese Verhandlungen die Freundschaft zwischen Melanchthon und Agricola aufs Neue trübten. Jener beklagte sich über die Subtilitäten, an denen dieser so viel Gefallen finde, und empfand es als eine Verletzung der Freundschaft, daß er hinter seinem Rücken den Kampf angefangen und sich nicht zuvörderst an ihn selbst gewendet hatte. Er meinte durch Agricolas

---

¹) Vgl. Richter, Kirchenordnungen I. 84.
²) Vgl. C. Ref. IV. 959.
³) So viel ich sehe, hat Melanchthon auch später bei Behandlung des usus legis von dieser Stelle Umgang genommen.
⁴) C. Ref. I. 918.

Censur in den Hoffkreisen verdächtig geworden zu sein. In bekannter Zaghaftigkeit und Schwarzseherei redete er von „äußerster Gefahr," in die er geraten sei, von einem „scharfen Inquisitoriat," das er in Torgau werde zu bestehen haben, ja von einer „causa capitis," um die es sich für ihn handle. Hinterher war er dafür um so mehr erfreut, daß die Verständigung viel leichter erfolgt war, als er gedacht, und daß Agricola viel milder gewesen sei, als man gefürchtet hätte.[1]) Einer Privateinladung zu einem Mittagsmahle mit Agricola zusammen wich er mit höflichem Absagebriefe aus.[2]) Ihre Correspondenz kam zunächst ins Stocken. Doch nachdem Agricola in seinen Sprichwörtern (August 1528) des alten Freundes mehrfach in ehrenvoller und vertraulicher Weise Erwähnung gethan und bald darauf in alter Weise die Correspondenz angeknüpft hatte, sehen wir ihren Briefwechsel noch einmal aufleben, bis er später aufs Neue häßliche Störung und endlich gänzlichen Abbruch erfahren sollte. Melanchthon hat ihm Zeitlebens die Censur seiner Visitationsartikel nachgetragen.[3])

Der vertraute Verkehr Agricolas mit Luther war durch diesen antinomistischen Streit zur Zeit gar nicht getrübt worden. Zwar wurde Luther im nächsten Sommer wegen einer Predigt, die Agricola in Altenburg gehalten, gewarnt. „Es hat mir," so schreibt er am 11. September 1528, „Jemand von dir erzählt, du brächtest jetzt eine neue Lehre hervor und behauptetest, der Glaube könne ohne Werke sein; ich warne dich ernstlich, nimm dich vor dem Teufel und vor deinem Fleische inacht."[4]) Agricola rechtfertigte sich, indem er mitteilte, er habe gepredigt, man solle die Lehre vom Glauben und vom christlichen Leben (die er nach einer ihm beliebten Unterscheidung nach Ephes. 1, 8 und 1 Kor. 12, 8 als Weisheits- und Klugheitslehre bezeichnet) recht von einander scheiden; erstere sei wichtiger als diese. Freilich

---

[1]) C. Ref. I. 922.
[2]) Zeitschr. f. hist. Theol. 1872 S. 374.
[3]) Vergl. z. B. Corp. Ref. VI. 881 IX. 39.
[4]) De Wette III. 375.

müßten beide in der Kirche zugleich in Uebung bleiben; aber wenn man eine entbehren sollte, dann wäre es besser, man predige nur den Glauben, als umgekehrt. Die Glaubenslehre habe ein Muß, sei notwendig zur Seligkeit, dagegen die Lehre von den guten Werken habe kein Muß, wie man an dem Schächer sehen könne, der allein durch seinen Glauben selig geworden sei. Nicht gegen das Thun guter Werke, sondern gegen die Meinung aus Glauben und Werken die Seligkeit erwerben zu können, habe er geeifert.[1]) Luther scheint durch diese Auskunft befriedigt worden zu sein. Wir aber sehen hier das erste Hervortreten jenes später die lutherische Kirche zerklüftenden Gezänkes über die Frage, ob auch die guten Werke „ein Muß" hätten, oder nur der Glaube; eines Streites, an dessen letztem Acte (zwischen Prätorius und Musculus) auch Agricola hernach lebhaften Anteil genommen hat.

Hätte Luther damals schon Agricolas „130 Fragestücken," die in zahlreichen Auflagen in die Welt ausgingen, seine Beachtung zugewendet, so wäre vielleicht jetzt schon jener Bruch erfolgt, der 10 Jahre später ihn für immer von Agricola schied. Aber erst bei jenem zweiten Ausbruch des antinomistischen Streites scheint er diesen „Katechismus" Agricolas näher in Augenschein genommen zu haben. Und er hielt nun auch mit seinem herben und verwerfenden Urteile nicht zurück: „Daß er einen Kakismum oder Geckismum geschrieben — so urteilte er im April 1540 —, hab' ich wol gewußt, wollte wol, er hätte es gelassen und dafür Markolfum oder Ulenspiegel geprediget."[2]) — Einstweilen blieb Luther noch in dem guten Glauben, in Agricola einen getreuen Anhänger seiner Lehre zu haben, während dieser umgekehrt wol gemerkt haben mußte, daß er nicht in völliger Uebereinstimmung sich befinde, aber doch auch gewiß die Bedeutung und Tragweite der zwischen ihnen vorhandenen Differenz nicht erkannte. Konnte

---

[1]) Zeitschr. f. hist. Theol. 1872 S. 375—379.

[2]). Förstemann, Neues Urkundenb., S. 223. „Kakismus" ist offenbar κακισμός; zu „Geckismus" vgl. de W. I. 342: Jeccius Hollandis fatuum significat; und die Umwandlung von Eckius in Geckius bei Schade, Satiren III. 48.

er doch für die einzelnen Glieder seines Lehrsystems leicht auf Luthers Aussprüche hin und her sich berufen, so wenig auch das Gesamtbild dem Sinne Luthers genügte.

Mehrere Jahre gingen nun dahin, ohne daß die freundlichen Beziehungen Melanchthons und Agricolas eine Störung erlitten, oder daß dieser betreffs seiner Lehre in Verdacht gekommen wäre. Erst im Jahre 1533 erhielt er Veranlassung — und zwar durch einen Gegner, der ihm in Eisleben selbst gegenübertrat, — in seinem Antinomismus sich weiter zu befestigen und denselben immer schroffer auszuprägen. Der katholisch gebliebene Graf Hoyer von Mansfeld berief nämlich in jenem Jahre den Convertiten Georg Witzel ins Pfarramt zu St. Andreas in Eisleben. Dieser seit zwei Jahren offen zum Katholicismus zurückgetretene Sonderling, der in seinen Schriften aus jüngster Zeit einen giftigen und maßlos eifernden Kampf gegen Luther und seine Partei, gegen ihr Leben wie gegen ihre Lehre eröffnet hatte, sah seine Aufgabe nicht nur darin, daß er die spärliche katholische Gemeinde, die noch in Eisleben vorhanden war, vor dem Abfall zu bewahren suchte, sondern vor Allem darin, daß er „die kampflustigen evangelischen Prediger mit aller Freimütigkeit zu widerlegen und die leichtgläubige Menge wieder zur reinen (katholischen) Lehre zurückzuführen" sich bemühte.[1]

Schon der erste Brief, den Witzel aus Eisleben schrieb, giebt uns Zeugnis von dem Conflict, der zwischen ihm und den evangelischen Bewohnern der Stadt vom Anfang an bestand. „Vom ersten Tage an, daß ich nach Eisleben gekommen bin, bin ich Gegenstand des Argwohns und Hasses, der Fluchreden und Verwünschungen, des Verlachens und Bekrittelns, der Witze und Späße aller Bürger; aber ich mache mir nichts daraus. Die Handwerker versagen mir ihre Dienste; die Kirchendiener, alle Anhänger Luthers, machen ihre Witze über mich, sogar die Weiblein machen sich über den neuen Pfarrherrn lustig."[2] Nach wenigen Tagen brach der

---

[1] Epistolarum Georgii Wicelii libr. IV. Lipsiae Nicol. Vuolrab 1537. 4. Bl. Nnij. (Brief vom 4. December 1533.)

[2] Epistol. Bl. Mmiiij b.

Conflict mit seinen evangelischen Collegen offen aus. Am Sonntage nach St. Galli, am 18. October, predigte er im Vormittagsgottesdienste über das Evangelium vom Gichtbrüchigen, Matth. 9, und führte darin aus, daß zwar die vergangenen Sünden durch die Taufe einem Kinde vergeben seien, aber nicht die Sünden, die es hernach im ferneren Leben begehe. Alle Sünde, die ein Mensch nach der Taufe thue, werde nur durch sein eignes Bußwerk, nämlich durch wahre Reue, Bekehrung, Gebet, Almosen und viele andere gute Werke, die dem Glauben nachfolgten, ausgelöscht. Diese seine Lehre suchte er durch Hinweis auf zahlreiche Schriftstellen (Daniel 4, 24; Sprüche 16, 6; Hesek. 18, 21; Luc. 7, 47) zu begründen. Aber das genügte ihm nicht, sondern, wie er selbst erzählt: „Allhie habe ich getrost gestraft die Schriftfälscher, so betrügliche Dolmetschung machen, habe sie heißen in ihren Hals lügen und gesagt, ich wollte mir lassen beide Augen ausstechen, wenn sie ihre Seufzer in drei Sprachen finden im Propheten, item, ich wolle ihnen auf dem Nacken sitzen. Darauf habe ich die Secte hart angegriffen, **als die sich des bloßen Glaubens an das Blut Christi vertrösten, in ihrem ungöttlichen, werklosen, rohen Leben.** Hie bin ich auf sie gefahren und habe getrotzt, daß sie mir mit der Schrift bewähren sollten, daß allein der Glaube die Sünde nach der Taufe vergebe, item, daß dem Gläubigen keine Sünden zugerechnet werden, item, daß der Unglaube allein verdamme. Und ich poche noch darauf, daß sie diese Punkte beweisen. Du wirst mir aber die Schrift nicht nach Deinem Hirn auslegen, denn wenn's eigne Auslegung gelte, so wären Arius, die Wiedertäufer, die Zwinglischen auch nicht ungerecht." Weiter habe er ihnen vorgeworfen, daß sie Christi heiliges Blut rühmten, und wären doch dabei in Sünden und mit Sünden beladen. Sie sprächen: auf Christum lege ich meine Sünde, der hat einen breiten Rücken. So sein eigner Bericht über diese Predigt.[1]

---

[1] Acta, wie sich es zu Eisleiben begeben hat, Vber dem tröstlichen Artickel von der Vergebung der Sunden. Matthaei nono: Confide fili, Remittuntur tibi peccata tua. — Gedruckt zu Leipßigk, durch Nicolaum Wolrab. M.D.XXXVII. 8. (Vorrede Witzels datirt: Anno 1536 ym Octobri). Bl. A 7 b flg.

Agricola hatte die Predigt mit angehört, und eilte alsbald in Aufregung zu Caspar Güttel und theilte diesem, dann auch den andern Collegen das Vorgefallene mit. Auch berichtete er schleunigst an Luther und Melanchthon, wie Witzel sich zu ihnen stelle. Güttel, der ja an derselben Andreaskirche nachmittags zu predigen hatte, verfehlte nicht, gehörig dem Gegner Antwort zu geben, und so mögen die Gottesdienste in jenen Tagen vor- und nachmittags ein seltsames Schauspiel confessionellen Haders geboten haben.[1]) Schon am nächsten Tage erhielt Agricola von dem mit ihm Haus an Haus wohnenden Witzel folgenden Brief: „Ich vernehme, daß Du von Deinen Vätern (den Wittenbergern) angestellt worden seiest, das, was ich öffentlich predige, als Spion ($\varkappa\omega\varrho\nu\varkappa\alpha\tilde{\iota}o\varsigma$) auszuhorchen und denen zu schreiben, die Dich also listiger Weise angestellt haben. Immerhin, es soll mir sogar lieb sein. Nur thäte es mir leid, wenn Du meine Worte nicht richtig verstehen oder nicht richtig niederschreiben solltest. Du weißt ja, anders urteilt die Mißgunst, anders die Liebe." Nach dieser boshaften Einleitung, mit welcher er sich wol den unbequemen Zuhörer vom Halse schaffen wollte, beschwert er sich darüber, daß Güttel in Folge seiner gestrigen Predigt alsbald in zwei Predigten über ihn hergefallen sei und ihn als einen Anhänger des alten Ketzer Novatus[2]) dargestellt habe. Güttel sei zu ungebildet, als daß Witzel mit ihm selbst in Correspondenz treten möchte: bei ihm sei zu befürchten, daß er einen Brief entweder im Zorneseifer gar nicht annähme, oder wenn er ihn läse, nicht richtig verstünde. Agricola als ein gebildeter Theologe werde dagegen den Zweck, den Witzel mit seiner Predigt verfolgt habe, wohl verstehen können. „Ihr Evangelischen macht den Leuten die Erlangung der Sündenvergebung viel zu leicht; Niemand unter euch Predigern eifert gegen die Sünden, Alles dreht sich

---

[1]) Witzel klagt, Güttel habe alle seine Predigten wider ihn einzelnen Menschen „auf das allerfeindlichste und mörderlichste gezogen und das mit ungeschwungenen, unerhörten Scheltworten und giftiger Nachgierigkeit." Acta Bl. B 3.

[2]) Novatus lehrte, daß es für Diejenigen, welche nach der Taufe in grobe Sünde gefallen wären, keine Sündenvergebung gebe.

bei euch um Vergebung, Gnade, Glauben, als ob die Kirche nur einen Löseschlüssel, nicht auch einen Bindeschlüssel hätte. Und darüber habe ich Klage geführt. Christi Blut wird von den Evangelischen gemein gemacht, denn sie sind durch eure süßen Gnadenpredigten sicher gemacht und gehen in Sünden dahin, ohne sich noch ein Gewissen daraus zu machen." Mit der Bitte, Güttel zur Nüchternheit ermahnen zu wollen, schließt er den Brief,[1]) der ein merkwürdiges Gemisch von Grobheit und verbindlichen Redewendungen ist. Nach wenigen Tagen langten auch aus Wittenberg die Antworten der Freunde an; Luther, Melanchthon und der gegen Witzel besonders aufgebrachte Jonas gaben ihr Urteil über den Ruhestörer ab.[2]) Das Urteil Luthers ging dahin, Witzel sei ein ganz confuser Kopf, dessen eigentümliche Lehre kein andrer Mensch und auch nicht einmal er selber verstehen könne. Sein Angriff sei daher auch ungefährlich; sie möchten nur fleißig und deutlich das Evangelium lehren, dann werde seine Sache von selbst zusammenfallen. Melanchthon charakterisirte ihn noch schärfer als einen zwar oberflächlich mit der Wissenschaft in Berührung gekommenen, aber doch noch mönchischen, d. h. urteilslosen Menschen. Er sei durch und durch unklar, er habe weder Luther noch Erasmus richtig verstanden, namentlich fasse er gar nicht, was die Andern eigentlich unter Glauben meinten. Dazu komme, daß er mit völlig wundem Gewissen jetzt wieder zur Partei der Papisten zurückgekehrt sei, denn, wie er aus sicheren Zeugnissen wisse, folge er in der Abendmahlslehre Zwingli! Daher solle sich Agricola nicht vor ihm fürchten, sondern ihm getrost entgegentreten.

Es entspann sich nun eine Correspondenz zwischen den beiden Nachbarn in Eisleben, von der wir leider nur die Briefe Witzels kennen: die des Gegners mit abdrucken zu lassen, hielt dieser — höchst naiv — nicht für nötig, als er hernach die „Acten"

---

[1]) Acta Bl. E—Evb.
[2]) Der Brief des Jonas scheint verloren gegangen zu sein; Luthers Brief steht de Wette IV. 488, Melanchthons Corp. Ref. II. 677, beide vom 22. October.

des Streits veröffentlichte, denn man könne ja aus seinen Antworten erkennen, was etwa von dem andern Teile geschrieben worden sei (!). Man sieht aber so viel, daß es dabei zuging wie so oft bei dogmatischem Streite: der Eine zog Consequenzen aus den Worten des Andern, die diesem nicht in den Sinn gekommen waren, und der Andre schloß daraus tief gekränkt, daß er mit Waffen der Lüge bekämpft werde. Man haderte und schlug auf einander los, ohne vorher über die Grundbegriffe — hier namentlich über den des Glaubens — sich verständigt zu haben. Der Hauptvorwurf gegen Witzel war, daß er die Kraft des Blutes Christi an den Getauften leugne;[1]) aber dazu kamen bald neue Anklagepunkte, misverstandenen und übel gedeuteten Worten seiner weiteren Predigten entnommen: er bestreite die Auferstehung der Todten; dann wieder, er lehre doketisch von Christi Menschwerdung, und auch grade entgegengesetzt: er predige von Christo, als sei er nicht Gott, und er könne das Wort „Gottes Sohn" nicht übers Herz bringen.[2]) Die evangelischen Geistlichen hätten jene Predigt Witzels gern dazu benutzt, um den unbequemen Gegner unmöglich zu machen und von seinem Amte zu bringen. Sie ließen kein Mittel dazu unbenutzt. Agricola schaffte zunächst aus der Bürgerschaft Zeugen herbei, die gleichfalls jene Predigt angehört hatten; und nun versuchte man, ihn zum Widerruf zu nötigen. Sie setzten eine Revocationsformel auf, die er auf der Kanzel ablesen sollte, und am 25. Nov. erschien Agricola persönlich bei ihm und „wollte ihn mit guten Worten dahin bereden, daß er auftreten und zum Volke sagen wollte, er hätte sich geirrt, jene Worte seien ihm entwischt, er hätte es nicht also gemeint."[3]) Witzel hörte ihn ruhig an, erklärte aber: „Aller Dinge nein!" Darauf versuchte man es durch eine Deputation, die zum Grafen (Hoyer?) abgesandt wurde, diesen zum Vorgehen gegen seinen Prediger zu bestimmen; sie

---

[1]) Acta Bl. Eviij.
[2]) Acta Bl. C 8 b.
[3]) Acta Bl. Hvj b. Epist. Bl. Nuij.

wurde aber kurz abgewiesen.¹) Auch bei seiner kirchlichen Behörde, bei Albrecht von Mainz, führten sie Klage über ihn, gleichfalls ohne Erfolg.²) Witzel fuhr unterdessen fort, gegen Güttel eine Predigt nach der andern zu halten, freilich (seiner eignen Versicherung nach) „ohne sündlichen Zorn und Schmälung." Endlich, am Sonntag nach Luciae,³) erhielt er, als er eben zur Kirche gehen wollte, von Agricola einen „blutigen" (nämlich roth gesiegelten und mit roter Tinte geschriebenen) Brief, in welchem dieser vermutlich nochmals einen Widerruf von ihm forderte, und zwar in drohendem und herausforderndem Tone. Man mußte sich davon einen Erfolg versprochen haben, denn Güttel kündigte ganz harmlos im Nachmittagsgottesdienste der Gemeinde an, Witzel habe nun endlich gethan, was sie von ihm gefordert; nun sei der Friede wiederhergestellt. In Wahrheit antwortete dieser aber auf die Herausforderung Agricolas mit einem Schreiben in salbungsvoll verächtlichem Tone,⁴) so daß nun Agricola als kräftigen Gegentrumpf am nächsten Sonntage Witzel feierlich **in den Bann that** als Einen, der nicht widerrufen gewollt hätte.⁵) Damit hatte der erste Act des unerquicklichen Streites seinen Abschluß gefunden. Der Verkehr zwischen beiden Parteien war aufgehoben.

Witzel konnte aber nicht ruhen. Der schreibselige Mann begann schleunigst ein ganzes Buch zur Verteidigung seiner Lehre von Glauben und guten Werken zu schreiben, das er schon im Februar 1534 beendete; im nächsten Monat wurde es in Leipzig gedruckt.⁶) Diese Schrift, in ihrer Hauptmasse eine Sammlung aller

---

¹) Acta Bl. B 6. Epistol. Bl. Nniij.

²) Acta Bl. B 5.

³) 20. December, doch ist wol, da Luciae selbst in jenem Jahre auf einen Sonntag fiel, eben dieser, der 13. Dec., gemeint.

⁴) Acta Hviij b flg.

⁵) Acta Bl. J4.

⁶) Sillabus locorum ex utroque Testa. de bonis operibus, credenti ad vitam necessariis. Ad haec praeconium evangelicae gratiae. Theses aliquot. Precatio pro ecclesia. Authore Georgio Vuicelio. Lipsiae ex officina Melchioris Lottheri. 12 Bg. 4º.

Stellen der Schrift, welche vom Menschen das Thun des Guten, Werke der Gerechtigkeit fordern, zeigt recht deutlich, warum ihm jedes Verständnis der evangelischen Lehre und der Wirksamkeit eines Luther abgehen mußte, denn ihm ist der Glaube durchaus nur gläubige Annahme der Schriftlehren, das Sich-frei-halten von Ketzereien. „Durch den Glauben werden wir Glieder der Kirche, durch Liebe und Gehorsam Glieder des Himmelreichs." „Die guten Werke müssen gleich, ja noch höher geachtet werden als der Glaube."[1]) Diese beiden Thesen bezeichnen wol deutlich genug seinen Standpunkt. Gern hätte nun Witzel über seine Thesen auch mit seinen Widersachern disputirt, mehr als zehnmal wendete er sich an Güttel und forderte von ihm jus disputationis, dieser aber wies ihn verächtlich an die kleinen Kinder in Eisleben, die könnten mit ihm disputiren.[2]) In den Predigten dagegen befolgte man nicht den Rat, den „ein alter gelehrter Mann, der spiritualiter Alles richten konnte," (Luther?) den evangelischen Pfarrherren erteilt hatte, als er sah, „daß sie alle auf den Witzel stachen, ihn citirten und Etliche excommunicirten," dabei doch „die Kirche mehr zerrüttet als gebessert wurde: Liebe Herren, ihr solltet fleißig der Lehre warten und die Gewissen erbauen und **solches Stechens und Beißens müßig gehen**. Denn es gemahnet mich dieser Handel, als wenn ein Hausvater eitel Karpfen in seinen Teichen und Seen hegte, welche faul wären, verkriechen sich in den Schlamm, machen große Löcher und Gruben darein, verbergen sich und lassen das Netz über sich hergehen. Hie ist es denn not, daß der Hausvater einen großen Hecht oder zween in die Teiche und Seen laufen lasse, die die Karpfen munter und wacker

---

[1]) Theses de operibus No. 21 und 28. „Paulus hat seinen Ruhm im sichern Gewissen . . von guten Werken . . . von wegen seines guten Wandels," schrieb Witzel 1536 im ersten Theil seiner „Annotationes" Bl. Yj b. Irrig behauptet Schmidt, Witzel S. 74, Witzel verstehe unter guten Werken immer nur das sittliche Leben, nicht ein äußerliches Thun, er sagt vielmehr: sunt duo operum Christianorum genera, Ecclesiastica et Ethica. Zu erstern rechnet er ausdrücklich Fasten, stipem largiri u. dgl.

[2]) Epistol. Bl. Ppiij 28. Juni 1534.

machen, daß man sie desto besser sahen möchte. Also ist euch auch gut, daß euch Jemand anstecke, ihr würdet sonst allzu faul!"[1] Eine Disputation verweigerte Güttel zwar, fuhr aber daneben doch fort, ganze Predigten gegen Witzel zu halten,[2] und auch Agricola bezeichnet seine damals gehaltenen Predigten als Streitpredigten gegen Witzel; je mehr Dieser der Gesetzes=erfüllung des Christen sündentilgende Kraft zuschrieb, um so mehr trieb Jener die Gegenlehre und eiferte gegen den Nutzen des Gesetzes und geriet eben durch die fortgesetzte Polemik gegen Witzel immer tiefer in seinen Antinomismus hinein, wie er später selbst bekannt hat.[3] So nahe beide Männer auch räumlich bei einander wohnten, so fand doch ein Verkehr zwischen ihnen nicht weiter statt.[4]

Bald darauf kam es zu einem zweiten öffentlichen Conflict. Cochläus, der Nachfolger Emsers im Amte eines Secretärs bei Herzog Georg zu Dresden, hatte am 15. August 1534 einen Trostbrief an Witzel gerichtet, in dem er unter Anderm ihn zur Geduld darüber ermahnte, daß seine Schriften gegen die Lutheraner noch immer nicht den gebührenden Lohn ihm eingebracht hätten; ihm selbst sei es in letzter Zeit auch schlecht gegangen, denn alle an Magnaten Englands von ihm gerichteten Schreiben seien ohne den gewünschten Erfolg geblieben. Sobald ihm aber selber die erwartete „largitas fortunae" (die Wittenberger deuteten den Aus=druck wol ganz richtig als „fette Pfründe") zugefallen sein werde, dann wolle er auch des wackern Kämpen Witzels eingedenk sein. Er ermunterte ihn, mit Schreiben gegen die Lutherischen wacker fortzufahren, bat ihn aber von der Ehe der Geistlichen lieber still zu schweigen, da dies ein Punkt sei, gegen den sich nicht

---

[1] Monotessaron II. Bl. 403.
[2] Epistol. Bl. Ppiij.
[3] Förstemann, Neues Urkundenb. S. 349.
[4] Witzel schreibt am 26. Juni 1534: Agricola Philocampos (?) vicinum me habet, junctis videlicet aedibus, sed amicum non habet, disjunctis nimirum animis.

viel aufbringen lasse.¹) Dieser Brief war von Witzel auf dem Fensterbrett bei offnem Fenster liegen gelassen worden, der Wind hatte ihn auf die Straße herabgeweht; Knaben hatten ihn gefunden und zu Agricola gebracht. Dieser versagte es sich nicht, den pikanten Fund schleunigst nach Wittenberg zu senden, Güttel kündigte in einer Predigt den glücklichen Fund an (!) und stellte baldige Publication desselben in Aussicht, und Luther wiederum machte sich kein Bedenken daraus, den Brief mit den erforderlichen Glossen (die wol von Jonas geschrieben wurden) alsbald drucken zu lassen. Der Brief, so entschuldigte er dieses Vorgehen, sei ja nicht gestohlen, sondern ihnen „zugeweht" worden.²) Im October erschien bereits diese für Witzel und Cochläus gleicher Weise compromittirende Publication, und beide waren auf's Höchste dawider aufgebracht. Ersterer behandelte die Evangelischen fortan in den ehrenrührigsten Worten als ein Gesindel von Dieben und Ehrabschneidern; und auch Cochläus fühlte sich so schwer dadurch gekränkt, daß er noch 15 Jahre später in seinem Commentar über Luthers Thaten und Schriften den Vorgang ausführlich besprach und seine Rechtfertigung versuchte.

Auch im J. 1535 scheint Witzel mit Agricola abermals in Fehde gelegen zu haben; es ist nämlich durchaus wahrscheinlich, daß die unter dem Namen „Hans Eckerling" erschienenen Flugschriften, denen Witzel im Sommer d. J. antwortete, auf Johann Agricola als Verfasser weisen.³) Nur eine derselben habe ich auffinden können, eine flott geschriebene Streitschrift unter dem Titel: „Eyn Brieff an Jörge Witzel, das man Beten vnd Fasten sol. Hans Eckerlincks. Von Pretelitz. M.D.XXXV." Witzel

---

¹) EPISTOLA D. COCLEI AD GEORGIVM Vuicelium ne tristetur, propter abnegatum coniugium sacerdotale, & hactenus frustra expectatos XXX. argenteos Judae Iscarioth. Vittembergae 1534. Bl. Biij b flg. Cochlaei Comment. ad a. 1534, p. 277. Fortges. Samml. 1731, S. 1008, 1009.

²) Witzel: „Contra fures alienae epistolae et eosdem criminatores alienae Famae" in Epistol. Bl. Ss iij b.  De Wette IV. 555 „quia non furto oblatae . . sed flante spiritu ad nos perlatae."

³) Epistol. Bl. h iiij b.  Strobel Beiträge II. 246 flg. Kordes S. 222.

wird darüber zur Rede gestellt, daß er es den Evangelischen gegenüber als etwas ganz Neues verkündigt habe, daß ein Christ beten, fasten und Almosen geben solle, denn Luther habe den Seinen solches zu thun verboten. Mit kräftigem Spotte wird Witzels Behauptung in ihrer Nichtigkeit erwiesen. Freilich habe Luther der Pharisäer, Pfaffen und Mönche Gebet, Fasten und Almosen verboten, aber darin erweise er sich grade als Jünger Christi, der dasselbe gethan habe; dagegen habe er recht beten, fasten und Almosen geben gelehrt. Abgethan habe Luther das Rosenkranzbeten, Meß- und Ablaßgebete, dafür aber das Gebet im Kämmerlein gelehrt und den Seinen empfohlen. Dagegen habe er geeifert, daß man auf katholischer Seite aus den Gebeten der Christen gute, verdienstliche Werke gemacht habe, denn unsre Gebete seien so wenig gute Werke, wie das Bitten des Bettlers an eines Reichen Thüre um ein Stück Brot ein gutes Werk genannt werden könne. Hatte ferner Witzel den Evangelischen vorgeworfen, daß sie „außerhalb der katholischen Kirche" ständen, so antwortet Agricola: „Wo des Bräutigams Stimme durchs Ohr ins Herz klingt, da ist das Reich Gottes, die liebe Christenheit, die catholica ecclesia. Rom ist, wie es sich selbst nennt, der römische Hof, nicht die kathol. Kirche; vom römischen Hof sind wir gewichen, aber nicht von der kathol. Kirche." So kommt er zu dem Urteil über Witzel, den er übrigens beständig ironisch seinen „güldnen" oder „herzen Freund" nennt, daß derselbe entweder ein „ungelehrter Narr" oder ein „Bösewicht in der Haut" sein müsse.[1])

Die Schriften und Briefe Witzels aus jenen Tagen sind reich an Schilderungen des religiös-sittlichen Zustandes der Bevölkerung;

---

[1]) Daneben spielte im J. 1534 ein Streit zwischen Witzel und dem Mansfelder Prediger Michael Coelius wegen einer auf dem Mansfelder Schlosse gehaltenen Predigt Witzels, in welcher seine Aussagen über die Bedeutung des hlg. Abendmahls anstößig gewesen waren. Epist. Bl. Rriij Newer jrthumb vnd schwermerey vom Sacrament: Sampt etzlichen lügen, so Georg Witzel gepredigt .. durch des selbigen orts preger (sic). Michaelem Celium ... Wittemberg (Georg Rhaw) M. D. XXXIIII. 4°. Krumhaar S. 184 flg. Schmidt S. 72. 73.

sowohl über seine kleine katholische wie über die evangelischen Gemeinden und die Geistlichen der letzteren läßt er sich vielmals vernehmen, und ist es wol von Interesse, seine Aussagen zu hören, wenngleich man dem Verstimmten und von Parteileidenschaft Erregten nur sehr bedingter Weise Glauben schenken wird.

Ueber den Grafen Hoyer, den Träger und Erhalter des Katholicismus in der Grafschaft, redet er in überschwenglichen Lobeserhebungen. „Das Mansfeldische Haus mag viel edler, feiner Herren viel Zeit her gehabt haben, ob es aber dieses Hoyers gleichen je gehabt, wird kaum Einer bald sagen können. Man hat vor Zeiten Grafen zu Kaisern erwählt; wer wollte aber leugnen, daß dieser Herr, wie ihn Gott allhie leben läßt, und er vor Jedermann jetzt da gehet, solcher hohen Titel vor Anderen, wie sie auch jetzt im Wandel, unwürdig sei?"[1] Seine katholische Gemeinde ist nur ein „allerkleinstes Häuflein"; „ich predige hier vor nur 10 Bürgern, und die kommen noch nicht einmal regelmäßig zum Gottesdienst!" „Nur ein kleines Häuflein sind unsre Zuhörer; wollte Gott, sie wären auch gehörige Thäter, wie sich's gehört!" „Wie über alle Maßen werden wir täglich in unsrer Versammlung, wir lehren oder beten, angepfiffen, verlacht und verhöhnt! Da gehen sie hinein, nicht daß sie glaubeten oder sich bessern wollten, sondern daß sie uns schmäheten und etwas höreten, davon sie hernach zu scherzen haben in ihren Zechen, da keine Fröhlichkeit sein kann, der Witzel und Andre seien denn auch dabei." „Und ist uns dies auch nicht seltsam, da etliche Bürger aus der Secte sich zu uns gesellen, um keines andern willen, denn daß sie uns mit ihrem Fuchsschwänzen aufs Narrenseil führen. Sagen, sie halten viel von der Kirche, von der Buße, guten Werken, Sacramenten, Ceremonien, dieses und jenes gefalle ihnen nicht in der Luderei 2c. und wenn sie solches viel gemacht, so ist's mit einem Schweinsdrübel versiegelt.[2] Morgen liegen sie wieder in ihrer Luderei, tiefer denn

---

[1]) Das Erste Teil. Annotationes. 1536. Bl. a iiij.

[2]) In demselben Sinne bedient sich Luther der Redensart: mit der Bratwurst versiegelt sein, d. h. ungültig, hinfällig sein, vrgl. de Wette III. 544. V. 217.

zuvor, gehen und versprechen uns danach aufs ungünstigste."¹) Abschreckend ist die Schilderung, die er von seinen evangelischen Collegen entwirft. Agricola vergleicht er dem calydonischen Eber, der Gottes Garten verwüste; er ist nicht nur ein Rauf-, sondern auch ein Saufbold (homo quippe non violentus solum sed vinolentus etiam).²) Güttel gleicht dagegen dem marathonischen Stiere, er ist ein gewaltiges Tier, das prächtig zu brüllen und mit den Hörnern zu drohen versteht; aber weiter auch nichts, denn außer Stimme und Bauch ist an ihm nichts Bemerkenswertes zu finden. Das scheint überhaupt Grundsatz bei den Evangelischen zu sein: je beleibter der Prediger, um so beliebter die Predigt.³) Er schildert die Prediger in ihrem Wesen als über die Maßen hoffährtig, in ihrem Wandel als epicuräisch; ihre Predigten als eine Mischung von Hetzreden gegen alles katholische Kirchentum, von Gnadenbotschaft ohne Bußernst und von Eifern wider den Undank und den Geiz der Leute, daß man ihnen nicht genug Einkünfte gebe. In der That ein abstoßendes Bild! "Man betet sie schier für Abgötter an, und doch haben sie kein Genüge daran. Da ist ein ewiges Klagen, wie die Leute so undankbar seien, wollen das Wort nicht ehren, d. i. wollen ihnen ihre unersättlichen Säcke nicht füllen und sie nicht so sehr loben, wie sie gern gelobt sein wollen, ob sie ihnen wol mehr denn genug geben, und sie höher loben, denn sie je wert worden." "Diese neuen Prediger sind Kinder und Knechte des Weltgottes, indem sie lieber Schauspiel und Terentii Komödien⁴) bei sich leiden mögen, denn Büßen und der Niniviter Exempel." "Weinflaschen und Bieramseln

---

¹) Vgl. hiezu die von Krumhaar S. 186—188 gesammelten ähnlichen und zur Ergänzung des Bildes dienenden Stellen aus Witzels Schriften. Die angeführten sind meist aus den beiden Teilen „Annotationes" entnommen.

²) Daneben muß er freilich anerkennen, daß sich Agricola des größten Ansehens in seiner Vaterstadt erfreute: „Patriae tuae cum favorem tum honorem nequaquam tibi invideo ... Non ferre modo civem tantum possum, sed de illo gaudere etiam debeo." Im zweiten Briefe Witzels an Agricola, Acta Bl. Evj.

³) Epistol. Bl. kij b.

⁴) Wol eine directe Anspielung auf Agricolas Vorliebe für Terenz.

sind bei der Secte angenehmer denn die, so da fasten, und Harfen, Lauten, Pauken, Pfeifen gelten mehr als Trauern über die Schäden der Christenheit." „Es ist eine Epicurer-Schule und Epicurer-Leben, anders kann man es nicht nennen." Ihrer Predigten Inhalt aber sei: „Klostergut einnehmen, Pfaffen stürmen, Mönche verjagen; ist es nicht evangelisch, daß Jedermann Pfaffen und Mönche schelte? Was predigt ihr anders, was gefällt euch anders?" Und wieder: „Predigen sie doch schier nichts als eitel Trost, Friede, Leben! Predigen sie nicht jetzt Gnade, Friede und Barmherzigkeit?"[1] aber freilich nur, so lange sie von Fürsten und Ratsherrn, von den Kastnern, von Edelleuten und von den reichsten Bürgern aufs ehrlichste und beste versorgt seien. Dann sehen sie auch durch die Finger, lassen ihre Leute nach aller Lust leben, sie strafen und schelten nicht von der Kanzel, ja sie verteidigen sogar fleischliche Thaten, sagen, es sei nicht Sünde. Aber „wenn man ihnen den Beutel nicht voll hält, und wenn man ihnen nicht bauen will, was sie begehren, dann stehen sie auf der Kanzel, bedrohen und schrecken das Volk. Da habt ihr, sagen sie, vorhin so viel Pfaffen und Mönche ernährt und könnt nun nicht einen, zwei oder drei Personen ernähren? Dem Teufel könnt ihr vollauf geben, Gott wollet ihr nichts geben. Ihr unehret das Wort, ihr verachtet das Evangelium! Wenn man nicht mehr gibt, dann schrecken sie das Volk mit dem Türken!" Man sieht aus diesen Citaten, welch grimmiger Haß Witzels Augen schärfte, um die schwachen und bedenklichen Seiten der reformatorischen Bewegung zu erspähen; die Unlauterkeit einzelner Verkündiger der neuen Lehre lag ja offen zu Tage, und eine gewisse Species von „Evangelisten" hat er ganz zutreffend gekennzeichnet. Aber ebenso erkennt man auch in seinen Ausführungen ein Vollmaß parteiischer Voreingenommenheit; wir würden Agricola Unrecht thun, wollten wir diese Schilderung ohne Weiteres als ein Bild seiner Predigtthätigkeit in Eisleben gelten lassen.

---

[1] Er erfindet für die evangel. Prediger das Wort Remissionarii, d. i. die immer Vergebung der Sünden im Munde führen. Epist. Bl. Rr iij.

Aber auch von evangelischer Seite haben wir einen Bericht über die letzten Jahre seiner Amtsführung in Eisleben, der höchst ungünstig lautet. Es wird ihm zunächst betreffs seiner Lehre vorgeworfen, daß er scharf antinomistisch gelehrt habe, Buße, Sündenerkenntnis und Gottesfurcht dürften in der christl. Kirche nicht aus dem Gesetz, sondern nur aus dem Evangelium gelehrt werden; es handle sich im neuen Bunde nicht um Verletzung des Gesetzes, sondern allein um Verletzung des Gottessohnes; man müsse die christliche Lehre in der Weise betreiben, daß man zuerst Gottes Barmherzigkeit in Christo recht anpreise, und damit die Herzen zu gewinnen suche (major); dann solle man die Christen auffordern, sich zu prüfen und zuzusehen, wie wenig ihr Leben bisher diesem Glauben an die Barmherzigkeit Gottes genüge (minor); daraus werde das Verlangen nach Gottes Beistand zur Besserung des Lebens von selbst nachfolgen (conclusio). Den Wittenbergern habe er vorgeworfen, daß sie den minor nicht trieben, d. h. also die Sünden der Leute aus dem Gesetze straften, anstatt durch den Hinweis auf die Barmherzigkeit Gottes zur Besserung des Lebens innerlich willig zu machen; daß sie aus Christus einen Moses machten, indem sie den guten Werken ein „muß" beilegten. Jeden, der nicht in seiner Weise gepredigt hätte, habe er einen Witzelianer oder Gesetzesprediger, einen Bachanten oder Theologen (d. h. Anhänger der alten römischen Schulweisheit) genannt. Aber mehr noch: er habe für seine Lehrweise **Partei** gemacht, seinen Sonderanhang in Eisleben sich gebildet, der in ihm den Hüter des reinen Evangeliums gegenüber den Trübungen, die dasselbe von Wittenberg aus erfahre, verehrt hätte. Seine Anhänger hätten bereits angefangen, Agricola über Luther zu stellen; da wo Luthers Lehrweise ihnen zusagte, wie in seiner 1534 erschienenen „einfältigen Weise zu beten, für einen guten Freund, Meister Peter, Balbier," hätten sie gerühmt, hier sei Luther „minorisch" geworden und habe die Kunst von Eisleben gelernt. Luther sei in ihren Augen der Petrus, Agricola der Paulus der Reformation; der Petrus aber müßte sich von dem

Paulus zurecht weisen lassen, daß er nicht recht einhergehe nach der Wahrheit des Evangeliums, weil er noch Buße aus dem Gesetze predigen wolle.¹) Auch Graf Albrecht erhob bei seinem Abgang aus Eisleben die Klage wider ihn, daß er in der Schule mehr gegen die evangelischen Prediger als gegen die Romanisten gelehrt haben solle, wie hinterher an den Tag gekommen sei.²)

Daß man den guten Werken nicht ein „muß" beilegen dürfte, das predigte er im Jahre 1535 mit großem Eifer, und zwar in bestimmter Beziehung gegen Melanchthon. Dieser hatte in der Neubearbeitung seiner Loci theolog., die in diesem Jahre erschienen war, die Notwendigkeit der guten Werke behauptet, nicht zwar als wenn sie notwendig wären zur Erlangung der Seligkeit, aber als notwendige Frucht und Folge der Rechtfertigung.³) „Vor 20 Jahren," so erzählte Melanchthon hernach im Jahre 1555, „stand der Hofprediger und spielete mit dem Worte „muß": Das Muß ist versalzen."⁴) Diese Polemik Agricolas gegen den um jener Lehre von den Werken willen auch bei Hofe verdächtig gewordenen Melanchthon fand wahrscheinlich in den Predigten statt, die er auf der oben (S. 102) erwähnten Reise nach Wien im Herbst 1535 vor dem Kurfürsten gehalten hatte. Er wird diese für Melanchthon

---

¹) Wendelin Faber an C. Güttel, 24. und 26. April 1540, bei Förstemann, N. Urkundenbuch S. 332—334. (Das Datum ist daselbst falsch aufgelöst.)

²) a. a. O. S. 294. Daß sein Verhältnis zu Güttel nicht mehr so freundlich war wie zu Anfang, geht auch aus der abschätzigen Art hervor, in welcher sich Witzel brieflich gegen Agricola über diesen äußerte, s. oben S. 154.

³) Corp. Ref. XXI. 429: Non datur vita aeterna propter dignitatem operum . . et tamen bona opera ita necessaria sunt ad vitam aeternam, quia sequi reconciliationem necessario debent.

⁴) Corp. Ref. VIII. 411. Es ist ein merkwürdiges Zeugnis von dem kleinlichen Gedächtnis Melanchthons für Kränkungen, die ihm widerfahren waren, daß er jenes Effectwort Agricolas von dem „versalzenen Muß" unermüdlich in Judicien, Briefen, Vorlesungen, ja selbst in seiner Postille wieder aufgetischt hat; man vergl. Corp. Ref. VIII. 194, 842, IX. 403, 474, XXV. 204. Zeitschrift für Kirchengeschichte 1880 S. 332. (Spieker Musculus S. 362.)

so verdrießliche Rede im Sinne gehabt haben, als er bei dem Kurfürsten klagte, er werde verdächtigt, auf dieser Reise die Lehre des Evangeliums verkehrt und gefälscht zu haben, worauf ihm der Kurfürst bestätigte, nichts Unrechtes in jenen Predigten von ihm gehört zu haben. [1])

[1]) Zeitsch. f. Kirchengesch. 1880 S. 306. R. Urkundenb. S. 312.

## X.

## Der Ausbruch des Streites mit Luther.

Agricolas Stellung in Eisleben war in letzter Zeit teils durch seine eigne, teils durch fremde Schuld schwierig und unbefriedigend geworden; er sehnte sich lebhaft nach einer Veränderung. Namentlich hatten die anfangs guten Beziehungen zu seinem Landesherrn, dem Grafen Albrecht, sich bedenklich verschlechtert. Er hat selbst später von verschiedenen Conflicten erzählt, die zwischen Albrecht und ihm stattgefunden hatten. Diese entsprangen teils der Verschiedenheit politischer Ansichten, z. B. in der für die Evangelischen immer näher rückenden Notwehrfrage, ob es sittlich zu rechtfertigen sei, wenn sie eventuell ihren Glauben mit bewaffneter Hand dem Kaiser gegenüber verteidigen würden, in welcher Frage Agricola entschieden derartige Notwehr für unstatthaft erklärte, teils wurden sie durch eine Ehesache veranlaßt, in welcher der Graf einem seiner Bediensteten die Erlaubnis zur Verehelichung mit der Nichte seiner verstorbenen Frau erteilt, der Theologe dagegen solches Ehebündnis als schriftwidrig bekämpft hatte.[1] Besonders verdrießlich aber war ein Handel zwischen ihnen geworden, zu welchem des Grafen bekannter Geiz Anlaß gegeben hatte. Das Gehalt von 120 Gulden, welches Agricola bezog, mochte im Jahre 1525 dem jungen Manne als eine stattliche Besoldung erschienen sein; je mehr jedoch seine Familie sich vermehrt (Agricola verließ Eisleben mit Frau und neun Kindern), je mehr zugleich seine Stellung unter den evangel. Theologen an

---

[1] Monotessaron II. 418.

Ansehen gewonnen hatte, um so ernstlicher war er auf eine Aufbesserung seiner materiellen Lage bedacht.¹) Auf seine dahin zielenden Anträge hatte er vom Grafen schöne Versprechungen, aber auch nicht viel mehr, erhalten. Ein Stück Ackerlandes wurde ihm zugesagt, aber nicht gegeben; darauf, auf erneutes Bitten, erhielt er das Versprechen, daß ein andres Stück Land für ihn gekauft werden sollte, aber er konnte nicht sehen, daß der Graf ernstliche Anstalten machte, wirklich zum Ankauf zu schreiten. Ueber derartigen lästigen Bitten und Enttäuschungen hatte er die letzten acht Jahre hindurch eine ganze Reihe von Verdrießlichkeiten mit dem Grafen gehabt.²) Es ist natürlich, daß schließlich der Wunsch immer lebhafter wurde, durch eine annehmbare Versetzung diesen Verhandlungen enthoben zu werden. Seine Gedanken richteten sich auf eine Professur in Wittenberg. Anderweitige Berufungen mit günstigen Gehaltanerbietungen hatte er in den Jahren zuvor stets abgelehnt gehabt. Luther, der Agricola wie seiner Familie mit väterlichem Wohlwollen zugethan war, stimmte diesem Wunsche zu und suchte seine Erfüllung zu betreiben. So gingen denn im Herbst 1536 geheime Verhandlungen zwischen Eisleben und Wittenberg hin und her, um zu beraten, wie Agricolas Rückkehr nach Wittenberg am besten einzuleiten sei. Bei einem Besuche desselben bei Luther hatte ihm dieser zugesagt, den Kurfürsten für ihn zu interessiren, und dieser hatte erklärt, daß er bereit sei, ihn an die Universität zu berufen; Agricola wurde demgemäß aufgefordert,

---

¹) 120 Gulden entsprechen unter Zugrundelegung der Roggenpreise damals und jetzt (vergl. Burkhardt, Kirchen- u. Schulvisit. S. XXIV. flg.) einem Gehalt von 1890 ℳ in unsern Tagen. Man hat also keinen Grund, von Habsucht zu reden, wenn Agricola hiermit nicht auskommen zu können meinte. Im Jahre 1546 wurden dem obersten Geistlichen in Eisleben 500 Gulden Gehalt bewilligt, d. h. nach heutigen Verhältnissen 7875 ℳ (de Wette V. 794).

²) Förstemann Neues Urkundenb. S. 292. — Nur eine Geldbeihülfe zum Ankauf eines Hauses und ein Stück Gartenlandes war ihm vom Grafen gewährt worden; dagegen war die versprochene Remuneration für seine Predigten in der Nicolaikirche ihm nicht gezahlt worden, angeblich weil die Gemeinde „es zu geben nicht vermocht hat."

dem Kurfürsten die schriftliche Erklärung abzugeben, daß er bereit sei, einen derartigen Ruf anzunehmen.[1]) In herzlichen Worten versicherte Luther auch Agricolas Frau in einem Briefchen, daß er jetzt große Hoffnung habe, sie bald in Wittenberg begrüßen zu können, „denn ich gedenke deinem Magister helfen anzubringen, so best ich kann."[2]) Eine Professur war nun freilich nicht sofort zu beschaffen, aber bald genug fand sich doch eine günstige Veranlassung, um ihn nach Wittenberg zu berufen. Der Kurfürst bewilligte die nötige Besoldung und beauftragte Luther, ihn zunächst um einer Theologenconferenz willen, die zur Vorberatung über die Schmalkaldischen Artikel abgehalten werden sollte, nach Wittenberg zu citiren. Am 15. Dec. schrieb ihm Luther, er möge sich in den Weihnachtsfeiertagen in Wittenberg auf kurfürstliche Kosten einfinden.[3]) Jubelnd erklärte dieser seine Bereitwilligkeit, zu kommen, dankte ihm herzlich für diesen Beweis treuer Freundschaft und bat ihn zugleich, daß er, wenn er selbst Eisleben verlassen haben würde, seinen Abzug dem Grafen Albrecht gegenüber rechtfertigen möchte: er, Luther habe ihn ja nur an den Grafen verborgt, nicht verkauft, und habe jetzt von seinem Rechte Gebrauch gemacht, ihn sich wieder zurückzufordern. Er selbst werde inzwischen auch eine Erklärung an den „Menschen," den Grafen, aufsetzen.[4]) Da der Graf nicht in Eisleben anwesend war, so verfaßte Agricola noch an demselben Tage ein höchst derbes Schreiben an ihn, in welchem er dem lange verhaltenen Unmut über die Verdrießlichkeiten der letzten Jahre unverblümten Ausdruck gab und seinen Abschied „gab und nahm."[5]) Schon am Abend des nächsten Tages scheint er dann wie auf der Flucht mit Weib und Kindern auf und davon gezogen zu sein.[6]) Als der Graf am 20. in

---

[1]) Zeitschr. f. hist. Theol. 1861 S. 619.
[2]) Zeitschr. f. Kirchengesch. 1880 S. 301.
[3]) A. a. O. S. 302. Burkhardt, Luthers Briefwechsel S. 271.
[4]) Burkhardt, S. 268. Der Brief ist vom 18. December.
[5]) Förstemann N. Urkund. S. 291.
[6]) „Ungesegnet zwischen zweien Tagen ohn alle Verursachung und ohne genommenen Abschied flüchtiglich." a. a. O. S. 294.

Eisleben eintraf, fand er nur noch jenen groben Brief als letzten
Gruß des Mannes vor, der ihm elf Jahre lang gedient hatte und
einst ihm und seinem Hause in herzlicher Anhänglichkeit zugethan
gewesen war.[1])

Der Graf geriet ebenso über den Abzug wie über das
Abschiedsschreiben in gewaltige Erregung. Er antwortete dem
Davongezogenen in einem höchst ungnädigen Schreiben (27. Dec.),
in welchem er nicht nur die ihm gemachten Vorwürfe betreffs
ungenügender Dotation abzuweisen suchte, sondern demselben auch
ein langes Sündenregister als eine Art Gegenrechnung aufrückte:
in seinem Schulamt habe er mehr versäumt als ausgerichtet,
seines Predigtamtes unfleißig gewartet, dazu mehr gegen seine
Collegen als gegen die Romanisten gepredigt. Betreffs seines
außeramtlichen Verhaltens warf er ihm Trunksucht und unziem=
liche Sticheleien auf Beamtete des Grafen vor, „wie denn
eure Gewohnheit, daß ihr fast allewege, wenn ihr zur Fröhlich=
keit gewesen und mit dem Trunk beladen worden, Einen vor
euch gefaßt, den ihr mit Unbilligkeit übergeben." Interessant
ist dabei dies, daß der Graf naiver Weise bemerkt, alle diese
Sünden Agricolas kämen **jetzt an den Tag**; man sieht daraus,
wie schnell jetzt gegen den in Ungnade Geratenen Zeugen auf=
traten, die Ungünstiges zu berichten wußten, und wie schnell der
Graf danach sein früher so anerkennendes Urteil über Agricola
umänderte. In einer für den vornehmen Herrn wenig rühmlichen
Weise suchte er an dem Entwichenen sich zu rächen. Er verbot
ihm nicht nur das Betreten der Grafschaft und legte Beschlag auf
das kleine Besitztum Agricolas in Eisleben, sondern er denuncirte
ihn auch beim Kurfürsten (27. Jan. 1537) als einen ehrgeizen,
leichtfertigen und gefährlichen Menschen, der fast schlimmer als
Th. Münzer sei; er verhetze die Unterthanen gegen die Obrigkeit
und wisse mit seinen Amtsbrüdern nicht Frieden zu halten, daher

---

[1]) In seinen Sprichwörtern (750, Nr. 668) hatte er gerühmt: „Wir,
die wir unter den Grafen von Mansfeld wohnen, haben ihrer aller zumal
noch heutiges Tages keine Schande, wir kommen in welches Land wir kommen."

möge der Kurfürst ihn ja nicht zum Superintendenten machen.¹) Vorher hatte der Graf schon nach Wittenberg an Luther, Jonas, Bugenhagen und Melanchthon geschrieben und diese gleichfalls vor Agricola gewarnt und ihn verklagt, daß er in Eisleben eine Secte wider Luther und seine Lehre gestiftet, die sich die „minorische" nenne und die Lehre und Schule der Wittenberger als falsch und unrein verdamme. Luther ließ sich durch diese Denunciation nicht beunruhigen, er glaubte es einfach nicht, „daß M. Eisleben, ein solcher falscher Mensch und verborgen Maul, sollte seine treuen Freunde und lieben Präceptoren so verachten und hinterwärts lästern und verunglimpfen." Die Andern antworteten dem Grafen, sie seien an Agricolas Wegzug ganz unbeteiligt gewesen, Luther trage die Verantwortung dafür.²)

In Wittenberg stieg Agricola mit seiner ganzen Familie in Luthers Hause ab, wo er die freundlichste Aufnahme fand. Auch mit Melanchthons Familie entspann sich rasch ein überaus intimer Verkehr. „Meine Tochter bleibt ganze Tage bei deinen Töchtern hängen, und wenn sie abends heimkehrt, ist sie voll Rühmens über dieselben," äußerte jener im März 1537. Nach den Weihnachts= tagen wurde über die Schmalkaldener Artikel beraten; auch Ams= dorf und Spalatin waren dazu herbeigekommen. Luthers Formu= lirung des evangelischen Bekenntnisses und Zeugnisses gegen Rom wurde von den ratschlagenden Theologen gutgeheißen und durch Unterschrift anerkannt. Am 3. Jan. 1537 sendete Luther die von den Freunden unterschriebenen Artikel an den Kurfürsten ein.³) Als nun kurz darauf Luther zum Convent nach Schmalkalden abreiste, ergab sich für Agricola eine höchst ehrenvolle Beschäftigung,

---

¹) Corp. Ref. III. 455. Förstemann a. a. O. S. 295. Auch in diesem Schreiben bemerkt der Graf: „Das ist gewiß, daß ich vor seinem heimlich Abschied seiner Sachen, so viel als jetzt an Tag kommen, nicht erfahren habe."

²) Die betr. Briefe sind nicht erhalten, doch vrgl. Förstemann S. 295 u. 321.

³) De Wette V. 45. Ganz irrig ist die Angabe älterer Biographen, Agr. sei 1537 in Schmalkalden gewesen und habe dort die Artikel unter= schrieben. Fortg. Samml. 1734 S. 16. Bieck, dreifaches Interim S. 19. So auch noch Koch, Gesch. d. Kirchenl. 3. Aufl. I. 278.

indem ihm Luther für die Zeit seiner Abwesenheit — am 14. März
kehrte er erst wieder zurück — seine Stellvertretung an der
Universität wie auf der Kanzel anvertraute. Ebenso wurde seiner
Obhut Luthers „Weib, Kind, Haus und Heimlichkeit" befohlen.[1])
Auch bei dem Kurfürsten war Agricolas Stellung durch die Anklagen
des Grafen bisher nicht im geringsten erschüttert worden. Er
erhielt einen Ruf als Hofprediger während der Fürstenzusammen=
kunft in Zeitz, welche sich an den Schmalkaldischen Convent anschloß,
betreffs der Erbeinigung der Häuser Sachsen, Brandenburg und
Hessen. War er doch beim Kurfürsten so angesehen, daß er „schier
als der innerlichste geheimde Rat" desselben bezeichnet werden
konnte.[2]) Aber grade hier in Zeitz gab er durch eine Predigt
Anstoß und gefährdete seine Stellung. Er hatte nämlich es als
evangelisch bezeichnet, nicht das Gesetz zu predigen, sondern statt
dessen eine durch das Evangelium selbst gewirkte „Offenbarung
des Zornes Gottes." Er machte sich hiedurch verdächtig als Einer,
der „neue Vocabeln" einführe und von der üblichen und anerkannten
Terminologie abweiche.[3]) Diese „neuen Vocabeln" sollten ihn
bald in noch viel ernstlichere Differenzen verwickeln.

Er hatte drei Predigten, von denen die eine jedenfalls noch
aus Eisleben (Ostern 1536) stammte, die andern vermutlich in
Wittenberg (Reminiscere und Ostermontag 1537) gehalten waren,

---

[1]) Tischr. III. 375. Erst später mietete sich Agr. bei günstiger Gelegen=
heit eine Wohnung im Hause der Schwiegermutter Melanchthons. Ratzeberger
S. 97. — (Die königl. Bibliothek in Dresden besitzt als Mscr. Dresd. J. 36
ganz dieselbe und völlig gleichlautende Gesch. Ratzebergers von einer Hand
des 17. Jahrh. in folio. Agricolas Streit mit Luther daselbst fol. 18 b—19 b.)

[2]) Tischr. III. 374. Lauterbach S. 143. Die Zusammenkunft fand
nach Müllers Annal. fol. 91 vom 19.—25. März, nach Ranke IV. (4. Aufl.)
76 vom 11.—17. März 1537 statt. Corp. Ref. III. 328 spricht für die Richtig=
keit der Angaben Rankes.

[3]) Freilich hatte Agr. auch diese Ausdeutung von Röm. 1, 18 an frühere
Aussprüche Luthers angelehnt (vrgl. Ritschl, Lehre v. d. Versöhnung I. 187),
er trat aber jetzt in Gegensatz gegen die soeben von ihm selbst unterzeichneten
Artic. Smalc., welche (Hase, S. 319) erklärten: „hoc officium legis
retineatur in novo testamento et in eo exercetur, ut Paulus Rom. 1,18 facit
inquiens: Ira Dei de coelo revelatur etc."

zum Druck vorbereitet, sein Manuscript an Luther zur Durchsicht gegeben, der auch, ohne vermutlich es genauer durchgelesen zu haben, der Veröffentlichung zugestimmt hatte.[1]) Mit einer Widmung an Kanzler Brück (1. Juni 1537) wurde die kleine Schrift in Wittenberg bei Hans Luft gedruckt: "Drey Sermon vnd Predigen." Zugleich mit dem Erscheinen dieser Predigten (im Juli) tauchte in Wittenberg aber auch das Gerücht auf, daß in engstem Kreise von ihm verfaßte Thesen circuliren sollten, in welchen er den Gebrauch des Gesetzes in der christlichen Kirche völlig verworfen und eine Sammlung gegeben habe von "reinen" und "unreinen" Stellen in den Schriften Luthers und Melanchthons. Zu Letzterem hatte er sich dahin geäußert: er habe sich bis jetzt gemäßigt, aber wenn er nun sähe, daß man ihn unterdrücken wolle, so werde er losbrechen. Die Weise, wie die Theologen Wittenbergs sich über ihn aussprechen, deutet darauf, daß jene dunklen Gerüchte über seine minorische Secte in Eisleben, über die "neuen Vocabeln" seiner Zeitzer Predigt, endlich über jene geheimnißvollen Thesen ihn bereits völlig verdächtig gemacht hatten; ja, der Argwohn war schon so stark, daß, als Bugenhagen im Juli seine große Reise nach Dänemark antrat, und ihm in Agricola ein Vertreter in seiner akademischen Thätigkeit wie im Predigtamte gegeben werden sollte, er ausdrücklich begehrte, daß er nicht auf seine Kanzel gelassen würde. Nur Luthers Vermittlung hatte er es zu danken, daß ihm wenigstens etliche Predigten zugewiesen wurden, während im Uebrigen Luther selbst in Bugenhagens Stelle als Prediger fungirte.[2]) Man betrachtete daher die eben veröffentlichten Predigten mit kritischen und argwöhnischen Blicken und fand in der That in ihnen Bestätigung dafür, daß er eigne Wege in der Lehre einschlage. Man fand in der 1. jener 3 Predigten den Satz: "Das Evangelium ist duplex Revelatio, es

---

[1]) Agr. an Luther: "Vos ad me dixistis in die sancto Pentecostes in templo, esse bonum scriptum, das wäre nicht unrecht." Zeitschr. f. Kircheng. 1880 S. 303.

[2]) Corp. Ref. III. 386. 391. (Lauterbachs Tagebuch S. 22.)

offenbart vom Himmel erstlich justitiam Dei, wie man vor Gott fromm werde, . . zum andern offenbart es auch vom Himmel herab iram Dei, den ewigen Fluch über alle, so solche erste Offenbarung entweder als die Sichern verlachen und spotten, oder misbrauchen . . oder verfolgen." Er hatte ferner die Buße des Christen als eine Wirkung nicht des Gesetzes, sondern des Evangelii beschrieben. „Darum lehret auch das Evangelium kräftiglich recht reuen und büßen über unsre Schwachheit." „Wenn man Christi Lehre, Sterbens und Auferstehens oder aller seiner Thaten gedenkt, hieraus kommt die rechte Erkenntnis unsrer Schwachheit, eine rechte Buße, Reuen und Klagen über unser Elend und Nacht, und ein herzlich Verlangen nach Gott und dem Tage."[1])

Auch Luther nahm hieran Anstoß und trat den hier wie in jenen ihm inzwischen wol näher bekannt gewordenen Thesen entwickelten Anschauungen in einer Predigt am 5. n. Trinit. entgegen. Ohne Agricola mit Namen zu nennen, wendet er sich in ihr gegen „unsre Antinomer," die aus den Worten Pauli „weißt Du nicht daß dich Gottes Güte zur Buße leitet" die falsche Anwendung machten, daß man nicht durchs Gesetz, sondern durch das Evangelium, oder wie sie es nennten, per violationem filii die Buße treiben solle. „Sie verkehren die zwei Stücke, revelationem gratiae und revelationem irae, als sollte man zuvor von der Gnade predigen und trösten, darnach erst mit dem Zorn schrecken. Das ist lauter blind und närrisch Vorgeben solcher Leute, die nicht verstehen, weder was Zorn noch Gnade, Buße oder Trost der Gewissen sei." Dem gegenüber beschränkt jedoch Luther keineswegs die Bußpredigt auf die Verkündigung des alttestamentlichen Gesetzes; ausdrücklich hebt er hervor, Christi Leiden und Sterben sei die gewaltigste Bußpredigt, die man erdenken könne. Aber Alles, was von unsern Sünden und vom Zorn Gottes zu uns rede, es geschehe, wie oder wann es wolle, sei eben Gesetzespredigt; so sei

---

[1]) Bl. Dij. G b. J. vrgl. Crucigers Bemerkung über jene Predigten: „ait factam esse a Deo duplicem revelationem, primam gratiae, secundam irae, et nescio quid similium nugarum." Corp. Ref. III. 386.

Christi Leiden selbst Gesetzespredigt, so weit und so lange es Gottes Zorn predige und die Menschen schrecke.¹) Christus und die Apostel hätten überall mit der Gesetzespredigt angefangen bei Allen, die noch nicht durch den Zorn Gottes erschreckt gewesen seien. Es sei Unverstand, erst Gnade verkündigen und dann hinterher mit Gottes Zorn schrecken zu wollen. „Das ist aber die Ordnung, so die Schrift allenthalben zeigt und hält, daß allezeit vor dem Trost der Vergebung muß die Sünde erkannt werden durch die Predigt und Fühlen des Gesetzes, auf daß der Mensch getrieben werde, nach der Gnade zu seufzen und geschickt werde, den Trost des Evangelii zu empfahen." Erfreut sendete Melanchthon diese Predigt am 16. Juli an Johann Brenz.²)

Daß Luther mit seinem alten Schüler und Freunde jetzt ernstlich unzufrieden war, ersehen wir aus einem Berichte Crucigers vom 4. Aug., welcher meldet, Luther habe ihn bisher noch nicht predigen lassen, vielmehr alle Predigten an Stelle Bugenhagens selbst gehalten.³) Agricola wendete sich am 2. Sept. brieflich (!) an ihn — die Entfremdung zwischen ihnen muß also schon recht erheblich gewesen sein — und suchte die Lehre seiner „drey Sermon" in Schutz zu nehmen; er berief sich darauf, daß Luther selbst bei der ersten Durchsicht die Predigten gut geheißen habe. Es sei darin durchaus nur die Lehre enthalten, die Luther selbst verkündige, daß nämlich die Predigt von Christi Tode eine Predigt der Buße, die von Christi Auferstehung eine Botschaft der Sündenvergebung sei; und das sei offenbar Paulinische Lehre. Er bat, Luther möge etwa Justus Jonas mit der Prüfung des Büchleins beauftragen;

---

¹) Hiernach sieht es so aus, als finde zwischen Agricola und Luther nur ein Wortstreit statt, indem Ersterer das Wort Gesetz historisch als die Offenbarung des A. Test.'s, der Letztere dagegen dogmatisch als die den Sünder erschreckende und strafende Wirksamkeit der ganzen heil. Schrift fasse; aber die nachfolgenden Worte Luthers zeigen deutlich, an welchem Punkte sich die materielle Differenz zwischen ihnen befindet.

²) Erl. Ausg. (1. Aufl.) XIII. 115—117. Ich möchte wenigstens vermuten, daß dies die von Melanchthon (Corp. Ref. III. 391) erwähnte Predigt sei.

³) Corp. Ref. III. 397.

wenn der etwas Unrechtes darin fände, so sei es recht, daß das Buch und sein Verfasser schuldig erkannt würden. Er sei sich keines falschen oder verkehrten Lehrsatzes bewußt.[1]) Um sich noch weiter zu reinigen, setzte er ein kurzes Bekenntnis dessen, was er jederzeit vom Gesetze gelehrt habe, auf. Dasselbe dient zum deutlichen Beweise, daß er entweder noch immer über die Eigenart seiner Abweichungen von Luthers Lehrweise nicht recht im Klaren war, oder — und das ist wol wahrscheinlicher — daß „er nicht den Mut hatte, seine Behauptungen in scharfem, offenem Kampfe durchzufechten."[2]) Denn hier erklärt er: „Das Gesetz ist höchste Autorität auf dem Gebiete der äußeren Gerechtigkeit. Und zwar zunächst um der Gerechtigkeit Gottes willen, welcher Genüge geleistet werden muß, und welche die Strafe jeder Gesetzesübertretung fordert. Ferner bedürfen wir des Gesetzes zur Erhaltung des öffentlichen Friedens; die Obrigkeit soll es handhaben, den Guten zum Schutz, den Bösen zur Warnung. Aber auch die wahren Gläubigen bedürfen seiner, um an ihm ihren Glauben üben und bewähren zu können, um die auch bei ihnen noch nicht völlig überwundenen Lüste und Begierden zu töten und zu kreuzigen, damit nicht das Fleisch in ihnen wieder Macht gewinne. Freilich entnimmt der Christ diese Glaubensübung nicht ausschließlich dem Gesetze; in erster Linie wird sein Blick nicht auf den Dekalog, sondern auf das Vorbild des Vaters im Himmel und des heiligen Lebens Christi gerichtet sein; aber namentlich bei der Jugend ist hier auch das Gesetz an seinem Platze; das nimmt sie in Zucht, das kann sie unterweisen und Christo zubereiten gemäß der dem Gesetze eigenen Pädagogie. Und weiter dienen zur Uebung des Christenlebens die Gottesdienste, an denen der Gläubige teilnimmt, die Ordnungen und Satzungen des bürgerlichen Lebens, denen er untertan ist, endlich auch die Pflichten und Aufgaben, die ihm aus seinem Gemeinschaftsleben in Haus und Familie erwachsen. Dagegen im Reich des Gewissens, im Ringen der Seele nach

---

[1]) Zeitschr. f. Kirchengesch. 1880 S. 303.
[2]) Vrgl. Köstlin II. 455.

Frieden — da hat das Gesetz nichts zu sagen; da ist nicht Mose, sondern Christus allein der Helfer, in dem das Herz seine Ruhe findet. So habe ich immer gelehrt und lehre auch noch."[1] Offenbar haben wir in diesem „Bekenntnis" eine Verschleierung seiner wahren Meinung vor uns; er räumt ja hier nicht nur den usus politicus des Gesetzes ein — denn den hat er nie in Abrede gestellt —, sondern auch vollkommen den usus didacticus, (den sogen tertius usus legis, qui ad renatos pertinet); ja er redet sogar von einer paedagogia legis, qua juventus Christo praeparatur. Damit kommt er der Lehre Luthers erheblich entgegen; freilich in einem Stücke bleibt er auch hier, trotz des sichtlichen Bestrebens, sich zu accommodiren, seiner Position treu: den usus elenchticus, die Bedeutung des Gesetzes, Sündenerkenntnis und Buße zu wirken, übergeht er mit Stillschweigen.

Dies Bekenntnis erreichte aber seinen Zweck; es diente dazu, Luther noch einmal zu beruhigen. Dieser, der nun auch über jene handschriftlich verbreiteten Thesen Näheres vernommen, oder auch ihrer selbst bereits habhaft geworden war, hielt am 18. n. Trinit. eine Predigt über die Bedeutung des Gesetzes für die Christen, in welcher er auf diese Thesen zwar anspielte, aber in großer Ruhe rein sachlich seinen Gegenstand erörterte, ohne Agricola persönlich hineinzuziehen. In der Christenheit, so führt er hier aus, müssen diese zwei Predigten stets nach einander und neben einander hergehen, die Lehre vom Gesetz und die von der Gnade Christi. Jene Lehre verkündigt, was der Mensch einst gewesen, was er Gott schuldig sei und was er wieder werden soll. Und die Lehre ist eine gute Lehre, die uns sagt, was wir sein sollen; aber damit sie ins Werk gesetzt werde und nicht vergeblich gepredigt sei, muß die andere Lehre dazu kommen, die da zeigt, wie und wodurch wir wieder dazu kommen mögen. Also kein Gesetz ohne Evangelium. Aber auch kein Evangelium ohne Gesetz. Denn so wir Christum sollen kennen als unsern Helfer und Heiland, so müssen wir zuvor wissen, wovon er uns helfen soll. „Darum ist es

---

[1] Zeitschr. f. Kirchengesch. 1880 S. 304. 305.

unrecht und nicht zu leiden, so man wollte also predigen (wie etliche vor Zeiten gethan haben und auch noch etliche tolle Geister thun): Ob du schon nicht die Gebote hältst, Gott und den Nächsten liebest, ja, ob du gleich ein Ehebrecher bist, das schadet nicht; so du allein glaubest, so wirst du selig. Nein, lieber Mann, da wird nichts aus, du wirst das Himmelreich nicht besitzen."[1]) — Als nun auch der Kurfürst, der auf diesen antinomistischen Handel aufmerksam geworden war, bei einem Besuche in Wittenberg den bei ihm gut angeschriebenen Agricola durch Kanzler Brück hatte warnen und zur Vergleichung mit Luther ermahnen lassen, da erfolgte Ende October eine erste Aussöhnung Beider mit einander. Agricola mußte befriedigende Erklärungen abgegeben haben, denn Luther „zeigte ihm ganz freundlich und günstig an, man habe ihn zuvor nicht verstanden, aber nun sehe er, daß sie in der Substanz der Lehre einig seien, er sei also mit ihm zufrieden. Er wolle auch die andern Theologen zusammen fordern, damit sie sich durchaus vergleichen könnten."[2]) Freudig berichtete Agricola am 27. October dem Kurfürsten dieses Zeugnis Luthers betreffs seiner Rechtgläubigkeit, indem er zugleich jenes Bekenntnis vom Gesetze, auf welches hin Luther seinen Verdacht hatte fahren lassen, einsendete; aber er sollte sich nur wenige Tage des Friedens erfreuen. Er hatte nämlich inzwischen am 24. Sept. eine größere Schrift, Summarien über die Evangelien, vollendet und zum Druck vorbereitet. Schon in den „3 Sermonen" hatte er eine umfängliche Arbeit angekündigt, eine Auslegung der Leidensgeschichte, die er erst später in Berlin veröffentlichte. Daneben wollte er jetzt über die Sonntagsevangelien ein dreiteiliges Werk herausgeben: im ersten Teile sollte ein Verzeichnis der Perikopen

---

[1]) Erlanger Ausgabe (1. Aufl.) 14, 151 flg. Die Predigt erschien alsbald unter dem Titel: „Ein schöne Predigt von dem Gesetz vnd Euangelio, Matth. xxij." 1537. 2 Bg. 4. Mel. schreibt am 12. Oct. an Veit Dietrich: „Mitto Concionem Lutheri de Lege propterea, ut videas, eum καὶ περὶ νόμου καὶ περὶ ὑπακοῆς illa diserte dicere, quae ego defendi et propter quae plagas accepi ab indoctis." Corp. Ref. III. 427.

[2]) Zeitschr. f. Kirchengesch. 1880 S. 306. Förstem. a. a. O. S. 312.

mit kurzer Angabe der Hauptpunkte in jedem Evangelium enthalten sein, vermutlich zu Schulzwecken; der zweite Teil sollte ein Hülfsbüchlein für Geistliche sein, Summarien über die Evangelien, „daraus ein Verständiger zur Not eine Predigt nehmen und begreifen möchte," und zugleich eine Schrift für die Schüler, um die Sonntagspredigt besser verstehen und einprägen zu können;[1]) der 3. Teil endlich sollte ausgeführte Predigten zu jedem Texte darbieten. Als ein Andenken für seine Eislebener wollte er den 2. Teil (und zwar zunächst nur die Sommerpostille) jetzt in Druck geben. Er hatte, wie er dem Kurfürsten ausdrücklich versichert, um „Verhör und Erkenntnis seiner Lehre, die er jetzt im Drucke hätte," gebeten, hatte aber zuerst nichts anders erlangen können, als seine „höchste Verachtung und unfreundliche Gebärde, also daß ihn Etliche auch fast übel unter die Leute getragen." Es bleibt unklar, an wen er seine Schrift eingereicht hatte. Der Zusammenhang läßt jedoch vermuten, daß er sein Manuscript Luther selbst vorgelegt, dieser aber es anfangs tadelnd zurückgewiesen hatte.[2]) Nun mochte Luther, als er Agricola im October auf Grund seiner befriedigenden Erklärungen über den Nutzen des Gesetzes das Zeugnis gegeben hatte, daß sie in der Substanz der Lehre einig seien, der Meinung gewesen sein, daß jetzt selbstverständlich die Publication der Summarien in Wegfall kommen werde; Agricola umgekehrt nahm Luthers Zeugnis, daß er mit jenem Lehrbekenntnis zufrieden sei, zugleich als eine Approbation seiner Summarien. So ging er zu Hans Lufft und übergab sein Manuscript zum Druck mit der Versicherung, Luther habe die Summarien „übersehen, und sie gefielen ihm." Gestützt auf diese bedenkliche Interpretation der Worte Luthers, wie auf die Gunst des Kurfürsten, dem er den Druck und Luthers Aussöhnung zugleich meldete,

---

[1]) So hatte er diese Summarien bereits praktisch in der Schule zu Eisleben in Gebrauch gehabt, wol indem er an den Sonnabenden das Evangelium des nächsten Tages danach durchgesprochen hatte.

[2]) Auf die Kunde, daß Agricola eine neue Schrift (die Summarien) veröffentlichen wolle, weist wol auch die Notiz Melanchth.'s am 18. Sept.: „renovat suam disputationem et cumulat ἄτοπα" Corp. Ref. III. 411.

glaubte er von der förmlichen Approbation seiner Arbeit durch
die Censur des Rectors der Universität Umgang nehmen zu können;
und der Druck schritt vorwärts bis zum 6. Bogen. Der Kurfürst
ließ jedoch durch Brück nähere Erkundigungen einziehen, ob Luther
wirklich dieser Publication zugestimmt habe. Auf diese Weise
erfuhr Luther, daß das Buch sich unter der Presse befinde; erzürnt
über den Mißbrauch, den Agricola sich mit seinem Namen dem
Buchdrucker Lufft gegenüber erlaubt hätte, „schlug er ihm seine
Postille nieder," d. h. er erwirkte die Confiscation derselben. Nur
ein einziges Exemplar, und zwar ein von Luther selbst benutztes
und mit eigenhändigen Glossen versehenes, ist erhalten geblieben.
Die Confiscation erfolgte etwa in der Mitte des November.[1])
Und im Anschluß daran entschloß sich jetzt Luther zu einem
schonungslosen Kampfe gegen Agricola. Die antinomistischen Thesen,
die den ganzen Sommer über schon in Wittenberg gespukt hatten,
wollte er ans Licht ziehen, um dann einen ehrlichen, offenen Kampf
wider sie beginnen zu können. Agricola erschrak, als er von Luthers
Absicht, jene Thesen drucken zu lassen, hörte. Er schrieb ihm:
„Melanchthon hat mir mitgeteilt, es sollten etliche Thesen, die — ich
weiß ich nicht wen? — zum Verfasser haben, veröffentlicht werden.
Ich bitte inständigst, das nicht zu thun. Ich erkenne zwar
diese Thesen durchaus nicht an, aber doch würde es
wahrscheinlich geschehen, daß man sie mir zur Last legte."[2]) In
der That giebt auch Luther von den beiden anstößigsten Sätzen
selber zu, daß sie Agricola nicht imputirt werden dürften, sondern
nur seinen Schülern, und wenn er von den übrigen erklärt: „sunt
M. Grickels, ut ex aliis probatur," so ist damit nicht direct die
Verfasserschaft behauptet, sondern nur, daß er auf Grund der
Aussagen seiner gedruckten Bücher in jenen Thesen den Ausdruck

---

[1]) Förstemann a. a. O. S. 296 flg. 322. Corp. Ref. III. 454.
[2]) Zeitschr. f. Kirchengesch. 1880 S. 307. Vor dem 25. Nov., vergl.
C. Ref. III. 452. 461. 454: „Nuper etiam a doctore appellatus de propositionibus illis, dissimulare ac diffiteri coepit."

seiner Meinung werde anerkennen müssen.[1]) Agricolas Protest gegen die Verfasserschaft ist daher nicht einfach als feige Unwahrheit anzusehen. Freilich die erste Reihe jener Thesen stammt offenbar nach Form und Inhalt von ihm selbst; dagegen die zweite Collection scheint mir von gegnerischer Seite, zum Teil vielleicht von Luther selbst formulirt worden zu sein, um den Antinomismus auch in seinen praktischen Consequenzen zu enthüllen, und zwar unter Benutzung einzelner antinomistischen Aeußerungen, die als von Agricola oder von seinen Schülern herrührend in Wittenberg circulirten, sowie einer einzelnen Stelle aus seinem Lucas-Commentar. Aber die Bitte kam zu spät, die Thesen waren bereits gedruckt, und so veröffentlichte Luther am 1. December jene beiden Reihen Propositionen, um sie zum Gegenstande für einige Disputationen zu nehmen, in denen er sie eingehend widerlegen und so Agricola zum Widerruf nötigen wollte.[2]) Von jetzt an sehen wir Luther mit der ganzen ihm eignen Energie in den antinomistischen Streit eintreten: „jetzt ist der Streit übers Gesetz entbrannt," berichtet Melanchthon am 7. Dec., und an demselben Tage schreibt Cruciger: „Luther ist heftig erregt gegen Agricola und redet harte Worte über ihn."[3]) Ehe wir den Verlauf des Streites näher betrachten, wird hier der Ort sein, die Lehre Agricolas in ihrer nunmehr voll ausgeprägten Eigentümlichkeit zusammenzufassen, um ein Urteil darüber gewinnen zu können, mit welchem Rechte Luther fortan mit so viel Eifer und Schärfe dagegen gestritten habe.

---

[1]) Förstemann a. a. O. S. 314. Cruciger berichtet, Agricola habe zugegeben, suas esse quasdam, und diese habe er selbst vor einiger Zeit Luther gegeben mit der Bitte, ut certi aliquid constitueretur ad posteritatem, da ja in Luthers Schriften eine doppelte Weise, die Buße zu lehren, vorliege, einmal aus dem Evangelio allein, das andere Mal aus Gesetz und Evangelium. (Corp. Ref. III. 461.) Allein schwerlich hat Agricola gewagt, die Thesen in der vorliegenden Form mit ihrer Kritik der „unreinen" Lehre in den Büchern „der neuen Scribenten" (Luther u. Mel.) jenem selbst einzuhändigen. Daß Luther sie von Andern überbracht erhielt, geht auch aus Tischr. II. 117. (Ueber Mag. Jobst vrgl. Zeitschr. f. Kircheng. 1880. S. 322; vielleicht Jodocus Rügger, S. 317, Krumhaar S. 354.) III. 382, Bindf. Coll. I. 269 hervor.

[2]) Förstemann a. a. O. S. 313. Corp. Ref. III. 454. 461.

[3]) Corp. Ref. III. 459. 461.

## XI.

## Der Lehrgegensatz.

Da Agricola seinen Streit mit Luther in der Weise geführt hat, daß er bald in kühnem Vorstoß seine Lehrform der Wittenberger entgegengestellt, bald in schwächlichem Vermittlungsversuche die Differenz auszugleichen versucht hat, so kann nur ein Teil seiner Zeugnisse als Quelle gelten, aus welcher seine eigentümliche Lehrweise erkannt werden kann. Wir dürfen uns, wenn wir den Lehrgegensatz nicht verschleiern wollen, hier nur an seine Summarien, seine von Luther veröffentlichten Thesen, sowie endlich an diejenigen Stellen in seinen beiden Revocationsschriften halten, in denen er selbst bekennt, in welchen Punkten er bisher irrig gelehrt habe.

Die Bezeichnung seiner Lehrform als eines Antinomismus läßt die Eigentümlichkeit derselben nur undeutlich erkennen. Er geht nicht etwa darauf aus, den Christen von der Erfüllung der göttlichen Gebote zu dispensiren; er denkt nicht daran, dem Christen Freiheit zur Sünde zu gewähren. Also von einem praktischen Antinomismus ist nicht die Rede. Und wenn er die Unmöglichkeit behauptet, durchs Gesetz gerecht zu werden, wenn er das Gesetz von der Rechtfertigung des Sünders ausschließt, so befindet er sich hierin in völliger Uebereinstimmung mit Luther.[1] Die Differenz zwischen ihnen tritt vielmehr zu Tage in der beider-

---

[1] Vergl. 4. Disputation: „Summa, das Gesetz ist nicht nütz noch von nöten zur Gerechtigkeit, noch zu einigen guten Werken, viel wentger zur Seligkeit." Jenens. Ausg. VII. 375

seitigen Lehre von der Buße. Das Wesen der Buße, ihre Stellung im Heilsproceß und die Art und Weise, wie sie gepredigt werden soll: das sind die drei Punkte, um die sich eigentlich der „antinomistische" Streit bewegt. Wie Agricola schon früher von Luthers Wort „Nimmer thun sei die höchste Buße," einseitig Gebrauch gemacht hatte, so legt er auch jetzt das ganze Gewicht auf das Moment der Besserung: „Das Herz versaget allem vorigen Wesen und Wandel; das ist Pönitentia." Buße ist ihm identisch mit „von seinem vorigen Wesen abstehen," „von Sünden abstehen und sie fliehen." Die Buße, zu welcher ihn und Andre einst Luthers Thesen wider Tetzel erweckt hätten, beschreibt er dahin, daß sie „den Ablaß und seine verführlichen Prediger verließen und ihren Aposteln und Cornuten Urlaub gaben."[1] Das Moment der Reue als eines sich schuldig fühlens, einer Erfahrung des Gerichtes Gottes über die Schuld der Sünde, tritt bei ihm so sehr zurück, daß es fast völlig außer Betracht bleibt.[2] Umgekehrt ist für Luther die contritio passiva das eigentliche Grundelement der Buße. Daher beginnt er in richtiger Erkenntnis der hier obwaltenden Differenz seine erste Disputation gegen Agricola mit nachdrücklicher Betonung dieses „ersten Stückes" der Buße, der Reue oder Schreckens wegen der Sünde, welche sei ein „Fühlen des Gesetzes im Gewissen," ein „Ueberwältigtsein durch die Kraft der Sünde."[3] Und das ist nicht etwa eine bei Luther erst später

---

[1] Förstemann, N. Urkundenb. S. 302. 304. 350.

[2] Wol definirt er einmal auch Buße als ein „erschrecken und herzlich büßen über begangene Missethat," aber gleich darauf wieder als „von dem bisherigen Wege ablassen." a. a. O. S. 301. Er stimmt mit Luther überein in Verwerfung der contritio, wie sie nach katholischer Bußpraxis aufgefaßt wurde, jener vom Pönitenten als durch sein eignes Werk in sich erzeugten Zerknirschung, durch welche dieser sich selbst zum Empfang der Gnade disponirt; aber er stellt auch die hievon himmelweit verschiedene passive contritio, mit welcher nach Luther der subject. Heilsproceß beginnt, völlig zurück.

[3] Jenens. Ausg. VII. 370. vergl. Artic. Smalc. (Hase pg. 319): „passiva contritio, conscientiae cruciatus, vera cordis passio et sensus mortis. Sic incipit vera poenitentia."

hervortretende Anschauung; so hat er vielmehr immer die Sache angesehen. Grade an der Stelle, auf welche sich Agricola mit scheinbar größtem Rechte für seine Lehrweise berufen konnte, in Luthers Assertio omnium articulorum v. 1520,¹) vergißt er nicht hervorzuheben, daß ein sentire peccata sua den Anfang machen müsse, daß das „neue Wesen", welches die Buße wirke, anheben müsse „mit einer großen Anfechtung und Erschrecken des Gewissens," daß dieser Anfang „bitterlich wehe thue, daß der Mensch ganz vergehen wolle;" nur „in Sturm und Widerwärtigkeit gieße Gott seine Gnade ein," es müsse „großer Ernst und tiefe Wehthuung da sein, wenn der alte Mensch ausgezogen werden solle."²)

Mit dieser verschiedenen Fassung des Grundbegriffs der Buße hängt eng zusammen die verschiedene Stellung derselben in der Heilsordnung. Zwar stimmen Beide darin überein, daß das neue Leben der Gläubigen eine beständige Buße sein solle.³) Aber bei Agricola beginnt der Heilsproceß mit Gnadenerfahrungen; als ein „lauter Geschenk" bringt Gottes Wohlthat ins Herz ein; alsbald tritt das Herz in Activität. Es nimmt sich vor, weil es ihm so wohl ergangen ist, nun nimmer mehr zu sündigen, es wirkt seine Seligkeit in Furcht und Zittern. Es entsteht im Herzen eine kindliche Scheu, den frommen gnädigen Vater nicht wieder zu Zorn zu reizen; und diese Verbindung des die göttliche Wohlthat ergreifenden Glaubens mit der daraus sich entwickelnden activen Bußthätigkeit des Menschen wirkt die Vergebung der Sünden. So setzt sich der Rechtfertigungsact in einen Rechtfertigungsproceß um, bei welchem die aus dem Glauben gewirkte thätige Buße einen

---

¹) Opp. varii argum. V. 184 flg. u. namentlich im deutschen Texte dieser Schrift Jenens. Ausg. I. 379b.

²) Jenens. Ausg. I. 380. Im latein. Texte heißt es nur ganz kurz: „probavi enim saepius infusionem gratiae fieri cum magna animi concussione." Opp. var. arg. V. 189.

³) Man beachte, daß Luther seine berühmte erste These wider Tetzel ausdrücklich in der 3. Disput. gegen Agr. wiederholt hat, zum Zeugniß, daß er nichts von seiner früheren Lehre aufgegeben habe. Jenens. Ausg. VII. 373.

mitbestimmenden Factor bildet.[1]) Für Luther dagegen ist die Buße sowohl nach Schrift und Erfahrung, wie nach der Logik der Sache selbst, die Prädisposition des Herzens zum Glauben.[2]) Sünde und Tod sind in der menschlichen Natur, so wie wir sie von Adam empfangen haben, eher als Gerechtigkeit und Leben, und Niemand kann Gnade erfahren, an dem nicht zuvor das Gericht über die Sünde geübt worden ist; wer nicht seine Sünde gefühlt hat (in der contritio), kann auch Vergebung der Sünden nicht erfahren (im Glauben). Wir stehen hier an dem entscheidenden Punkte, der Agricola von Luther trennt: es ist die Frage, von welchen Eindrücken der göttlichen Offenbarung der subjective Heilsproceß ausgehen müsse, ob von den erschütternden, oder von den beseligenden?[3]) Beide antworten unter Berufung auf ihre eigne Erfahrung verschieden: Agricola sieht in letzteren den Anfang des Heils, Luther in dem erschütternden Gerichte Gottes über die Sünde. Wir können natürlich nicht die Erfahrung des Einen durch die überwältigende Autorität oder Vorbildlichkeit der Erfahrung des Andern entkräften; denn Gott wirkt das Heil der Sünder nicht nach bestimmter Schablone. Aber schon der Umstand, daß in Agricolas Gedanken sich seine Buße mit der Ablegung katholischer Irrtümer identificirt, daß er uns seine Buße wesentlich als eine Bekehrung zur evangelischen Lehre charakterisirt,[4]) läßt uns seinen „Erfahrungen" nur geringes Gewicht beimessen. Jedenfalls wird Luther damit Recht behalten, daß ein lebendiger Heilsglaube nicht möglich ist ohne die vorangehenden Geburtswehen einer die Schuld und Verdammlichkeit der Sünde empfindenden Buße. Wir werden

---

[1]) Förstemann, N. Urkundenb. S. 304. Auf diese Lehreigentümlichkeit, die freilich auch nur an dieser einen Stelle hervortritt, scheint Luther nicht aufmerksam geworden zu sein.

[2]) Jenens. Ausg. VII. 371 u. v. a. St.

[3]) So hat Köstlin treffend den Differenzpunkt formulirt. Jahrb. für deutsche Theol. 1869 S. 65 flg.

[4]) Vrgl. auch Förstem. S. 298, wo er die Bekehrung der „Nationen" folgendermaßen beschreibt: „Also daß sie von ihrem vorigen Wege, falschem Gottesdienst u. anderm Irrsal abstehen, denselbigen ändern und durch besseren Bericht .'. ganz und gar umgekehrt und andere Leute werden sollten."

Luther Recht geben müssen, wenn er eine Predigtweise verwirft,
welche — dem Sinne Agricolas gemäß — Leuten gegenüber, in
denen das Gewissen noch nicht wach geworden wäre, mit der
Gnadenbotschaft anfangen wollte. Die Sache komme ihm so vor,
sagt er, als wenn Agricola Alle, welche die Predigt anhören, für
eitel Christen ansehe; die Gnadenbotschaft habe doch erst da ihren
Platz, wo man es mit Herzen zu thun habe, die ihre Sünde fühlten.
Wo diese Voraussetzung nicht zutreffe, mache die Verkündigung
der Gnade die Herzen nur sicher. Er macht Agricola den Vor=
wurf, daß er die Erbsünde außer Acht lasse, daß er die Menschen=
natur so ansehe, als stände sie noch vor dem Sündenfall. Er
sieht in seiner Lehrweise eine „neue Methode," welche die Lehre
der Schrift völlig umkehre und verwirre, ein „Katzenstühlchen," auf
dem es sich weich und bequem ruhen lasse.[1])

So wird denn auch die dritte Frage, wie Buße zu predigen
sei, verschieden von ihnen beantwortet. Zwar stimmen auch hier
Beide in dem überein, daß sie sagen, Christi Leiden und Sterben
sei eine Predigt zur Buße; aber Agricola will Buße überhaupt
nur durch Vorhaltung der Gnade Gottes in Christi gelehrt wissen:
„Buße soll gelehrt werden nicht aus den zehn Geboten Gottes
oder einigem Gesetz Mosis, sondern aus dem Leiden und Sterben
des Sohnes Gottes durch das Evangelium." „Meine Meinung
ist gewesen, daß der Glaube sei der Anfang der Buße, durch
welchen Glauben wir erkennen Gottes Gnade und Barmherzigkeit,
die er allen Heiligen in Christo geschenkt hat. Um dieser erkannten
und empfangenen Wohlthat willen heben denn die Herzen an Gott
zu lieben, zu fürchten, von Sünden abzustehen und sie zu fliehen,
also daß die Buße wachse ex amore justitiae, non ex timore
poenae."[2]) Das Gesetz ist seines Erachtens ungeeignet, Buße
zu lehren, denn es würde immer nur Furcht vor der Strafe,
nimmer Liebe zur Gerechtigkeit wirken. Das Gesetz macht entweder

---

[1]) Wider die Antinomer. Jenenf. Ausg. VII. 293 b. Förstemann a. a. O.
S. 323. 335. Opp. exeg.VI. 32. „Er predigt nur allein den Gerechten u. Frommen
die Offenbarung des Zornes, den Gottlosen predigt er nichts!" Tischr. III. 361.

[2]) Jenenf. Ausg. VII. 368 b. Förstem. a. a. O. S. 350.

hoffährtige Heilige oder verzagte und elende Leute, und wirkt daher nur Gottes Unehre.¹) Das Gesetz straft wol die Sünden, aber ohne den heiligen Geist. „Ohne welches Mittel nun der heil. Geist gegeben und die Menschen gerecht werden, dasselbe ist nicht nötig zu lehren weder zum Anfang, Mittel noch Ende der Justification." Der Kirche ist die Predigt des Evangeliums anvertraut, aus dem Evangelium heraus muß beides gepredigt werden, Buße und Vergebung der Sünden. Denn das Evangelium wirkt in zwiefacher Weise als eine Offenbarung vom Himmel: es ist für alle die, welche das Evangelium annehmen, eine Offenbarung der Gerechtigkeit, die vor Gott gilt; dagegen für diejenigen, welche diese Predigt nicht annehmen, desgleichen für die, welche sie zwar annehmen, aber ihr Leben darum noch nicht bessern wollen, eine Offenbarung des Zornes Gottes. Somit bedarf die Kirche des Gesetzes nicht. Wir sahen, daß Agricola schon in früherer Zeit nahe an gnostische Aussagen über den Unwert des Gesetzes streifte: so fällt auch jetzt auf, daß er „Gesetz" und „Offenbarung vom Himmel" als Gegensätze faßt, die sich ausschließen müssen.²) Dabei ist zu beachten, daß er die Anschauung der Reformatoren, nach welcher Gesetz und Evangelium nicht rein historisch als alt- und neutestamentliche Offenbarung, also daß die heilige Schrift in zwei ganz verschiedenartige Teile zerfiele, sondern als zwei verschiedene Functionen derselben einigen Gottesoffenbarung gefaßt werden, gänzlich fallen läßt und zu jener äußerlichen Scheidung zurückkehrt. Bekanntlich hatte Melanchthon schon in der ersten Ausgabe seiner Loci theologici von 1521 jene Auffassung von Gesetz und Evangelium, wie sie hernach in den Sym-

---

¹) Luther macht zu diesen Worten die Glosse: „Ecce Satanam, contritorum enim Deus est!" Für Luther ist das Verzagen, das Erschrecken des Gewissens, welches das Gesetz wirkt, eine von Gott gewirkte Vorbereitung des Herzens zur Gnade, „auf daß es desto leichter Christum erkenne." Es sei daran erinnert, daß Luther diese präparatorische Wirkung des Gesetzes schon in seinem Galaterbrief-Commentar von 1519 aufs Bestimmteste lehrt: „lex ad gratiam praeparat; finis legis est suspirium ad Christum". Erlang. Ausg. III. 300. 301.

²) Förstemann S. 299. vergl. Frank, Theol. der Concordienformel II. 255.

bolen der lutherischen Kirche acceptirt worden ist, kurz dahin formulirt: Lex peccatum ostendit, evangelium gratiam — tota scriptura alias lex est, alias evangelium.[1]) So ungenügend daher auch das Gesetz für sich allein ist, so notwendig muß es fort und fort seinen Dienst thun und kann in diesem Sinne gar nicht aufgehoben und außer Kraft gesetzt werden. Agricola faßt dagegen das Gesetz in seiner historischen Beschränkung als eines Strafcodex für Israel; daher kommt er zu dem Schlusse, daß das Gesetz in der christlichen Kirche gar nichts zu schaffen habe; es gehöre nur in die Hände der Obrigkeit. Gemäß seiner Auffassung sowol des Gesetzes wie des subjectiven Heilsprocesses bekämpft er die Praxis der Wittenberger, „das Evangelium nur denen zu predigen, welcher Herzen zuvor erschreckt und erschlagen sind durch das Gesetz;" wogegen Luther seinerseits immer wieder betont, daß weder Erkenntnis der Sünde noch eine tiefere Erkenntnis Christi und seines Erlösungswerkes möglich sei ohne Predigt des Gesetzes: „woher weiß man, was Sünde sei, wo das Gesetz und Gewissen nicht ist? und wo will man lernen, was Christus ist, was er gethan hat für uns, wo wir nicht wissen sollen, was das Gesetz sei, welches er für uns erfüllet, oder was Sünde sei, dafür er genug gethan hat?"[2])

Im Jahre 1527 hatte Agricola gemeint, als echter Lutherschüler für Luther gegen Melanchthon zu streiten, jetzt dagegen erhebt er wiederholentlich gegen Luther den Vorwurf, daß er selbst in seiner Lehre zwiespältig sei, indem er Buße bald aus dem Gesetz und Evangelium, bald aus dem Evangelium allein herleite. Luther ist von dieser Anklage, daß er zweierlei Lehre führe, heftig ergriffen worden; die Erregung, mit welcher er gegen Agricola gekämpft hat, schreibt sich zum guten Teil von seiner Entrüstung über diese Beschuldigung her.[3]) Der Ruhm, den sich Agricola beigemessen hat, den echten Luther wieder gegen einen (durch Melan-

---

[1]) Corp. Ref. XXI. 139. 142.
[2]) Jenens. Ausg. VII. 368 b. 369 b. 294.
[3]) Vrgl. Zeitschr. f. Kirchengesch. 1880 S. 311. Corp. Ref. III. 461. —

chthonsche Einflüsse) entarteten Luther zur Geltung zu bringen, ist aber nicht berechtigt gewesen. Luther ist seinen Anschauungen über den Wert des Gesetzes wie über den Heilsproceß durchaus treu geblieben, — während Jener von Anfang an nur einzelne Luther-dicta einseitig aufgefaßt und zu einem System zusammengefügt hat, das der Gesammtanschauung Luthers nicht entsprach.

So wenig wie wir Agricola als den echten und allein consequenten Lutheraner anzusehen imstande sind,[1] so wenig können wir ihm mit anderen Beurteilern des antinomistischen Streites den Ruhm lassen, daß er das bei Luther angeblich vorhandene „mechanische Aneinanderhängen zweier durchaus geschiedener und innerlich entgegengesetzter Lehren," „den mechanischen Dualismus von Gesetz und Evangelium" überwunden und „Einheit der Lehre" angestrebt habe. Noch weniger vermögen wir in seiner eigenartigen Umbildung der Rechtfertigungslehre einen Fortschritt zu erblicken. Luthers Polemik gegen ihn scheint uns nicht nur subjectiv vom Standpunkte Luthers aus, sondern auch objectiv im Rechte zu sein. Das gilt wenigstens von den Antithesen Luthers, deren wir bisher gedacht haben.

---

[1] Die Anschauung, daß Agricola 1527 (und nur in Bezug auf die Bedeutung des Gesetzes übertreibend, auch 1537) den ursprünglichen Luther als ein unwillkommener Mahner in Erinnerung gebracht habe, ist zuletzt in höchst anziehender Weise von A. Ritschl (Lehre v. d. Versöhnung I. 189 flg.) vorgetragen worden. Derselbe hat ja auch darin ganz Recht, daß Luther anfänglich mit „Buße" lediglich die durch den Heilsglauben bedingte, von der Liebe zur Gerechtigkeit ausgehende Abkehr des Christen vom Bösen, die Kreuzigung der Sünde bezeichnet; Buße und Heiligung decken sich in seinem Sprachgebrauch. Aber daneben behauptet Luther — und das scheint mir von Ritschl nicht hinreichend gewürdigt zu sein — von Anfang an, daß der Weg zum bewußten Heilsglauben durch eine von Gott gewirkte Erschütterung des Gewissens hindurchführe. Den Ausdruck Buße gebraucht er freilich nicht hiefür, sondern redet von concussiones conscientiarum, sentire peccata u. drgl. Er hat seine Lehre hernach nur in der Weise weiterentwickelt, daß er auch auf diese dem Glauben vorangehenden Vorgänge im Herzen den Namen Buße anwendet und somit „zwei Stücke" der Buße unterscheidet. Ich kann daher nur eine schulmäßige Weiterbildung des Sprachgebrauchs, nicht ein Ablenken von den ursprünglichen Anschauungen bei dem Luther der späteren Zeit wahrnehmen.

Freilich hat dieser es nicht lassen können, im Verlaufe des Kampfes je länger je mehr seinem Gegner Consequenzen, Motive und Tendenzen zu imputiren, die diesem nicht in den Sinn gekommen sind. Luther erblickte je länger je mehr in der antinomistischen Doctrin Agricolas das Symptom eines an den verschiedensten Orten sich regenden libertinistischen Gelüstens, mit dem Gesetze Gottes zu brechen und Freiheit der Sünde unter dem Deckmantel der Gnade zu proclamiren. Agricolas eigener Lebenswandel hat wol nur in geringem Maße dazu Anlaß geben können, denn die „Neigung zur Bierkanne," die ihm Luther gelegentlich zum Vorwurf macht, wird ihm kaum in stärkerem Maße zur Last fallen als manchem anderen Theologen jener Zeit, den man darum noch nicht des Libertinismus beschuldigt hat. Wol aber kamen von den verschiedensten Orten her in jenen Tagen Nachrichten über antinomistische Lehren,[1]) die man mehr oder weniger — und zwar ohne ausreichende Berechtigung — mit Agricolas Auftreten in Zusammenhang brachte. Darin hatte ja freilich Luther nicht Unrecht, wenn er von der Predigtweise, wie sie Agricola empfahl, ein sicheres, dem Ernst der Heiligung sich entziehendes Leben als üble Frucht befürchtete. Aber ohne zu scheiden, was Agricola selbst gelehrt, und was ein naheliegender Mißbrauch aus seiner Lehre machen könnte, auch thatsächlich hie und da schon gemacht haben mochte, schlug er auf den Antinomismus als auf einen Bauchdienst und sicheres Sündenleben los. Indem Luther seine eigne Fassung des Gesetzes seinen Argumentationen zu Grunde

---

[1]) Vergl. Köstlin II. 458. 644. Kordes S. 288 flg. Nur von dem Saalfelder Prediger Caspar Aquila wissen wir, daß zwischen ihm und Agricola nahe Freundschaft bestand (s. S. 94). Aber auch bei diesem war der Antinomismus nur ein theoretischer. Ein Schüler Agricolas war wol auch der in der Neumark antinomistische Lehren verkündende Mag. Heinrich Ham. Der von Luther am meisten mit Agricola zusammen genannte Jakob Schenk in Freiberg scheint zu ihm gar keine Beziehungen gehabt zu haben, noch weniger die Antinomer in Lüneburg und Pommern. Ueber Schenks Antinomismus vergl. als Ergänzung zu Seidemann, J. Schenk die Schrift von G. Müller über Paul Lindenau S. 49 flg.; über Heinrich Ham vergl. auch Voigt, Briefwechsel S. 452; über Aquila Zeitschr. f. Kirchengesch. 1880 S. 310. 311.

legte, behauptete er durch üble Consequenzmacherei, daß Agricola auch das Vaterunser und den größten Teil der Reden Jesu nicht mehr in der Kirche gelten lassen, von Sünden nichts wissen und Christum selbst beseitigen wolle. Er wirft beständig jene praktischen Antinomer und die Gegner der herkömmlichen Weise, das Gesetz zu predigen, in eine Klasse zusammen; er macht gar keine Unterschiede. Die Entschuldigung der Wittenberger Theologen, an all jenen Kraftstellen gegen die Antinomer sei Agricola nicht von Luther ausdrücklich genannt, also auch nicht gemeint worden, war offenbar nur eine Verlegenheitsausrede.[1]) Er schildert die Antinomer als Leute, welche nicht Christo, sondern ihrem Bauche dienen wollen; er imputirt ihnen allen den Satz: Bist du ein Ehebrecher, ein Hurer, ein Geizhals oder sonst ein Sünder, glaubest du nur, so bist du selig, darfst dich vor dem Gesetz nicht fürchten; Christus hat's alles erfüllt.[2]) Durch dieses Verfahren ist Agricola offenbar schweres Unrecht geschehen; er hat Ursache gehabt, über „Calumnien" zu klagen, mit denen er beschwert würde. Aber es darf auch nicht vergessen werden, daß sein eigenes Verhalten im Verlauf des Streites seine Sache immer mehr discreditiren mußte.

---

[1]) Gleiches gilt aber auch von der Behauptung Agricolas, er habe immer nur Cruciger und Rörer, nicht Luther, mit seinen Angriffen gemeint. Tischr. III. 361.
[2]) Jenens. Ausg. VII. 374. 293. 377. 269 b.

## XII.

## Der Verlauf des antinomistischen Streites.

Kaum hatte Luther jene antinomistischen Thesen am 1. Dec. 1537 veröffentlicht und sich zu seinen Disputationen gerüstet, so suchte auch Agricola sich aus der fatalen Situation herauszuwinden. Einem Rate Melanchthons folgend, der zu vermitteln suchte, trat er im Colleg mit einem Satz hervor, durch welchen die Differenz völlig verschleiert wurde: „Evangelium utitur ministerio legis ad arguendum peccatum."[1]) Damit war freilich seine Abweichung von Luther zu einer einfachen Differenz im Ausdruck herabgestimmt; der Streit schien zum Wortstreite zu werden. Luther ließ sich aber dadurch nicht beirren, sondern hielt seine 1. Disputation. Agricola zog es vor, sich dabei völlig schweigsam zu verhalten.[2]) Da er also fortfuhr, „im Winkel" gegen Luther zu opponiren, so that dieser einen stärkeren Schritt und zog die ihm gegebene Erlaubnis, theolog. Vorlesungen zu halten, zurück (6. Jan. 1538)[3]). Jetzt

---

[1]) Corp. Ref. III. 461; er schloß sich damit offenbar an den Ausspruch der Artic. Smalc. „officium legis retinetur in novo testamento et in eo exercetur" an.

[2]) Corp. Ref. III. 482.

[3]) De Wette V. 96. — Ueber seine Docententhätigkeit in Wittenb. schreibt Ratzeberger: „er befliß sich ad purum et elegans genus dicendi Terentianum und brauchte dazu allerlei sales und urbanitates in seinen confabulationibus und congarritionibus, damit er sich bei den studiosis fein heimlich gedachte einzulieben." S. 97. — Melanchthon aber erzählte später: „ego memini illos ipsos, qui disputarunt de hac re (über die Weise, wie die Buße entstehe) bibisse hic per totam noctem et cecinisse una; da trunken sie die liebe lange Nacht, bis daß der helle Tag anbrach; sie sprungen, sungen und waren toll." Corp. Ref. XXV. 64. Es scheint danach, als wenn Agricola durch Fraternisiren mit den Studenten Anhang zu werben gesucht hatte.

sah Agricola seine Existenz in Wittenberg bedroht. Er sendete seine Frau zu Luther ab und ließ um eine Aussöhnung bitten; er sei ja bereit, Alles zu thun, was Luther fordern werde. Dieser verlangte eine öffentliche Erklärung Agricolas bei der 2. Disputation. Am 12. Januar fand diese statt. Luther rief Agricola auf, seine Meinung kund zu thun. Dieser trat schüchtern hervor. Luthers Thesen, sagte er, gefielen ihm durchaus; wenn er dennoch Gegenthesen aufstelle, so thue er es nur, um sich belehren zu lassen und um öffentlich zu beweisen, daß er jetzt seine Ansichten durchaus denen Luthers conform zu machen wünsche. Er stellte zwei Sätze auf, von denen der eine die Unzulänglichkeit des Gesetzes behauptete, um die Gesetzesgerechtigkeit zu bekämpfen, der andre es als Function der in Christo erschienenen Gnade bezeichnete, unser sündiges Wesen offenbar zu machen. Luther antwortete in längerer Rede, und darauf erfolgte eine öffentliche feierliche Aussöhnung Beider mit einander. „Ich bekenne es offen, sprach Luther, deine Person war uns verdächtig geworden; aber nachdem ich dein Bekenntnis heute gehört habe, bin ich zufrieden mit dir und ich glaube, auch die andern Herren werden mit dir zufrieden sein. Es liegt mir daran, daß öffentlich von dieser Stelle aus erklärt werde, daß wir Freunde und nicht in Zwietracht sind." Mit einem Hinweis auf den Triumph der Gegner, wenn unter ihnen selbst Lehrstreitigkeiten ausbrechen sollten, sowie mit einer herzlichen Bitte um Einmütigkeit und Aufrichtigkeit schloß er die Disputation.[1]

Bei Hofe vernahm man es mit Freuden, daß eine Ausgleichung des Streites stattgefunden hatte. Der Kurfürst verordnete (am 3. Febr.), Agricola solle, jenem Verbot Bugenhagens zuwider, jetzt zu Predigten zugelassen werden, um zu prüfen, ob er sein Luther gegebenes Versprechen wegen Gleichmäßigkeit der Lehre auch halten würde. Luther gab bei dieser Gelegenheit zu erkennen, daß er selbst es gewesen, der für dieses Mal noch den alten Freund geschützt hätte, daß er nicht beim Kurfürsten in Ungnade geraten wäre und sein Gehalt verloren hätte. „Wie ist mir's zu Herzen

---

[1] Corp. Ref. III. 482. 483. Zeitschr. f. Kirchengesch. 1880 S. 309.

gegangen, daß ich dies Aergernis habe erfahren müssen, daß der, auf den ich mein Vertrauen gesetzt, den ich begünstigt, geschützt und befördert habe, daß der, der an meinem Tische mir stets ein freundliches Gesicht gezeigt hat, Anderes im Sinne getragen hat, als er öffentlich zeigte. Gott weiß, was für Anfechtungen mir dieser Handel bereitet hat. Ich wäre schier vor Angst gestorben, ehe ich meine Propositionen gegen ihn ans Licht gebracht habe. Der schändliche Hochmut theologischer Wissenschaft ist eine Quelle arger Dinge!"[1]) Er wurde innerlich von diesem Streite mitgenommen, wie nie von einem andern zuvor. Aber die vertraulichen Reden Luthers aus den Tagen der Aussöhnung zeigen zur Genüge, daß eine innerliche Annäherung trotz des äußeren Friedens nicht wieder erfolgte. Die Vertrautheit zwischen ihnen hatte ein Ende. Am 23. April predigte Agricola auf Befehl des Kurfürsten, um seine frühere Lehre zu widerrufen und jeden Verdacht von sich zu entfernen.[2]) Aber wenige Tage darauf sehen wir Luther schon wieder in tiefer Erregung über Agricolas „Unbußfertigkeit und Heuchelei." Er wollte aber nicht wissen lassen, daß eben Agricolas Verhalten ihn so aufgeregt habe. Wir erfahren auch nicht, was Anlaß gegeben hatte.[3]) Agricola blieb zwar noch von der akademischen Thätigkeit ausgeschlossen (de Wette V. 109), aber öffentlich bestand doch bis in den August Friede. Seit dem 18. August finden wir den Streit in neuer Heftigkeit entbrannt. Die zahlreichen Scheltreden Luthers gegen „Grickel", welche die verschiedenen Tischredensammlungen enthalten, stammen fast sämtlich aus Sommer und Herbst 1538.[4]) Der Anlaß zu dieser Erneuerung

---

[1]) Lauterbach S. 22.
[2]) Corp. Ref. III. 513.
[3]) 27. April, Lauterbach S. 70. Bei dieser Gelegenheit sprach Luther: „Ich hab genug bey dem menschen gethan, promovi eum hactenus coram Electore excusando, precando, sed illius fucatam doctrinam nolo. Ich hab im genug gethan privatim et publice monendo, das sagt mir nach meynem todt kunlich vnnd frey nach." Vrgl Tischr. III. 368. Seidemann, J. Schenk S. 34.
[4]) Lauterbach S. 114 flg. Tischr. I. 10. II. 391. 430. III. 363. 369. 370 u. v. a. St.

des Kampfes ist nicht sicher bekannt. Doch scheint ein Brief Agricola's Anstoß gegeben zu haben, welchen Agricola an Luther richtete mit der erneuerten Behauptung, in den Schriften desselben sei zweierlei verschiedene Lehre über Buße und Vergebung der Sünden zu finden; einmal lehre er den Heilsweg durch Gesetz und Evangelium, ein anderes Mal ohne Gesetz durchs Evangelium allein. Eine von beiden Weisen könne aber nur schriftgemäß sein.[1]) Luther, der seit den Disputationen zu Beginn des Jahres den öffentlichen Kampf gegen den Antinomismus hatte ruhen lassen,[2]) veröffentlichte jetzt die Thesen einer fünften Disputation. „Den 13. Sept. ward eine heftige Disputation wider die Antinomer und Gesetzstürmer fast bei 5 Stunden gehalten, in welcher Doct. Martinus sich aufs Gewaltigste wider die neuen Lehrer legte."[3]) Luther wurde jetzt sichtlich schärfer und bitterer; immer häufiger diente Agricola zum Tischgespräch in seinem Hause, immer mehr ließ er die Schonung und Zurückhaltung fahren, die er anfangs gegen ihn geübt hatte. Agricolas Stellung in Wittenberg geriet ernstlich in Gefahr. Er erfuhr mit Schrecken, daß der Kurfürst nicht Lust hätte, einem Mann, der als verdächtig in der Lehre galt, das ansehnliche Gehalt (200 Gulden) weiter auszuzahlen zu lassen; andrerseits wurde eben jetzt die Errichtung eines Consistoriums in Wittenberg geplant, bei welchem er Verwendung finden konnte, wenn nur seine Sache mit Luther in Ordnung war. So entschloß er sich im December 1538 aufs Neue, die Anstöße zu beseitigen und sich zu rehabilitieren. Er verhandelte mit Luther und beschwor in demütiger Unterwerfung, daß er von der reinen Lehre nicht abweichen wollte; dieser blieb aber in abwartender Zurückhaltung, denn er traute seinen Versicherungen nicht mehr. Am 4. Adventssonntage (22. Dec.) wandte

---

[1]) Zeitschr. f. Kirchengesch. 1880 S. 311.

[2]) Möglichenfalls hat er nach dem Friedensschluß am Ende der 2. Disp. die 3. und 4. gar nicht gehalten, sondern sich an dem Druck der Thesen zu denselben genügen lassen.

[3]) Tischr. III. 396. Binds. Coll. III. 318. Corp. Ref. III. 588. De Wette V. 128.

Agricola sich in fast gleichlautenden Schreiben an die Theologen Jonas, Cruciger und Melanchthon, an den Kurfürsten und den Marschall Hans v. Dolzigk mit der Versicherung der Reinheit seiner Lehre, an Letztern zugleich mit der Bitte, daß man ihm sein Gehalt nicht vorbehalten wolle.[1]) Sein Schreiben fand beim Kurfürsten den gewünschten Erfolg. Er erhielt schon zu Weihnachten die Antwort von Torgau, er solle sein Gehalt ausgezahlt bekommen; der Kurfürst habe gern gehört, daß Agricola auch willig sei, sich bei dem zu errichtenden Consistorium gebrauchen zu lassen. Aber seine „Irrung und Zwiespältigkeit" mit der theolog. Fakultät müsse beigelegt werden, denn es erweise sich „nicht allein beschwerlich, sondern auch ärgerlich, daß er und die Andern in solchem unwilligen Leben sitzen sollten."[2]) Den Weg zur Vergleichung mit den Theologen hatte Agricola schon in seinem Schreiben an den Kurfürsten angegeben: er habe sich erboten, durch eine öffentliche Schrift an Tag zu thun, worin der Mangel an ihm gewesen sei. Er wandte sich nochmals in demütigem Schreiben an Luther (26. Dec.), berief sich auf den Schwur, den er geleistet, und bat, Luther wolle doch, als sein geistlicher Vater, den Sohn, der sich von einem Fehler habe übereilen lassen, mit sanftmütigem Geiste wieder annehmen.[3]) So erfolgte zum dritten Male eine Aussöhnung. Er hatte dem Kanzler Brück zugesagt, eine Widerrufsschrift an Wendelin Faber, der von ihm einst im Schulamte zu Eisleben angestellt worden war, jetzt aber als Pastor in Seeburg lebte, zu adressiren und öffentlich ausgehen zu lassen; Melanchthon leistete ihm den Gefallen, diese Schrift in

---

[1]) Zeitschr. f. Kirchengesch. 1880, S. 312. (irrig in den Aug. oder Sept. gesetzt.) Förstemann S. 314. (irrig ins J. 1539 gesetzt.) Das Schreiben an Dolzigk in originali auf der Herzogl. Bibl. zu Wolfenbüttel, 362 Novorum. Wir ersehen übrigens aus diesen Schriftstücken, daß Agricola vom Kurf. wieder Erlaubnis zu akad. Vorlesungen erhalten hatte.

[2]) Cod. Erlang. 1665 fol. 3 b. 4. Mejer in Zeitschr. f. Kirchenrecht 1876 S. 49.

[3]) Zeitschr. f. Kirchengesch. 1880, S. 308. (Das Datum ipsa Stephani M.D.XXXVIII. scheint hier doch auf den 26. Dec. 1538 und nicht, wie ich a. a. O. angenommen hatte, auf den 26. Dec. 1537 bezogen werden zu müssen.)

lateinischer Sprache in möglichster Milde abzufassen.¹) Fürchtete
er nun aber, hiemit noch nicht genug gethan zu haben, oder
forderte Luther ein Mehreres, kurz er entschloß sich dazu, diesen
selbst zu bevollmächtigen, in seinem Namen einen Widerruf aus=
gehen zu lassen. Und so veröffentlichte Luther im Januar 1539
das Sendschreiben „Wider die Antinomer" an Agricolas ehe=
maligen Collegen, Caspar Güttel, der schon von Eisleben aus
kräftig gegen Agricola Partei ergriffen hatte.²) Es ist zu bedauern,
daß sich Luther des Auftrages, der ihm hiemit geworden war, in
so unzarter Weise entledigte. Er mußte völlig das Vertrauen zu
Agricolas Person verloren haben, sonst hätte er nicht grade bei
dieser Gelegenheit, wo er seine demütige Unterwerfung ankündigen
sollte, ihn so schonungslos zu Boden treten können; er zählt
ihn hier zu den „sicheren, frechen Geistern," er ist „ein Kopf, der
seine Ehre sucht und sich in seiner Weisheit bethut," und wenn
er ihm auch seine Freude über seinen Widerruf und seine Ver=
gebung für das, was er gegen ihn unternommen habe, ankündigt,
so ist doch keine Spur von väterlicher Zuneigung, von herzlichem
Entgegenkommen darin zu finden. „Bleibt er nicht in solcher
Demut, so kann ihn Gott auch wol wieder herunterstürzen," in
diesem rauhen, teilweise ironischen Tone ist das Ganze gehalten.³)
Es ist natürlich, daß diese eigentümliche Widerrufschrift den Keim

---

¹) De duplici legis discrimine 1539. Wiederabgedruckt bei Kordes,
S. 269—275. Bei Förstemann a. a. O. S. 326 bekennt sich Melanchthon als
Verfasser derselben. Agricola ließ sie wol erst gegen Ende des Jahres drucken
und im Mansfeldischen verteilen; zunächst blieb sie Entwurf, der zu Gunsten
einer von Luther selbst zu verfassenden Revocationsschrift zurückgezogen wurde.
²) de Wette V. 147—157. Zeitschr. f. Kirchengesch. 1880 S. 312. 313.
„Er hofft, ich werde säuberlich und freundlich mit ihm umgehen, aber ich will
des Herrn Christi und nicht seine Ehre suchen und den hoffärtigen Mann mit
seinen eigenen Worten herausstreichen, als der der Kirche großen Schaden
gethan hat, und seine Revocation in seinem Namen D. Caspar Güttel und
den andern Predigern zu Eisleben zuschreiben." Tischr. III. 264.
³) Agricola beschwerte sich später darüber, als über „das geschwinde
Buch, dazu ich weder citirt noch erfordert bin, dasselbige anzuhören, mein Ja
oder Nein zu vernehmen." Er habe es erst gesehen, als es zum Verkauf
gekommen sei. Förstemann S. 319. 341.

zu neuen Feindseligkeiten in sich trug. Zwar war durch sie der Bedingung genügt, die der Kurfürst betreffs seines Eintritts ins Wittenberger Consistorium gestellt hatte. Durch kurfürstl. Rescript vom 7. Febr. 1539 wurde er gemeinsam mit Jonas und den Juristen Kilian Goldstein und Basilius Monner zur Arbeit in dem (zunächst nur provisorischen) Consistorium berufen und hat diesem Collegium bis zu seinem Entweichen aus Wittenberg angehört.[1]) Aber mit Luther geriet er schon in den nächsten Tagen wieder in Conflict. Er sollte am 1. Febr. öffentlich disputiren, um wol auch hier Zeugnis von seiner Uebereinstimmung mit Luther zu geben. 17 Thesen hatte er dazu aufgesetzt, teilweise dunklen Inhalts. Zwar These 10—17 enthalten eine ganz correcte Wiedergabe der Lehre Luthers, also von seiner Seite einen Widerruf in bester Form. „Das Gesetz ist nicht nur gegeben, um äußerlich ein Zaum für die Gottlosen zu sein, sondern vielmehr um uns unsre Sünden zu zeigen, damit wir in Erkenntnis des Zornes Gottes Gnade suchen. Freilich würde die vom Gesetz gewirkte Sündenerkenntnis nur ein Erschrecken zum Tode sein, wenn nicht das Wort von der freien Gottesgnade dazuträte. Doch darf das Gesetz deshalb nicht von der Predigt der Buße fern gehalten werden; denn was Paulus Röm. 1 von der durchs Evangelium geschehenden Offenbarung des Zornes Gottes sagt, das bezieht sich eben auf die Predigt des Gesetzes. Durchs Gesetz

---

[1]) Richter, Gesch. der evang. Kirchenverf. S. 118. 119. Mejer a. a. O. S. 49—68. Krafft, Briefe u. Doc. S. 80. In Kummers Tischredenhandschr. Mscr. Dresd. A. 180 Bl. 244a (= Tischr. IV. 85, Binds. Coll. II. 375 vom 12. Febr. 1539) heißt es: Princeps et Elector piiss. tam infinitos Matrimonii et licentiae casus videns ordinavit et constituit consistorium, qui (sic) causas judicarent et determinarent, scilicet D. Justum Jonam, D. Chilianum Goldstein, D. Basilium et M. Eissleben. Ebenso in der Tischr. Handschrift in Wernigerode Z d. 77 Bl. 133b. — Ein Urteil des Consistoriums in Ehesachen steht Tischr. IV. 103. Ein andres vom J. 1539 wird mitgeteilt in einem Herrn Diak. Schleusner in Wittenb. gehörigen Actenstück „Bedencken in Ehesachen . . MDLVI" fol. 59, aus welchem hervorgeht, wie die beiden Juristen mit den beiden Theologen sich schwer vereinigen konnten; erstere riefen als Autorität Hieron. Schurff, letztere Luther an; der Kurfürst bestätigte endlich den Spruch der Theologen.

kommt Erkenntnis der Sünden." Diese Thesen mußten offenbar für sich allein ganz unanstößig erscheinen. Aber er schickte ihnen 9 andre Thesen voran in seltsam verblümter Sprache. „Jonathan hat keine Sünde begangen, als er im Walde den Honig aß, Saul dagegen hat Israel verwirrt, als er ihm den Genuß des Honigs untersagte" (vergl. 1. Sam. 14, 24. 27. 29), so heben diese dunklen Sprüche an. Dann weiter: „Im Allgemeinen gilt zwar der Satz, daß es Unrecht ist, das Nützliche dem Ehrenvollen vorzuziehen; aber es gibt doch auch Fälle, in denen uns Gott, um unser Leben zu erhalten, den umgekehrten Weg einschlagen heißt." Dies etwa der Sinn der durch Beispiele aus der biblischen wie der Profangeschichte erläuterten, bez. verschleierten Sätze.[1]) Agricola versichert, diese Sätze „in bester Absicht" vorgetragen zu haben. Sie sollten offenbar sagen, daß er mit seinem „Honigessen," d. h. seiner Voranstellung des Evangeliums und der Gnade, nichts Arges im Sinne gehabt, und daß er in der Lage gewesen sei, durch demütige Unterwerfung sich zu erhalten, anstatt den Kampf gegen Luther zu seinem Verderben fortzusetzen. Dadurch wurde allerdings in Zweifel gestellt, ob sein Widerruf ernstlich gemeint gewesen, oder ob er nur vor der zu gewaltigen Gegnerschaft Luthers zurückgewichen sei. Jedenfalls war die Veröffentlichung dieser Sätze schon um ihrer verblümten und darum vieldeutigen Sprache willen äußerst unklug. Luther deutete sie im schlimmsten Sinne aus; er bezog den Israel verwirrenden Saul, den von den Athenern gesteinigten Kyrsilos, den König Babels in den Thesen auf sich selbst und geriet in gewaltigen Zorn. Er rief aus: „Ah, Eisleben, bist du ein solcher? O vergebe dir's Gott, daß du so bitter bist und hältst mich für deinen Feind! Gott sei Zeuge, daß ich dich hab lieb gehabt und noch liebe (?). Wenn du doch nur öffentlich wider mich strittest und nicht so meuchlings hinterm Pöckler föchtest!"[2]) Am 1. Febr. fand die

---

[1]) Zeitschr. f. Kirchengesch. 1880 S. 313—315. (Corp. Ref. XXV. 666.)
[2]) Tischr. III. 377. Pöckler bedeutet den großen, hölzernen Schild, der bei den nicht ritterlichen Kampfspielen des niederen Volkes gebraucht wurde.

Disputation statt, „da ward Eisleben öffentlich zu schanden," d. h. Luther selbst erhob sich wider ihn, schärfer als zuvor und beschuldigte ihn, daß er in seinem Irrtum verharre. Es that ihm jetzt leid, daß er in seiner Schrift „Wider die Antinomer" so mild mit ihm verfahren sei.¹) Auch in seinen Vorlesungen griff Luther fortan ihn an, besonders scharf aber in der in diesen Tagen vollendeten Schrift „von den Conciliis und Kirchen." ²) Die Stimmung unter den Docenten in Wittenberg muß bei dieser neuen Phase ihres Streites nicht durchaus Luther günstig gewesen sein. Dieser erfuhr, daß man davon redete, Agricola zum Dekan (in der philosoph. Facultät, der er als Magister angehörte) zu wählen. Heftig eiferte Luther dawider, „auf daß seine Hoffart, Vermessenheit und Ungehorsam dadurch nicht confirmiret und gestärket würde." „Wollte Gott," rief er aus, „D. Pommer wäre jetzt hier, so wollte ich den Heuchler Eisleben mit dem Gericht der Kirchen angreifen und in Bann thun. Das Männlein hat noch nicht eine einzige Proposition gemacht, darinnen er's verjahete oder verneinte; er sagt weder ja noch nein; wie der Leute Art ist, gehen nicht gleich zu, behalten immer Brei im Maul!"³) Einmal überkam dann wieder Luther ein Gefühl, als habe er Agricola zu hart behandelt; er machte sich plötzlich am 5. Juli auf den Weg, um sich mit ihm zu bereden und zu versöhnen, traf ihn aber nicht zu Hause — und die versöhnliche Stimmung verflog.⁴) Dieser sammelte unterdessen Materialien zu seiner Rechtfertigung, event. zu einer Anklage gegen Luther. Sein Freund und treuer Anhänger, der Eislebener Prediger Caspar Böhme, legte aus den Aufzeichnungen, die er sich

---

[1]) De Wette V. 159.
[2]) Die Stellen Opp. exeg. IV. 246. 251 gehören in diese Zeit, cf. pg. 325; Jenens. Ausg. VII. 268 b. (De Wette V. 172). — Im Jahr vorher hatte Luther in der praefatio zu seinem Commentar über den Galaterbr. die Antinomer in schärfster Weise als vom Satan erweckte, blinde und hochmütige Leute gebrandmarkt, Erl. Ausg. I. 9.
[3]) Tischr. III. 366. 367. 19. oder 21. April 1539.
[4]) Tischr. III. 399; genauer Binds. Coll. III. 321. 322. Mathesius in Erl. Ausg. I. (1. Aufl.) 52: „Aber zu meinem Glücke, sagte er am Tische, fand ich ihn nicht daheim; es hätte sonst das Männlein sein Lebenlang zu rühmen gehabt."

aus Agricolas in Eisleben gehaltenen Predigten gemacht hatte, eine Sammlung von Aussprüchen an, die alle zum Beweise dienen konnten, daß er weit davon entfernt gewesen war, Sündenfreiheit zu lehren, vielmehr bezeugten, daß er bei seiner Lehrweise ernstlich gegen Diejenigen Zeugnis abgelegt hatte, die „sich des Evangeliums nicht gebessert."[1]) Den Vorwurf, ein ruchloser Mensch zu sein, der die Leute lehre zu thun, was sie gelüste, wollte Agricola nicht auf sich sitzen lassen. Er erhob im Sept. Beschwerde gegen seine Verleumder bei dem Rector der Universität und bei Bugenhagen; diese aber wollten seine Klage nicht annehmen.[2]) Er hatte nun weiter die Absicht, in einer Klage und Rechtfertigungsschrift deutsch und lateinisch an das Zeugnis der Eislebener Gemeinde zu appelliren; ferner beim Kurfürsten gegen Luther zu klagen, endlich auch seine Sache vor das Forum sämtlicher Gelehrten Deutschlands und Europas (also durch eine Druckschrift) zu bringen. Ehe er diese Schreiben absandte, verhandelte er jedoch erst längere Zeit mit dem Rector, Sebaldus Münsterer, und da dieser inzwischen starb, mit Bugenhagen und Melanchthon, und bat sie namentlich, Luther von seiner Absicht in Kenntnis zu setzen. Er hoffte wol auf ein Nachgeben dieses; aber er erhielt nur wiederholentlich den Bescheid, er möge ihn doch verklagen, wenn er Lust dazu hätte. Das Schreiben, das er darauf an die Mansfelder und Eislebener richtete, trägt das Datum des 27. Januar, volle zwei Monate später erst reichte er seine Klage an den Kurfürsten ein — es scheint, als habe er immer noch auf ein Einlenken Luthers gehofft und daher so lange gezögert. Als er die Klage abgesendet hatte, ließ er Luther durch den Diakonus Fröschel von diesem Schritte

---

[1]) Zeitschr. f. Kirchengesch. 1880 S. 315.

[2]) Agr. forderte vom Rector, er solle Luther, ebenso wie es in andern Fällen bei Streitkeiten zwischen Mitgliedern der Universität geschah, vor sich citiren und dann einen Vergleich zwischen ihnen versuchen. Jener aber schlug statt dessen vor, er wolle mit ihm in Luthers Wohnung gehen und dort einen Ausgleich herbeizuführen suchen. Das lehnte Agricola jedoch ab, er wollte offenbar Rechtsgleichheit und nicht anerkennen, daß Luther „nicht ein Mensch sei wie andre Menschen." Vergl. Förstemann S. 336.

in Kenntnis setzen und ihn bitten, sich in seiner Beantwortung der Klage nicht zu übereilen; Luther sei über ihn falsch informirt.[1]) Er klagte aber beim Kurfürsten, daß Luther in seinen Büchern „wider die Antinomer" und „von den Conciliis und Kirchen," in seinen Disputationen und Predigten sowohl gegen seine Lehre wie gegen seine Person „viel Calumnien" ausgesprochen habe, zu denen er sich weder wolle, noch könne, noch solle bekennen. Die Anklage kam bei Hofe sehr ungelegen. Der Kurfürst bezeugte ihm (am 7. April) sein Misfallen darüber, daß die Sache so weit getrieben würde; sicherlich hätte er durch persönliche Aussprache sich mit Luther gütlich vergleichen können. Er bedeutete ihn, nicht etwa öffentlich seine Klage gegen Luther weiter zu treiben; die Sache solle unter=
sucht werden. Vorher hatte sich der Kurfürst von den mit ihm in Schmalkalden anwesenden Theologen (Jonas, Bugenhagen, Amsdorf und Melanchthon) ein Gutachten geben lassen. Dieses

---

[1]) Zeitschrift für Kirchengesch. 1880 S. 316—318. Förstemann S. 315. 317 (vom 31., nicht 1. März). Luther sendete ihm darauf ein Schreiben zu, in welchem er einen „rechtschaffenen Widerruf" von ihm forderte, ließ ihn auch noch persönlich durch Cruciger und Ambrosius Berndt dazu ermahnen. Aber Agricola wollte jetzt dem Rechte seinen Lauf lassen. Tischr. III. 365 Binds. Coll. II. 74. — Vor der Klageeinreichung müßte die Geschichte mit dem in katholischen Schmähschriften eine hervorragende Rolle spielenden „Katechismus=
glas" passirt sein. Bei einer Collation in Luthers Hause, welche im J. 1540 zu Ehren Agricolas stattgefunden habe, habe ihm Luther aus einem Glase mit 3 Reifen (von der Größe eines Milchkübels) zugetrunken, dieser habe ihm aber nur bis auf den 1. Reifen, der die 10 Gebote bedeuten sollte, Bescheid zu thun vermocht, worauf Luther gesprochen: „Ich wußte es vorhin wol, daß M. E. die 10 Gebote saufen könnte, aber den Glauben, Vater Unser und den Katechismum würde er wol zu Frieden lassen." Mir ist nicht verständlich, warum einerseits Seidemann diese Collation mit Bestimmtheit in den Febr. 1540 setzt, warum andererseits Köstlin sie ins Gebiet des Luthermythus verweist mit der Bemerkung, Agricola sei damals gar nicht mehr in Wittenberg gewesen. — Unmöglich scheint mir ein derartiger Scherz Luthers nicht zu sein; nur ist zu bedenken, daß die Größe des Glases völlig unbekannt ist, denn der „Milchkübel" ist nur ein Zusatz des kathol. Erzählers, und daß die Gesch. im J. 1540 höchst unwahrscheinlich ist; vielleicht fand sie in einer der „Versöhnungspausen" des antinom. Streites statt. — Tischr. II. 144. de Wette VI. S. XXII. Köstlin II. 491. Leipz. Illustr. Zeitung 1879 S. 359 (mit Abbildung).

urteilte: den ersten Angriff Luthers habe Agricola selbst verschuldet durch seine Thesen und seine Postille; der spätere Angriff sei dagegen veranlaßt worden durch die Klagen über das Auftreten der Antinomisten an verschiedenen andern Orten. Luther habe freilich sehr heftig geschrieben, aber gewöhnlich Agricola nicht mit Namen genannt; dieser möge doch also solche Stellen nicht auf sich beziehen. Sie raten, daß er Luthers Freundschaft suchen möge, denn mit Trotzen werde er gar nichts erreichen; Luther sei nicht der Mann, den man zu einem Widerruf bringen könne.[1])

Inzwischen hatte sich Luther gegen Agricolas Klageschrift zu rechtfertigen gehabt. Er that es scharf und schneidig. Gegen Agricolas Verhalten brachte er eine lange Reihe von Incriminationen vor, die ihn als einen treulosen, unaufrichtigen und heuchlerischen Menschen charakterisirten; betreffs seiner selbst und seiner Kampfesweise gegen ihn erklärte er, es thue ihm nur leid, daß er so freundlich und säuberlich mit ihm umgegangen sei. Was er ihm vorgeworfen, halte er auch aufrecht; wenn jener jetzt das Widerspiel aufbringe (d. h. also Zeugnisse vorbringe, daß er Andres gelehrt habe, als Luther ihm vorgehalten), so beweise er damit nur, daß er entweder ein Narr oder ein zweizüngiger Judas sei. An Caspar Güttel schrieb er über Agricolas Klage verächtlich: „Ich halte, das Närrlein sei unsinnig geworden."[2])

Albrecht v. Mansfeld mischte sich nun auch in die Sache. Das Schreiben Agricolas an die Mansfelder, so meinte er, sei eigentlich ein Versuch, Empörung (!) anzurichten, wie denn schon Leute in Eisleben vorhanden sein sollten, die geneigt wären, sich mit Widerwärtigkeit gegen Luther einzulassen; wenn dieser davon erführe, was sein alter Schüler jetzt gegen ihn Ungeschicktes geschrieben, so könnte er noch einen Schaden an seiner Gesundheit davon haben. Er bat daher den Kurfürsten, sich vor Allem der Person Agricolas zu versichern, damit sich dieser nicht heimlich an einen fremden Ort begäbe und weiterer Rechenschaft entzöge. Luthers

---

[1]) Förstemann S. 320. 325.
[2]) Förstemann S. 321—325. de Wette V. 246—256. 278.

Antwort und Graf Albrechts Rat machten beim Kurfürsten Eindruck; zu Agricolas sicherlich nicht geringer Verwunderung erhielt der Landvogt Bernhard von Mila Auftrag, ihn zu bestricken, d. h. eidlich geloben zu lassen, daß er vor Austrag der Sache Wittenberg nicht verlassen wolle. Das Blatt schien sich zu wenden und aus dem Kläger der Verklagte zu werden. Die Theologen gaben inzwischen abermals ein Gutachten ab, nachdem Agricola seinerseits seine Klage über Luthers Calumnien verteidigt und bekräftigt hatte. Das Theologen-Gutachten wiederholt einfach wieder die Darlegung des Handels, wie sie in dem ersten Schreiben (vom 5. April) gegeben war. Luther sei provocirt worden durch Agricolas Thesen und Postille; was nun Agricola als Calumnien bezeichne, das seien teils Consequenzen, die Luther gezogen habe, um die Sache in ihrer Gefährlichkeit klar zu legen, teils seien es Anschuldigungen gegen andere Antinomisten,[1] die Agricola unnötiger Weise auf sich beziehe. Sie hätten schon gern ihm zum Frieden mit Luther verhelfen wollen, er hätte auch oft genug bei Bugenhagen und Melanchthon Klage geführt; aber da er immer behauptet habe, ihm sei Unrecht geschehen, so hätten sie ihm nicht helfen können. Sie fordern schließlich, es solle ihm verboten werden, noch weiter zu klagen, daß ihm Luther Unrecht gethan habe.[2] Der Kurfürst hatte aber doch nicht Lust, die Klage einfach abzuweisen; die Sache schien ihm erheblich genug, war dazu so weit ruchbar geworden, daß er die Einleitung eines förmlichen Rechtsverfahrens anordnete (15. Juni). Landvogt Bernhard von Mila, Kanzler Brück und der Jurist Benedict Pauli wurden mit der Einleitung des Rechtsverfahrens beauftragt.[3] Es sollte Agricola ein Termin gesetzt werden, bis zu welchem er entweder eine ordentliche Klage einzureichen oder nachzuweisen habe, daß er sich mit Luther ver-

---

[1] Diese häufig zu Luthers Entschuldigung vorgebrachte Ausflucht war nach dessen eigenem Zeugnis eine Unwahrheit; namentlich die Schrift „wider die Antinomer," gegen welche die Klage zunächst gerichtet war, sollte in voller Schärfe Agricola treffen, vergl. oben S. 198 Anm. [2]).

[2] Förstemann S. 334 flg.

[3] a. a. O. S. 339 flg. 348.

glichen hätte. Agricola erklärte darauf, er sei, wenn auch ungern, erbötig, sich zu vergleichen, falls ihm das darüber aufzusetzende Schriftstück vorher zu lesen gegeben würde, damit es ihm nicht wieder erginge wie mit dem Buche.[1]) Da nun Agricola beständig dabei blieb, daß ihm durch diese Schrift Luthers Unrecht geschehen sei, so wollte der Kurfürst der Sache auf den Grund zu kommen suchen und stellte an Graf Albrecht das Begehren, er möge seine Prediger, Diener und Unterthanen darüber befragen, was jener seinerzeit zu Eisleben gepredigt, in der Schule gelehrt und etwa auch im Verkehr bei Gastmählern (!) in dieser Hinsicht geäußert habe, zumal er jetzt beständig ungewisse Antworten gebe. Agricola versah sich hiervon nichts Gutes; Graf Albrecht war zu sehr Partei gegen ihn, und nicht weniger die unter den Predigern, welche jener sicherlich als Zeugen aufrufen würde, Männer wie Güttel und Wendelin Faber. Er wandte sich daher (am 11. August) mit einer neuen Vorstellung an die Commissarien. Grade die Männer, deren Zeugnis der Graf jetzt gefordert habe, seien dieselben, die seit Jahren Luther gegen ihn angehetzt hätten; diese könnten doch nicht zugleich Richter, Kläger und Zeugen sein. Er übergab ein langes Register von Personen geistlichen und weltlichen Standes aus Eisleben und Umgegend, die alle imstande sein würden, über seine Predigten Auskunft zu erteilen; ja das ganze Kirchspiel von St. Nicolas möge man befragen. Zugleich übersendete er ein langes Verzeichnis von Citaten aus seinen Predigten, die alle beweisen sollten, daß er gegen die Sünde und Schalkheit der Menschen gebührend gepredigt habe.[2])

Inzwischen hatte sich Agricola nach einem Ausweg umgeschaut; in Sachsen wurde ihm der Boden zu heiß, denn gegen Luther war schlecht streiten. Sein ehemaliges Rühmen, daß die Wittenberger an ihm einen Lector bekommen hätten, der sie die Dialectica lehren würde, war ihm sehr übel bekommen. Er konnte schließlich froh sein, wenn er ohne weiteren Schaden den verwirrten Verhältnissen

---

[1]) Wider die Antinomer. Vergl. oben S. 198 Anmerk. [3]).
[2]) Förstemann S. 343. Zeitschr. f. Kirchengesch. 1880 S. 321 flg.

entrinnen konnte. Dreimal war in letzter Zeit durch kurbrandenburgische Räte im Auftrage Joachims II. bei ihm angefragt worden, ob er nicht nach Berlin kommen wollte. Günstige Anerbietungen wurden ihm gemacht; die Sache schien ihm „ehrlich und unabschläglich." Aber er hatte doch sein Wort gegeben, in Wittenberg zu bleiben. So meldete er am 15. Juli dem Landvogt, daß ihm ein Dienst außerhalb angeboten sei, während seine Stellung in Wittenberg ganz unsicher und ungeregelt sei; er bat ihn, beim Kurfürsten Anfrage zu thun, wie er sich dabei verhalten solle. Er wartete einen vollen Monat auf Bescheid; da dieser ausblieb, so faßte er den kühnen Entschluß, seinen Arrest zu brechen und wich etwa am 15. August aus Wittenberg hinüber nach Kurbrandenburg.[1])

## Excurs zu Kapitel VII.

Mit welchem Rechte bezeichnet sich Agricola als Anfänger und Begründer der deutschen Sprichwörterliteratur? Da diese Biographie als Beitrag zur Reformationsgeschichte es vorwiegend mit dem Theologen Agricola zu thun hat, so liegt es mir fern, die Sprichwörterarbeiten desselben hier näher zu prüfen und den Quellen, aus denen er geschöpft hat, genauer nachzuforschen, um somit den Wert des von ihm Geleisteten bemessen zu können. Nur einen Punkt möchte ich kurz erörtern, da er für die Beurteilung des Charakters Agricolas möglichenfalls von Bedeutung sein könnte. Er betont aufs Schärfste, daß er mit seinen Sprichwörterarbeiten einen in Deutschland noch nicht betretenen Weg eingeschlagen habe (oben S. 105). Ist diese Behauptung wahr, oder entstammt sie anmaßlicher Autoreneitelkeit? Man könnte auf drei ältere Schriften hinweisen, die dasselbe Feld bereits seit längeren Jahren angebaut hätten. 1) „Prouerbia metrica et vulgariter | rytmisata Magistri Johañis Fa= | bri de werdea..," die zu Leipzig (vor 1495?) erschienen waren; diese Sammlung enthält eine Gegenüberstellung von Sentenzen in zweierlei Sprache, lateinisch in Distichenform, deutsch in Reimen. Von letzteren sind wol nur wenige unmittelbar dem Munde des Volks entlehnt; die meisten Reime werden als eigne Arbeit Fabris zu gelten haben, wenngleich ihnen meist ein Sprichwort zu Grunde liegt. Schon der lateinische Titel des Ganzen charakterisirt das Büchlein als eine Arbeit für die studirende Jugend. Für die Erklärung der Sprichwörter ist gar nichts gethan. 2) Heinrich Bebels „Proverbia germanica collecta atque

---

[1]) Zeitschr. f. Kirchengesch. 1880 S. 324. Corp. Ref. III. 1080. De Wette V. 306. Förstemann S. 344.

in latinum traducta" (zuerst Straßburg 1508). Aber diese Sammlung ist gänzlich in lateinischer Sprache geschrieben; ihr Zweck ist, „die Latinisten des 16. Jahrh.'s zu belehren, wie sich einige der landläufigen Sprichwörter in tadellosem Latein ausdrücken ließen." Die Erläuterungen, die teilweise beigefügt sind, beschränken sich darauf, Parallelstellen aus griechischen und lateinischen Klassikern beizubringen. 3) „Antonij Tunnicij Monasteriensis: in germanorum paroemias studiose iuuentuti perutiles Monosticha. cum germanica interpretatione" (zuerst Cöln 1514). Dieses Buch enthält eine reiche Sammlung (1362, aber darunter viele Doubletten) von Sprichwörtern in münsterländischem Dialekt, aber die Hauptarbeit des Verfassers ist dabei die Uebertragung derselben in je einen Hexameter; seine Absicht geht wesentlich dahin, „selbständige hübsche lateinische Verse zu machen." Auch diese Schrift, die gar keine Erläuterungen giebt, dient lediglich der studirenden Jugend. — Von diesen drei Vorarbeiten hat Agricola wahrscheinlich nur die Bebels gekannt und benutzt. Es erhellt aus dieser kurzen Charakterisirung derselben, daß Agricola sich allerdings den Begründer der Sprichwörterliteratur nennen durfte, wenn wir folgende ihn dabei leitenden und von seinen Vorarbeitern unterscheidenden Gesichtspunkte beachten: 1) das Verständnis für das Sprich= wort in seiner **nationalen** Bedeutung; 2) das Bestreben, **Entstehung** und **Bedeutung** der einzelnen Sprichwörter nachzuweisen; 3) die Bestim= mung seiner Sprichwörtersammlung nicht für Schulzwecke oder nur für den Kreis der Latinisten, sondern für **das Ganze des Volks**. — Vrgl. Hoff= mann v. Fallersleben in Weimar. Jahrb. II. 1855 S. 173 flg. Derselbe: Tunnicius, Berlin 1870. Suringar, Heinrich Bebels Proverbia Germanica. Leiden 1879.

# Zweites Buch.

In Berlin 1540 — 1566.

# I.

## Das Ende des antinomiſtiſchen Streites.

Mit der frohen Empfindung, aus einer drückenden, demütigenden und völlig unſicheren, ja zuletzt ſogar gefährlichen Situation befreit worden zu ſein, traf Agricola in Berlin ein. Das Gefällige und die Liebenswürdigkeit ſeines Auftretens erwarb ihm ſofort Freunde und Gönner. Er atmete wieder auf und gab der Freude über den Umſchwung in ſeinen Verhältniſſen in den charakteriſtiſchen Worten Ausdruck: „Siehe, ich kam, ich ſah, ich ſiegte; und es erfolgte ein wunderbarer Wechſel, ja mehr noch, eine höchſt glück= liche Wendung. So ſegnet Gott die Seinen in ihren Nöten. Hallelujah!" Freilich mußte der durch ſeine Klage gegen Luther eingeleitete Proceß irgendwie beigelegt werden. Davon hing ſeine Stellung am Hofe Joachims unabweislich ab. Der ſeit dreiviertel Jahren offen zur evangeliſchen Kirche übergetretene Fürſt konnte unmöglich einen Mann zu ſeinem Hofprediger wählen, der von Luther als Irrlehrer ärgſter Art gebrandmarkt war. Und auch Agricola mußte wünſchen, ſeinen durch den Arreſtbruch natürlich für ihn ſehr ungünſtig geſtalteten Proceß zu einem gütlichen Ende zu führen, ſchon damit ihm Kurſachſen nicht fortan ein verſchloſſenes Gebiet wäre, das er nicht betreten dürfte, ohne ſich der Gefahr, verhaftet zu werden, auszuſetzen. Er hoffte aber auch, jetzt, geſtützt auf die kräftige Fürſprache Joachims, leichter zu einem für ihn günſtigen Austrage zu kommen, als ihm von Wittenberg aus möglich geweſen war. Sehr bald nach ſeiner Ankunft in Berlin wandte er ſich (am 27. Auguſt) brieflich an Joachim und ſtellte ihm ſeinen Handel mit Luther vor. Dieſer habe ihm zuviel getan durch ſeine Behauptungen, daß er keinen Katechismus und kein Geſetz in der Kirche zu lehren geſtatte, ſondern Jedermann frei öffentlich zu sündigen und allen Mutwillen zu üben erlaube. Worin er geirrt habe, das habe er offen in seiner eignen Revocationsschrift (der von Melanchthon formulirten, s. S. 198) anerkannt, und er erkläre, nachdem er hierüber von Luther belehrt sei, zu ewigen Zeiten bei der rechten Lehre bleiben zu wollen. Dagegen sei es nun aber auch Luthers Pflicht, selbst oder durch einen Andern in öffentlicher Schrift anzuerkennen, daß er ihn mit jenen weiteren Anschuldigungen nicht gemeint habe, und dafür deutlich zu sagen, welche andre Antinomer damit gemeint sein sollten. Erkläre sich Luther hiezu bereit, so wolle er wiederum ihn demütig um Verzeihung bitten und sich also mit ihm aussöhnen. Joachim nahm sich der Sache in warmer Teilnahme an und wandte sich zunächst durch einen Mittelsmann (Lic. Johann Heller) an Melanchthon. Dieser erwiderte (7. Sept.), daran sei nicht zu denken, daß Luther die von Agricola begehrte öffentliche Revocation abgeben würde,[1]) berief sich aber darauf, daß die Wittenberger Theologen in ihren Gutachten schon erklärt hätten, die Stellen, an denen sich Agricola besonders gestoßen habe, seien nicht gegen ihn, sondern gegen Antinomer in Lüneburg und Pommern gerichtet gewesen. Agricola mußte sich mit dieser Erklärung zufrieden geben. Er war sofort von dem Kurfürsten als Prediger gebraucht worden, begleitete ihn auf seine Jagdschlösser und erwarb sich durch seine frische und anschauliche Predigtweise großen Beifall. Am 17. Sept.[2]) gingen vom Jagdschloß in der Grimnitz aus neue Briefschaften an Melanchthon ab. Der Kurfürst schrieb, eine förmliche Revocation Luthers habe ja Agricola gar nicht gefordert, nur eine Er-

---

[1]) Luther war so wenig gewillt, irgend etwas zurückzunehmen, daß er vielmehr grade in diesen Tagen (10. Sept.) seine letzte, sechste Disputation gegen die Antinomer hielt, welche in maßloser Heftigkeit die „Gesetzesstürmer" als „Teufel oder wenigstens des Teufels Brüder" angriff, sie als Bauchdiener charakterisirte und ihnen nachsagte, sie redeten von christlichen Dingen nur wie ein Sittich (psittacus, Papagei), der da plappere, was er doch nicht verstehe. Jenens. Ausg. VII. 372 b. Förstemann S. 344. — Einige in diesem Kapitel benützte ungedruckte Briefe werden von mir demnächst in der Zeitschr. für Kirchengesch. veröffentlicht werden.

[2]) Bei Förstemann a. a. O. S. 345 steht irrig der 18. September.

klärung, daß nicht er, sondern Andre mit jenen scharfen Anklagen gemeint gewesen sein. Eine solche Erklärung habe ja nun Melanchthon gegeben; hätte Agricola eine solche schon in Wittenberg erhalten, so würde er niemals gegen Luther geklagt haben. Nun möge man doch beiderseits die Klagen in der Stille aufgehoben sein lassen. Melanchthon möge vorschlagen, was etwa noch weiter geschehen könnte. Agricola aber bemühte sich, sein Entweichen möglichst harmlos erscheinen zu lassen. Da grade um der Hundstagsferien willen im Consistorium nichts zu thun gewesen sei, so habe er auf mehrfache Einladungen Joachims hin einen Besuch in Berlin gemacht und werde nun von dem Fürsten festgehalten. Sowie seine Angelegenheiten in Wittenberg geordnet wären, wolle er dorthin zurückkehren, um seine Entlassung aus sächsischen Diensten ordnungsmäßig nachzusuchen. Er erklärte sich gleichfalls durch Melanchthons Brief wegen der Anschuldigungen Luthers befriedigt und bat ihn um seine Hülfe zur Herbeiführung einer Amnestie.

Melanchthon antwortete Beiden am 1. Oct. und teilte mit, daß er mit Luther verhandelt habe. Dieser fordere, 1) daß Agricola seine Klage vor den Commissarien förmlich zurückziehe, 2) daß er eine klare Revocationsschrift betreffs seiner früheren Irrtümer an die Gemeinde zu Eisleben richte, 3) daß er seine Scheltreden gegen Luthers Schrift „wider die Antinomer" zurücknehme. Wolle er auf diese Bedingungen nicht eingehen, so möge er um freies Geleit bitten und seine Sache vor den Commissarien weiter treiben. Uebrigens sei Luther darüber aufgebracht, daß er jetzt Predigten halte, ohne sich vorher mit ihm versöhnt zu haben (!). Diesen an den Kurfürsten gerichteten Brief hatte Luther selbst gelesen und in allen Punkten gutgeheißen. Neben diesem officiellen Briefe sendete Melanchthon ein vertrauliches Schreiben an Agricola, in welchem er ihn an die bekannte Leidenschaftlichkeit und Heftigkeit Luthers erinnerte. Einen Zornigen müsse man durch Nachgiebigkeit zu überwinden suchen: „Du weißt, daß ich nicht unerfahren bin in solchen Stößen (Luthers); aber der öffentliche Friede fordert, daß man sie sich nicht merken läßt."¹) Man sieht, Melanchthon verstand sich aufs Vermitteln.²) — Sofort antwortete Agricola mit einem Schreiben an die Commission, in welchem er in aller Form seine Klage zurückzog, „dieweil ich in dem, darüber ich klage, nicht gemeinet werde." Auch zu dem Zweiten erklärte er sich bereit; er wollte die verlangte Schrift aufsetzen und vorher zur Prüfung den Wittenbergern vorlegen, ehe er sie veröffentlichte. „Ich schäme mich nicht, meinen Irrtum nochmals öffentlich zu bekennen, wenn nur für die Kirche ein Gewinn davon zu erhoffen ist." Er bat auch Melanchthon, daß er in seinem Namen Luther sagen wolle, er habe ihm nun lange genug das Gesetz gepredigt, nun möge er doch auch einmal das Blatt umkehren und ihm das Evangelium predigen. Zugleich schrieb Joachim an die Wittenberger Räte Hieron. Schurff und Blikard Sindringer und bat sie, unter abschriftlicher Uebersendung der Klagezurücknahme, daß auch sie bei Luther sich verwenden möchten. Er verspreche, dafür zu sorgen, daß Agricola zu keiner Weiterung Ursache geben und Luther allzeit gebührende Reverenz beweisen solle. Da die Vergleichsverhandlungen soweit glücklich eingeleitet waren, galt es nun noch, die Verzeihung des Kurfürsten von Sachsen für den Arrestbruch zu erlangen. Agricola schrieb am 5. October an ihn unter Hinweis auf sein unbeantwortet gebliebenes Gesuch vom 15. Juli;³) er setzte seine Verhältnisse auseinander und bat, der Kurfürst wolle „seines Wegziehens kein ungnädiges Gefallen tragen, sondern sein gnädigster Herr sein und bleiben." Aber er erhielt sehr ungnädigen Bescheid. Weder der Kurfürst noch Rector und Universität könnten ihm wegen seines gebrochenen Gelübdes Dis-

---

¹) „Scis me non rudem esse similium plagarum, in quibus dissimulandis censui publicae tranquillitatis habendam esse rationem."

²) Aeußerungen Melanchthons an Andre über den Stand des Handels in jenen Tagen s. Corp. Ref. III. 1097. 1106.

³) Förstemann S. 347 meint, es müsse ein späteres, verloren gegangenes Gesuch hier verstanden werden; er stößt sich, wie es scheint, an der Aussage Agricolas, daß er jenes Gesuch „furlengst" geschrieben habe, denn er erklärt furlengst für synonym mit „unlängst" (S. 345), während es doch „schon vor langer Zeit" bedeutet.

pens erteilen; schon die Rücksicht auf die christlichen Prädicanten in der Mark, die daran Anstoß nehmen würden, hindere daran.[1] Inzwischen ging der Ausgleich mit Luther besser vorwärts. Zwar die Commissarien waren zur Zeit nicht in Wittenberg, als Agricolas Zurücknahme der Klage eintraf; aber Melanchthon schrieb, er möge nur recht bald seine Revocationsschrift einsenden, denn wenn diese Luther befriedigte, werde die Sache am schnellsten und einfachsten zum Austrage kommen.[2] Agricola übersandte seine Schrift, der er im Wesentlichen die einst von Melanchthon für ihn verfaßte Schrift de duplici legis discrimine zu Grunde gelegt hatte, so daß man sie fast als Uebersetzung dieser bezeichnen kann. Melanchthon, der in seinem letzten Schreiben schon deutlich hatte merken lassen, daß er — aus Furcht vor Luther — nicht gern die Mittlerrolle weiter führen möchte,[3] war inzwischen nach Worms abgereist. Bugenhagen übernahm es, die Sache zu Ende zu führen. Agricola versuchte zunächst noch, seinen Widerruf dadurch zu mildern, daß er von seiner früheren falschen Lehre sagen wollte, er habe sie nur „disputationsweise" vorgetragen. Aber es half nichts; er mußte diesen zahmen Widerruf corrigiren und seine früheren Irrtümer ganz direct als solche anerkennen und widerrufen. Am 9. December sendete er seine „Confession und Bekenntnis Johannis Agricolae Eißlebens, Vom Gesetze Gottes" in einer Anzahl von Exemplaren, die er eigenhändig unterschrieben hatte, an Bugenhagen, der sie an Luther, Jonas, Major und Andre austeilte. Derselbe versprach auch, beim Kurfürsten und bei der Universität betreffs des Arrestbruches sich zu verwenden. Die Art, wie Bugenhagen jetzt die Verhandlungen führte, sticht in wohlthuender Weise von der vorsichtig sich windenden, jeder Partei ins Angesicht zu-

---

[1] Förstemann S. 348.
[2] Corp. Ref. III. 789. Der Brief ist unbegreiflicher Weise ins Jahr 1539 gesetzt worden, während er auf den 9. October 1540 gehört.
[3] „Somnio jam monitus sum, ut caveam, ne plagas accipiam. Scis quam plena sint omnia suspicionum. . . in quantis periculis verser, tu non ignoras . . . erro fortasse, quod nimium sum negligens meorum commodorum." Corp. Ref. III. 789.

stimmenden, nirgends klar Farbe bekennenden Mittlerschaft Melanch=
thons ab. „Liebster Gevatter, schreibt der ehrliche Pommer, da
wir nun wieder mit der Lehre im Reinen sind, so laß uns
fortan freundschaftlich, oder, wenn Du lieber willst, als recht ver=
traute Freunde einander schreiben, und wieder, wenn sich's so
fügt, in alter vertraulicher Weise mit einander plaudern. Das
weiß ich ganz gewiß, daß Du mich nicht für einen Lügner oder
Verleumder hältst. Habe ich mich Deines Erachtens irgendwie zu
hart über Dich geäußert, so wollest Du es mir verzeihen, der ich
diesen Handel in Deinem Interesse ganz aufrichtig habe betreiben
wollen. Nun denke aber auch daran, der Du jetzt die herzliche
Zuneigung eines so ansehnlichen Fürsten besitzest, daß Du vor=
nehmlich so in allen Dingen dich haltest, daß Dein Amt nicht in
Verachtung gerate, gleichwie Paulus seinen Timotheus lehret.
Denke ferner daran, was Du für eine Stellung bei Deinem Fürsten
auszufüllen hast. Er ist ein gelehrter Fürst und kennt die höchste
Wissenschaft, gleich dem Könige Hiskias, darum will er von Dir
und Andern, daß sie rechte Prediger seien, denn er weiß den
Spruch: Selig sind, die Gottes Wort hören und bewahren.
Dein Amt ist also, wie einst Jesajas Amt, das Rechte zu befördern,
nicht es verbessern zu wollen, für die reine Lehre in den Ge=
meinden Sorge zu tragen, desgleichen für die Unterhaltung der
Geistlichen, der Studirenden und der Armen aus den Kirchen=
gütern oder sonst woher. Du hast ein Amt und einen Dienst,
auf welchen die Augen Gottes und der heiligen Engel gerichtet
sind! Wir beten für Dich, gedenke Du auch unser im Gebete, daß
uns Gott zu solchem Werke tüchtig mache durch seinen Geist."

Nun konnte sich Agricola zum zweiten Male an den Kurfürsten
von Sachsen wenden (20. Jan. 1541) und unter Ueberreichung
seiner Revocationsschrift anzeigen, „daß er sich mit Doctor Luther
endlich gar christlich versöhnt und verglichen habe, also daß er
mit ihm oder Andern zu Wittenberg in Ungüte um nichts zu thun
habe;" er bitte daher, die gegen ihn geschöpfte Ungnade gnädig
vergessen und ihm in des Kurfürsten wie in seines Bruders, des

Herzogs Johann Ernst, Landen Sicherheit und freien Wandel gestatten zu wollen.¹) Erst am 28. Febr. erfolgte hierauf eine Rückantwort. Die sächsischen Räte hielten ihm nochmals ernstlich sein schweres Unrecht vor; der Kurfürst habe wol Grund, „sich wie gebührlich gegen ihn zu erzeigen," aber um vielfältiger Fürbitte willen, die für ihn eingelegt worden sei, solle ihm seine Bitte gewährt sein. Er antwortete darauf mit unterthänigstem Danke und nochmaligen Entschuldigungen wegen seines Arrestbruchs. Damit hatte der Streit sein Ende gefunden. —

Ein kleines unerquickliches Nachspiel folgte jedoch, als Agricola sich bemühte, seine von Graf Albrecht mit Beschlag belegte kleine Besitzung in Eisleben ausgehändigt, oder, da Albrecht, wie es scheint, bereits anderweitig über Haus und Garten verfügt hatte, eine Entschädigung dafür zu erhalten. Der schmutzige Geiz des Grafen und sein Groll gegen Agricola kamen hiebei in bezeichnender Weise zum Ausdruck. Er erhob den Einwand, er wisse nichts davon, daß dieser mit Luther ausgesöhnt sei, könne es auch nicht eher glauben, als bis ihm Letzterer selbst davon unzweifelhafte Nachricht gegeben hätte. Hoffte er, daß Luther ein solches Schreiben verweigern, oder daß Agricola die Demütigung scheuen würde, die darin für ihn liegen mußte, wenn er den nur äußerlich mit ihm Versöhnten, im Herzen noch immer ihm Zürnenden und Mißtrauenden um seine Fürsprache bitten sollte? Nach langen, unerquicklichen Verhandlungen bequemte sich der Graf endlich zur Zahlung einer Entschädigungssumme.²)

Wie wenig Luther sein tief gewurzeltes Mißtrauen gegen Agricola trotz der äußerlichen Aussöhnung mit ihm zu überwinden vermochte, das lehren briefliche Aeußerungen grade aus den Tagen, in denen der Vergleich zustande kam. Am 6. Decemb. 1540 sprach er Jacob Stratner, dem Berliner Collegen Agricolas, in den bittersten Worten sein Mitleid darüber aus, daß dieser in Berlin Stellung

---

¹) Förstemann S. 351. 352.
²) Auch Corp. Ref. III. 918 bezieht sich auf diese Verhandlungen mit Graf Albrecht, der Brief ist aber wieder falsch datirt, 5. Jan. 1540 statt 1541.

gefunden habe: „Meister Grickel ist nicht der Mann, der er scheinen möchte, oder für den ihn der Markgraf hält, und wird's niemals sein. Denn wenn Du wissen willst, was die Eitelkeit selbst sei, so kannst Du sie aus keinem bessern Bilde kennen lernen, als aus dem Eislebens. Das kannst Du bei ihm an Gebärde, Stimme, Lachen, kurz an allen Bewegungen und Manieren Leibes und der Seele merken, daß er es mit jedem Possenreißer aufnehmen kann. Mein Rat war, daß er für alle Zeit sich des Predigtamtes enthalten und sich irgendwo als Hanswurst vermieten sollte: zum Lehramt taugt er ganz und gar nicht ... Wir sind froh, daß wir diesen eiteln und albernen Menschen losgeworden sind, und bedauern Euch, daß Ihr mit ihm beschweret seid, aber ertragt es nur ein wenig, wie wir's so lange haben tragen müssen. Was auch kommen mag, sei überzeugt: selbst wenn Meister Grickel von sich oder den Seinen zum Himmel erhoben wird, so wird er doch bei mir, wenn ich ihn mit Dir zusammenhalte, nicht mehr gelten als ein Teufel neben einem Engel. Er bittet uns jetzt um Verzeihung, und der Markgraf glaubt, daß er im Ernst bitte, und wir gewähren ihm auch jetzt Verzeihung, obwohl wir argwöhnen, oder vielmehr ganz gewiß wissen, daß er nur ein Gespött damit treibt."[1]) Nicht lange danach schreibt er an denselben: „Seid überzeugt, daß Grickel beständig so bleiben wird, wie er angefangen hat. Er hat so oft nicht Menschen, sondern dem heil. Geiste gelogen, daß ich nun zum dritten Male meine Hoffnung seinethalben habe fahren lassen, während ich mich zuvor so oft mit ihm habe aussöhnen lassen. Jetzt werde ich mich halten nach dem letzten Rate Pauli: Einen ketzerischen Menschen meide, wenn er einmal und abermal ermahnt ist, und wisse, daß ein solcher verkehrt ist und sündiget, als der sich selbst verurteilt hat. (Tit. 3, 10. 11.) Mach Du's ebenso, laß fahren, was nicht bleiben will. Wie der Fürst, so der Pfaff. Große Narren müssen große

---

[1]) De Wette V. 320. 321. Aehnliche Bitterkeit gegen Agricola zeigt sich in dem Briefe vom 11. Dec. an die Kurfürstin Elisabeth von Brandenburg. Burkhardt S. 366.

Schellen haben. Ihre Lebensart und ihr Witz passen gut zusammen."
Er nennt Agricola seinen Demas, in Anspielung auf 2 Tim. 4, 10.[1])
Und in dieser Stimmung, in diesem absolut abschätzigen Urteil
über ihn ist er bis an sein Lebensende geblieben. Er hat ihm, soweit
wir nach äußeren Zeugnissen zu urteilen imstande sind, durch dies
fortgesetzte Mißtrauen Unrecht gethan, denn er suchte sich ernstlich
in seiner Lehre vor den Anstößen zu bewahren, die ihm bisher so
viel Leid bereitet hatten. Er veröffentlichte zwei Schriften im
J. 1541, die von seinem Bestreben, sich an die Lehrweise Luthers
anzuschließen, Zeugnis geben. Schon in seiner Klageschrift hatte
er gesagt: „Ich habe auch mein alt Kinderbüchlein und Fragestücke
zu Latein wiederum wollen drucken lassen, welches bis auf diese
Stunde, auf daß ihre Unwahrheit nicht an Tag komme, zu drucken
verboten wird, darauf ich mich berufe."[2]) Jetzt gab er das Büchlein
mit einer Zuschrift an die Eisleber Gemeinde in nicht nur ver=
mehrter, sondern auch **wesentlich umgearbeiteter** Gestalt in
Druck: „CCCXXI. Formulae et Interrogatiunculae pueriles
Joannis Agricolae Islebii."[3]) Er trägt hier die Lehre vom Heile
in jener ihm von Melanchthon einst geratenen vermittelnden Form
vor (s. oben S. 193), wie er sie auch in seiner Verteidigungsschrift
im Juni 1540 formulirt hatte, „daß das Gesetz fruchtbarlich und
ganz seliglich mit oder durch oder nach dem Evangelio gelehrt
werde."[4]) Das Evangelium lehrt Buße und Vergebung der
Sünden, denn es **nimmt das Amt des Gesetzes in sich
auf**. Buße besteht in einem **Erschrecken des Gewissens**;
ohne dieses Erschrecken keine Rechtfertigung; dies heilsame Erschrecken
ist nicht unser eignes Werk, sondern es sind merae passiones (also die
contritio passiva, welche Luther lehrte). Mit Evangelium bezeichnet

---

[1]) De Wette V. 328.

[2]) Förstemann S. 319.

[3]) Berlin 1541. 8. 13 Bg. Unschuld. Nachr. 1712 S. 748 flg.

[4]) Förstemann S. 337, eine Form, gegen welche Luther freilich, ohne ihre Annäherung an seine eigne Formulirung zu würdigen, damals auch scharf losgeschlagen hatte, S. 325. Uebrigens vergl. Luthers eigene Redeweise: „das Evang. straft die Sünde nicht, es gebrauche denn dazu des Gesetzes Amt." Tischr. II. 118.

er die gesamte christliche Predigt, und lehrt von ihr: ihr erstes Amt ist, jegliches Fleisch schuldig zu machen zum Tode und zur Verdammnis. Solcher Weise lehrt das Evangelium die Buße. Er hat also offenbar — und das ist der entscheidende Punkt — seine Anschauung von der Buße völlig der Luthers conformirt, nur daß er betreffs der Ausdrücke lex und evangelium noch einen eigentümlichen Sprachgebrauch beobachtet. Das Gesetz Mosis bindet die Christen nicht, aber alles was Gott fordert, wird durchs Evangelium nicht aufgehoben oder ausgeschlossen, es wird vielmehr von den mit Christi Geist Versiegelten aus freiem Triebe vollbracht. Die Rechtfertigung schließt die guten Werke nicht aus, sondern fordert sie, nur das Verdienst unsrer Werke ist ausgeschlossen.[1] Noch deutlicher tritt das Bestreben, mit den Wittenbergern gleichmäßig zu lehren, in einer Predigt desselben Jahres hervor. Es erschien nämlich: „Ein predig auff den XII. Sonntag nach Trinitatis. Geschehen zu Dessaw, fur den Fursten von Anhalt."[2] Hier lehrt er: „Es ist ein größer Werk, eines Sünders Herz zu Gott zu bekehren, denn eine neue Welt schaffen. Und das ist die Glorie des Amtes des N. T. . . . Wenn Gott des Sünders Herz bekehren will, so läßt er ihm ein Wort predigen, das ihn schreckt. Dies Schreckwort oder Gesetz Gottes zeigt ihm, was er ist und was er sein soll. Da wird die Erde wüst und leer . . . Es ist eitel Finsternis um ihn her, er ist im Abgrund . . . Seine Sünde fühlt er, und das über alle Maße sehr, denn das Gesetz macht, daß die Sünde nur mehr Sünde sei; es klagt die Sünde an, im Klagen erregt sich Gottes Zorn und der ewige

---

[1] Eine vollständige Vergleichung der 321 Kinderfragen mit der Ausgabe von 1528 ist mir nicht möglich, da ich erstere nur aus den Excerpten kenne, welche sich in den Unschuld. Nachr. a. a. O. finden. Daselbst wird der Ausgabe von 1541 vorgeworfen, daß sie Gesetz u. Evang. beständig durcheinander wirre; die Umwandlung in der Lehre von der Buße ist gar nicht beachtet.

[2] Gedruckt zu Berlin durch Hans Weiss. M. D. XLI. 4. 3 Bg. — Auch in der 1542 erschienenen Predigtsammlung „Die vier sontage im Aduent" lesen wir Bl. Aiijb.: „Wir führen auch das Amt Johannis zur Buße, denn Johannis Amt muß vor Christo hergehen in aller Menschen Herzen bis an den jüngsten Tag."

Fluch . . lex iram operatur. Aber der Geist des Herrn schafft in des Sünders Herz ein sehnlich Geschrei. Es fühlt zwar nichts als Zorn und Verdammnis, aber wenn man den Sünder fragte: wenn man dir von Gott sagte, daß er dir deine Sünden vergeben wollte, und zeigte dir gewisse Versicherung, daß es gewiß also wäre, was wolltest du thun? so würde es sagen: ach wäre es wahr, wollte mir Gott helfen, ich wollte ihm ewig dankbar sein. (Dies Sehnen vergleicht er dem Schweben des Geistes Gottes über dem Wasser.) Um dieses Geschreis willen, wenn das Herz brennt und meint doch, es sei unmöglich, daß ihm geholfen werde, spricht Gott: fiat lux. Das ist denn die Predigt des lieben Evangelii." Hatte Agricola in seinen Summarien an Pauli Bekehrungsgeschichte in sehr mißlungenem Schriftbeweise seine Theorie von dem der Buße vorangehenden Glauben nachweisen wollen, indem er in der Stimme vom Himmel das „ich bin Jesus" als die Botschaft, die den Glauben in ihm wecke, das „den du verfolgst" als die darauf folgende Bußpredigt aufgefaßt hatte,[1]) so acceptirt er hier vollständig die umgekehrte Deutung dieser Geschichte, wie sie Luther in seiner 1. Disputation gegeben hatte.[2]) In den Worten: Saul, Saul, was verfolgst Du mich? sieht er jetzt „das Schreckwort des Gesetzes," und in dem Gebot des Herrn: Gehe hin in die Stadt, das „fiat lux."

So konnte es denn nicht ausbleiben, daß sich — trotz des ungemilderten Grolles Luthers — sein Ansehen im Kreise der evangelischen Theologen mehr und mehr wieder hob. Wir sahen schon, wie herzlich Bugenhagen ihn wieder als Bruder anerkannt hatte; einen freundschaftlichen Brief des Jonas an ihn kennen wir vom Jahre 1542.[3]) Antonius Corvinus, der hannöversche Theologe, trat in vertraulichen Briefwechsel mit ihm.[4]) Auch Melanchthon

---

[1]) Förstemann S. 300.
[2]) Jenens. Ausg. VII. 371. „Paulus wird erstlich durchs Gesetz zur Erden geschlagen, da er höret die Stimme, die zu ihm sprach: Saul, Saul, was verfolgest Du mich? Folgend ward er durchs Evangelium lebend gemacht, da der Herr zu ihm sprach: Stehe auf."
[3]) Cod. Erlang. 1665 fol. 152 b.
[4]) Cod. Goth. 1048, fol. 47 b. Erl. 1665 fol. 147. 159.

setzte, wenn auch mehr höflich als freundschaftlich, die Correspondenz fort; der Melanchthonianer Alex. Alesius suchte noch im J. 1545 mit ihm brieflichen Verkehr anzuknüpfen. Ueber den eifrigen Lutherschüler Cordatus, den Pfarrer an der Marienkirche in Stendal, den wir im J. 1540 noch als heftigen Gegner Agricolas kennen lernen,¹) konnte Thomas Matthias (der Sohn des Bürgermeisters von Brandenburg) am 23. Juni 1543 an Agricola mitteilen: „Du stehst jetzt bei dem Manne in so hoher Gunst, wie nur möglich, vor Allem darum, weil er erkannt hat, daß Du in der Predigt der reinen evangelischen Lehre und in dem Widerstande gegen die Gegner Dich viel tapferer und beständiger erwiesen hast, als er sich von Dir versprochen hätte. Er sagt, er habe einige Predigten von Dir gehört; er lobt sie außerordentlich und gesteht offen, daß er bisher die üble Meinung Derer geteilt habe, die da meinten, Du stimmtest in Deiner Lehre nicht recht mit der Wittenberger Kirche überein. Er hat in diesen letzten drei Tagen mehr als zehnmal mir Dein Lob verkündigt. Ich zweifle auch nicht, daß er sein günstiges Urteil über Dich den Wittenbergern entweder schon geschrieben hat oder nächstens schreiben wird."²)

Freilich fehlte es auch nicht völlig an Leuten, die fort und fort ihrem Mißtrauen gegen ihn Ausdruck gaben. So urteilte der ehemalige Freund Johann Lange jetzt (1543) über ihn, er gehöre wol zu den Leuten, die nur auf Luthers Tod lauerten, um dann Luthers Lehre umzustoßen.³) Klagen über ihn als Antinomisten sind jedoch nicht mehr zu vernehmen. Wol erhoben sich auch jetzt wieder Klagen, aber diese galten seinem politischen Verhalten und seiner Nachgiebigkeit gegen die Wünsche und Neigungen seines Fürsten. Wir dürfen daher von ihm sagen: von seinem Antinomismus hatte er sich gereinigt und wurde bei der Mehrzahl wieder als rechtgläubiger evangelischer Theologe anerkannt.

---

¹) De Wette V. 320.
²) Cod. Goth. 1048 fol. 48b. Erlang. 1665 fol. 150.
³) Verpoorten, Sacra super. aevi analecta, Coburgi 1708 p. 132. Aehnliche Bedenken äußerte derselbe Lange im Jahre 1546, Tenzel, Supplem. reliq., Jenae 1716 p. 105.

## II.

## Der Hof- und Domprediger.

Auf dem Schloßplatz zu Berlin, zwischen der Brüder- und Breitestraße, in einem Winkel der alten köllnischen Stadtmauer, stand die Kirche des „schwarzen" Klosters. Dominikaner hatten sich 1292 in Berlin niedergelassen und im Anfang des 14. Jahrhunderts eine Klosterkirche erbaut, einen einfachen dreischiffigen gothischen Bau. Im daneben befindlichen kurfürstlichen Schlosse war 1450 eine Kapelle errichtet, welche im Jahre 1469 als Stift zum hlg. Erasmus ausgestattet worden war. Ein Collegium von 9 Mitgliedern gehörte dazu, Propst, Dechant, Thesaurarius und 6 weitere Stiftsherren. Nun hatte Joachim 1536 die Dominikaner aus Berlin entfernt und nach Brandenburg verwiesen, ihre Klosterkirche zur Stiftskirche umgewandelt und diese damit zugleich zu seiner Hofkirche gemacht. Durch einen bedeckten Gang wurde sie mit dem Schlosse verbunden. Der baulustige und prachtliebende Kurfürst, der auch seinen Gottesdienst nur in reich geschmücktem Raume zu halten liebte, ließ die Kirche prächtig umbauen als Kreuzkirche mit hohen Giebeln und zwei Türmen. Die vielen Seitenaltäre ließ er abbrechen, stattete aber den Hauptaltar mit reichem Schmucke aus und sorgte für prächtiges Kirchengerät. Die Hauptzierde der Kirche war das von einem Sohne Peter Vischers 1530 gegossene erzene Doppeldenkmal, das später in den neuen Dom hinübergenommen wurde. Er bestimmte die Kirche zugleich als Gruftkirche für das Fürstenhaus und ließ die Leichname seines Vaters und Großvaters, die in Kloster Lehnin beigesetzt worden waren, hieher führen.[1] An dieser Kirche fand

---

[1] Die Kirche wurde 1747 abgebrochen. Isolirt neben dem hohen Chore erhob sich ein viereckiger Glockenturm, dessen untere Räume als Gefängnis benutzt wurden.

Agricola Anstellung als Hof- und Domprediger und blieb in solchem Amte bis zu seinem Tode. Neben ihm fungirten an derselben Kirche der aus Franken stammende Generalsuperintendent Jakob Stratner, Hieronymus Schwolle (Suollius, gest. 8. Jan. 1563), von 1543—1545 Jakob Schenk, in späteren Jahren Joachim Pascha, Paul Musculus (ein Bruder von Agricolas Schwager Andreas Musculus), endlich seit 1564 Georg Cölestin.

Seine Stellung als Hofprediger brachte ihn zum Kurfürsten und zu dessen Familie in die allernächsten persönlichen Beziehungen. Er hat es verstanden, 26 Jahre lang bis an sein Ende unverändert die Gunst und das Vertrauen seines Fürsten zu bewahren. Die Hofluft, vor deren Gefahren er in den ersten Bearbeitungen der Sprichwörter nachdrücklich gewarnt hatte, gefiel ihm, als er sie erst kennen gelernt hatte, außerordentlich. Es ist psychologisch interessant zu sehen, wie er in dem dritten Teile seiner Sprichwörter, den er 1548 vollendete, im Gegensatz zu jenem früheren abschätzigen Urteil über das Hofleben, sich jetzt getrieben fühlte, eine Apologie dieses selbigen Lebens zu schreiben. Man warne wol, sagt er hier, vor den Gefahren des Hoflebens, man habe das Sprichwort „lange zu Hofe, lange zur Hölle," und „alsbald Petrus gen Hofe kam, ward ein Bube daraus." Das sei aber doch nicht universaliter wahr. „Es sind viel frommer Gotteskinder zu Hofe gewesen, sind aber darum nicht in die Hölle gekommen." Einsiedler- und Klosterleben mache Niemand fromm. Es gebe manches Beispiel im alten wie im neuen Testamente von frommen Männern, die sich im Hofdienst wohl hätten brauchen lassen.[1]) Diese Apologie grade aus der Zeit seines Lebens, in welcher er am empfindlichsten den Stachel fühlen mußte, von der Gunst hoher und höchster Herren auf gefährliche Abwege verlockt worden zu sein, klingt fast wie ein Versuch, die mahnende Stimme im Gewissen zum Schweigen zu bringen.

---

[1]) 500 Sprichwörter, 1548. Vorrede.

Agricola wurde seinem Herren so lieb, daß ihn dieser fast regelmäßig auf großen und kleinen Reisen zu seinem Begleiter wählte. Selbst wenn Joachim, seiner Liebhaberei nachgehend, im Herbst und Winter in seinen verschiedenen Jagdschlössern weilte, um in den Waldungen der Grimnitz, bei Schönebeck, Köpenik, Potsdam, Netzlingen, Rustorp, Cüstrin oder Zossen[1]) den Freuden des Waidwerkes nachzugehen, begleitete ihn mitunter sein Hofprediger. So entstand 1542 eine kleine Predigtsammlung unter dem Titel: „Die vier sontage im Aduent, geprediget in der jagt."[2]) Sie seien, schreibt Agricola hier in der Vorrede an Junker Hans v. Arnim, die Adventszeit (1541) über in der Jagd, in der Wüste, jetzt zu Schönebeck, jetzt zur Grimnitz und an andern mehr Orten, an Seeen, an Teichen, an fließenden Wassern, an Wäldern und Gehölzen gewesen. So hätte er diesmal seine Adventspredigten in der Wüste gehalten, daß ihm zu Mute gewesen, als seien sie auch Johannes der Täufer; der habe ja auch in der Wüste, an „püschichten" Orten, am Jordan gepredigt.

Von größeren Reisen, die er im Gefolge Joachims machen mußte, verdienen vier besondre Erwähnung. Zunächst begleitete er ihn 1541 auf den Reichstag nach Regensburg. In Voraussicht dieser Reise hatte er sich ernstlich darum bemühen müssen, Paß und freien Wandel durch sächsisches Gebiet zu erlangen. Am 13. April langte er mit seinem Herren in Regensburg an.[3]) Er nahm hier jedoch nicht als Theologe am Colloquium teil, sondern war nur als Prediger und Beichtvater des Kurfürsten beschäftigt. Wir besitzen daher auch nur ganz dürftige Nachrichten über seine Anwesenheit daselbst. Ein Briefchen Melanchthons an ihn, eine Bemerkung Spalatins über seine jetzige Predigtweise, eine verdrossene Klage Luthers darüber, daß Grickel das Regensburger Interim als einen brauchbaren Vorschlag zur Vereinigung zwischen den Römischen und Evangelischen gerühmt habe, — das sind unsers Wissens die

---

[1]) Vrgl. Leutinger opp. ed. Küster I. 190. 191.
[2]) Gedruckt zu Berlin durch Hans Weissen 1542, 8 Bg. 8.
[3]) Corp. Ref. IV. 168.

einzigen Spuren, die uns von seiner Regensburger Reise geblieben sind.¹) Agricola selbst hat später mit besondrer Vorliebe an die Antwort sich geklammert, die Luther aus Veranlassung jener Gesandtschaft erteilt hatte, die ihn damals auf Anstiften Joachims dem Regensburger Interim freundlich stimmen sollte: wenn nur die vier ersten Artikel jenes Interims-Entwurfes rein zu predigen zugelassen würden, so wäre zu hoffen, daß auch über die andern eine Vergleichung zustande käme; jene würden den übrigen ihr Gift nehmen.²) Er hat später bei seinen eignen Interims-concessionen verschiedentlich versucht, aus diesen Worten Luthers eine Rechtfertigung seines Verhaltens herauszudeuten.

Im Jahre darauf begleitete er Joachim auf dem verunglückten Feldzuge gegen die Türken, den dieser als vom Reiche erwählter oberster Feldhauptmann leitete. Noch zwei andre Geistliche zogen im Gefolge Joachims mit.³) Am 8. Juni befanden sie sich in Linz bei König Ferdinand. Derselbe forderte Joachim auf, an der Fronleichnamsprozession teilzunehmen; dieser aber antwortete klar und bündig, er sei nicht da, um solch „Affenspiel" zu treiben, sondern um sich in der Kriegführung gegen den Feind des christlichen Namens gebrauchen zu lassen.⁴) Fürst Johann v. Anhalt, der inzwischen als „Vicarius in der Mark" fungirte, übersendete an Agricola eine größere Anzahl der Schriften Luthers wider den Türken (Predigt v. J. 1529, Gebet v. 1541) mit der Bitte, dieselben unter die Edelleute im Heere austeilen zu wollen. Der Feldzug verlief ganz kläglich. Es fehlte an Ordnung und Ausrüstung, an Geld und an Verstärkungen, aber wol auch an

---

¹) Corp. Ref. IV. 474. 611. („Eislebius nihil nisi majores praedicavit, Amsdorfius minores Ratisbonae," dem Anschein nach eine scherzhafte aber nicht recht verständliche Bezugnahme auf das frühere „minorische" Treiben Agricolas in Eisleben, s. oben S. 165.) de Wette V. 383.

²) Vergl. Köstlin II. 535. Pastor, kirchl. Reunionsbestrebungen 1879, S. 264 flg.

³) Corp. Ref. IV. 845. Einer von ihnen scheint der Frankfurter Prediger Joh. Ludecus gewesen zu sein, IV. 761.

⁴) Förstemann, Neue Mittheilungen II. (1836) S. 93. G. Voigt, Moritz v. Sachsen 1876 S. 43.

dem rechten Ernst und der rechten Zucht in der Oberleitung.[1]
Die Pest zwang endlich das Heer zu schimpflichem Rückzuge.

Im November war Joachim wieder daheim. In Folge des
unglückseligen Feldzuges lastete auf seinem Lande eine ungeheure
Schuldenlast. Joachim suchte Hülfe bei jüdischen Geldmännern,
und während sein Bruder Johann die Juden aus der Neumark
austrieb, gewährte er ihnen in seinem Lande Aufnahme. Der
Jude Michael galt als sein vertrautester Ratgeber. Die christliche
Bevölkerung sah diese Duldung und Beförderung der Juden mit
feindseligen Augen an, Agricola aber fühlte sich, den Intentionen
seines fürstlichen Herrn Rechnung tragend, veranlaßt, öffentlich
in seinen Predigten die Juden in Schutz zu nehmen. Dies sein
Verhalten zog ihm schwere Vorwürfe und die Mißbilligung seiner
Glaubensgenossen zu. Man meinte, sich sein Verhalten nur da=
durch erklären zu können, daß er von den Juden bestochen
worden sei.[2]

---

[1] Vrgl. Dialogus v. Interim Bl. Eiij: „Anno 1542 schickte man
abermal ein groß trefflich sein Volk wider den Türken; da war abermal
Jedermann fröhlich, lustig und freudig zu solchem guten Werk. Da ordnet
man über solch sein, groß und wohlgerüstet Volk einen weibischen Hauptmann
oder Obersten, der nie kein blutiges Schwert (sagt D. M. Luther) gesehen hat...
Unter demselben starben Hungers mehr denn 40,000 Mann, die nie keinen
Türken noch gesehen hatten. Aber viel Banketirens sah man... Darnach
zog der vermeint oberste Feldhauptmann heim und ließ sich auf einem Schlitten
in der Stadt umherführen, als hätt er's wohl ausgerichtet." Cod. Val. Bav.
I. 842 (in Gotha): „Es hat der oberste Feldhauptmann nichts mehr ausge=
richtet, denn daß er dem Reich über 30,000 Gulden vor Hochmut, und dem
Türken nicht vor eine Tonne Goldes Schaden zugefügt. Denn er ein Kriegs=
mann im Frauenzimmer, Gott erbarms!" Auch Ratzeberger S. 114. Gegen
diese bittern und teilweise übertriebenen Klagen der Zeitgenossen stechen die
Ehrengesänge höfischer Dichterlinge auf die Heldenthaten des Feldzuges seltsam
ab; vrgl. z. B. Leutinger Carmin. lib. III. p. 91. 92.

[2] Corp. Ref. IV. 761, wo das Datum „Freitags nach Mauritius" zu
verbessern ist in: „Freitags nach Martini", vrgl. Fortg. Samml. 1747 S. 330.
Leutinger I. 187. 230. Förstemann, Neue Mitth. II. 99. 100. Brief des
H. Besold v. 24. Aug. 1543 in Manuscr. Thomas. (vergl. Seidemann, Schenk
S. 114): „M. Agricola publice in Marchia pro concione defendit Judaeos,
corruptus eorum muneribus et largitionibus etc."

Die dritte große Reise war die Fahrt zum Augsburger Reichstag 1547, deren Ereignisse in den nachfolgenden Abschnitten noch eingehend zu schildern sein werden. Endlich finden wir Agricola noch in den letzten Jahren seines Lebens mit seinem Herrn auf dem Kurfürstentage zu Frankfurt a. M. 1562, woselbst am 24. Nov. Maximilian zum Kaiser gewählt wurde.

Als Hofprediger stand Agricola nicht nur zum Kurfürsten selbst, sondern auch zu den Mitgliedern der kurfürstlichen Familie in mannigfachen persönlichen Beziehungen. Nur von einem Gliede derselben wissen wir, daß dasselbe unter Luthers Beeinflussung ihm mit feindseligen Gesinnungen gegenüberstand. Das war Joachims Mutter, die alte Kurfürstin Elisabeth in Lichtenberg. Wie sie von Luther gleich nach Agricolas Uebersiedelung in die Mark vor „Eislebens Praktik" gewarnt worden war,[1]) so stellte sie auch 1545, als sie von ihren Söhnen gebeten wurde, ihren Wohnsitz in der Mark aufzuschlagen, die scharfe Bedingung, Joachim solle nicht nur Jacob Schenk, sondern auch Agricola aus seinen Diensten entlassen und sich mit „rechtschaffenen und christlichen" Predigern versehen. Ihr Sohn willigte, wie es scheint, betreffs des Ersteren darein, den Wunsch seiner Mutter zu erfüllen; aber Agricola entließ er nicht. Sie fügte sich darein, daß ihre Forderung nur zur Hälfte erfüllt war, und schlug ihren Wohnsitz in Spandau auf, wohin sie als ihren Prediger den ihr unverdächtigen Nicol. Medler berief, der es aber nicht lange in der Mark aushielt.[2]) Ob sich Elisabeth später besser in Agricola gefunden habe, wissen wir nicht; doch ist es zu vermuten, da er nach ihrem Ableben (11. Juni 1555) beauftragt wurde, bei der Ueberführung der Leiche in die Fürstengruft im Dome, ihr die Leichenpredigt zu halten. Er wählte den Text Joh. 5, 24 und rühmte sie als eine viel geprüfte Frau, als eine „erfahrene Theologa," „unsre Landesmutter, eine rechte Heilige und Gotteskind."[3])

---

[1]) Burkhardt S. 365. 366.
[2]) Förstemann, N. Urkundenb. S. 356. Corp. Ref. V. 792. 801. 842. 857.
[3]) Eine Leichpredigt, in der Sepultur vnd begrebnis u. s. w. M. D. LV. 4°. Darin erzählt Agricola eine seitdem oft nacherzählte Geschichte, wie man von

Bei den übrigen Mitgliedern des kurfürstlichen Hauses stand er in bestem Ansehen. Den seinem prachtliebenden und leichtlebigen Vater so unähnlichen Kurprinzen Johann Georg sehen wir in den späteren Theologenkämpfen durchaus auf Seiten Agricolas; war es auch vielleicht nicht direct persönliche Sympathie, die ihn hiebei leitete, so doch die gemeinsame Abneigung gegen die Partei der Philippisten. Für den jugendlichen Markgrafen Sigismund, den Erzbischof von Magdeburg, verfaßte Agricola 1554 ein Schriftchen, welches unter dem Titel *ΑΓΩΝ* eine Auslegung von 1. Joh. 3, 19 flg. enthielt.[1]) Von Joachims Enkel, Joachim Friedrich, ist ein freund= schaftlicher Brief an Agricola aus dem J. 1564 erhalten.[2]) Ganz besonders aber schloß sich Joachims Tochter, die nach nur drei= monatlicher Ehe verwittwete und seitdem wieder in Berlin wohn= hafte Herzogin Elisabeth Magdalene von Braunschweig=Lüneburg, an ihn an. Die Sammlung handschriftlicher Arbeiten Agricolas, sowie solcher Briefe und Actenstücke, die auf seine Lebensgeschichte ein möglichst vorteilhaftes Licht zu werfen geeignet waren, die uns aus ihrem Nachlaß erhalten ist, sowie die Widmung einer noch 20 Jahre nach seinem Tode veröffentlichten Predigt Agricolas, die sie annahm, sind Zeugnisse einer ganz besonderen Verehrung, die sie dem Prediger ihres Vaters erwiesen und auch in späterer Zeit noch bewahrt hat.[3])

---

einer grade in ihren letzten Stunden bevorstehenden Mondfinsternis eine Ver= schlimmerung ihres Befindens befürchtet, sie aber gesprochen habe: „Ach was saget ihr von klipsis, klipsis (eclipsis)? dafür fürchte ich mich nicht. Ich glaube dem und traue dem, der Sonne, Mond, alle Sterne, ja alle Creaturen erschaffen hat, der wird mich wohl erhalten. Ja freilich, und wenn er nur bald käme und holte mich! Zu ihm will ich, dieses Lebens bin ich müde und satt." Bl. Gij b. vrgl. Leutinger I. 323.

[1]) Manuscr. germ. 203 Nr. 5 der Königl. Bibl. zu Berlin.
[2]) Cod. Goth. 1048 fol. 51 b. Erlang. 1665 fol. 156.
[3]) Zeitschrift f. Kirchengesch. 1880 S. 300. — Auch für das materielle Wohlergehen seines Hofpredigers trug Joachim Sorge. Auf seine Veranlassung schenkte ihm die Stadt Berlin 5 Morgen Landes und eine Stätte zum „Fischhälter" auf dem Wege nach Spandau (bei Plötzensee?), Märk. Forschungen II. 225. Auch Wiesen und Weinberge konnte Agricola für sich und seine Familie erwerben.

Seine Predigttätigkeit am Dome gab ihm zu verschiedenen Publicationen homiletischen Inhalts Anlaß. Außer den bereits erwähnten Predigten (S. 220. 225. 228) ließ er 1544 ein größeres Werk erscheinen, welches man als ein Seitenstück zu den in Wittenberg confiscirten Summarien über die Evangelien betrachten darf: „Die Episteln durchs gantz Jar Mit kurtzen summarien."[1]) Auf etlicher Leute Anregen habe er sich, so sagt er darin, an die Arbeit gemacht, über alle Episteln kurze Summarien zu schreiben; sowie er mehr Zeit bekomme, wolle er auch solche über die Evangelien schreiben.[2]) Zwischen Evangelien und Episteln finde meistens eine solche Uebereinstimmung statt, daß letztere die Regel, ersteres ein Beispiel dazu enthalte. Das Buch ist trotz seiner Widmung an einen Laien offenbar als Anleitung für Geistliche zu ihren Predigten verfaßt. „Hie sage," „hie führe den oder den Spruch," mit diesen oder ähnlichen Worten apostrophirt er häufig den Leser. Den Gedanken, vollständige Evangelienpredigten herauszugeben, hat er bis an sein Ende bewegt, auch wol in Absicht solcher Publication seine Predigten aus den letzten Jahren sorgfältig gesammelt, aber die Absicht ist nicht zur Ausführung gekommen.[3]) Noch umfänglicher war sein Project, eine vollständige harmonistische Auslegung der 4 Evangelien (Monotessaron), welche Exegese und Paränese verbinden sollte, zu veröffentlichen. Bis an sein Ende hat er daran gearbeitet, ohne es vollständig zu vollenden. Es sind zwei Exemplare handschriftlich erhalten geblieben, welche von dem großen Fleiß, welchen er auf diese Arbeit verwendet hat, Zeugnis geben.[4]) Nur ein Bruchstück daraus gab er in Druck: „Die

---

[1]) Die Vorrede an den Kämmerer Friedrich Hübner zu Berlin trägt wol durch einen Druckfehler das Datum Oculi 1541 statt 1544.

[2]) Wir dürfen hierin wol eine verschämte Desavouirung seiner früheren Evangelien-Summarien erblicken. Diese verheißenen neuen Summarien sind aber nie erschienen.

[3]) Ein starker Foliant mit handschriftl. Predigten „Homiliae Islebii" befindet sich auf der Marienbibl. zu Halle.

[4]) Das eine Exemplar in 3 Folianten auf der Königl. Bibl. zu Berlin, das zweite in 2 Folianten auf der Marienbibl. zu Halle.

Historia des leidens vnd Sterbens vnsers lieben Herrn vnd Heilands Jhesu Christi, nach den vier Euangelisten."[1])

Die Wochenpredigten, welche er, wenn er in Berlin anwesend war, an den Freitagen hielt, wie es scheint unter nur geringer Beteiligung der Gemeinde ("vor vier, fünf Menschen," äußerte er im Jahre 1541) gaben ihm Anlaß, auch mit alttestamentlichen Texten sich zu beschäftigen. So ist noch handschriftlich vorhanden eine vollständige Auslegung des Hohenliedes, eine exegetische Curiosität, da er in ihr die eigentümliche Auffassung Luthers über den Zweck des Dichtwerkes, daß es zeigen solle, wie da, wo Gehorsam und gutes Regiment sei, Gott wohne,[2]) vollständig im Einzelnen durchzuführen versucht. Man könne, sagt er, das Ganze zwar auch als ein Gespräch Gottes oder Christi mit der Seele allegorisch deuten, aber gewiß habe Salomo daneben auch preisen wollen ein Regiment und Königreich, das mit Gottes Wort gefasset sei. Und diese Auffassung bestimmt nun die Exegese, nach welcher z. B. die Jungfrauen des Hohenliedes auf die einzelnen Städte im Lande ausgedeutet werden. Ferner besitzen wir von ihm handschriftlich etliche Psalmenauslegungen: über den 128. (von dem reichen Segen, der über alle komme, die Eheleute werden und auf Gott freien), den 15. (wie sich Handels- und Werkleute und Publicani halten sollten, daß sie auch selig würden) und den 51. Psalm (was Sünde sei und woher sie komme), endlich eine Joachim gewidmete Auslegung von Sprichw. 15, 15 Conscientia hilaris convivium perpetuum.[3])

---

[1]) „Gedruckt in der Churfürstlichen Stadt Berlin M. D. XLiij."
[2]) Köstlin 1. 612.
[3]) Sämtliche Stücke befinden sich auf der Königl. Bibl. zu Berlin. In der Auslegung von Sprichw. 15, 15 citirt Agricola das aus Luthers Tischreden IV. 705 (Köstlin II. 401) bekannte Rätsel von Gott und Gold, aber in der abweichenden Fassung: „Es ist ein Wort, das hat ein L, — danach läuft die ganze Welt schnell, — und wenn man das L hinweg thut, — so bleibt es dann noch das höchste Gut." Ebenso führt er es in einer Predigt vom 15. p. Trin. im Jahre 1564 an.

Die Freitagswochenpredigten der letzten Jahre, vom 28. April 1564 bis 26. October 1565, verwendete er noch zu Predigten über den ganzen Lutherschen Katechismus; er wollte auch diese zum Druck vorbereiten, aber ehe er noch die Predigten über die Gebote druckfertig gemacht hatte, störte der Tod seine schriftstellerischen Pläne.

Es wird hier der Ort sein, auch noch die Art und Weise seines Predigens sowie seiner Schriftauslegung kurz zu charakterisiren. Man merkt es Agricola sowol als Prediger wie als Schriftausleger an, daß er an Luther sein Vorbild hat. Er teilt mit ihm nicht nur die analytische Methode in der Predigt, sondern auch die frische, durch Schriftcitate, aber mehr noch durch Sprüchlein, Sprichwörter und Erzählungen (auch oft aus eignen Erlebnissen) belebte volkstümliche Prosa. Freilich verirrt sich seine Schriftauslegung mitunter auf die bedenklichen Irrpfade der Allegorese und seine Volkstümlichkeit schlägt dann und wann in Trivialität um. Störend wirkt auch in den Predigten namentlich aus früherer Zeit das Prunken mit seiner Kenntnis der Grundsprachen der heil. Schrift, in ganz überflüssigen Citaten hebräischer und griechischer Vokabeln oder Sätze. So ist's ein ganz unmotivirtes Zuschautragen seiner Sprachkenntnisse, wenn er predigt: „Herr, komm mir zu Hülfe, welches Wort die Griechen heißen Κύριε βοήθει μοι;" oder: „die Erde war thohu oder ἀόριστος;" der Geist des Herrn schwebete auf den Wassern „merecheveth, incubabat producturus aliquid, wie S. Hieronymus dies Wort deutet."[1] Von allegorischen Künsten führe ich als noch erträglichere Beispiele an die Ausdeutung des rechten Ohres des Malchus, welches Petrus abhaut, auf den vom Papste unterdrückten auditum veri verbi; oder daß er Jesaj. 8, 18 die Bilder „Joch ihrer Last, Rute ihrer Schulter, Scepter ihres Treibers" speciell auf die

---

[1] „Wer nicht in steter Buße lebt und ὑπωπιάζετ (ὑπωπιάζει, 1. Cor. 9, 27) seinen Leib, für den ist Christus vergeblich gestorben." In den Epistel-Summarien.

Trias „Sünde, Tod und Hölle" zu beziehen sucht; oder daß er in Gideons Angriff auf das Lager der Midianiter die leeren, zerbrochenen Krüge auf Christi Tod, die Fackeln auf seine Auferstehung, die Posaunen und das Feldgeschrei auf die Verkündigung dieser Heilsthaten deutet. Unerträglich aber ist's, wenn ihm in einem Gebete Christi Tod zu folgender Allegorese Anlaß giebt: „Du Herr sagst selbst, ubicunque erit cadaver, congregabuntur aquilae. Das bist du, Herr Jesu Christe selbst! Ich und meine lieben Nebenchristen sind die Adler" — und nun das Bild von dem die Vögel anlockenden Cadaver in einer für unser Empfinden gradezu abstoßend widerlichen Weise als Abbild der Anziehungskraft des Todes Christi auf die Seele weiter ausgemalt wird! Was müssen unsre Väter in dieser Beziehung für einen wilden Geschmack gehabt haben, denn dasselbe unästhetische Bild finden wir wieder in dem von Agricola verfaßten und von der gesamten märkischen Geistlichkeit acceptirten Gutachten über die Lehre Osianders! Geschmackvoll werden wir's auch nicht nennen können, wenn er mit Vorliebe die Erzählung des Plinius von dem kleinen Ichneumon — der sich im Uferschlamm wälze und solchergestalt vom Walfisch als Spielball gebraucht werde, bis er die Gelegenheit ersehe, in den Schlund des großen Thieres und von da in seinen Leib zu schlüpfen, ihm die Eingeweide zu zerfressen und es so zu töten — auf Christum ausdeutet, der sich in unsre menschliche Natur hülle, dem Teufel als Spielball diene, und sich nicht merken lasse, daß er etwas Anderes sei, als ein Mensch, aber grade dann, wenn Tod und Hölle ihn verschlingen wollen, den Sieg über sie davon trage. Wie wir hier eine Reminiscenz an die bekannte patristische Anschauung von dem durch Christi Erniedrigung angeführten Teufel[1]) finden, so auch an einer andern Stelle, wo Agricola sagt, darum habe Joseph die Jungfrau Maria noch vor Christi Geburt in sein

---

[1]) Vrgl. Ritschl, Lehre v. d. Rechtfertigung u. Versöhnung I. 5. 20. 44. Auch bei Luther findet sich die alte Vorstellung gelegentlich, wenn auch in maßvoller Form, wieder, z. B. Erlang. Ausg. (1. Aufl.) 15, S. 58. (Das Bild vom Ichneumon=Christus siehe bei Luther in den Tischr. I. 404.)

Haus aufnehmen müssen, damit nicht nur vor den Menschen das Geheimnis seiner Geburt einstweilen zugedeckt bliebe, sondern damit es auch vor dem Teufel verborgen wäre. — Zu Trivialitäten aber verleitet Agricola nicht selten seine Begabung für volkstümliche Ausdrucksweise. So liebt er die Redensart „mit Gott die Strebekatze ziehen."[1]) Abraham windet sich im Gebete vor Gott „wie ein Regenwurm." Die bejahrte Mutter des Täufers Johannes wird „eine alte Kachel" genannt. Kinder Gottes haben auf Erden ihren Vater, aber im Himmel Gott als ihren „Großvater." Luthers Bezeichnung des alten Menschen als eines Esels[2]) (in übel angebrachter Allegorese aus dem Evangelium von Jesu Einzug in Jerusalem) wird von Agricola förmlich zu Tode gehetzt.[3]) Während in seinen Predigten und exegetischen Arbeiten aus früherer Zeit die Polemik gegen Rom eine Rolle spielt, so tritt in den späteren Arbeiten je länger je mehr der Streit mit den innerevangelischen Parteien, den Philippisten, den Osiandristen, den Calvinisten, namentlich mit den zuerst Genannten, in den Vordergrund. Jene Ausstellungen können aber nicht hindern, ihm unter den Predigern der Reformationszeit einen hervorragenden Platz anzuweisen. Er „that die besten Predigten in der Mark," so rühmt ein alter Vers von ihm,[4]) und das scheint ein verdienter Lobspruch gewesen zu sein.

---

[1]) Vrgl. zur Redensart Schade Satiren II. 203, III. 116.

[2]) Vrgl. Luther im Galaterbrief, Erl. Ausg. I., 17. Kirchenpostille, Erl. Ausg. (1. Aufl.) 10, 38.

[3]) Z. B. macht er zu dem Spruch „Vergilt Niemand Böses mit Bösem" die drastische Anmerkung: „Oho, das thut dem alten Esel im H . . . . . . weh! O wie leckt und gumpt er hie!" Epistel-Summarien, Bl. Dvij b.

[4]) Unschuld. Nachr. 1720, 3. Beitrag.

## III.

## Der Generalsuperintendent.

Je mehr Agricola in dem Vertrauen des Kurfürsten Joachim sich befestigte, um so näher lag es, ihm auch im Kirchenregimente der Kurmark eine Stelle zuzuweisen. Zunächst gab es hier freilich keine Verwendung für ihn, da Jakob Stratner durch die Kirchen= ordnung von 1540 zum „Superattendenten" der Mark ernannt und ihm als solchem sowohl die Ordination und Institution der Prediger — soweit diese von den der Neuordnung der kirchlichen Angelegenheiten widerstrebenden Bischöfen von Havelberg und Lebus verweigert wurde — als auch gemeinsam mit dem Kanzler Joh. Weinleben die Visitation der Kirchen und damit die kirchenregiment= liche Aufsicht übertragen worden war. Zwar begegnen wir fort und fort in neueren Schriften über Agricola wie über die Branden= burgische Kirchenordnung der Angabe, daß er alsbald nach seiner Uebersiedelung nach Berlin an der Abfassung dieser für die kirchliche Reformation der Mark grundlegenden Kirchenordnung beteiligt gewesen sei;[1] aber das ist ein offenbarer Irrtum, der auf die weit überschätzte Autorität des Brandenburgischen Geschichtsschreibers Leutinger sich gründet, dadurch aber befördert worden ist, daß

---

[1] Z. B. Mohnike in Ersch und Gruber II. 215. Friedländer, Beiträge zur Buchdruckergesch. Berlins 1834 S. 7. 8. Spieker, Gesch. der Einführung der Ref. in d. M. Brandenb. 1839 S. 180. v. Mühler, Gesch. der evangel. Kirchenverf. Weimar 1846 S. 43. Brandenb. Kirchenordn. v. 1572, neue Ausgabe 1846 S. V. Richter, Ev. KOO. I. 323 u. A. Das Richtige dagegen hat schon Bertram in S. J. Baumgartens Gesch. der Religionsparteien, Halle 1766 S. 733 bemerkt.

Kordes durch ein ganz auffallendes Versehen Agricolas Uebersiedelung in die Mark ein volles Jahr zu früh (1539 statt 1540) angesetzt hatte. Da nämlich die Kirchenordnung schon im Herbst 1539 entworfen wurde und Montags nach Lätare 1540 zur Veröffentlichung kam, so ist eine Mitarbeit Agricolas daran schlechterdings ausgeschlossen; und da die zweite Ausgabe derselben von 1542 nach der Versicherung derer, die sie mit der Ausgabe von 1540 verglichen haben, ein unveränderter Abdruck dieser ist, so ist also auch nicht von einer Arbeit Agricolas an der 2. Ausgabe zu reden. Die Sache steht nicht so, daß Agricolas vermeintlich katholisirende Neigungen der Kirchenordnung jenes eigentümlich katholisirende Gepräge im Cultus gegeben haben, sondern umgekehrt wird die nach Joachims persönlichen Wünschen mit so vielem katholischen Ceremoniell beladene Kirchenordnung, nach deren Anordnungen Agricola im Dome Gottesdienst zu halten hatte, dazu mitgewirkt haben, daß er sich hernach in den Interimsverhandlungen so leicht zu Concessionen in Sachen einer Annäherung des evangel. Gottesdienstes an katholischen Ritus verstanden hat.

Erst nach der Heimkehr von dem unglücklichen Türken-Feldzuge (nachdem Stratner vermutlich gestorben war), finden wir Agricola mit dem Kirchenregimente in der Mark betraut. Auch hier stellte sich ja das Bedürfnis heraus, eine ständige Behörde nicht für die Ehesachen allein, sondern auch für kirchliche Angelegenheiten in weiterem Sinne, ein Consistorium zu organisiren. Dasselbe trat 1543 ins Leben; zum vorsitzenden Superattendenten berief Joachim seinen Hofprediger, der durch seine Kenntnis des Geschäftsganges im Wittenberger Consistorium hiezu besonders geeignet war. Damit war er der oberste Geistliche des Landes geworden; er führte seitdem den Titel Superintendens generalis.[1]) Um das Consistorium genau nach dem Wittenberger Vorbilde einzurichten, erbat sich Joachim nach einiger Zeit ein

---

[1]) Andere nennen ihn wol auch Inspector generalis Marchiae oder Episcopus primarius in Marchionatu.

Exemplar der dortigen Consistorialordnung; der Propst von Berlin, Georg Buchholzer, wurde zu dem Zwecke nach Wittenberg entsendet — Agricola wäre aus bekannten Gründen hierzu nicht die geeignete Persönlichkeit gewesen.[1]) Am 19. December 1543 erließ Joachim eine Pfarrordnung, in welcher er verfügte: da bisher die Pfarrer meistens ohne Präsentation und Confirmation ins Amt gekommen seien, wodurch die Kirche mit ungeschickten und unbewährten Pfarrern versorgt worden wäre, die dann den Unterricht der Leute versäumten, nach Belieben an der Kirchenordnung änderten und viel Schaden anrichteten, so sollte künftig jeder Collator oder Patron den von ihm erwählten Pfarrer dem würdigen, hochgelahrten Superintendent, Rat und lieben Getreuen Johann Agricola Eisleben präsentiren, damit derselbe von diesem wegen seiner Tüchtigkeit geprüft würde. Darauf werde dann Confirmation und Ordination erfolgen. Die jungen Geistlichen aber, welche ohne Prüfung und Bestätigung ins Amt gekommen, auch bisher nicht ordinirt seien, sollten sich bis zum 2. Februar nächsten Jahres ebenfalls bei Agricola melden, um nachträglich geprüft und wenn sie bewährt gefunden, bestätigt zu werden. Pastoren, die sich nicht meldeten, sollten abgesetzt werden, Patrone aber, die sich dieser Anordnung widersetzten, ihres Patronatsrechtes verlustig gehen.[2]) So war die Beaufsichtigung, Prüfung, Confirmation, event. Ordination der Geistlichen fortan eine wichtige Function Agricolas; eigentümlich war nur dabei, daß er selber niemals ordinirt worden war.[3]) Wir besitzen noch verschiedene Confirmationszeugnisse, die auf Grund dieses Erlasses von ihm ausgestellt

---

[1]) v. Mühler S. 63. Richter I. 367. Buchholzer sagt, er sei 1545 deswegen nach Wittenberg gereist; v. Mühler hat hier einen Druckfehler angenommen und will dafür 1543 einsetzen. Aber diese Aenderung ist wol nicht nötig; das Consistorium in Berlin kann sehr gut einige Zeit gearbeitet haben, bis sich das Bedürfnis herausstellte, die Wittenb. Consistorialordnung genau kennen zu lernen. Jedenfalls war Buchholzer im März 1545 einige Tage in Wittenberg, Corp. Ref. V. 697. 704.

[2]) Spieker a. a. O. S. 251. 252.

[3]) Siehe oben S. 32.

worden sind.¹) Pastorennachwuchs wurde außer von der Universität Frankfurt besonders durch Wittenberg geliefert. Die Correspondenz, welche Melanchthon in den Jahren bis zum schmalkaldener Kriege mit Agricola geführt, bezog sich hauptsächlich auf die Empfehlung Melanchthonscher Schüler und Freunde behufs ihrer Anstellung in der Mark.²) Schon 1548 wurde gegen Agricola öffentlich der Vorwurf erhoben, daß er die Geistlichen, die von Wittenberg her in die Mark gekommen seien, hasse und danach trachte, daß er sie verjage; er gebe auch vor, sie müßten von Neuem ordinirt werden, da er von der Wittenberger Ordnung nichts wissen wolle.³) Es fehlt uns zwar für jene Jahre an jedem directen Beweise für die Richtigkeit dieser Anschuldigung, aber die Folgezeit hat allerdings bewiesen, daß er den Einfluß Wittenbergs in der Mark auf jede Weise zu brechen gesucht hat.

Als Generalsuperintendent war er nun auch mit der **Visitation** der Kirchen beauftragt. So begegnen wir ihm 1551 in Gemeinschaft mit Joh. Weinleben und dem kurfürstlichen Rate Thomas Matthias in Stendal, um die Abführung der Einkünfte des Stifts bei der St. Nicolaikirche, welche Joachim zur Unterhaltung der Universität Frankfurt verwenden wollte, zu reguliren; und 1558 auf einer Visitation in Rathenow.⁴) Auch diese seine Thätigkeit ist scharf bekrittelt worden; einmal heißt es über ihn:

„er nennt sich Visitator — totius Marchiae,

ja wol ein Viel=Citator — die Hoffart thut ihm weh,"

---

¹) Eins vom J. 1550 in Märk. Forschungen II. 224, eins von 1558 in Fortg. Samml. 1731 S. 539; eins von 1560 in eigenhändigem Concept auf der Königl. Bibl. zu Berlin.

²) So empfahl Melanchthon 1546 Simon Bogner als Pastor für Perleberg, Erasm. Alber für Brandenburg; für Joh. Garcäus erwirkte er die Entlassung aus seinem Pfarramt in Spandau und empfahl an seine Stelle 1547 Christoph Lasius. Auch der Alt=Landsberger Pastor Leutinger kam mit Melanchthons Empfehlung in die Mark. Vergl. Stud. u. Krit. 1881 S. 172 flg.

³) Alberus im Dialogus v. Interim Bl. J. (Corp. Ref. IV. 906.)

⁴) Riedel, Cod. dipl. I. 5. S. 272—274. (Das Datum des Bestätigungsschreibens daselbst „Coln a. d. Spree Dinstags nach Innoc. puer. 1552" ist nach unsrer Rechnungsweise vom J. 1551 zu verstehen.) Kordes S. 379.

anderseits wird ihm in offenbarer Uebertreibung vorgeworfen: „er hat noch nie kein Dorf visitirt, kann auch nicht visitiren, ist auch sonderlich nicht gelehrt." [1]

Auch an der berühmten Zerstörungsgeschichte der wunderbaren Hostien zu Wilsnack war er einigermaßen beteiligt gewesen. [2] Nach dem Ableben des reformationsfeindlichen Havelberger Bischofs Bußo v. Alvensleben († 4. Mai 1548) hatte er auf Begehren des Rats der Stadt Wilsnack in Joachim Ellefeld aus Pritzwalk den ersten evangelischen Geistlichen confirmirt; diesem war dabei freilich die Bedingung gestellt worden, die Havelberger Domherren in der Ausübung ihres kathol. Gottesdienstes in derselben Kirche in keiner Weise zu stören. Dem evangelischen Bewußtsein Ellefelds wurde es aber immer drückender, Zeuge des „Gaukelwerks" sein zu sollen, welches von Zeit zu Zeit durch diese Herren vor den noch immer zahlreich von weither herbeiziehenden Wallfahrern geübt wurde. An bestimmten Tagen erschienen der greise Domdechant Petrus Conradi, die Domherren Joh. Fugk und Joachim Bars, stellten das Wunderblut zur Anbetung aus, ließen es auch bei solchen Gelegenheiten nicht an Demonstrationen und Gehässigkeiten gegen den evangelischen Prediger fehlen. Der schlimmste Tag war der Bartholomäustag, an welchem „viel Volks aus allen Nationen zuläuft." Da hatten die Domherren Ellefelds Ordination als ungültig verspottet, weil ihm Jemand Handauflegung erteilt habe, der doch selber ein Laie sei; demgemäß fehle ihm die Vollmacht, die Sacramente zu administriren, das von ihm gereichte Abendmahl sei und bleibe Brot und Wein. Der also Verspottete wendete sich mündlich und schriftlich mit Klagen an Agricola,

---

[1] Beide Vorwürfe stammen von Alber, im Liede: „Herr Grickel, lieber Domine" und Dialog. v. Interim Bl. J.

[2] Vergl. zum Folgenden: Riedel II, 130 flg. (nach Joh. Ludecus), Leutinger I. 259 flg. Kordes 367 flg. Haftitz bei Riedel IV. 78. Zach. Garcaeus, Success. familiarum p. 261. — Schon in seinen Eisleber Sprichwörtersammlungen erwähnt Agricola des tollen Unfugs bei den Wallfahrten, „da alles auf Fressen und Saufen, Krüge und Herbergen zugerichtet ist," so auch bei der „zur Wiltzenach." Nr. 23 vergl. Nr. 301.

„seinen günstigen Herrn und Vater," der ihm am 24. Nov. 1551 den Bescheid erteilte, das ginge freilich nicht an, den „Abgott" während eines Hochamtes gewaltsam fortzureißen und zu beseitigen — wozu jener Lust gehabt zu haben scheint, — wenn aber der Rat zu Wilsnack über die Kirche zu verfügen habe, so möge man doch die Hostien zur Nachtzeit in aller Stille und zugleich mit gebührender Reverenz bei Seite schaffen. Habe aber der Rat keine derartige Macht, die Entfernung des Abgottes anzuordnen, dann solle er sich nur in Geduld fassen, das Aergernis weiter ertragen und sich damit trösten, daß die Leiden dieser Zeit der zukünftigen Herrlichkeit nicht wert seien. Auf diesen Bescheid hin verhielt sich Ellefeld eine Zeit lang ruhig. Im Mai des nächsten Jahres holte er sich jedoch bei einem Agricola befreundeten Geistlichen in der Nachbarschaft, dem Kyritzer Prediger Lorenz Pascha,[1]) Mut, und zerstörte nach seiner Rückkehr in rascher That am 28. Mai den Abgott, der ihn so lange gekränkt hatte, indem er das Kristallgefäß, das die wunderbaren Hostien barg, zerschlug, letztere aber auf glühenden Kohlen verbrannte. In dem nun nachfolgenden Prozeß, den ihm das Domkapitel machte, bei welchem letzteres es warlich nicht an dem guten Willen fehlen ließ, ihn als Ketzer und „Buben" dem Tode zu überantworten, wird Agricola es nicht an Einwirkung auf Joachim haben mangeln lassen, um einen günstigen Ausgang herbeizuführen. Ellefeld wußte sehr geschickt in seiner Eingabe an den Kurfürsten Agricola in seine Sache hineinzuziehen, indem er sich nicht nur auf den Rat berief, den ihm dieser gegeben hatte, sondern auch über die Havelberger Domherren mit ihren öffentlich gegen Joachims Superattendenten geführten despectirlichen Reden Klage erhob. Indem nun Joachim am 6. Sept. Befehl gab,

---

[1]) Vom Havelberger Domkapitel in Kyritz angestellt, ein Mann von bedenklichen Sitten. Schon damals klagte der Rat über sein ungeistliches Leben. Später mußte er wegen Brandstiftung abgesetzt werden und endete als Selbstmörder. Ein Verwandter von ihm war wol Joachim Pascha, der in späteren Jahren durch Agricolas Fürsprache Hofprediger am Dom wurde. Riedel I. 1. 351. I. 3. 139. Küster zu Seidels Bildersamml. S. 71. 73. 75.

den Eingekerkerten in Freiheit zu setzen, der in seinem Auftrage gefällte Richterspruch aber endlich Ellefeld von jeder peinlichen Strafe freisprach und ihn nur nötigte, das Land zu räumen, war zugleich Agricola dem über diesen Ausgang der Sache höchlich entrüsteten Domcapitel gegenüber gerächt.

Die kirchlichen Zustände in der Mark waren wenig erfreulich. Die Geistlichkeit wird im Allgemeinen als unwissend und roh geschildert, und das Patronatsrecht lag in den Händen eines Adels, der nur wohlauf war, „wenns zu zechen gab, oder Jagden angestellt wurden."[1]) Auch Agricola hat manche Klage über diese Zustände laut werden lassen. Adel und Bürger, sagt er, suchten den Pfarrern das Einkommen zu schmälern, und wenn ein Pfarrer nun um sein Gehalt rede, da er doch Weib und Kinder zu nähren habe, so gehe das Geschrei: „Der Pfaffe ist geizig und kann ihn Niemand füllen." Bürger und Adel aber meinten in solchen Streitsachen immer engelrein und frei von Geiz zu sein. Aber er klagt auch wieder, das mehrere Teil der Pfarrer predige leider nur darum, daß sie ihren Zehnten und Decem verdienten; weiter studiren möchten sie nicht, es sei denn, daß sie das Evangelium im Kruge von den Bauern lernten. Die wenigen wohlgeschickten Pfarrherren aber würden der Verhältnisse überdrüssig, wenn sie sähen, daß es nirgend hin wolle, und wenn Fürsten und Adel nur immer darauf sännen, Kirchen- und Klostergüter an sich zu reißen.[2])

---

[1]) Vrgl. Spieker a. a. O. S. 251.
[2]) Epistel-Summarien Bl. biij. Monotessaron I. 476.

## IV.

## Luthers Tod und der Schmalkaldische Krieg.[1]

Luther starb am 18. Februar 1546, ohne daß eine Aussöhnung oder auch nur Wiederannäherung zwischen ihm und Agricola stattgefunden hätte. Zwar war noch im letzten Jahre von verschiedenen Seiten versucht worden, den Riß, der durch den antinomistischen Streit entstanden war, zu heilen. Kurfürst Joachim hatte den lebhaften Wunsch, seinen Hofprediger mit Luther wieder ausgesöhnt zu sehen; anderseits mußte den Fürsten des Schmalkaldischen Bundes bei ihren Versuchen, Joachim in ihren Bund zu ziehen, daran gelegen sein, den einflußreichen Hofprediger nicht als einen von Luther Geächteten wider sich zu haben. So erklärt es sich, warum Melanchthon plötzlich im März 1545 mit geflissentlicher Hervorhebung ihrer alten Freundschaft auf Agricola versöhnlich einzuwirken suchte und ihn um Wiederaufnahme der früher so lebhaften Correspondenz bat, und warum im darauf folgenden Mai Joachim denselben mit einem Credenzbrief an Luther absandte. Aber von beiden Seiten hatte man sich in Luther verrechnet. Weder die Rücksicht auf die Wünsche Joachims, noch die eifrige Fürsprache der Wittenberger Freunde konnten ihn dazu bewegen, Agricola ein persönliches Wiedersehen und Aussprechen

---

[1] Für diesen und die folgenden 4 Abschnitte verweise ich auf meine Abhandlung in Zeitschr. f. Preuß. Gesch. u. Landeskunde XVII. (1880) S. 398 bis 463, woselbst das Quellenmaterial, auf welchem meine Darstellung beruht, vollständig mitgeteilt ist. Nur soweit ich Nachträge zu den dort angegebenen Quellen zu liefern imstande bin, weise ich hier auf dieselben ausdrücklich hin.

zu gewähren. Nur Frau und Tochter ließ er vor sich, ihm selbst verweigerte er den Eintritt in sein Haus. Dem Kurfürsten gegenüber entschuldigte sich Luther über diese harte Zurückweisung durch die Erklärung: „ihn selbst, M. Eisleben, habe ich nicht wollen zu mir noch vor mich kommen lassen, denn ich nun längst bedacht, mich seiner ganz und gar zu äußern. Da habe ich Ursachen zu; solche wollen mir Ew. Churf. Gn. nicht verargen." Wenige Tage darauf waren etliche von Joachim gefangen gesetzte Alchymisten (unter ihnen auch ein Bruder des sächs. Kanzlers Franz Burkhard) aus dem Kloster, in welchem sie gefangen gehalten wurden, ausgebrochen; man brachte Agricola mit dieser Flucht in Verbindung, als sei er dazu behülflich gewesen. Dieses Gerücht genügte, um Luther wenigstens seinem eignen Landesherrn gegenüber zu rechtfertigen, daß er Agricola so hart abgewiesen und Joachim dadurch gekränkt hätte. Seinen Wittenberger Freunden gegenüber unterließ Luther nicht, noch bis zuletzt nachdrücklichst vor Agricola als einem unlautern und verderblichen Menschen zu warnen. Er äußerte eines Tages in Gegenwart der Theologen Bugenhagen, Melanchthon, Cruciger, Major und Jonas und des Juristen Benedict Pauli: „Sehet euch vor. Es werden sich nach meinem Tode viele Wölfe herbeifinden, die des Herrn Christi Schäflein jämmerlich zerstreuen und zerreißen werden. Sonderlich aber hütet euch vor dem Eisleben, denn er wird nicht allein vom Teufel geritten, sondern der Teufel wohnt selbst in ihm."[1])

Nun war Luther gestorben, und wir dürfen zu Agricolas Ehre hervorheben, daß er zunächst bewegten Herzens mit den Edelsten in Deutschland in die Klage über das Hinscheiden des

---

[1]) Aehnlich lautet ein Bericht des Flacius, der wol denselben Vorfall betrifft: „Es leben noch glaubwürdige Männer, die vor etlichen Jahren bei Doctor Martinus kurz vor seinem Abschied mit andern gelehrten, frommen Männern gewesen und aus seinem wahren Munde gehört haben, da Etliche Eisleben entschuldigen wollten, daß der liebe Vater zornglich geantwortet: Was wollt ihr mir viel Eisleben entschuldigen? Eisleben wird vom Teufel getrieben, der ihn gar eingenommen. Ihr werdet wol erfahren, was er nach meinem Tode für einen Lärm wird anrichten."

unersetzlichen „Elias" deutscher Nation einstimmte. „Die Kirche, die soeben durch Gottes Barmherzigkeit erneuert worden ist, hat ihren treuen Wächter, ihren Vater verloren. Morgenland hat einst Propheten und Apostel gehabt, aber seit den Tagen der Apostel hat weder die römische noch die griechische Kirche einen Mann aufzuweisen gehabt, der Luther gleich stände an Erkenntnis Christi, an Schriftverständnis, an Fähigkeit, die Geister zu prüfen, an unverwüstlicher Kraft, für die Wahrheit kämpfend einzutreten. Ich bin wol imstande, darüber ein Urteil zu fällen, der ich seit 1516 in naher Freundschaft zu ihm gestanden habe und in den schwierigsten kirchlichen Angelegenheiten seine Standhaftigkeit habe beobachten können, die ihn nie auch nur einen Finger breit von der Einfalt und Wahrheit des göttlichen Wortes hat abweichen lassen. Mit Recht nennt man ihn den Elias Deutschlands." Nur über eins klagt er, daß nämlich Luther zu Argwohn geneigt gewesen und daher von falschen Freunden sich gegen seine besten Freunde habe aufreden lassen — wie er selber schmerzlich zu erfahren bekommen habe. Er sieht sehr trübe auf die nächste Zukunft der evangelischen Kirche in Deutschland. Die Männer, die jetzt ans Ruder kommen würden, seien nur Spreu mit Luther verglichen. Nicht von Seiten der Gegner drohe der evangelischen Sache Verderben, denn die „Papisten" seien ja von Gott in die äußerste Finsternis gestoßen und verworfen. „Wir selber vielmehr werden unter einander ein Verderben anrichten, daran noch spätere Geschlechter zu tragen haben werden." „Ich für meine Person bin gern bereit, für die Reinheit und Unversehrtheit der Lehre mein Leben hinzugeben, wenn der Herr es fordern sollte." In doppelter Beziehung befand sich Agricola damals in handgreiflicher Täuschung. Er sah nicht, oder wollte nicht sehen, wie gerade jetzt die katholische Partei zur Unterdrückung der Evangelischen mächtig sich rüstete. Und nicht weniger täuschte er sich über das Maß von Standhaftigkeit und Charakterfestigkeit, das er selber in der Stunde der Versuchung zu beweisen imstande sein würde. — Später hat er nicht immer so pietätvoll Luthers gedacht; bald darauf wenigstens hat ihm die Erinnerung an die Behandlung, die ihm von Luther seit dem antinomistischen Streite widerfahren war, das unmutige Wort entlockt: „hat Luther seiner Lügen nicht gebüßet, so ist seiner Seele nicht Rat worden!"

Es darf uns nach den trüben Erfahrungen, die Agricola in den letzten Jahren seines Aufenthalts in Sachsen gemacht hatte, nicht wundern, daß er sich mit Leichtigkeit in die Politik seines jetzigen Herrn fand, ja sich noch viel sachsenfeindlicher und kaiserlicher gebärdete als dieser. Mit Entrüstung vernahm man schon im Juli 1546 in Wittenberg, er habe in Berlin sich offen und nicht ohne Schadenfreude dahin geäußert, jetzt sei es mit den Schmalkaldener Bundesgenossen zu Ende. Freilich scheint für eine gerade entgegengesetzte Haltung Agricolas in einem frischen Landsknechtliede ein Zeugnis vorzuliegen, welches 1546 „mit einer Vorrede durch Magister Johann Agricola Eißleben" in Druck ausging. Die Vorrede führt den Gedanken aus, daß, wer nur Gott zum Freunde habe, sich vor keiner Creatur zu fürchten brauche; es sei Gottes Weise, das Schwache zu erwählen, das Starke und Mächtige dagegen zu stürzen. Noch deutlicher tritt die Parteistellung in dem Liede selbst hervor, welches „für Gottes Wort und rechte Lehr," „für das löblich Haus zu Sachsen und das löblich Haus zu Hessen" mit keckem Sange eintritt. Aber jene Vorrede ist nur Wiederabdruck der Abschnitte Nr. 3—5 aus Agricolas 300 Sprichwörtern vom Jahre 1528; daher leuchtet ein, daß er selbst mit dieser Publication gar nichts zu thun gehabt haben wird, er vielmehr nur infolge eines boshaften Scherzes eines seiner früheren sächsischen Bekannten zu der Ehre gekommen ist, für das muntere antikaiserliche Lied als Vorredner dienen zu müssen.

Melanchthon brach auch jetzt den Briefwechsel mit Agricola noch nicht ab. Fehlt den Briefen auch der frühere herzliche Ton, so blieben sie doch höflich und verbindlich; gleichzeitig klagte er Andern gegenüber über die anhaltende und unüberwindliche Abneigung, die ihm von Agricolas Seite zu Teil werde. Georg

Buchholzer hielt die Wittenberger fortgesetzt in Kenntnis über Haltung und Aeußerungen des ihm so verhaßten Hofpredigers und sorgte dafür, daß die Entrüstung über ihn nicht nachließ. So erfuhr man über ihn in Wittenberg, daß er im Hochsommer bereits offen von der Kanzel herab auf die Schmalkaldener als auf wilde und **aufrührerische** Menschen hingewiesen habe; und daß er auch in Privatgesprächen unablässig seinem Haß gegen Sachsen in spöttischen Reden Ausdruck gebe.[1]) Mit Entsetzen vernahm man, daß er an den Bürgermeister Wittenbergs, Mag. Ambrosius Reuter, einen Brief gerichtet, in welchem er Luthers Worte, der Bauern Aufruhr habe Gott gestraft, er werde der **Fürsten Aufruhr** auch strafen, auf die evangelischen Fürsten im gegenwärtigen Kriege gedeutet habe.

Kaum war die Kunde von der Unglücksschlacht bei Mühlberg nach Berlin gedrungen, so geriet Agricola in solch' Echauffement für des Kaisers Sache, daß er am nächsten Sonntage (Jubilate) eine Dankpredigt für den Sieg des Kaisers hielt, in welcher er Gott pries, daß er „den Sachsen, den Feind, in die Hände kaiserl. Maj. gegeben, daß, wie Gott bei den Kindern Israel im roten Meere ein Wunder gethan, sie hindurch geführet, also hätte er jetzt mit dem frommen Kaiser auch gethan, ihn durch die Elbe geführet, damit er den Feind bekam; soll jetzt, ob Gott will, zur Ehre Gottes Namens **und Ausbreitung des heil. Evangeliums**(!) gereichen und kommen." Er ermahnte das Volk, in diesem Sinne für den ferneren Sieg des Kaisers zu Gott zu beten. Wie ändern sich die Zeiten! Diesen Dankgottesdienst hielt derselbe Mann, der 20 Jahre zuvor in seinen „130 Fragestücken" die Schulkinder beten gelehrt hatte: „Sie haben sich versammelt über dein Kind Jesum, **der Kaiser und der Papst**, und viel zornige Fürsten und Herren mit den Heiden und Bischöfen in deutschen Landen." Es

---

[1]) Georg Major schreibt am 22. Sept. 1546 an Amsdorf: „Eislebius pessima vipera est, tam maligne enim et rabiose in nostros principes pro concionibus et in conviviis debacchari scribitur. Sed hujusmodi Semei dabunt olim poenas" (vergl. 2. Sam. 16, 5.) Zeitschr. f. Kirchengesch. II. 165.

konnte nicht fehlen, daß dieser schmähliche Dankgottesdienst eines
evangelischen Hofpredigers in den Kreisen der Evangelischen schmerz=
liches Aufsehen erregte; und die geschäftige Fama wußte aus dem
Schlimmen, das faktisch geschehen war, ein noch Aergeres zu machen.
So meldete Melanchthon bereits verschiedenen Freunden, Agricola
habe das Volk zum Gebet aufgefordert, daß Gott es dahin wolle
geraten lassen, daß der Kurfürst von Sachsen nun bald die
„lutherische Ketzerei" wieder von sich würfe. So sehr nun auch
diese Nachricht übertrieben ist, so wenig können wir leider an der
Richtigkeit der von Buchholzer verbürgten Darstellung jenes Dank=
gottesdienstes zweifeln. Schreibt doch Agricola selbst in jenen
Tagen, indem er von Pharaos Widerstreit gegen Israel und von
dem Kampf der Pharisäer gegen Christum redet: „Gott läßt ihre
Gedanken (eine Zeit lang) gelten, führet sie hinan und stürzt sie
in einem Nu zu Boden, wie dies Jahr 1547 den Aufrührern
wider Kaiser Carolum auch geschehen." Und bald darauf (in
seinen 1548 erschienenen 500 Sprichwörtern) erzählt er von einem
der evangel. Fürsten (Landgraf Philipp?), derselbe habe sich vor
dem Kriege seines auserlesenen Kriegsvolks, seines Geldes und
Proviantes, dazu der Gerechtigkeit seiner Sache gerühmt; allein
— habe er gesagt — ich fürchte mich vor des Kaisers unsäglichem
großem Glück; denn wann ist er jemals erlegt worden? Er hat
allweg die Oberhand behalten. „Dieser," so bemerkt Agricola
dazu, „hat's gefühlt, wie die Aegypter, daß Gott des Kaisers
Kriege führt. Hätte er dem gefolgt und sich gedemütigt, so wäre
es ihm wohl zustatten gekommen, dafür er jetzt muß Nachteil
und Ungemach haben." Ja, er macht den Schmalkaldener Bundes=
genossen offen den Vorwurf, sie hätten zwar vorgegeben, Kaiser
Karl wolle das Evangelium und die Freiheit der deutschen Nation
„verdrücken," ihre Rüstung sei aber eigentlich darauf hinaus=
gegangen, „daß sie Kaiser und Könige und Alles würden, denn
auf diese Weise würde der deutschen Nation und Libertät geholfen."
Er war also so gut kaiserlich geworden, daß er in dem verun=
glückten Kriegszuge der Evangelischen nur Rebellion sah, und

überredete sich hartnäckig, Kaiser Karl denke gar nicht daran, seinen Sieg als einen Sieg des Katholicismus auszubeuten.

An demselben Tage, an welchem er jene Dankpredigt hielt, starb sein Famulus, der zugleich mit ihm verschwägert war, zu Berlin unter so merkwürdigen Umständen, daß Buchholzer nicht säumte, darauf als auf ein sichtbares Gottesgericht hinzuweisen. Dieser Famulus, Bonifacius mit Namen, war in Berlin gleichfalls als eifriger Parteigänger für den Kaiser bekannt gewesen. Die Nachricht von der Niederlage bei Mühlberg regte ihn aber so auf, daß er in ein hitziges Fieber fiel, in welchem er die furchtbarsten Verwünschungen gegen den Kaiser, Joachim und Agricola ausstieß. Mit den ehrenrührigsten Worten bezeichnete er Letzteren als Heuchler und Verräter, citirte Joachim unter schrecklichen Weherufen vor Gottes Richterstuhl u. dergl. Am Sonntag Mittag war er in Fieber-Delirium gestorben. Es wirft ein eigentümliches Licht auf die Collegialität zwischen Buchholzer und Agricola, daß Ersterer nichts Eiligeres zu thun wußte, als schleunigst seinem Landesherrn über diesen Todesfall haarklein Bericht zu erstatten. Dabei war sicherlich nicht das allein seine Absicht, daß er Joachims Gewissen rühren und ihn zu einer Aenderung seiner Politik treiben wollte, sondern ebenso unverhüllt trat der Wunsch zu Tage, den Einfluß des verhaßten Collegen zu schädigen, womöglich mit einem kräftigen Stoße zu vernichten. Aber auch dieser Versuch scheiterte. Joachim befragte zwar seinen Hofprediger wegen der Dinge, die Buchholzer gemeldet hatte, „aber Eisleben triebs Gespött daraus, wie seine Gewohnheit ist. Mein Famulus, sagte er, ist ein toller Mensch, weiß nicht, was er sagt."

## V.

## Agricolas Anteil an der Abfassung des Interims.

Am 1. September 1547 eröffnete Kaiser Karl den „geharnischten" Reichstag zu Augsburg, der durch sein Interim so viel Unheil und Verwirrung über die evangelische Kirche in Deutschland bringen sollte. Joachim war bei der Eröffnung nicht zugegen, war überhaupt anfänglich Willens, sich nur durch den Kurprinzen und etliche Räte (Dr. Straß und Dompropst Keller) dort vertreten zu lassen. Zwar erwartete auch er, daß die Religions-Angelegenheit den Reichstag beschäftigen werde, aber in seltsam optimistischer Betrachtung der Verhältnisse hoffte er, der Kaiser werde auch jetzt noch den in Worms und Regensburg betretenen Weg weiter gehen und zunächst eine Vereinigung, oder wenigstens eine Wiederannäherung in der Lehre durch Religionsgespräche versuchen. So instruirte er seine Räte, sie sollten die bereits früher verglichenen Artikel als Grundlage weiterer Verhandlungen festhalten, die noch unverglichenen sollten dagegen einer Zusammenschickung von Theologen und Laien überwiesen werden. Was auch diese nicht vergleichen könnten, das solle der Entscheidung des Concils verbleiben, dieses sei aber als ein Nationalconcil gemeint: mit den spanischen und italienischen Bischöfen werde schwerlich eine Vergleichung zu erreichen sein. Am Berliner Hofe gab man sich ja noch immer den Illusionen hin, als sei eine friedliche Ausgleichung der confessionellen Gegensätze möglich auf Grund etwa desselben Programmes, dem die englische Staatskirche ihre innerlich so zwiespältige Gestaltung verdankt: evangelisches Dogma (namentlich evangelische Recht=

fertigungslehre), katholischer Cultus und katholische Episcopal-Verfassung. Der Gedanke an eine Vereinigung der getrennten Confessionen war seit Jahren Joachims Lieblingsgedanke. Die 1539 in seinem Lande begonnene Reformation hatte er gar nicht als einen Beitritt zur Kirche von Wittenberg angesehen. Weder römisch noch wittenbergisch, sondern katholisch wollte er mit seinem Volke sein und hielt den Gedanken einer durch ein National-Concil wieder aufzurichtenden Vereinigung der getrennten deutschen Kirchengebiete zu einer gereinigten katholischen Kirche mit Zähigkeit und trotz aller Enttäuschungen mit Vertrauensseligkeit fest. Seine Kirchenordnung hatte er daher nur als eine Art Interim „bis auff ferner Christlicher Vereinigung" ausgehen lassen und sich bei Veröffentlichung derselben bereit erklärt, mit äußersten Kräften Deutschland dazu zu verhelfen, daß es zu einem freien Concil, einer Nationalsynode oder einem Religionsgespräche käme. Es war ganz ernsthaft gemeint, wenn er seinem Schwiegervater, dem Polenkönige, durch Melanchthon schreiben ließ, es sei sein Wille, nicht nur nichts gegen die Meinung der katholischen Kirche Christi zu unternehmen, von der ihn keine Gewalt je werde losreißen können, sondern auch nicht einmal dem Ansehen der Bischöfe etwas zu entziehen. Mit lebhaftem Eifer hatte er an den Vermittlungsversuchen in Worms sich beteiligt, hatte das Aeußerste versucht, um auch Luther seinen Vereinigungsplänen geneigt zu machen, und auch das Fiasco, das seine Politik dabei erlitten, hatte ihn nicht ernüchtern können. Agricola war auf die Ideen seines Herrn in williger Accommodation eingegangen. Ueber das Regensburger Interim hatte er sich höchst anerkennend geäußert und es als brauchbare Basis für Vereinigungsversuche gerühmt — zu großem Aergernis Luthers. In den nächsten Jahren hatte er sich noch wiederholentlich in ähnlichem Sinne vernehmen lassen, und einer seiner nächsten Freunde sprach es öffentlich aus, Eisleben rühme sich, er wisse Rat und That, wie man der streitigen Religionsjache abhelfen und die Lehre vergleichen könnte. Dazu kam bei ihm ein seltsames Vertrauen auf die persönliche Zuneigung des Kaisers zu den Evangelischen und ihrer Lehre (s. oben S. 100). Allen Ernstes erhoffte er nach Beendigung des schmalkaldischen Krieges nicht nur Frieden und Einigkeit, sondern auch „Vermehrung der christlichen Kirche und des heiligen lieben Evangelii Christi" von dem „frommen" Herzen des Kaisers. Und merkwürdiger Weise hat Agricola auch später noch, als er aus dem Traum seiner Interims-Phantasien längst erwacht war, doch daran beständig festgehalten, Kaiser Karl sei eigentlich ein ganz evangelisch gesinnter Mann gewesen. „Gott hat ihn um unsers Gebetes willen endlich dazu gebracht, daß er der evangelischen Lehre kurz vor seinem Ende anhängig geworden, auch das Sacrament in zweierlei Gestalt gebrauchet hat, dafür sei Gott ewig Lob gesaget."

Die Reichstagsverhandlungen nahmen von Anfang an eine ganz andere Gestalt an, als Joachims Instruction vorgesehen hatte. Die kaiserliche Proposition erklärte es als eine Hauptaufgabe des Reichstages, die schädliche Religionsspaltung im Reiche zu einer friedlichen Vergleichung zu bringen; dazu sollten sämtliche Stände jetzt behülflich sein. Die Antworten letzterer zeigen uns aber die Verwirrung und Verschiedenheit der Meinungen über das Wie? der zu schaffenden „Vergleichung." Nur die Reichsstädte forderten ein Religionsgespräch, das die Vorlage für ein demnächst zu erwartendes freies Concilium schaffen sollte. Von den Kurfürsten wiesen die drei geistlichen auf Fortsetzung des Tridentiner Concils als auf das legale Mittel, um zur Vergleichung zu kommen, hin, während die evangelischen Kurfürsten zwar gleichfalls vom Concilium das Heil erwarteten, dieses aber energisch als ein freies christliches zu verklausuliren suchten, auf dem der Papst nicht Präsident sein dürfte, und welches auch die bereits in Trident gefaßten Dekrete noch einmal „reassumiren" müßte. Die Fürsten und Stände endlich hatten darauf hingewiesen, daß die Religionsspaltung bereits weit über die Grenzen Deutschlands hinausgedrungen sei, eine Vergleichung daher auch nur durch eine internationale Versammlung zustande gebracht werden könne.

Aus diesen vielerlei Meinungen griff der Kaiser nun das Eine, den Hinweis aufs Concil, heraus: es sei auch sein Wille, daß das Tridentiner Concil baldigst wieder zusammenträte; dort solle die Religionssache entschieden werden, und fordere er Unterwerfung aller Stände unter die von dort zu erwartenden Beschlüsse. Bis dahin sei aber eine interimistische Ordnung nötig, betreffs deren er demnächst seinen Willen kund thun werde. Zugleich erfahren wir von der Zusammensetzung einer Commission (bestehend aus fünf katholischen Theologen), welche wol dem Kaiser die erforderlichen Vorschläge für eine interimistische Ordnung unterbreiten sollte, über deren Arbeiten und Beschlüsse aber meines Wissens nichts Genaueres bekannt geworden ist. Einstweilen trat ein Stillstand in den Verhandlungen ein, da man erst abwarten mußte, wie sich die Kurie zu dem Begehren, das Concil schleunigst in Trident wieder zusammentreten zu lassen, stellen würde. Während dieser Lage der Dinge traf am 29. October Joachim mit seinem Hofprediger in Augsburg ein.[1]

Der officielle Gang der Verhandlungen des Reichstages war nun folgender. Als nach längerer Wartezeit endlich aus Rom die schroff ablehnende Antwort des Papstes eintraf, erklärte der Kaiser (14. Januar 1548) den Ständen: da es sich so anlasse, als werde die Concilsangelegenheit sich noch weiter verzögern, so achte er es für notwendig, mittlerer Zeit auf solche Wege und Mittel bedacht zu sein, dadurch gemeine Stände zu einer christlichen guten Einigung kämen. Obgleich ihm nun von den

---

[1] Flacius berichtet, Agricola habe bei der Abfahrt von Berlin prahlerisch ausgerufen, er ziehe jetzt dahin als ein Reformator des ganzen deutschen Landes. Man wird in diesem stolzen Dictum, wenn anders es als glaubwürdig gelten darf, wol nur den Ausdruck seiner Ueberschätzung des politischen Einflusses sehen, den seiner Meinung nach Joachim (und dann Agricola mit ihm) ausüben mußte, sowie er persönlich den Reichstag besuchte. Man würde fehlgreifen, wenn man aus diesem Worte schließen wollte, daß er aus geheimen Verhandlungen schon gewußt hätte, zu was für einer Rolle er in Augsburg bestimmt werden sollte, oder gar, daß er damals den Interimsentwurf schon in der Tasche gehabt hätte.

Ständen die Erledigung dieser Sache anheimgegeben sei, so habe
er doch für rätlich angesehen, daß durch die Stände etliche taugliche,
geschickte, erfahrene und gottesfürchtige Personen zur Beratung
des Friedenswerkes erwählt würden. Man hat wol Grund,
gegen dieses merkwürdig entgegenkommende Verhalten des Kaisers
mißtrauisch zu sein, um so mehr, wenn man nun sieht, wie ein
Teil der Kurfürsten, nämlich Mainz, Trier und Köln, dies gnädige
Anerbieten des Kaisers dankend ablehnten und ihn baten, die
Sache lieber ganz allein in die Hand zu nehmen; durch eine von
den Ständen zu ernennende Commission würde die Sache nur
unnötig verzögert werden. Damit hatten sie gewiß des Kaisers
eigentliche Meinung ganz richtig getroffen — es war sicherlich
auch sein Wille, die Vergleichssache ganz allein in seiner Hand
zu behalten. Aber um so gnädiger und entgegenkommender mußte
er den Evangelischen gegenüber erscheinen, da er nun trotz dieses
Votums dreier Kurfürsten doch am 11. Februar jene ständische
Commission in Wirksamkeit treten ließ. Die Zusammensetzung
derselben war eigentümlich: die fünf evangelischen Stimmen wurden
nur durch Laien vertreten (von Brandenburg war der Haupt=
mann Eustach v. Schlieben deputirt), wogegen die sieben katholischen
Stimmen (bezw. elf, wenn die Stimmen der Vertreter Karls und
Ferdinands mitgezählt werden) gemischt, durch Geistliche und Laien,
repräsentirt wurden. Daß diese Commission nur pro forma ins
Leben gerufen war, erhellt auch aus dem seltsamen Geschäftsgange,
daß, anstatt zuvörderst nach einer Basis der Vereinigung zu suchen,
die katholischen Commissionsglieder sofort mit der denkbar schärfsten
Forderung hervortraten: völlige Restitution aller Mönche, Pfaffen
und Stifter in den evangelischen Terretorien, nicht allein in ihre
Güter, sondern auch in ihre Ceremonien. Natürlich konnte man
sich darüber nicht einigen, die fünf Evangelischen stimmten geschlossen
gegen die Anträge der Majorität, und so konnte der Kaiser nach
acht Tagen dazwischen fahren und erklären, da sie sich nicht ver=
einigen könnten, so werde er jetzt selber das Interim vor die
Hand nehmen.

Jetzt erst, nach dem 19. Februar, trat officiell jene berühmte Interimscommission, bestehend aus Julius v. Pflug, Michael Helding und Johann Agricola, in Arbeit, bald auch verstärkt durch die Theologen des Kaisers, Malvenda und Dominicus de Soto, sowie durch Ferdinands Hofprediger. Bereits Mitte März, nach Verlauf von noch nicht vier Wochen, war ihre Arbeit beendet und in den Händen des Kaisers. Schon diese schnelle Erledigung des Auftrages läßt uns vermuten, daß das Buch Interim vor dem officiellen Auftreten jener Commission bereits eine Vorgeschichte gehabt haben müsse. Und so war es in der That. Schon im Januar 1547 hatte Ferdinand seinem Bruder Pflug und Helding zur Anfertigung eines Entwurfs für eine christliche Reformation Deutschlands in Vorschlag gebracht. Daß diesem Vorschlage Folge gegeben wurde, erhellt daraus, daß Pflug sich daheim vor dem Zusammentritt des Reichstages daran machte, in umfänglicher Arbeit eine Formula sacrorum emendandorum in 55 Artikeln auszuarbeiten. Seine Arbeit überreichte er gemeinsam mit Helding in Augsburg dem Kaiser. Diese Vorarbeit hat die Grundlage für den liber Augustanus hergegeben. Von den 26 Artikeln des letzteren sind 9 Artikel wörtlich oder fast wörtlich jener Vorarbeit entnommen (Nr. 9 und 14—21), 3 andere gleichfalls stark benutzt (Nr. 3—5) und auch bei den übrigen ist die Benutzung, wenn auch in verschiedenem Maße, ersichtlich. Danach scheint uns zweierlei festzustehen, daß der Interimsgedanke von Ferdinand ausgegangen, und daß die Hauptarbeit daran von Julius v. Pflug geleistet worden ist.[1]) Ging aber der Plan zu diesem Interim von katholischer Seite aus, so mußte natürlich, um die Protestanten dafür zu gewinnen, Alles daran liegen, der Oeffentlichkeit gegenüber evangelische Namen vorschieben zu können. Und

---

[1]) Neuestens hat noch Plitt die Meinung vertreten, daß Joachim und Agricola die eigentlichen Väter des Interims gewesen seien. Real-Encykl. 2. Aufl. VI. 774. Auch Pastor, die kirchl. Reunionsbestrebungen, 1879 S. 357 flg. neigt zur Annahme eines wenigstens sehr erheblichen Anteils Agr.'s am liber Interim, wenn er auch richtig in Pflug den eigentlichen Verfasser erblickt.

diese traurige Rolle zu übernehmen schien Niemand besser disponirt als Joachim II. Man kannte ja seine Begeisterung für eine Vermittlung zwischen Rom und Wittenberg. Seit Mitte Januar erscheint er als mitengagirt in den geheimen Interims=Vorverhandlungen. Man scheint ihn zunächst damit gewonnen zu haben, daß man ihm überließ, zu den beiden katholischen Verfassern nun seinerseits zwei evangelische Männer dazu zu berufen. Einen hatte er an der Hand, Agricola. Den Zweiten hoffte er in Martin Butzer erlangen zu können. Bereits Ende Januar erschien dieser auf Joachims[1]) Ruf in Augsburg; viel wurde mit ihm verhandelt, aber weder Versprechungen noch Drohungen konnten ihn bewegen, zu der in Scene gesetzten Vergewaltigung der evangelischen Lehre seinen Namen herzugeben. Zwar verbreitete Agricola über ihn die Nachricht, als habe er dem Interim gegenüber dieselbe Haltung beobachtet, wie er selbst; aber die Wahrheit war, daß derselbe allerdings anfangs gleich diesem an den Beratungen teilgenommen hatte, aber nachdem es ihm nicht gelungen war, vereint mit Agricola die evangelische Rechtfertigungslehre, wie er sie scharf und unzweideutig formulirt hatte, in der Commission zur Aufnahme ins Interim zu bringen, seine weitere Mitwirkung versagt hatte und daher von Joachim in Ungnaden entlassen worden war.[2]) So blieb Agricola allein als evangelischer Mitarbeiter übrig. Sein Anteil an der Redaction des Interims kann nur sehr unbedeutend gewesen sein. Es erhellt dies zunächst aus einem Vergleich der Pflugschen Vorlage mit dem Augsburger Interim. Alle Concessionen nämlich, die wir in letzterem den Evangelischen im Dogma und im Ritus gemacht finden, — und diese wäre man doch sonst geneigt, dem evangelischen Mitarbeiter als Verdienst anzurechnen — finden sich bereits in der Pflugschen formula sacrorum emendandorum:

---

[1]) Zwar schreibt Agricola am 13. Apr. 1548: „Fuit hic Bucerus a Caesare vocatus," aber der kaiserliche Ruf war eben durch Vermittlung Joachims an ihn gelangt.

[2]) Cod. Bibl. Senat. Lips. 222 fol. 22 b u. 27 b folg. (Brief Butzers an Joachim v. 3. Juni 1548.)

so die vermittelnde Rechtfertigungslehre, ferner die Bezeichnung des Meßopfers als eines Dankopfers und nicht als eines Sühnopfers; ebenso die Concession des Kelchs im Abendmahl an die Laien und die Priesterehe. Hier kann also Agricolas Thätigkeit nur noch darin bestanden haben, diese Zugeständnisse den papistisch gesinnten Helding, Malvenda und Soto gegenüber aufrecht zu erhalten. Melanchthon hatte sich mehrfach über den Anteil ausgesprochen, den er nach seiner Kenntnis der bei der Redaction des Interims beteiligten Männer den Einzelnen glaubte beimessen zu müssen. Nun sagt er zwar auch, er erkenne Agricolas Mitarbeit ebenso darin, wie die des Mainzer Weihbischofs Helding; aber nur bei einem einzigen Punkte hebt er bestimmt hervor, hier sei Agricolas Einfluß sichtbar. Dieser Punkt sei das im Artikel von der Rechtfertigung bemerkbare auffällige Schweigen über die Bedeutung, welche dem Gesetz betreffs der Buße des Sünders zukomme. Und ähnlich äußert sich das Bekenntnis der niedersächsischen Städte gegen das Interim (von Aepinus verfaßt): „des Gesetzes ... verschweigen hie die Interimisten; wir fürchten uns aber, der Antinomer Geist sei darunter begraben." Und allerdings ist auffällig, daß der ganze Artikel de poenitentia, dem Pflug eine so eingehende Darstellung gewidmet hatte, im liber Interim ge= strichen, resp. in einen einzigen Satz zusammengeschmolzen ist. Das ist aber auch das einzige Lehrstück, bei welchem ein directer Einfluß Agricolas sich wahrscheinlich machen läßt. Wir werden ihm daher wol Glauben schenken müssen, wenn er später einmal in Gegenwart Joachims die Erklärung abgegeben hat: „ich glaube, das Interim war gemacht, ehe wir nach Augsburg kamen." Freilich hat er noch einen besondern Anteil daran gehabt, insofern er aus der lateinischen Vorarbeit und nach den lateinisch gefaßten Umarbeitungen den deutschen Text lieferte, der dann als Original des Interims gelten sollte.

Es lag dem Kaiser daran, das Interim als einen nicht von ihm selbst, sondern von evangelischer Seite angeregten Vergleichs= und Friedensvorschlag den Ständen, namentlich den evangelischen, vorlegen zu können. Als daher die Commission die Pflugsche Vorlage durchberaten und als „Augsburger Buch" redigirt hatte, da wurde Joachim bearbeitet, nun seinerseits das Machwerk dem Kaiser zu übergeben und sich als Erstling der evangelischen Fürsten nicht nur für seine Person, sondern auch zugleich für seine Unterthanen zur Annahme desselben bereit zu erklären. Der Bischof von Salzburg, Ernst von Baiern, führte die Verhandlungen mit dem offenbar von **diesem** Interimsbuche nur wenig befriedigten Kurfürsten. Dieser war wie oftmals, auch in jenen Tagen in ärgster Geldnot, und so mußte die Darleihung der beträchtlichen Summe von 16,000 Gulden dazu dienen, ihn dem Interesse kaiserlicher Politik fügsam zu machen. Und auch Agricolas Skrupel wurden mit klingender Münze überwunden, so daß er nicht nur bei der Commission bis zu Ende aushielt, sondern sich auch weiter als Lobredner und Agent fürs Interim seinen Glaubensgenossen gegenüber gebrauchen ließ. Nach seiner eigenen Angabe soll ihm der Kaiser 500 Kronen, Ferdinand 500 Thaler geschenkt haben, und dazu ward ihm das kaiserliche Versprechen zu Teil, seine Töchter sollten mit einer „großen ehrlichen Morgengabe" ausgesteuert werden. Daher der beißende Spott Albers, „S. Talerus und sein Bruder Goldnerus" hätten Agricola bewogen, das Interim mit schmieden zu helfen, nicht unbegründet erscheint. Dagegen war das von Sastrow berichtete Project, Agricola mit dem Bistum Cammin für seine Verdienste ums Interim zu belohnen, wol niemals in ernsthafte Erwägung gekommen. Gleichwohl gab auch dieses Gerücht den Gegnern erwünschten Anlaß zu Spottgedichten.

Aber es darf nun auch zu einer gerechten Beurteilung des Verhaltens Joachims wie seines Hofpredigers nicht außer Acht gelassen werden, in wie schmählicher Weise Beide in einer Frage, die für sie von **durchschlagender Bedeutung** war, von der kaiserlichen Politik hinters Licht geführt waren. Denn sie sind bis zur letzten Stunde des guten Glaubens gewesen und auch darin erhalten worden, das Interim sei als eine Vereinigungsformel **für beide Teile**, den katholischen wie den evangelischen, bestimmt, und diese verlockende Aussicht einer Mitverpflichtung der Katholiken wirkte als kräftiger Hebel, um sie über viele sonst sicher unannehmbare Sätze und Bestimmungen des Interims zur Ruhe kommen zu lassen. Zu den Beweisstücken, die ich als Beläge für diesen in neuester Zeit bestrittenen Trug der kaiserlichen Politik an anderem Orte gegeben habe,[1] kann ich hier noch folgende hinzufügen. Noch am 13. April versicherte Agricola einem Freunde brieflich: „Ich hoffe, ganz Deutschland wird jetzt das Evangelium der Gnade und Herrlichkeit Gottes annehmen. Die Bischöfe werden mit uns gemeinsam die Lehre des Evangeliums verkündigen."[2] Und Butzer erinnerte Joachim am 3. Juni daran, daß ihn dieser bei den Verhandlungen in Augsburg beständig damit zu beruhigen gesucht habe, daß die deutschen Bischöfe diese christliche Vergleichung annehmen würden, und solche Vertröstung sei ihm (Joachim) doch vermutlich zuvor selber gegeben worden. Er (Butzer) habe freilich dieser Vertröstung schon damals nicht recht Glauben schenken können, darum sei ihm bei den Verhandlungen so angst gewesen. „Es werden E. Ch. Gn. freilich noch der Meinung sein, wie da ich bei Ihr war, daß Sie das Interim nicht wollen helfen unsern Kirchen aufladen, es nähmens denn die Bischöfe auch an. . . derwegen ich mich auch nie andrer Meinung mit dem Interim hab eingelassen, denn sofern es möchte ein Mittel sein christlicher Concordie, daß das jämmerliche und verderbliche Schisma dadurch könnte hingenommen werden."[3]

---

[1] Zeitschr. f. Preuß. Gesch. und Landeskunde XVII. 1880 S. 415—419.
[2] Cod. Bibl. Sen. Lips. 222 fol. 22 b. Er berichtet weiter: „Quamquam enim Episcopi vehementer huic negotio adversentur, tamen piissimus Carolus sic nuper eos tractavit, ut nihil spei porro in eum collocare queant."
[3] A. a. O. fol. 27 b flg. Neuestens hat Pastor a. a. O. S. 378 das mit den evangel. Fürsten getriebene trügerische Spiel mit dem Argument zu beseitigen gesucht, daß der Kaiser schwerlich einen solchen Eingriff in die Machtsphäre der kathol. Kirche gewagt haben würde; aber es handelt sich ja gar nicht darum, daß er wirklich den kathol. Fürsten die Annahme zugemutet hätte, sondern nur darum, daß den Evangelischen derartige Verhandlungen mit dem andern Teil vorgespiegelt worden seien.

Bereits bei der Niedersetzung jener Commission bestand wol
im Geheimen die Absicht, das Interim nur für die Evangelischen
gelten zu lassen; aber diese Absicht ist den einzelnen Ständen
gegenüber zu sehr verschiedenen Zeiten enthüllt worden; den evan=
gelischen Fürsten erst dann, als sie nicht länger verborgen gehalten
bleiben konnte. Die Concessionen, in welche von Seiten Joachims
und seines Theologen in Augsburg gewilligt worden ist, bis hin
zu einer schweren Schädigung und Verleugnung des evangelischen
Bekenntnisses, sind also in der Meinung, daß auch die Katholiken
Deutschlands daran gebunden sein sollten, von ihnen zugestanden
worden. Das kann ihr Verhalten zwar nicht rechtfertigen, läßt
es aber in einem milderen Lichte erscheinen; sie haben gemeint,
mit ihrer Darangabe so mancher evangelischen Position wirklich
etwas Großes erreicht zu haben. Den teuren Preis hatten sie
gezahlt, aber mit dem Gute, das sie dafür erstanden zu haben
meinten, waren sie betrogen.

Dagegen läßt sich aus jenem zweiten Truge, der in Augsburg
betreffs des Interims vorgekommen ist, kaum ein erhebliches Moment
zur Entschuldigung Agricolas entnehmen. Es ist nämlich nicht zu
bezweifeln, daß der Text des „Augsburger Buches" noch in einem
späten Stadium an einer Reihe von Stellen im Interesse der
katholischen Kirchenlehre umgeändert worden ist.[1]) 13 solcher
Stellen lassen sich nachweisen. Allein diese Abweichungen sind
nirgends so wesentlicher Art, daß Agricolas Annahme des Interims
durch die ursprüngliche Gestalt desselben in erheblicher Weise Ent=
schuldigung finden kann. Namentlich bleibt der schwere Vorwurf
auf ihm haften, daß er, nachdem Butzers Versuch, die evangelische
Rechtfertigungslehre im Interim zu klarem Ausdruck zu bringen,
gescheitert war, nicht gleich diesem seine weitere Mitwirkung

---

[1]) Auch Butzer erinnert Joachim a. a. O. an diese Textveränderungen:
„Ueber das sind in dem Interim, das mir fürgegeben, nicht wenig Ort in das
Aergere verändert." Auffällig, wenn auch erklärlich, erscheint es, daß Pastor
a. a. O. S. 393 dieser Fälschungen nur ganz beiläufig in einer Anmerkung
Erwähnung thut.

versagt, sondern in eine Formel gewilligt hatte, die, wenn auch in milder und dehnbarer Fassung, doch offenbar die katholisch-augustinische, nicht die evangelisch-paulinische Lehre aussprach.

Der Vorwurf einer argen Verleugnung ihrer besseren evangelischen Ueberzeugung läßt sich von Joachim und Agricola nicht abwälzen.[1]) Und dieser fällt natürlich auf den Theologen mit viel schwererem Gewichte als auf den Fürsten. Der Vergleich zwischen Agricolas Thätigkeit einst und jetzt, 1530 und 1548, auf den Reichstagen zu Augsburg lag so nahe. Einst im Kreise der Männer, welche die Augsburger Konfession und ihre Apologie übergeben und verteidigt hatten, jetzt Mitarbeiter an dem verhaßten und unheilvollen liber Augustanus! Es darf uns nicht wundern, wenn er für ein solches Verhalten nun auch die Entrüstung seiner Glaubensgenossen in reichlichem Maße zu kosten bekam.

---

[1]) Butzer schrieb am 11. Juli an Melanchthon: „Gratia Domino, qui me servavit in libera et verae doctrinae adsertione et falsae confutatione, in qua mihi adsentiebantur coram Marchio et Islebius et tantum de caeremoniis contendebant, sed eventus declaravit, quid sint et sentiant de Christo." Zeitschr. f. Kirchengesch. II. 178.

## VI.

## Der Interimsagent.

Von Mitte März 1548 an war der Text des Augsburger Interims den zum Reichstag versammelten Fürsten vertraulich zur Kenntnisnahme mitgeteilt worden, und damit begann für Agricola der zweite und wichtigere Act seiner Teilnahme an dem für die Evangelischen so bedrohlichen „Vergleichungswerke." Jetzt sollte er unter seinen Glaubensgenossen für die Annahme des Interims werben, er sollte evangelischen Christen gegenüber als Lobredner des kaiserlichen Buches auftreten und alle Zweifel und Einwendungen hinwegdisputiren, die man demselben entgegenhielt. Mit einem Eifer, der einer besseren Sache würdig gewesen wäre, unterzog er sich dieser dornenvollen Mission. Schon am 17. März finden wir ihn bei den Verhandlungen gegenwärtig, welche sein Herr im Verein mit dem Pfalzgrafen, mit Moritz von Sachsen eröffnete, um diesen einflußreichsten evangelischen Fürsten für die Annahme des Interims zu gewinnen. Das Ergebnis dieser Vorbesprechungen mit Moritz war nicht so günstig, als man erwartet hatte; denn dieser suchte sich beständig durch Hinweis auf die erst noch einzuholenden Judicien seiner Theologen und auf die noch herbeizuführenden Beschlüsse seiner Stände den Rücken zu decken. Er scheint ernstliche Einwendungen wegen einzelner Artikel erhoben zu haben; aber es wurde auch schon im April zwischen Joachim und ihm vereinbart, baldigst durch zu berufende Synoden festzustellen, in welchen Punkten das Interim zu ver=

bessern und auf welche Weise es in ihren Landen einzuführen sei.[1]) Melanchthons im Wesentlichen warnende Urteile waren natürlich Joachims Bestrebungen sehr unbequem. Es wäre daher wol möglich, daß von brandenburgischer Seite, speciell durch Indiscretion Agricolas, am kaiserlichen Hofe gegen Melanchthon gehetzt worden wäre. Am 24. März forderte der Kaiser im Zorne von Moritz die Auslieferung Melanchthons infolge einer Angeberei von Seiten Etlicher, „denen solches am mindesten ziemte." Und etliche Monate später, als Agricola bereits wieder in Berlin war, hören wir Melanchthon klagen: „Eisleben zieht in öffentlichen Predigten wild gegen mich los, und was er in Augsburg schon versucht hat, das wird er jetzt durch den kaiserlichen Beichtvater noch schlauer weiter betreiben, nämlich mich zu beseitigen."[2])

Für Carlowitz fertigte Agricola ein ausführliches Gutachten an, in welchem er durch Berufung auf eine Anzahl Dicta Luthers, Melanchthons und Butzers, sowie durch allerlei Schriftbeweise die Nachgiebigkeit, die er den Katholiken gegenüber bewiesen hatte, zu rechtfertigen suchte und die Annahme des Interims dringend anriet.[3]) Das Interessanteste sind dabei die Beweise, die er dafür der heil. Schrift entnimmt, daß es erlaubt sei, um ein Gott

---

[1]) Agricola schreibt am 13. April: „De Sanctis si quid abominabile irrepserit, tollatur, corrigatur, emendetur coactis synodis. Nam duo Electores, Saxo et Brandenburgensis, sic inter se convenerunt, ut primo quoque tempore unam synodum celebraturi sint, in qua haec ordine bono et εὐσχημόνως constitui debeant."

[2]) Es darf freilich nicht außer Acht gelassen werden, daß Melanchthon bei allen Nachrichten, in denen er von Gefahren schreibt, die seiner Person drohen sollten, ein sehr unzuverlässiger Zeuge ist, da seine Furchtsamkeit auf diesem Gebiete ihn jedem Geklätsch Glauben schenken hieß. Und wenn wirklich Agricola eine so niedrige und in Anbetracht ihrer alten Freundschaft doppelt gemeine Angeberei gegen ihn betrieben hat, so hat auch Melanchthon es sich nicht versagt, in seinem vielbesprochenen Schreiben an Carlowitz (28. April 1548) durch eine sehr tendenziöse Aufwärmung seines einst im Herbst 1527 mit Agricola geführten Streites gegen diesen den Angeber zu machen.

[3]) „Radtschlag, so zu Augsburg gehaltten Anno 48" in Manuscr. germ. 203 in 4° auf der Königl. Bibl. zu Berlin. S. Neues Archiv f. Sächs. Geschichte I. 3 S. 266—279.

wohlgefälliges Ziel zu erreichen, „etwas nachzugeben und in
etlichen Stücken zu weichen." Er beruft sich auf die Beschneidung
des Timotheus durch Paulus, auf Pauli Gelübde in Kenchreä,
auf die Satzungen des Apostelconvents behufs Vereinigung der
Juden- und Heidenchristen;[1]) ferner auf Mosis Unterlassung der
Beschneidung während der Wüstenwanderung und auf die von
demselben erteilte Erlaubnis, Ehen mittels eines Scheidebriefes zu
trennen. Dieses Gutachten scheint trotz seiner Bitte an Carlowitz,
es geheim zu halten, doch weiter bekannt geworden zu sein, da
die Gegenschriften der Flacianer mehrfach auf den Inhalt desselben
Bezug nehmen. Genaue Berichte besitzen wir über die Verhandlungen, welche Agricola mit dem Bruder seines Kurfürsten, dem
Markgrafen Johann von Küstrin, zu führen bekam. Am 21. März
erschien er bei diesem und überbrachte ihm außer dem Text des
Interims einen Aufsatz zur Empfehlung desselben, in welchem
gleichfalls Luther mit den Zugeständnissen des Interims in Einklang gesetzt werden sollte. Wir verstehen leicht, wie für den
Theologen, der zur Annahme des Interims einladen wollte, es
vor Allem darauf ankommen mußte, sich mit Luthers gewaltiger
Autorität decken zu können. Uebereinstimmend mit dem eben
erwähnten Gutachten behauptete er von Luther, daß dieser — vorausgesetzt, daß der Artikel von der Rechtfertigung rein sei —
im Uebrigen zu den größten Zugeständnissen Rom gegenüber
bereit gewesen sei; nur Folgendes sei noch von Seiten Roms anzuerkennen: daß nicht der Papst, sondern Christus das Haupt der
Kirche sei; daß aus der Messe der Begriff des Sühnopfers entfernt werde, und demgemäß auch die Stillmessen aufhörten; daß
in Gebräuchen und Ceremonien Freiheit geschaffen werde, namentlich
daß Laienkelch und Priesterehe unverboten seien. Das Alles sei
ja nun im Augsburger Interim anerkannt; die Rechtfertigungslehre laute evangelisch, der Papst sei zwar um der nötigen Ein-

---

[1]) Diese Beweisstücke aus der Geschichte Pauli spielten schon in den Verhandlungen Joachims mit Butzer eine Rolle, wie dieser in dem Briefe an
Joachim vom 3. Juni erwähnt.

heit der Kirche willen anerkannt, aber in seiner Macht durch die Betonung des göttlichen Rechts der Bischöfe erheblich beschränkt; die Messe sei als Dankopfer gefaßt, die Privatmessen aber sollten abgethan werden,[1] Laienkelch und Priesterehe seien freigegeben, kurz es stehe mit dem Interim so, daß wenn sein geistlicher Vater, Luther, diesen Tag noch erlebt hätte, er Herz, Augen und Hände gegen Gott aufgehoben und für solches „Jubeljahr" Gott gedankt haben würde. Ja, er hätte wol noch zehn Jahre länger gelebt, wenn er diesen Freudentag hätte erleben können. Johann erklärte zunächst nur seine Bereitwilligkeit, das Interim „zu übersehen." Tags darauf kam Agricola und erbat sich von Johann das Exemplar des Interims wieder zurück, weil es sein Herr in den Verhandlungen mit Kurfürst Moritz gebrauche; dann aber brachte er es am 23. März wieder zu Johann, aber mit der Meldung, König Ferdinand habe untersagt, Abschrift davon zu nehmen. Was Johann daraus ersehen wolle, das möge er in seiner Gegenwart sich herauslesen. Auf diese seltsame Zumutung erwiderte ihm Johann, dann möge er es nur ruhig wieder mit sich wegnehmen. Agricola fühlte wol das Unziemliche in Ferdinands Auftrage und war daher froh, noch an demselben Nachmittage mit einer nunmehr ganz anders lautenden Ordre dieses zu Johann kommen zu können; es sei Ferdinand nicht zuwider, wenn er das Interim sich wollte abschreiben lassen. Jetzt ließ sich Johann mit ihm in eine Disputation ein. Dieser fragte an, wie ihm denn das Interim gefiele, und erbot sich, „ihn dermaßen zu berichten, daß er sich solches nicht würde mißfallen lassen." Das hatte er nun wol nicht vermutet, daß Johann ihm auf diese Aufforderung hin seinerseits so scharf ins Gewissen reden würde, als nun geschah. Man meint, wenn man die Acten weiter liest,

---

[1] In der That bezeichnet das Interim in thesi es als wünschenswert, daß nicht der Priester allein communicire, sondern die Diakonen und auch Gemeindeglieder jedesmal daran Teil nehmen sollten. Aber eben nur in thesi; thatsächlich werden für Stadtkirchen täglich zwei Messen verordnet, ohne Rücksicht, ob Communikanten da seien oder nicht.

die Rollen seien umgetauscht: der Fürst ist zum Seelsorger geworden, der dem Theologen das Gewissen schärft und ihm mit Bibelsprüchen wacker zu Leibe rückt. Er wolle ihn gnädigst ermahnt und gebeten haben, so lesen wir, daß er als Einer, der bisher Christum gepredigt, der Schrift gewaltig und genugsam verständig sei, sich weder durch Reichtum, Gnade, Gunst noch etwas Anderes zum Abfall wolle bewegen lassen, sondern daß er seinen Christum öffentlich bekennen möge. Er erinnert ihn an Christi Worte, Matth. 10, 32 u. 37. Es handle sich nicht um seine, sondern um Christi Sachen; wer da etwas bewillige, was wider Christum und sein Wort wäre, der hätte nicht allein die Rüge der Menschen, sondern vor Allem Gottes ewige Strafe zu erwarten, der solle sich vorsehen, daß ihn der Spruch nicht träfe, daß Gott das Blut der Christen aus seinen Händen fordern würde. Auch erinnerte er ihn an des brandenburgischen Hofpropheten Carion Weissagung, der für 1548 einen falschen Propheten angekündigt hatte, welcher der Christenheit unter dem Schein des Guten viel Arges erzeigen würde. Agricola antwortete auf diese tief einschneidende Rede nur kurz und ausweichend, er wolle lieber sterben, als wissentlich gegen Gott und sein Wort handeln. Schwierig war es für ihn, die einzelnen von Johann hervorgehobenen bedenklichen Lehrstücke des Interims zu rechtfertigen. Betreffs der Privatmessen behauptet er, die alte Kirche habe stets — auch ohne Communicanten — Messe als Dankopfer, als dankbares Gedächtnis des Opfers Christi am Kreuze gehalten; damit gab er freilich den wichtigen Satz der Augsburger Confession, daß evangelische Messe nur zu dem Zwecke der Sakraments-Austeilung stattfinde, völlig preis. Die Anrufung der Heiligen sucht er damit zu rechtfertigen, daß diese ja mit uns eine einige Kirche bildeten; und wie wir Einer für den Andern beteten, so sei es doch auch von ihnen zu glauben. In Betreff der Vigilien und Exequien,[1] desgleichen in Betreff der Ohrenbeichte mit Auf-

---

[1] „Vigiliae item et exequiae mortuorum de more veteris ecclesiae celebrentur."

zählung der einzelnen Sünden,[1]) und der Lehre von der Satisfaction[2]) weiß er sich nur damit zu helfen, daß er sagt, diese Dinge wären im Interim ja nicht so genau gefaßt, daß man nicht auch dem, der sich an ihnen stieße, Freiheit lassen sollte. Sie seien freilich nicht so klar, wie sie eigentlich sein sollten, denn man wolle durch sie die Anderen (die Katholiken) herbeibringen. Sein Gewissen könne sich aber dabei beruhigen, weil ja, wenn nur die Rechtfertigungslehre im evangelischen Sinne gepredigt würde, diese anstößigen Stücke bald hernach von selbst dahinfallen würden. Jetzt aber sei es eine Forderung der Liebe, in diesen Stücken nachzugeben. — Vorsichtig erwiderte ihm Johann auf seine lange Schutzrede, wenn wirklich, wie er eben gesagt, diese anstößigen Stücke frei sein und einen andern Verstand haben sollten, so wäre es doch gut, daß man das ausdrücklich im Interim selbst aussspräche, damit man wüßte, in was man willigen könne. „Also haben S. Fürstl. Gn. sich mit dem Agricola geschieden." Unverrichteter Sache mußte der Interims-Agent heimkehren und wurde auch nicht weiter Johann gegenüber verwendet, denn die von Johann geforderte ausdrückliche schriftliche Anerkennung seiner dem Markgrafen vorgetragenen Interpretationen der anstößigsten Artikel konnte er natürlich nicht beibringen. Fortan übernahm es Ferdinand selber, nicht mit theologischem, sondern mit politischem Nachdruck den Widerstrebenden zur Annahme des Interims zu bewegen. Nur einmal geschah es noch in dem weiteren Verlauf der Verhandlungen, daß Agricolas Name hineingeflochten wurde. Johann, der vor Allem nach Gründen suchte, um seine Entscheidung hinausschieben zu können,

---

[1]) „Confessio poenitentis cum enumeratione peccatorum nobis commendata videtur . . . Itaque enumeranda sunt peccata, quae non quidem anxie nimis, sed tamen diligenter cogitanti et sese excutienti in mentem veniunt."

[2]) „Et si illa satisfactio, quae culpam et aeternam poenam expiat, soli Christo tribuenda est, satisfactio tamen, quae in poenitentiae fructibus consistit, maxime autem in jejunio, eleemosyna et oratione . . . . peccatorum causas excindit et peccati reliquias medetur ac temporalem poenam vel tollit vel mitigat."

entschuldigte sich vor Ferdinand damit, daß er ja keine gelehrten
Theologen zu seiner Beratung auf dem Reichstage bei sich habe.
Da wies ihn Ferdinand auf die große Zahl „gelehrter und gut=
herziger" Theologen hin, die in Augsburg anwesend wären; namentlich
wäre ja der Eisleben da, der der Religion des Markgrafen selbst
zugehöre. Die Replik Johanns auf diese Vorhaltung lautete für
Agricola nichts weniger als schmeichelhaft. „So hat es auch die
Gelegenheit um den Eisleben (ob er gleich für einen Sr. Fürstl.
Gn. Religionsverwandten will gescholten werden), daß er seiner
Lehre selbst nicht gewiß gewesen, sondern zum öftern Schwärmerei
angefangen, ist auch soweit durch Schriften überwunden worden,
daß er dasjenige, was er zuvor gelehrt und gepredigt, bis in zwei
oder drei Mal öffentlich hat widerrufen müssen." Daraus möge
Ferdinand abnehmen, wie „gefährlich auch ungelegen" es für
Johann wäre, von diesem Manne sich Bericht zu nehmen.

Im Anfang des Juli zog Joachim mit seinem Gefolge von
Augsburg heim, aber auch die Rückreise sollte dazu ausgenutzt
werden, für das kaiserliche Interim Anhänger zu gewinnen.
Besonders hatte Joachim es übernommen, auf die mächtige und
durch bedeutende evangelische Theologen ausgezeichnete Reichsstadt
Nürnberg persönlich im Sinne einer gütlichen Verständigung
über die Annahme des Interims einzuwirken. Am 12. Juli kam
er mit Agricola vor der Stadt an. Die Ratsherren Hieronymus
Baumgärtner und Johann Geuder empfingen ihn eine Stunde vor
der Stadt. Alsbald nach der Begrüßung brachte der Kurfürst
das Gespräch auf das Interim und fragte, wie man in Nürnberg
darüber denke. Man wünsche dringend, so bekam er zur Antwort,
zu keiner Aenderung der Lehre gezwungen zu werden. Da möchten
sie, erwiderte er, unbesorgt sein; ob denn nicht auch ihm selber
seine Seligkeit am Herzen liege, der er doch in Gemeinschaft mit
dem Pfalzgrafen den übrigen Ständen geraten habe, hierin dem
Kaiser zu willfahren? Er schalt auf die Wittenberger, daß sie
absichtlich die Lehre des Interims entstellt und dem Buche Irr=
tümer angehängt hätten, bie gar nicht darin ständen. Am Thore

entließ er die Ratsherren mit der Weisung, daß sich am nächsten Tage der Rat bei ihm einfinde solle, da er im Namen des Kaisers mit ihm zu handeln hätte. — In langer Rede empfahl Joachim am 13. die Annahme und Einführung des Interims, zugleich stellte er in Aussicht, er werde, sowie er in die Heimat zurückgekehrt wäre, eine Synode wegen des Interims veranstalten, bei welcher er auch den Rat der Wittenberger anhören wollte; was dabei beschlossen würde, das werde er ihnen schriftlich mitteilen. Die Ratsherren erklärten ihm darauf, sie möchten in so wichtiger Sache gern noch den Rat ihrer Gelehrten und Prediger hören. Daher gab er ihnen Weisung, eine Commission zu Agricola zu schicken, der solle ihnen über Alles Auskunft geben. So geschah es; der Rat entsendete drei Männer (den gelehrten Freund der Reformatoren, Hieron. Baumgärtner unter ihnen) zu Agricola, der in dreistündiger Rede die Vorzüge des Interims pries und über die anstößigsten Stellen beruhigende Erklärungen abgab. Namentlich wies er darauf hin, es gebe eine Weise, den Meßkanon — der ja auch restituirt werden sollte — auszudeuten, wonach er alles für evangelische Ohren Anstößige verliere.[1] Baumgärtner berichtete über die Unterredung an den Senat, und dieser beschloß, nun auch noch die Prediger zu Agricola zu senden, damit auch diese von ihm die beruhigenden Erklärungen über den Inhalt des Interims vernähmen. Da aber Joachim schon am 14. Juli wieder abreisen wollte, wurde er gebeten, Agricola noch einen Tag zu diesem Zweck zurückzulassen. In großer Zahl versammelte sich demgemäß am 14. die Predigerschaft Nürnbergs auf dem Rathause, um aus Agricolas Munde zu hören, was er Tags

---

[1] In Cod. 222 Bibl. Sen. Lips. fol. 97 flg. befindet sich: „Form der prefacion Wie es sol gehaltten werden fur der Interimistischen Messe 1548. Mense Julio." Darin heißt es: „So wollen wir nach Befehl des Herrn seinen wahren Leib und Blut, wie er einmal für uns am Kreuz blutiger, schmerzlicher und sterblicher Weise aufgeopfert hat, itzund unschmerzlicher, unblutiger, unsterblicher Weise in Geheimnis und Gestalt Brots und Weins dem himml. Vater fürstellen und damit des einmal fürgebrachten Kreuzopfers erinnern."

zuvor bereits den Deputirten des Senats gesagt hatte. Er betonte vor Allem die große Gottesgnade, daß nun der Kaiser die evangelische Rechtfertigungslehre[1]) nicht nur gestattet, sondern selbst verordnet habe. Die Evangelischen hätten also fortan am Kaiser selbst einen Verteidiger ihrer Lehre; es könne nicht fehlen, daß die entgegenstehenden Beschlüsse des Tridentiner Concils nun auch hinfällig werden müßten. Es sei nicht beabsichtigt, die ganze katholische Agende mit ihren Salz= und Wasser=Weihen u. dgl. wiederherzustellen; auch wolle nicht Alles im Interim so stracks buchstäblich verstanden sein. Als Agricola nun auch versuchte, den Meßkanon ähnlich wie am Tage zuvor zurecht zu deuten und zu verteidigen, und namentlich durch einen Vergleich Christi mit Melchisedek den Opferbegriff ins Abendmahl zu tragen, unter= brach ihn Andreas Osiander, und es entstand ein Disput, der jedoch für Agricola einen möglichst günstigen Ausgang nahm, da Jener durch seine maßlose Heftigkeit seiner Sache schadete. Das Mittagessen unterbrach in erwünschter Weise den unerquicklichen Streit. Nach Tische setzte Baumgärtner, während Agricola sich zurückzog, das Ueberredungswerk weiter fort; selbst Osiander zeigte sich jetzt viel entgegenkommender und versprach, an Melanchthon schreiben zu wollen. Kurz, Agricola konnte mit der Befriedigung abreisen, hier zum ersten Male mit glücklichem Erfolge für das Interim geworben zu haben. Seine Anpreisung des Interims und seine zuversichtliche Interpretation der anstößigen Stellen darin hatten für den Augenblick solchen Eindruck auf die Geistlichen gemacht, daß diese am nächsten Tage, einem Sonntage, zur Beruhigung der Bevölkerung predigten, der Kaiser habe die besten Absichten, es handle sich um den Frieden der Kirchen, und es sei zu hoffen, daß Lehre und Sakramentsfeier auch unter dem Interim ganz unversehrt bleiben würden. Baumgärtner sandte dem bereits abge= reisten Agricola einen Boten nach, der ihm diesen Erfolg seiner

---

[1]) Später hat Agricola selbst zugegeben, daß eben diese Lehre, von der er bisher zu Ehren des Interim so viel Rühmens gemacht, im Interim „etwas kurz gestellet" sei.

Verhandlungen melden und den Dank des Senats für seine
Bemühungen aussprechen sollte. Zugleich bat er ihn, Alles, was
man in der Mark in Sachen des Interims weiter beschließen würde,
auf ihre Kosten abschreiben zu lassen und ihm senden zu wollen.
Agricola antwortete von Coburg aus am 17. Juli: er habe keinen
sonderlichen Dank verdient, da er nur gethan habe, was sein Amt
und die Ruhe in Staat und Kirche von ihm erforderten. Er
wünsche Nürnberg Glück, daß es sich jetzt bereit gefunden habe,
dem Kaiser zu geben, was des Kaisers, und Gotte, was Gottes
sei. Die Bitte wegen Uebersendung der Schriftstücke wolle er gern
erfüllen. Zugleich warnte er sie vor einem Boten aus Sachsen,
der eine in Magdeburg gedruckte Schrift gegen das Interim[1] zu
ihnen bringe: sie möchten vorsichtig handeln und die drohenden
Gefahren in Rechnung ziehen. — Freilich war es mit dem Erfolg,
den seine Beredsamkeit in Nürnberg errungen hatte, nicht weit her:
nicht nur Osiander war außer sich, daß er als Einer erschienen
war, der ins Interim gewilligt haben sollte, und bewies fortan
diesem Buche gegenüber eine um so feindseligere Haltung; auch
seine Collegen stimmten ihm treulich in der Mißbilligung der
Interims-Annahme bei, und selbst Baumgärtner gab hinterher
deutlich zu verstehen, daß man eigentlich nur — der Not der Zeit
nachgebend — ein wenig Comödie gespielt habe. Es sei doch
nützlich gewesen, so entschuldigte er hinterher sein verbindliches
und entgegenkommendes Verhalten Agricola gegenüber, diesen nicht

---

[1] Wahrscheinlich sind die „Notationes de corruptelis libri Interim scriptae
a Theologis Vuitebergensibus" vom 16. Juni 1548 gemeint (unterschrieben
von Bugenhagen, Cruciger, Major, Melanchthon und Fröschel), jene Schrift,
die durch Crucigers Schwiegersohn Andreas Kegel dem Flacius abschriftlich
zugestellt und von diesem zum Schrecken der Verfasser sofort in Magdeburg
zum Druck befördert war; sie ging so als erstes öffentliches Zeugnis gegen
das Interim in die Welt aus. Lächerlich war nur, daß dieselben Witten=
berger, die damals über die Publication entsetzt waren, hinterher „als der
Wind anfing aus einem andern Loch zu blasen," nicht genug dessen sich rühmen
konnten, daß sie die Ersten gewesen, die das Interim öffentlich widerlegt
hätten.

im Zorne von Nürnberg abziehen zu lassen. Agricola aber war stolz darauf, an einem so ansehnlichen Theologen wie Osiander und einer so berühmten Gemeinde, wie die Nürnberger war, mit seiner Beredsamkeit einen Erfolg errungen zu haben.¹) Ueber Coburg zog er mit seinem Herrn weiter durchs Thüringer Land. In Saalfeld wohnte sein alter Freund Caspar Aquila. Diesen gedachte er bei Gelegenheit seiner Durchreise für das Interim gewinnen zu können: er sandte daher von der Herberge aus durch seinen Sohn eine Einladung an ihn, zu ihm zu kommen, da er ihm herrliche Neuigkeiten mitzuteilen hätte. Dieser eilte herbei, und es fand eine längere Aussprache statt, über deren Ergebnis die beiden Colloquenten hernach leider ganz entgegengesetzte Angaben gemacht haben. Agricola schrieb darüber an den Pfarrherrn Caspar Glatius in Orlamünde: „den sonst schroffen und „stoischen" Aquila habe ich gleich vielen Andern dahin gebracht, daß er jetzt dem Kaiser freundlich gesinnt und voll Dankes ist für seine Bemühungen, den Kirchenschaden zu heilen;"²) in Jena bezeichnete er Aquila geradezu als Einen, der das Interim approbirt habe. Aquila dagegen hat eine ausführliche Schilderung ihrer Unterredung gegeben, wonach von einer Einigung zwischen ihnen keine Rede gewesen war, sondern Agricolas Anpreisungen, seine schönsten Luthercitate, sein verlockender Hinweis auf das Beispiel Osianders und der Nürnberger u. dergl. nur mit dem entschiedensten und standhaftesten Bekennermute zurückgewiesen worden waren. Seit jenem Tage war die alte Freundschaft für immer zerstört und wenigstens von Aquilas Seite in grimmige Feindschaft umgewandelt. Wie viel Sympathien das schöne Interim beim evangelischen Volke finde, bekam Agricola jetzt auch auf der Reise durch Thüringen zu kosten. In einem Städtchen erhob sich nämlich die Bevölkerung mit Steinen bewaffnet gegen ihn, und es fehlte nicht viel, so hätte er unter

---

¹) Vrgl. den Brief Besolds an Mel. v. 1. Jan. 1549 in Zeitschr. f. Kirchengesch. II. 183.

²) Das Datum, welches dieser Brief in Zeitschr. f. Kirchengesch. II. 174. 175 trägt, 1. Juli 1548, ist offenbar irrig.

ihren Steinwürfen sein Leben lassen müssen. Auch der Versuch, den er machte, Caspar Glatius in Orlamünde fürs Interim zu gewinnen, scheiterte völlig: denn derselbe unterschrieb wenige Tage darauf zu Weimar gemeinschaftlich mit Aquila das „Bedenken auf das Interim," welches die Prediger der jungen Herzöge, der Söhne des gefangenen Kurfürsten Johann Friedrich, aufsetzten und hernach auch veröffentlichten.

So hatte Agricola als Werber und Lobredner aufs Interim zwar eine bedeutende Betriebsamkeit und Beredsamkeit entwickelt, aber seine Bemühungen waren, recht betrachtet, ganz erfolglos gewesen: nur daß über seinem eigenen Haupte eine immer bedrohlicher anwachsende Wetterwolke des Unmuts und der Entrüstung seiner Glaubensgenossen sich zusammenzog.

## VII.

## Die Einführung des Interims in Kurbrandenburg.

Schon von Augsburg aus hatte Joachim eine Synode der Geistlichen aufs Schloß in Cöln a. Spr. zusammenberufen lassen, auf welcher Kanzler Weinleben im Namen des Kurfürsten beruhigende Mitteilungen über den Gang der Vergleichsverhandlungen in Augsburg gemacht und sie zu fleißigem Gebet für den glücklichen Verlauf des Reichstages aufgefordert hatte. Aber die Gegner des Interims, welche bei Joachims Rückkehr alsbald energische Maßregeln zur Einführung desselben befürchtet hatten, konnten von einem Monat zum andern mit Befriedigung constatiren, daß noch immer keinerlei Veränderung vorgenommen wurde. Die Gründe für solche zuwartende und zögernde Haltung des Kurfürsten sind unschwer zu erkennen. War es schon in Augsburg nur durch ein verwickeltes und sein Gewissen bedrückendes Spiel der Diplomatie gelungen, ihn zum Lobredner und Vorkämpfer für dieses Interim zu gewinnen, so mußte, je weiter er sich von Augsburg entfernte, je mehr er mit der evangelischen Bevölkerung wieder Fühlung gewann, je mehr der Hochdruck der kaiserlichen Nähe aufhörte, eine erhebliche Ernüchterung eintreten. Seine natürliche Gutmütigkeit machte ihn abgeneigt gegen eine gewaltsame Durchführung von Maßregeln, die seine Unterthanen als Gewissenszwang verabscheut haben würden. Aber ebensowenig wollte er sich und seinem Lande gegenüber eingestehen, daß er in Augsburg in Dinge gewilligt hätte, die seinem evangelischen Bekenntnis zuwider waren. Noch weniger besaß er den Bekennermut, der erforderlich gewesen wäre, um unbeirrt durch kaiserliche Ungnade das Joch des Interims von sich und seinem Lande abzuschütteln. So leitete seine Maßregeln in Sachen des Interims fortan ein vierfaches Interesse: seine eigne Ehre forderte, nach wie vor das Augsburger Interim als mit dem evangelischen Bekenntnis verträglich zu verteidigen; die Rücksicht auf seine Unterthanen riet ihm, von allen Gewaltmaßregeln Abstand zu nehmen; um der kaiserlichen Gunst willen — von welcher er ja auch die Bestätigung für seinen Sohn Friedrich im Erzbistum Magdeburg erstrebte — mußte er über die Durchführung des Interims in seinem Lande berichten können; die Rücksicht endlich auf Moritz von Sachsen und auf seine eigne Stellung im Rate der Kurfürsten legte es ihm nahe, gemeinsam mit diesem mächtigsten evangelischen Fürsten in dieser wichtigen Religionsangelegenheit zu operiren. Dieser aber lehnte eine unbedingte Annahme des Augsburger Buches entschieden ab.

Die Rücksichtnahme auf Moritz war um so wichtiger, da Sachsen als das Geburtsland der Reformation und durch den überragenden Einfluß der Wittenberger Universität, besonders durch die seit Luthers Tode in Deutschland in weitesten Kreisen der Evangelischen unbedingt anerkannte Autorität Melanchthons in Sachen des Interims gewissermaßen das entscheidende Wort zu sprechen hatte. Die evangelische Kirche in der Mark war, trotz der emphatischen Erklärungen Joachims, daß er nicht eine Wittenbergische, sondern eine selbständige christliche Kirche in seinem Lande haben wollte, doch im Großen und Ganzen eine Filiale Wittenbergs. Brandenburgs Geistliche verdankten in großer Zahl ihre Ausbildung der Wittenberger Universität; die Tüchtigsten und Gebildetsten unter ihnen stammten aus Melanchthons Schule und verehrten in ihm ihren Lehrer, oder waren doch auf seine Empfehlung hin in der Mark ins Amt gekommen. Die überwiegende Mehrzahl der Geistlichen sah auf ihn als auf eine unbedingt maßgebende Autorität in Glaubenssachen. Und auch die Magistrate und die Herren der Ritterschaft waren es gewöhnt, auf sein Urteil zu hören und dasselbe anzuerkennen. Auch jetzt waren die Augen der märki=

schen Geistlichen auf Melanchthon gerichtet; von ihm erwarteten sie die maßgebende Parole, wie man sich dem Interim gegenüber verhalten sollte. Nun war freilich Melanchthon von Natur zu Compromissen geneigt; dennoch stand er der Zumutung, das Augsburger Interim pure anzuerkennen, mit einem entschlossenen Nein gegenüber. Jenes traurig-berühmte Schreiben an Carlowitz, auf Grund dessen Karl V. selbst geäußert haben sollte: „den habt ihr; sehet, daß ihr ihn haltet," erwies sich doch nur als das Erzeugnis einer einzelnen, freilich sehr schwachen Stunde.[1] Gewaltsam hatte er sich zusammengerafft, und gedrängt durch seine zum Teil viel entschlossenere und kampfesbereitere Umgebung (auch Flacius gehörte ja damals noch zu seinen Ratgebern!) nahm er dem Augsburger Buche gegenüber eine entschieden ablehnende Stellung ein. So viel sich auch jetzt noch gegen seine im Vergleich mit Andern schwächliche Haltung sagen läßt, so gebührt ihm doch ganz wesentlich das Verdienst, durch diese seine Haltung unsere Mark vor einer eiligen Einführung des Augsburger Interims bewahrt zu haben.

So ungelegen es Joachim in Augsburg war, daß Moritz, wesentlich durch das abratende Urteil Melanchthons bestimmt, die Interimsannahme zögernd und verclausulirend betrieb, so gelegen kam es ihm jetzt bei den Schwierigkeiten, die ihm im eigenen Lande entgegentraten, daß die Interims-Verhandlungen in Sachsen nur so langsam vorrückten: er gewann dadurch selbst Zeit, um aus der wirren Situation, in die er geraten war, einen für sich und sein Land erträglichen Ausweg zu finden. Ein solcher bot sich ihm, wenn es ihm gelang, Stände und Geistlichkeit dahin zu bringen, daß sie nominell das Augsburger Interim annahmen — dann war er dem Kaiser gegenüber gedeckt —, aber natürlich unter Restrictionen, welche deutlich machten, daß an eine vollständige Durchführung desselben gar nicht gedacht wurde. Es handelte sich, wie

---

[1] Vrgl. die treffliche Charakteristik und Beurteilung dieses Schreibens bei Jacoby, Liturgik der Reformatoren II. 1876. S. 163 flg. und dagegen die, Melanchthons Schwächen als seine Verdienste rühmende Apologie desselben bei Pastor a. a. O. S. 377 flg.

Leutinger ganz bezeichnend sagt, dem Kaiser gegenüber um ein „figmentum obsequii," oder wie es der Wittenberger Diakonus Mag. Albertus Christianus treffend in einem Briefe an Agricola ausdrückte: „Eure Verhandlungen, die Briefe Eures Fürsten und Eurer Hofleute bezeugen, daß ihr nur das Eine bezweckt, nämlich dem Kaiser gegenüber Euch den Anschein zu geben (ut imperatori fucus fiat), als hättet Ihr die Augsburger Confession abgethan und das ganze Interim und mit ihm das Papsttum angenommen."

Das Verfahren, welches Joachim einschlug, war nun folgendes. Agricola mußte durch belehrende und beschwichtigende Predigten die Stimmung im Volke aufzuklären suchen. Seine Predigten scheinen nach den darüber vorliegenden Mitteilungen ein Gemisch schwer zu vereinigender Behauptungen gewesen zu sein. Auf der einen Seite war er ein überschwenglicher Lobredner des Interims, auf der andern Seite machte er sehr erhebliche Zugeständnisse betreffs einzelner Lehrstücke darin. „Eisleben lobte das Interim so hoch auf dem Predigtstuhl, wie es so ein christlich Buch sei, dadurch ganz Europa würde bekehrt werden," so meldet Buchholzer über diese Predigten; aber ebenso verdient in diesem Falle auch eine Notiz des Flacius Glauben, laut welcher Agricola betreffs einzelner Artikel das Interim entschieden desavouirte. Er habe nämlich gepredigt: „Was belanget die Anrufung der Heiligen, stehet im Interim, man möge wol sagen, heiliger Petre, bitte für mich. Dies aber will ich nicht thun, und ihr sollt's auch nicht thun. So kann uns diese gottlose Anrufung nicht irren und schaden!" Und ein anderer Bericht gesteht zu, Agricola habe erklärt, er wolle durchaus nicht alle Artikel des Augsburger Buches in Schutz nehmen, so namentlich nicht die dort formulirte Rechtfertigungslehre, auch verwerfe er den römischen Meßcanon und jede Beschränkung der Priesterehe. Diese Predigten Agricolas konnten also der Bevölkerung bereits als Zeugnis dienen, daß eine stricte und vollständige Durchführung des Interims nicht mehr in Joachims Absichten stand.

Ferner ließ Joachim jetzt das Interim „auf Befehl des Kaisers" zu Frankfurt a. O. drucken, zu dem Zwecke, es den einzelnen Pastoren bei den nachfolgenden Einführungsverhandlungen — und dann mit den erforderlichen beruhigenden Erklärungen — einzuhändigen. Wenn daher Joachim am 11. Januar 1549 dem Kaiser meldete, er habe das Interim drucken „und publiciren" lassen, so darf diese „Publication" nur mit den erforderlichen Beschränkungen verstanden werden. Vermutlich kamen die Exemplare gar nicht in buchhändlerischen Vertrieb, sondern wurden an den Fürsten abgeliefert, um dann den Pastoren übergeben zu werden. Als Drittes meldet Joachim dem Kaiser, er habe das Interim „in seinem Hoflager in allen Kirchen aufrichten lassen." Auch hier ist mehr gesagt, als wirklich geschehen war. Joachims Kirchenordnung von 1540 hatte weit mehr von katholischen Ceremonien im Gottesdienst beibehalten als die anderen evangelischen Agenden. Meßornat der Geistlichen, Umgänge und Processionen, die Feier des Fronleichnamsfestes, ein ausgedehnter Gebrauch der lateinischen Sprache, die Elevation der consecrirten Elemente im heil. Abendmahl u. dergl. gaben dem evangelischen Gottesdienste eine stark katholisirende Färbung. Während nun im Lande allgemach diese Reminiscenzen an den katholischen Cultus — trotz fortdauernder Gültigkeit der Kirchenordnung — abgestreift worden waren,[1] fand im Berliner Dom und wo Joachim sonst Hofgottesdienst halten ließ, genaue Beobachtung all jenes Ceremoniells statt. Und dabei blieb es auch jetzt. Nur eins kam wol noch hinzu. Agricola scheint nämlich wirklich einen Versuch gemacht zu haben, die letzte Oelung wieder als Sacrament einzuführen; er soll sich dessen gerühmt haben, daß er seit seiner Rückkehr von Augsburg in vier Fällen schwer Erkrankte durch

---

[1] Vergl. Corp. Ref. VI. 218, wo Melanchthon abrät, eine neue Kirchenordnung zu redigiren, da ja der Kurfürst nicht überall die Einhaltung jener vielen anstößigen Ceremonien fordere: nec Princeps ubique acerbe eas exigit. An manchen Orten waren jene Ceremonien trotz der Kirchenordnung von Anfang an beseitigt worden, so in Spandau, und das mit Joachims Bewilligung. de Wette V. 307.

seine Oelung wieder habe aufleben sehen. Aber eine völlige Durchführung des Interims fand auch in den Hofkirchen nicht statt; weder der römische Meßcanon, noch eine Abendmahlsfeier ohne communicirende Gemeinde wurde restituirt. Das Schlimmste, was überhaupt Joachim an Wiederaufrichtung katholischer Gebräuche nachgesagt werden konnte, war, daß er am Fronleichnamsfeste 1549 in der Domkirche „das abgöttische Brot umbtragen" ließ — und eben daraus, daß dieses als gravirendste Anklage vorgebracht wird, geht klar hervor, daß er das Meßopfer selbst auch in seinen Hofkirchen nicht wieder aufgerichtet hatte. Also reducirte sich auch jene dem Kaiser berichtete Aufrichtung des Interims in allen Kirchen seines Hoflagers auf ein sehr bescheidenes Maß: es war wesentlich nur eine fortgesetzte Uebung der Vorschriften der brandenburgischen Kirchenordnung.

Von Berlin aus wurde ferner das Gerücht verbreitet, Agricola arbeite an einem Buche gegen die Interimsfeinde, namentlich gegen Aquila und Melanchthon: mit einer gewissen nervösen Aufregung kündigt letzterer seinen Freunden das dicht bevorstehende Erscheinen dieser Streitschrift nicht weniger als sechsmal an. Dieselbe ist aber niemals ans Tageslicht gekommen, vermutlich überhaupt nie geschrieben worden. Dagegen verfaßte Agricola im Auftrage Joachims eine „Declaration" des Interims, mit welcher zusammen letzteres den Geistlichen eingehändigt werden sollte.[1]) Er beschreitet in dieser zunächst wieder den beliebten Weg, durch Berufung auf einzelne Erklärungen Luthers diesen zum Interimisten zu machen und die Rom gegenüber gemachten Concessionen principiell zu rechtfertigen. Aber er giebt daneben auch in den wichtigsten Stücken einen Fingerzeig, wie von Joachims Seite die „Annahme" dieses Interims gemeint sei. Der Hauptartikel von der Rechtfertigung sei allerdings im Interim „etwas kurz gestellt," aber Joachim habe ja das Interim nur unter der Voraussetzung unter-

---

[1]) Dieselbe wurde von Spieker in der Zeitschr. f. hist. Theol. 1851, S. 362—365, publicirt.

schrieben, daß die Rechtfertigungslehre desselben mit der Augs=
burgischen Confession gleichen Verstand haben sollte; es bleibe
daher auch den Predigern unbenommen, diesen Artikel ihren Ge=
meinden „aufs klärlichste herauszustreichen." Betreffs der Cere=
monien beruft er sich zwar auch in thesi auf das Vorbild der
alten Kirche, giebt aber für die Praxis den wichtigen Fingerzeig,
es könne aus den katholischen Agenden Alles, was zu weitläufig
wäre und was zum Aberglauben verleiten könne, emendirt und
abgethan werden. Wenn trotzdem dem Volke Einzelnes noch an=
stößig sein sollte, so hätten die Prediger fleißig zu predigen, daß
diese Dinge eben nicht im Sinne der römischen Kirche, sondern
nur als „alte Gebräuche," „ohne Superstition" hier zur Anwen=
dung kämen. Diese von Joachim mit eigenhändigen Bemerkungen
versehene Declaration beweist hinlänglich, wie wenig jetzt noch an
eine stricte Durchführung des Interims gedacht wurde.

Während nun Joachim im eignen Lande noch immer keinen
directen Schritt zur Einführung des Interims that, drängte er
seinen Nachbarn Moritz zu definitiven Entschließungen. Dieser
hatte sich davon überzeugt, daß er seinem Lande das Interim nur
in einer stark überarbeiteten, zu Gunsten evangelischer Anschauungen
corrigirten Gestalt würde vorlegen können; nur über Maß und
Umfang der möglichen Zugeständnisse stritten noch die Räte, die
Bischöfe und die evangelischen Theologen. Joachims Politik
bestand nun darin, daß er in diese sächsischen Ausgleichsverhand=
lungen wiederholentlich die Frage nach Recipirung des Meßcanons
und Wiederaufrichtung der Privatmesse hineinwarf. Daß ihn
dabei nur politische Beweggründe leiteten, geht daraus hervor,
daß er nicht einmal in der eigenen Domkirche, wo ihn Niemand
hinderte, die Privatmesse und den Meßcanon restituirte. Jeden=
falls unterließ er hernach nicht, dem Kaiser gegenüber seine Be=
mühungen, die Sachsen zur Annahme des Canons zu bewegen,
gehörig herauszustreichen. Wie er es aber im eignen Lande
damit hielt, darüber schwieg er weislich. Bereits zu dem am
16. October in Torgau zusammentretenden Convent der sächsischen

Stände wurde Agricola berufen, doch scheint es, als sei seiner Reise ein Hindernis entgegengetreten. Die Verhandlungen zwischen Joachim und Moritz fanden ihren Abschluß in der Jüterbocker Zusammenkunft am 16. und 17. December. Es erschienen dort außer den beiden Kurfürsten auch der edle Georg von Anhalt, der Naumburger Bischof Julius v. Pflug, ferner als sächsische Theologen Melanchthon, der Leipziger Superintendent Pfeffinger und der Dresdener Superintendent Daniel Greser, und als theologischer Ratgeber Joachims Agricola. Als Grundlage der Beratungen dienten hier die Sätze, welche am 19. November von sächsischer Seite auf dem Convent in Klein=Zelle formulirt worden waren. Diese Sätze — im Wesentlichen identisch mit dem hernach in Sachsen publicirten sogenannten Leipziger Interim — waren offenbar unter Benutzung der brandenburgischen Kirchenordnung Joachims von 1540 verfaßt. Was in ihnen von katholischen Bräuchen beibehalten wird, die Confirmation als bischöfliche Prärogative, die Einhaltung der horae canonicae an allen Stifts= und städtischen Pfarrkirchen, das Fastengebot an den Freitagen und Sonnabenden wie in der Fastenzeit (jedoch nicht als religiöses, sondern als landespolizeiliches Gebot), priesterlicher Ornat, die Feier des Fronleichnamsfestes u. dergl., das fand sich Alles in jener Kirchenordnung Joachims bereits vor. Die einzige nennenswerte Zuthat war die Wiederaufrichtung der letzten Oelung „nach der Apostel Gebot." Ueber die Anerkennung und beiderseitige Annahme dieser Sätze war daher zwischen Moritz und Joachim schnell eine Einigung erreicht. Dagegen erhob sich scharfer Widerspruch, als Joachim auch hier die Frage anregte, ob nicht der Meßcanon im evangelischen Gottesdienste Aufnahme finden könnte. Die sächsischen Theologen hatten vorausgesehen, daß diese Frage auf die Tagesordnung kommen würde, und hatten sich darauf gerüstet. Melanchthon übergab eine von ihm formulirte entschiedene Zurückweisung des Ansinnens Joachims. Es fand dann noch eine engere Beratung der Fürsten statt, an der zwar Agricola, aber nicht die sächsischen Theologen teilnehmen durften. Hier war es Georg von

Anhalt, der der Schutzrede Agricolas für den Meßcanon energisch entgegentrat. Georg erinnerte ihn daran, daß er einst selbst (s. oben S. 82) gegen den Canon gepredigt und geschrieben hätte. Agricola replicirte, damals hätten die Papisten falsch von der Messe gelehrt, jetzt aber seien sie selbst auf einen richtigen Weg gekommen, daher könnte man auch den Canon jetzt ohne Sünde lesen und behalten. Treffend antwortete ihm Georg darauf: „Sind die Papisten jetzt auf rechter Bahn, so folgt daraus, daß sie selbst ihren Canon entweder abthun oder verbessern müssen. Wollen sie ihn aber ungeändert behalten, so beweisen sie damit, daß sie ihre Meinung nicht geändert haben, und Ihr handelt derhalben nicht aufrichtig, daß Ihr die Gemeinde Gottes ärgert und zum Abfall reiner Lehre Ursache gebet. Ist der Canon vor 20 Jahren, als Ihr dawider geschrieben habt, gottlos gewesen, so wird er jetzund nicht besser sein, er ist und bleibt der alte Canon und behält seinen vorigen Schmack. Ihr werdet vielleicht den Mund verwöhnet haben, daß so Euch zuvor bitter geschmeckt, jetzund eitel Zucker und Honig dünkt."

Resultat dieser engeren Beratung war, daß sich Moritz und Joachim zu folgender Erklärung einigten: „Wiewol wir des Canons halben in der Messe diesmal nicht haben entschließen können, so wollen wir uns doch ferner darum beratschlagen, wie dem zu thun" — d. h. man vertagte die Entscheidung der streitigen Frage aufs Neue, um sie auf diese Weise schließlich für immer fallen zu lassen.

Das positive Ergebnis der Zusammenkunft bestand darin, daß beide Kurfürsten am 17. December ein gemeinsames Decret aufsetzten, das sie übereinstimmend in ihren Landen wollten publiciren lassen. Dasselbe enthält jene oben erwähnten Sätze des Zellischen Convents nebst einer Einleitung, in welcher sie erklären: nachdem der Kaiser in Augsburg eine Ordnung habe ausgehen lassen, wie es in unsrer christlichen Religion bis auf ein freies Concilium gehalten werden sollte, darüber aber vielerlei Mißverständnis vorgefallen wäre, so hätten sie sich nun nach vorgehaltenem Rate ihrer vornehmsten Theologen über folgende Artikel geeinigt, die sie bei ihren Unterthanen „mit ihrer Bewilligung" ins Werk bringen wollten. Die nachfolgenden Artikel werden also ganz kühn den Artikeln des Augsburger Interims als deren Interpretation und Ausführung untergeschoben, und betreffs letzterer wird noch dazu die Bedingung „mit Bewilligung der Unterthanen" angehängt, es war also nicht einmal dazu Neigung vorhanden, diese Jüterbocker Artikel um jeden Preis den Unterthanen aufzubürden. Niedergeschlagen kehrte Melanchthon, triumphirend Agricola von Jüterbock heim. Für Ersteren war der Gedanke peinigend, überhaupt mit Agricola zusammen tagen zu müssen, denn er urteilte ganz richtig, daß sein eigenes Ansehen darunter nur leiden konnte, wenn er mit dem Lobredner des Interims irgend welche Vereinbarung geschlossen, gleichviel von welcher Seite dabei am meisten nachgegeben worden war. „Was für ein Murren wird entstehen, wenn man uns mit Eisleben zusammen sehen wird!" schrieb er schon wenige Tage vor der Abreise nach Jüterbock bedrängten Herzens an Georg von Anhalt. Und seine Ahnungen waren ganz richtig, denn die Flacianer haben hernach in schonungsloser und zum größten Teil ganz ungerechtfertigter Weise die Jüterbocker Zusammenkunft als Angriffswaffe gegen Melanchthon zu benutzen gewußt. — Agricola umgekehrt fühlte sich sehr erleichtert, denn nominell hatte ja nun auch Moritz das Augsburger Interim als verträglich mit dem evangelischen Bekenntnis anerkannt, Joachim und sein Ratgeber waren aus ihrer isolirten Stellung unter den Evangelischen durch jenes gemeinsame Publicandum vom 17. December herausgerissen; daß er gemeinsam mit Melanchthon und den anderen sächsischen Theologen verhandelt hatte, und man dabei zu einer Vereinigung gekommen war, das mußte ihm natürlich dazu dienen, seinen Ruf einigermaßen zu retten. Kaum war er nach Berlin zurückgekehrt, so benutzte er den nächsten Gottesdienst (es war am Thomastage, 21. December, der in der Mark als kirchlicher Feiertag begangen wurde) zu folgender Abkündigung: „Lieben Leute, auf den nächsten Sonntag (23. Dec., 4. Adv.) wolle sich ein Jeglicher in der Kirche finden. Denn da wird man ablesen, was beide Kurfürsten Sachsen und Brandenburg zu Jüterbock sich verglichen haben und auch ins Werk bringen wollen. Kann denn ja der Wirt oder Wirtin selber nicht hereinkommen, so lasse er doch einen Knecht oder Magd anhergehen und Nachbarn bei Nachbarn, damit es kund und offenbar werde und man wissen möge, was da gehandelt wurde." Am Sonntage versammelte sich denn eine überaus zahlreiche Gemeinde in der Domkirche; Joachim selbst in Begleitung zweier junger Herzöge von Mecklenburg war auch zugegen. Nachdem Agricola über das Evangelium des Tages gepredigt hatte, hob er an: "Lieben Leute, ihr wißt, daß viel Schreibens von dem Kaiserl. Buche hin und wider geschehen, und sind viele Leute geschändet worden, dergleichen ich sonderlich, als wollte man die reine Lehre verfälschen oder unterdrücken. Damit ihr aber sehet und höret, daß man uns ganz Unrecht gethan hat, so haben die Theologen zu Wittenberg auf das Interim eine Verklärung und Ordination gestellet, die den beiden Kurfürsten als Sachsen und Brandenburg überantwortet, die auch bewilligt in beiden Kurfürstentumen und Landen zu halten, wie Solches beide J. Kurf. Gn. mit eigenen Händen unter= siegelt und unterschrieben, und lautet also." Er las nun die Jüterbocker Artikel vor und schloß: "Da habt ihr nun, lieben Leute, was Gott für große Gnade zu Jüterbock gewirkt hat. Derhalben halte ein Jeglicher sein Maul hinfürder und belüge und lästere unschuldige Leute nicht mehr. Und wenn du nun willst wissen, was das kaiserl. Buch oder Interim ist, so sage ich: **es ist meines gnäd. Herrn von Brandenburg, Kurfürsten, ausge= gangene Ordnung**, und glaube den Lügenmäulern nicht mehr, die jetzt mit Schanden müssen bestehn, die zuvor in alle Welt ausgeschrieben, gesagt und geplaudert, der Kaiser wolle das Evan= gelium austilgen, welches ihr nun wißt, daß es erlogen ist. Denn das ich jetzund verlesen, haben die Theologen zu Wittenberg gestellt. Derhalben stehet nun die Thür offen dem Evangelio durch ganz Europa. Allein bittet, daß Gott nun getreue Diener des Worts wolle geben, die sich darin recht schicken können. Das gebe Gott durch seinen Geist. Amen."

Wir sehen, Agricola bemühte sich mit einer staunenswerten Dreistigkeit, den für notwendig erkannten Rückzug vom Augsburger Interim zu jenen Jüterbocker Artikeln und schließlich zur Kirchenordnung von 1540 zu verdecken, und spielte den unschuldig Verlästerten, der jetzt von Wittenberg her ein glänzendes Zeugnis für seine evangelische Rechtgläubigkeit erhalten hätte. Die Zuhörer konnten wol zu ihrer Beruhigung aus seiner Ansprache entnehmen, daß Aenderungen in der Lehre gar nicht, und nur geringfügige Aenderungen in den Ceremonien ihnen zugemutet werden sollten; aber das Schlimme und für ein zarteres Gewissen Unannehmbare war, daß sie jene Jüterbocker Artikel als das vom Kaiser proclamirte Augsburger Interim annehmen und gewissermaßen Mann für Mann mithelfen sollten, dem Kaiser gegenüber eine Komödie aufzuführen. Daher war trotz der Erklärungen Agricolas die Aufregung in Berlin und im ganzen Lande jetzt außerordentlich. Joachim ließ die Tage des Weihnachts- und Neujahrsfestes vorübergehen, dann aber traf er endlich Anordnungen, um mit der Interimsannahme von Seiten der Geistlichen und Stände ins Werk zu kommen. Er zog es vor, die Geistlichkeit nicht auf einmal zu diesem Zwecke nach Berlin zusammenzurufen, sondern in kleineren Gruppen zur Verhandlung vorzuladen. Mit der Berliner Geistlichkeit sollte der Anfang gemacht werden. Diese wandte sich in ihrer Angst am 7. Januar mit einem Schreiben, das durch besondere Deputation überbracht wurde, nach Wittenberg an ihre „Väter und Präceptoren" Bugenhagen und Melanchthon, in welchem sie u. A. um eine Erklärung baten, ob es für ihre Gewissen statthaft sei, die Jüterbocker Artikel anzunehmen, da man sie ihnen überantworten wolle zugleich „mit dem Interim, wie es zu Frankfurt a. O. gedruckt ist, im Namen, als hielten wir das ganze Interim." Die beiden Wittenberger antworteten darauf (am 11. Januar): wenn ihnen ihr Kurfürst zugleich mit den Jüterbocker Artikeln das Augsburger Interim zur Annahme vorlegen sollte, so möchten sie nur erklären, daß sie fest bei der Lehre ihrer Kirchenordnung von 1540 blieben;

wenn der Kurfürst seinerseits die Sache so ansehen wolle, als stimmten das Augsburger Interim oder irgend welche andere Artikel damit überein, und in diesem Sinne dem Kaiser Erklärungen abgeben wolle, so sei das ja seine Sache, in der sie ihm ja keine Vorschriften zu machen hätten. Vielleicht werde er sich damit zufrieden geben. An Agricolas Collegen Hieronymus Schwolle schrieb Melanchthon privatim, er seinerseits trage kein Bedenken, sich mit sogenannten Adiaphora belasten zu lassen.

So wurde denn zunächst (im Februar) mit den Berliner Geistlichen verhandelt. Sie erhielten vom Kurfürsten Befehl, in Agricolas Wohnung zu erscheinen, um sich mit diesem über das Interim zu bereden. Hierbei kam es zu scharfen Auseinander=setzungen zwischen Buchholzer und Agricola über die Recht=fertigungslehre des Augsburger Interims, ja einem Berichte des Flacius zufolge trieb Ersterer Letzteren so in die Enge, daß dieser endlich dem Propst seine rechte Hand reichte und das Bekenntnis abgab: Es ist ja gewiß wahr, wer das Interim hält, der ist ewig des Teufels! Ueber das Resultat der Verhandlungen lauten die Berichte aber merkwürdig verschieden. Melanchthon erzählt mit sichtlicher Befriedigung, Joachim habe den Geistlichen das Augs=burger Buch nebst seiner Declaration vorgelegt, darauf hätten sie grade so geantwortet, wie er selbst ihnen angeraten hätte: sie könnten zwar dem Augsburger Interim nicht zustimmen, seien aber bereit, bei der Brandenburgischen Kirchenordnung zu bleiben. Und damit sei er zufrieden gewesen, es sei also keinerlei Aenderung vor=genommen worden. Ganz anders lautet der Bericht des Brandenburger Geistlichen A. Hügel: „dieweil sie, die prediger der Hoffuppen, fürchteten und sonst auch nit fest waren, haben sie auch gehalten wie ein loser bogen, und haben gewilligt, das Interim nach der Declaration anzurichten." Die Berliner Geistlichen werden zwar erklärt haben, daß sie das Augsburger Interim nicht halten könnten, aber sie werden auch die ihnen eingehändigten Exemplare desselben nicht zurückgewiesen haben, da ihnen factisch nur die in den Jüterbocker Artikeln aufgeführten Ceremonien als das in ihre

Praxis Wiedereinzuführende zugemutet wurden. Auch dem Artikel, der die letzte Oelung wiederherstellt, scheinen sie sich gefügt zu haben, und das wol darum, weil ja dieselbe nur auf Begehren zu spenden war, dieselbe also, wo die Bevölkerung evangelisch gesinnt und dieser Ceremonie entwöhnt war, nur auf dem Papier stand und nur in ganz seltenen Fällen wirklich zur Ausführung kam.[1]) Mit den Berlinern zusammen scheint auch die Geistlichkeit der nächsten Umgegend mit vorgeladen gewesen zu sein; Hügel erwähnt wenigstens den Spandauer Pfarrer M. Christophorus Lasius, welcher gleichfalls in diese Interims-Annahme gewilligt und auch alsbald in seiner Kirche den „circuitum umb die kirchen und messen (oder metten, d. h. Matutin?)" aufgerichtet habe.

Nachdem also mit den Berliner Geistlichen glücklich verhandelt war, folgten die anderen nach. Es wurden nun die Geistlichen, Schullehrer und Bürgermeister von fünf Städten nach Berlin citirt, darunter auch die Vertreter der Stadt Brandenburg. Sie mußten morgens um 8 Uhr auf dem Schloß zu Cöln erscheinen; Joachim und sein Sohn Friedrich nahmen persönlich an der Verhandlung teil, auch Agricola und Mag. Paul Prätorius, der Erzieher des Prinzen, waren zugegen. Lateinische und deutsche Exemplare des Interims waren zur Stelle gebracht, erstere für die Geistlichen, letztere für die Bürgermeister zur Verteilung bestimmt. Nach einer Ansprache Joachims, in der er den Versammelten eröffnete, er habe ihnen auf kaiserlichen Befehl das Augsburger Buch zu „überantworten, danach sich ein Jeder zu richten; er versehe sich auch, daß man werde Kais. Maj. hierin willigen Gehorsam zu erzeigen wissen," ließ er die Exemplare verteilen, zugleich aber auch durch einen Secretär die von Agricola verfaßte „Declaration" verlesen. Die Geistlichen baten darauf um Erlaubnis, sich unter einander bereden zu dürfen, ehe sie eine Erklärung abgäben, und bekamen — wenn auch ungern — die

---

[1]) So erklärt es sich, daß in den Streitschriften gegen das (Jüterbocker) Leipziger Interim die Wiederherstellung dieser Ceremonie verhältnismäßig so wenig Rumor gemacht hat.

Genehmigung dazu. Beim Hinausgehen rief ihnen der Kurfürst nach: „Ihr mögt euch beratschlagen, aber ihr sollt wissen, daß Kaif. Maj. das stricte will gehalten haben." Bei der Besprechung unter einander traten alsbald zwei Parteien hervor. Die Mehrzahl, unter Führung Johann Siegfrieds, des Pfarrers in Alt-Brandenburg und Freundes Melanchthons, sowie des gleichfalls mit Melanchthon befreundeten Bürgermeisters Christian Matthias, plädirte dafür, den Kurfürsten um 14 Tage Bedenkzeit zu bitten, um noch einmal in Wittenberg sich befragen zu können; die Minderzahl, als deren Wortführer Mag. Andreas Hügel, Pfarrer in der Neustadt Brandenburg, hervortrat, erklärte die Vorlage für absolut unannehmbar. Ohne sich vereinigt zu haben, traten sie wieder vor Joachim. Johann Siegfried sprach im Namen der Mehrzahl und bat um 14 Tage Bedenkzeit; Hügel brachte seinen Protest vor, bat auch den Kurfürsten, das ihm eingehändigte Interim wieder zurücknehmen zu wollen. Joachim wurde über diesen Widerstand unwillig, verweigerte die Rücknahme des Buches, berief sich lebhaft auf Luthers und Melanchthons Autorität, die er auf seiner Seite hätte, und entließ die ganze Versammlung ohne Abschied, den Protestler aber mit der Weisung, da er's nicht wollte annehmen noch willigen, so möchte er sich an solche Orte begeben, wo er seines Gefallens leben könnte. Hügel aber warf beim Hinausgehen das verhaßte Interim von sich. Doch Joachims Gutmütigkeit behauptete schnell wieder die Oberhand. Kaum waren sie hinaus, so rief er Siegfried und Hügel noch einmal zurück. Er sprach zunächst mit Siegfried in längerer Rede. Er warnte vor den „storren Köpfen" der Prediger; er bat, man wolle doch nicht um geringer äußerlicher Dinge willen die ganze Kirche in Not bringen, er müsse ja also handeln um des Kaisers willen, damit Land und Leute nicht verstört würden. Ob man in Sachsen die Jüterbocker Artikel auch wirklich ausführen werde, das könne er nicht wissen; es sei ihm genug, daß sie gemeinsam diese Artikel acceptirt hätten. Die Geistlichen möchten doch nur bedenken, daß, wenn sie ihn nicht als ihren Ordinarius dulden wollten, er sie dem Papst und dem Bischof zu Lebus befehlen würde, und dabei würden sie doch viel übler fahren. Ihre Bitte um 14 Tage Bedenkzeit genehmigte er jetzt: „Ziehet gegen Wittenberg, befraget euch mit euren Praeceptoribus. Aber das will ich gehalten haben, das und kein Anderes, danach habt ihr euch zu richten!"

Auch an Hügel wandte er sich mit freundlichen Worten. Er erinnerte ihn daran, daß es sich nur um Weniges handle, das er annehmen sollte; er ermahnte ihn, seiner Kinder und seiner guten Pfarre eingedenk zu sein, und bat ihn, sich anders zu bedenken. Hügel blieb aber bei seiner Weigerung, irgend etwas zu ändern. Der Kurfürst gestattete ihm, ausführlich seine Gründe vorzutragen. Hügel hob hervor, es handle sich um eine Simulation, welche sittlich nicht statthaft sei. Seine offenherzige Remonstration verfehlte nicht ganz des Eindrucks auf den Kurfürsten; er wurde, wie es scheint, nicht unfreundlich verabschiedet.

Johann Siegfried und Christian Matthias befragten sich in Wittenberg und brachten von dort den Rat mit, das Interim nach der Declaration anzunehmen. Und das geschah denn auch, wenngleich unter mancherlei Widerspruch der Bevölkerung; Buchholzer, der am 24. März in Brandenburg predigte, scheint im Auftrage des Kurfürsten selbst seinen Einfluß zur Beruhigung der Gemüther aufgeboten zu haben. Für Hügel verwendete sich der Rat bei Joachim, aber da Jener jede Aenderung verweigerte, so wurde ihm eröffnet, der Kurfürst bleibe bei seinem Vorhaben; man wisse Geistliche, die jede Annahme verweigerten, nicht zu schützen. Hügel nahm diesen Bescheid als eine Entlassung und verließ die Mark.

In ähnlicher Weise wurden nun jedenfalls auch gruppenweise die Vertreter der anderen Städte der Mark vorgeladen; nur fehlen uns darüber eingehende Berichte. Es ist nur noch bekannt, was Leutinger über die Erlebnisse seines Vaters, des Pfarrherrn zu Alt=Landsberg, berichtet. Hier scheint nicht der Kurfürst selbst, sondern Agricola in seinem Auftrage die Verhandlungen geleitet zu haben. Leutinger weigerte sich, das ihm behändigte Exemplar des Augsburger Interims anzunehmen, und sprach dabei die oft citirten Worte: „Ich habe Eisleben lieb, meinen Kurfürsten noch lieber, am liebsten aber Gott, dem man mehr gehorchen muß als den Menschen." Agricola nahm ihn freundlich bei Seite und bat, er möge das Buch doch wenigstens annehmen, um seinen Inhalt kennen zu lernen, und brachte ihn wirklich dazu, daß er das ihm offerirte Exemplar nahm. Als er aber bemerkte, wie nun die mitvorgeladenen Geistlichen, seinem Beispiele folgend, ohne Widerspruch das Interim sich einhändigen ließen, erhob er plötzlich lauten Einspruch und warf das Buch mit raschem Entschlusse ins Feuer. Was für Folgen daraus für ihn entstanden seien, läßt der Berichterstatter nicht deutlich erkennen; er sagt nur, als das Interim im Verlauf der politischen Ereignisse aus der Welt geschafft worden sei, da hätte sein Vater mit Bewilligung des Kurfürsten **das Seinige zurückerhalten**; ob aber eine Amtssuspension damit angedeutet werden soll, oder etwa nur eine zeitweise erfolgte Einhaltung seiner Amtseinkünfte oder sonst eine Form der Strafe, das wird aus den angeführten Worten nicht recht klar.

Die Geistlichen auf dem platten Lande scheinen gar nicht nach Berlin citirt worden zu sein, sondern empfingen wol das Interim in den nächstbelegenen Städten auf kurfürstlichen Befehl ausgehändigt. Noch vor Ostern war im ganzen Lande dem Willen des Kurfürsten Genüge geschehen: dem Namen nach war das Interim aufgerichtet, in Wahrheit war die Kirchenordnung von 1540 mit ihren katholisirenden Bestimmungen wieder aufgefrischt. Aber es galt auch jetzt wieder, was Melanchthon früher einmal über Joachim bemerkt hatte: er forderte nicht aller Orten stricte Beobachtung aller einzelnen Ceremonien. Hatten sich die Geistlichen nur seinem Willen gegenüber willfährig bewiesen, so ließ er sich wol auch mit einem geringeren Maße von Ceremonien zufrieden stellen. So wurde an einzelnen Orten der **sonntägliche** Circuitus nachgelassen und nur einmal im Quartal gefordert. Auch gab Joachim die Wiederherstellung des Meßcanons, die wie eine drohende Wolke anfangs Vieler Gemüter beunruhigte, bald gänzlich und für immer auf. Mit jenem Formular, welches im Wesentlichen die römischen Meßgebete, außerdem aber eine Präfation enthielt, welche evangelischen Anschauungen entgegenkam (s. oben S. 264), stieß man auf entschiedenen Widerwillen bei den Geistlichen. Buchholzer wendete sich an Melanchthon mit der Bitte, er möge doch ein Formular von Dank- und Bittgebeten zusammenstellen, welches an Stelle des Canons gebraucht werden könnte — aber es war nicht einmal mehr nötig, für ein Surrogat Sorge zu tragen, da der Kurfürst selber die Sache fallen ließ. In einer Klage der Städte auf dem 1549 abgehaltenen Landtage heißt es: „Nachdem auch etliche gelarte Prediger aus der Mark Brandenburg des Interims und desselben Declaration halber verrückt.."[1]) Daraus geht allerdings hervor, daß Hügel nicht ganz allein geblieben war, sondern daß noch einige Andere seinem Beispiel gefolgt waren. Aber auch bei diesen scheint nicht eine förmliche Amtsentsetzung stattgefunden zu haben, sondern nur ein freiwilliges Weichen aus dem Amte, um sich den ihnen zugemuteten Gewissensnöten zu entziehen. Die überwiegende Mehrzahl der Pastoren fügte sich den Anordnungen Joachims, teilweise unter dem Schutz eigentümlicher Mittelchen, um ihr Gewissen zu salviren. „Du kannst ja Deinen Diakonus die albernen Ceremonien ausführen lassen," — diesen naiven Rat gab Melanchthon selbst einem guten Freunde, der sich mit allerlei Strupeln an ihn wandte. Und den Dorfpfarrern gab man an die Hand, ihnen selbst anstößige Ceremonien den Küstern zuzuweisen!

Aus der Einführung des Interims war thatsächlich unter Berufung auf das Gebot des Kaisers eine erneute Einschärfung der Bestimmungen der Kirchenordnung von 1540 geworden. Aber es war nur ein künstliches Leben, zu dem jetzt noch einmal jenes katholisirende Ceremonienwesen erweckt wurde: es hatte nur kurzen Bestand. Schon am 7. April 1549 schrieb Georg Major an den König von Dänemark, es werde an vielen Orten, auch in der Mark, das Interim nunmehr nicht so hart getrieben, und sei

---

[1]) Zimmermann, die Mark unter Joachim I. und Joachim II. S. 246.

gute Hoffnung vorhanden, es werde mit der Zeit Alles gelinder werden. Im October desselben Jahres erzählte man bereits, Agricola habe das Interim öffentlich verworfen und widerrufen — freilich ist ein förmlicher Widerruf niemals schriftlich ausgegangen. Es kam für ihn bald die Zeit ruhigeren Rückblicks auf die wüste Zeit des Augsburger Reichstages, und damit ein Gefühl der Scham über die Charakterschwäche, deren er sich schuldig gemacht hatte; es kam die Zeit, da, um mit Flacius zu reden, „die Eltern des Interims solcher schönen Frucht sich selbst schämten und es in ihren eigenen Landen nicht länger förderten durften oder konnten;" da wurde das Interim in aller Stille wieder aus der Welt geschafft. Jene katholisirenden Ceremonien schliefen ein und kamen außer Gebrauch, ohne daß eine officielle Verfügung dazu Auftrag gegeben hätte. Das evangelische Bewußtsein der Geistlichen und der Gemeinden entschied über das, was Bestand haben konnte und was dahin fallen mußte.[1]

---

[1] Ein altes Bild Agricolas trägt als Unterschrift einen Vers, in welchem er von sich selber sagt:

„Doch half ich das Interim schmieden,
Ward aber im Geist wiederum stark."

Fortg. Samml. 1720 3. Beitrag. — Auf der Königl. Bibliothek zu Berlin ist in Abschrift ein Fragebogen, auf welchem sich elf Fragen König Ferdinands an seinen Sohn Maximilian befinden betreffs des Unterschiedes zwischen kathol. und evangelischer Lehre, mit Antworten Agricolas. Letztere geben in allen Punkten klar und entschieden von dem evangel. Glauben Rechenschaft. Es sind das dieselben Fragen, welche auch Melanchthon zur Beantwortung vorgelegt worden sind, vergl. Corp. Ref. VIII. 699 flg. Sie gehören demnach ins Jahr 1556. Manuscr. germ. 203 No. 8.

## VIII.

## Vox populi.

Mit stolzem Selbstbewußtsein hat Flacius einmal in Bezug auf das Interim den Ausspruch gethan: „Das Interim ging so glücklich an, daß es sich ansehen ließ, als würde es Alles in Grund reißen. Aber der Herr griff ihm dermaßen ins Maul, daß, wiewol aufs allerernstlichste von den Monarchen geboten war, es sollte Niemand dawider schreiben oder predigen, jedoch nie wider kein Buch soviel geschrieben ist worden, als widers Interim." Und der Stadt Magdeburg, „Gottes Kanzlei," sagt er es zu besonderem Ruhme nach: „hie sind schier allein alle Schriften, so das Interim und Adiaphora ausgestürmet haben, in Druck ausgegangen." Trotz kaiserlichen Verbotes ging eine Flut von Schriften, anonym oder pseudonym, oft aber auch mit Nennung des Verfassers, aus den Magdeburger Druckereien in die Oeffentlichkeit, wurde unter der Hand verbreitet und mit Eifer gelesen; eine andre nicht geringere Zahl von Schriften cursirte nur handschriftlich unter den Anhängern und Freunden des reinen Evangeliums Luthers. Manche unter diesen Gegenschriften gegen das Interim waren rein sachlich gehalten, der Interims-Verfasser und Beförderer geschah in ihnen nicht weiter Erwähnung, so z. B. die treffliche Schrift, die Aepinus im Namen der Städte Lübeck, Hamburg, Lüneburg im August 1548 verfaßt hatte, materiell das Wertvollste und formell das Würdigste, was gegen das Interim geschrieben worden ist. Andre Verfasser richteten dagegen ihre Waffen auch gegen die Personen der Interimsschmiede, und es war natürlich, daß derartige Schriften am liebsten gelesen wurden und am meisten Eindruck machten. Unter den drei Verfassern des Interims provocirte aber keiner so sehr den Grimm und Spott, als der evangelische Mitarbeiter Agricola. In der That lehrt uns ein Blick auf die interessante Flugschriften-Literatur, daß ein voll gerüttelt und geschüttelt Maß von Zorn und Spott über ihn ausgeschüttet wurde: er ist gehaßt, geschmäht, gehöhnt worden, wie selten einem deutschen Theologen widerfahren ist — und man muß ja zugeben: er hatte es zum größten Teile durch seine Charakterlosigkeit verdient und durch seine Ruhmredigkeit heraufbeschworen. Als er noch in Augsburg war, erschien dort bereits eine Komödie — wohl nur handschriftlich verbreitet —, in welcher er mit Anspielung auf das von seinem Vater betriebene Schneiderhandwerk als Interimsschneider eine tragikomische Rolle spielte. An seine Heimreise aber knüpft sich bereits die Erinnerung an eine ganze Reihe von Flugschriften, die ihn persönlich aufs Schärfste mitnahmen. Andreas Osiander, den er in Nürnberg zur Annahme des Interims zu verleiten gesucht hatte, wurde als Verfasser des kecken Liedes:

„Das Interim
ich nicht annim
und sollt die Welt zerbrechen"

bezeichnet, in welchem Jeder der drei „Schelmen," die es gemacht hatten, sein Teil angehängt erhält.

„Der dritte gauch, ein feister Bauch, Eißleben will nit büssen,
Wiewol er frey, sein kätzerei Hat widerrüffen müssen,
War im arrest, verstricket vest, Ist dannocht drauss entlauffen,
Darumb er solt, umb all sein goldt Ein schelmenpfründ jm kauffen."[1]

Kaum hatte er Saalfeld verlassen, wo er jene erfolglose Unterredung mit dem alten Freunde Aquila gehabt, so schleuderte ihm dieser folgende Schrift nach:

---

[1] Anspielung auf sein wortbrüchiges Entweichen aus Wittenberg 1540 und den Widerruf, den er von Berlin aus in Sachen der Lehre vom Gesetz hatte leisten müssen.

„Wider den spöttischen Lügner vnd vnverschempten verleumbder M. Jslebium Agricolam. Nötige verantwortung, vnd Ernstliche warnung Wider das Interim. APOLOGIA. M. CASPARIS AQVILAE Bischoff zu Salfeld. M. D. XLVIII. (Magdeburg bei Christian Rödinger.)"[1]) Es sind klobige Waffen, die er gegen den alten Freund schwingt; die Schrift ist ein Arsenal urkräftiger Schimpfreden. Die drei Interimsverfasser sind „epikurische Sophisten," „volle trunkene Mastschweine," „verräterische Bluthunde, Schandspötter und Teufelslügner." Agricola speciell wird betitelt: „Du Madensack, du Amphora Bacchi, du Ezebule, Gnato." Im Uebrigen ist es eben nur eine kräftige Widerlegung des durch Agricola verbreiteten Gerüchts, Aquila sei bereit, das Interim anzunehmen. Daß das Schriftchen begierig gelesen und verbreitet worden sein muß, geht daraus hervor, daß der Name Ecebulus, mit welchem Aquila hier Agricola benennt, fortan wie eine Art Spitznamen auf demselben haften geblieben ist.[2])

Auch Agricolas Durchreise durch Jena gab zu einer für ihn wenig schmeichelhaften Dichtung Anlaß. Johann Stigelius, der noch vor einer Reihe von Jahren Agricolas Lob gesungen (s. oben S. 103), begrüßte ihn jetzt als Abtrünnigen und den höllischen Mächten Verfallenen:

>     Ergo eciam nostras tristissima pestis ad oras
>         Ergo Draco Sathana concomitante venis,
>     Qui iterum virus, quod vix pia cura Lutheri
>         Sustulerat, Stygio rursus ab orbe refers!

Er spricht den Wunsch aus

>     — qui te nostras advexit in oras,
>     Deducat nostro rursus ab orbe Sathan,

und zwar mögen ihn die Eumeniden directen Weges zum Orfus hinabführen.

>     Nam te non alia morte perire decet.

---

[1]) Datirt ist die kleine Schrift: Freytag nach Jacobi 1548.
[2]) Nicht von Apollos Beinamen ἐκηβόλος leitet sich der Name ab, sondern von dem konstantinopolitaner Sophisten Ἐκηβόλιος, von welchem Suidas erzählt, er habe unter Konstantin dem Großen den eifrigen Christen, hernach unter Julian ebenso wieder den Heiden gespielt.

Noch im „Hewmonat 1548" wurde ferner ein langes Spottgedicht verfaßt, betitelt: „PANEGYRICVS PASQVILLI zw ehren dem Achtbaren hochgelerten vnd weitberumpten herren, Er Joan Eiß=leben, do er mit seinem INTERIM von Augspurg, als ein refor=mator Deutzsches lands vnd Christlicher kirchen frisch vnd frölich heimwarts gezogen ist."

> Nu freu sich ganz Germania,
> Mark, Meißen und Saxonia,
> Daß uns der edel teuer Held,
> Deß Tugend allzeit unerzählt,
> Zu Hause kommt mit guter Mär
> Und bringt uns etwas Neues daher. — —

Er wird besonders darin verspottet wegen seiner vergeblichen Bemühungen, Butzer fürs Interim zu gewinnen und wegen der Geschenke, die ihm die Nürnberger gegeben hätten; zum Schluß werden die Herren von Berlin gewarnt, denn ihr Kurfürst und Eisleben seien im Begriff, den Papst zu ihnen zu führen.[1]

Weit unmittelbarer gingen ihm jedoch die Schriften zu Leibe, welche auf seine frühere Lebensgeschichte zurückgriffen und den Widerspruch zwischen Einst und Jetzt schonungslos bloßlegten, teilweise seine eigenen Schriften früherer Zeit benutzten, um seinen Abfall vom evangelischen Glauben recht grell zu beleuchten. Kämpfte er jetzt für Aufnahme des römischen Meßcanons in den evan=gelischen Gottesdienst, so antwortete man ihm darauf am schneidigsten durch den erneuerten Druck seiner eigenen 1526 (in der Auslegung des Colosserbriefs) verfaßten Beleuchtung dieses Canons: „Von der Messe vnd jhrem Canone Magistri Johannis Agricolae Eyß=leben, Lhere vnd schrifft, Welche er auff dem Reychstag zu Speyer in der Epistel zu den Colossern gepredigct, vnd folgend Anno M. D. xxvij zu Wittenbergk im Druck offentlich hat ausgehen lassen dem Interim so er ytzt hat helffen stellen gantz entgegen, daraufs sein geyst zuvermercken." Hatte Agricola gepredigt, der Kaiser sei lutherisch geworden, so gab Flacius dagegen einen im kaiserlichen Auftrage von der Universität Löwen gefertigten Index

---

[1] Cod. Bibl. Sen. Lips. 222 fol. 93—96.

librorum prohibitorum heraus, auf welchem nicht nur „Martini Lutheri Bücher alle," sondern auch „Johannis Agricolae annotationes in das Evang. Lucae, Item in die Epistel an Titum" als verboten bezeichnet waren. Berief sich Agricola auf Luthers vermeintlich dem Interim günstig lautende Aussprüche, so antwortete man von Magdeburg aus durch Veröffentlichung von: „Ein Schrifft des Achtbarn vnd Ehrwirdigen Herren seliger gedechtnis, Doctoris Martini Lutheri, wider den Eisleben, kurtz vor seinem end geschrieben, vormals aber nie im Druck außgangen." So ganz dicht vor dem Ende war zwar die darin mitgeteilte Schrift Luthers nicht verfaßt worden, sie stammte vielmehr aus dem April 1540, aber sie war im höchsten Affect des Zornes gegen Agricola geschrieben; dazu fügten die Magdeburger Theologen noch eine Nachschrift, in der sie Luthers Prophezeiung über den von Agricola der Kirche drohenden Verrat mitteilten und also genügend zu beweisen meinten, daß zwischen Luther und Agricola absolut keine Gemeinschaft mehr sei.

Speciell gegen Agricola schrieb ferner Flacius seinen „Lauterwar"[1]) und später seine „Gründliche verlegung aller Sophisterey, so Junker Jssleb, D. Interim, Morus, Pfeffinger, D. Geitz (d. i. Georg Major) in seinem gründlichen bericht vnd jhre gesellen, die andere Adiaphoristen, das Leipsische Interim zu beschönen, gebrauchen." Wie aber schon dieser Titel beweist, lenkte das Erscheinen des Leipziger Interims die Aufmerksamkeit von Agricola und den Vorgängen in der Mark auf das Verhalten Melanchthons und seiner Gesinnungsgenossen in Kursachsen. Der „interimistische" Streit wurde zum „adiaphoristischen," und somit schwindet auch Agricolas Name mehr und mehr aus der betreffenden Streitliteratur. Die Schriften frühesten Datums beschäftigen sich am meisten mit ihm. Als solche verdienen noch besondere Erwähnung

---

[1]) Der vollständige Titel lautet: Wider das | INTERIM. | Papistische Meß, Canonem, | vnnd Meister Eisleben, | durch Christianum lau= | terwar, zu dieser Zeit nütz= | lich zu lesen. | Darunter die Bibelworte Apocal. 18,23. und 16,2. 4°. 4 Bg. Unterschrift: Anno 1549.

des Erasmus Alberus „Dialogus vom Interim", (bereits am 16. August 1548 vollendet), in welchem der Verfasser ihn als einen undankbaren und gesinnungslosen Menschen, als Bauchknecht und Religionsspötter, dem es gleich viel gelte, was man predige oder glaube, auf Grund dreißigjähriger persönlicher Bekanntschaft abconterfeit; ferner die Schrift des Wittenb. Diakonus Albertus Christianus Admonitio ad primarium nostri temporis Ecebolum Eislebium, 1549 (gedruckt erst 1551), in welcher mit Geschick und in maßvollerem Tone alles nur irgend von Agricola zu Gunsten seines Verhaltens brieflich und mündlich Vorgebrachte eine meist treffende sachliche Widerlegung findet.

Seines vornehmen Verfassers (?) wegen verdient auch genannt zu werden: „Kleiner catechismus ßo der achtbare pawermann Sch... lebius seiner romischen kirche zu trost vnd zu wirklicher frucht vnd besserunge seines eingeborenen zarten kindeleins interim genandt mit radt vnd hilfe zweyer schafferer vnd iren gottgefelligen mennern, als er julius M. (?) Pfluck vnd des suffraganei zu menz zu ebigem tros allen frommen interimisten hatt lassen ausgein." Dieser im Berl Geh. Staatsarchiv befindliche seltsame Katechismus ist nämlich nicht nur von Johann von Küstrin eigenhändig geschrieben, sondern soll auch diesen bibelfesten und auf Agricola heftig zürnenden Fürsten zum Verfasser haben. Der Text der Lutherschen Erklärung der 10 Gebote wird hier im Sinn der Interimisten umgestellt und carifirt, z. B. „wir sollen den Papst fürchten und lieben, daß wir alles Geld und Gut gegen seine falsche Waare als Ablaß, Briefe, Pallium und Bullen neben anderen welschen Praktiken aus deutschen Landen bringen, seine sodomitische Heiligkeit zu erhalten und unser Vaterland damit im Grunde zu verderben, sein Reich aber dadurch bessern und behüten" — so läßt der Verfasser Eisleben die Frage nach dem siebenten Gebot beantworten. Darauf folgt als „zweites Hauptstück" dieses „Katechismus" ein Verhör, welches Eisleben und seine Complicen mit Butzer, Wolfgang Musculus und Melanchthon über deren Glaubensbekenntnis anstellen, wobei denn von Seiten der Interi=

mischten viel Arroganz, Grobheit und Drohungen zu Tage gefördert werden, die Gegenpart dagegen ihr Glaubensbekenntnis mit gewaltigen Ausfällen gegen das katholische Kirchenwesen würzt. Die übrigen Hauptstücke sind nicht in gleicher Weise in diesem Katechismus, der sich mehr durch Grobheiten, als durch Witz kennzeichnet, satirisch bearbeitet.[1]

Wie hier Agricola vollständig als Convertit zum Katholicismus behandelt wird, so auch in einer uns nur handschriftlich bekannten Schrift, betitelt:

Widerruff Johannis Agricolae Eyßlebens verleugners CHRISTI vnnd des Euangelij ein Schelm aller Schelmen vnnd Papistischen boßwicht.[2] Es enthält diese kleine Schrift eine feierliche Abschwörung der lutherischen Ketzerei, einen Widerruf alles dessen, was er je gegen die katholische Kirche gelehrt und gepredigt habe, und eine völlige und demütige Unterwerfung unter die „rechte, wahre, apostolische, katholisch-römische" Kirche. Schriften, die mit so offenbarer Uebertreibung den Gegner angriffen, verwundeten diesen wol nicht so tief, als diejenigen, welche seine Stellung sachgemäßer auffaßten, aber um so mehr die sittlichen Blößen, die er sich gab, rückhaltslos aufdeckten. Von schneidiger Schärfe sind z. B. die wenigen Worte, die Joh. Brenz über Agricolas Teilnahme am Interim an Veit Dietrich schrieb: „Ich höre, daß Eisleben dem Interim zugestimmt hat. Und das wundert mich nicht. Denn welchen nüchternen Gedanken vermag ein Mensch, der immer trunken ist, zu fassen?" Und in diesem Sinne schrieb nicht nur ein Freund an den andern; derartige Vorwürfe bekam er öffent-

---

[1] 1549 wurde eine „Passio Christianiss: Electoris Saxoniae Johannis Friderici secundum Pasquillum" verfaßt, in welcher Jedem, der im schmalkaldischen Kriege und in den Interimshändeln sich im Interesse des Katholicismus hervorgethan hatte, in bitterer Persiflage ein Bibelwort als Kennzeichen gegeben wird. Agricola erhält den Spruch: „Sie überredeten das Volk, daß sie um Barabbas bitten sollten und Jesum umbrächten," die Stadt Berlin in Bezug auf die Verhandlungen mit den Märkischen Pastoren Apostelgesch. 4, 18.

[2] Cod. Goth. A. 399. fol. 95, 96.

lich zu hören. Daß ihn der Hoffartsteufel plage, daß er für
Geld käuflich sei, und daß er durch ein epikuräisches Leben den
sittlichen Ernst verloren habe, das wurde ihm in gebundener wie
in ungebundener Rede mit erschrecklicher Deutlichkeit vorgehalten.
Da heißts in einem Liede, einer Umdichtung des „Bock Emser
lieber Domine":

> „Herr Grickel, lieber Domine,
> von wannen kumpt jr her?
> Man solt euch sagen „parcite,
> wer der frum Grickel wer."
> Du hast ein schönn new gepurt[1])
> mit dir von Augspurg bracht!
> Wie bistu doch so gar verhurt,
> hast nie an Gott gedacht! — —
> Er schreibt sich visitator
> totius Marchie:
> Ja wol ein viltzitator,
> die Hoffart thut jm weh.
> Was soll der esel visitiren?
> er ist ein rechter fantast,
> die Marck wil er verfüren,
> ist jhr eine schwere last.
> Grickel kan nicht studiren,
> er ist vol tag vnd nacht:
> noch wil er reformiren,
> vom Babst hat er die macht.
> Gricklen das hellische feür
> schon aus den augen bringt,

---

[1]) Eine Anspielung auf ein andres Spottgedicht, betitelt: Wie das newgeborne hurenkind INTERIM zw Augspurg getaufft wirdt." In diesem wird erzählt, daß der Papst mit dem Kaiser das Kind Interim erzeugt habe. Der Teufel bittet Joachim, den „Fladenbischof von Mainz" (Helding) und Pflug zu Gevattern und verspricht ihnen dafür „groß Ehr, Gewalt, Geld und groß Gut." Man fragt, wie das Kind heißen solle. Helding schlägt vor, Potentia, Pflug φιλονεικία, Joachim endlich den Namen Interim. „Grickel= mann, sein Kirchner, auch gut — die beste Arbeit darzu thut — der war in seinem Sinn so klug, — daß er Salz, Wachs, Oel darzu trug — daß dies Kind vor Christo sicher wär." — Und da das Kind „marterschwach, dazu krank, — es wird mit ihm nicht währen lang," — so ruft Eisleben den Pfarrer herbei, um ihm eilig die Nottaufe geben zu lassen; dabei beschmutzt es diesen über und über. Cod. Bibl. Sen. Lips. 222 fol. 64, 65.

Das lachen wirt jm theür,
wiewol er danach ringt."¹)

Und in einem andern:

„Jslebius der ehrlose man
zu Augsburg hat sich sehen lan,
Ist Interims gefatter wordn,
damit verdienet Gottes zorn. — —
Kriegen alle drey sehr guten lohn,
verdienen damit viel roter kron,
wollen darzu noch bischoff werden.
der Donner schlage sie vnter die erden!"

Bald ist er's allein, der verspottet wird, bald er im Bunde mit seinen beiden Mitarbeitern Pflug und Sidonius, bald wird er mit dem ganzen Chorus der Interimisten und Adiaphoristen zusammen abgestraft; dann wieder erscheint er in Gesellschaft seines Herren Joachim, oder wol auch gemeinsam mit Johann Weinleben, dem brandenburgischen Kanzler. In überaus zahlreichen Variationen begegnen wir in dieser umfangreichen Literatur seinem Namen, — und stets hat derselbe einen üblen Klang; stets klingt uns die rückhaltlose Verachtung und ein energischer Ingrimm des evangelischen Volkes gegen den Mann entgegen, der es gewagt hatte,

„das Interim, den grewel,
des leidigen Teufels lehr"

selbst schmieden zu helfen und andere Christen zur Annahme desselben zu verleiten. So viel Uebertreibungen und ungerechtfertigte Anschuldigungen dabei unterlaufen, so oft auch einzelne unsaubere und rohe Redeweisen den Leser verletzen mögen, so weht doch ein so frischer, kecker, glaubensmutiger Geist durch diese Interims-Gegenschriften, daß man gern von der Betrachtung des elenden Intriguenspieles am kaiserlichen Hof, der Schwäche der

---

¹) Das Lied ist von Alberus, wie aus dem Titel desselben, verglichen mit dem „Dialogus vom Interim," erhellt: „Das lied Bock Emser lieber dn̄e ꝛc. gemacht Anno 1520, ernewert vnd gedeut auff meister INTERIM, der sich sonst in seinem grossen Titel schreibt, Magister Joannes Albertus (olim Schneider) Agricola (vulgo Grickel) Eißleben (vulgo Sch . . . leben) generalis Visitator totius Marchiae et plus, si vellet." Am Schlusse datirt: 12. Aug. 1548 a. a. O. fol. 58. Vergl. oben S. 4. 5.

evangelischen Fürsten, der Uneinigkeit und Nachgiebigkeit der stimm=
führenden Theologen, wie sie uns der Reichstag zu Augsburg
und die daran sich anschließenden Verhandlungen zeigen, sich hin=
gewendet, um an diesen kühnen und durch alle kaiserliche Macht
nicht unterdrückten Stimmen des evangelischen Volkes[1]) sich zu er=
quicken. Man gewinnt aus ihnen die Ueberzeugung, Luthers Arbeit
sei nicht vergeblich gewesen, und all jene klüglich und vorsichtig
einherschleichende, nach Vermittelungen zwischen Rom und Luther
strebende Kirchenpolitik am brandenburger Hofe sei unfruchtbar
und hinfällig gewesen.

---

[1]) Pastor a. a. O. S. 398 sucht die Sache so darzustellen, als sei der Widerstand gegen das Interim das Werk einer Agitation gewesen, die nicht vom evangel. Volke, sondern lediglich von den Theologen ausgegangen sei. Daran ist nur so viel richtig, daß die Streitschriften gegen das Interim in ihrer Mehrzahl — keineswegs ausschließlich — von Theologen ver= faßt sind. Die Begierde, mit welcher diese Schriften überall aufgenommen wurden (vergl. S. 394 595), dient doch wol zum Beweise dafür, daß jene interimsfeindlichen Theologen dem Widerwillen der Bevölkerung gegen ein neues päpstliches Joch den rechten Ausdruck gegeben hatten.

## IX.

## Die Rehabilitirung.

Während die literarische Fehde zwischen den um des Interims willen Verjagten oder Geflüchteten, vom Bekenntnis nicht Gewichenen einerseits, und den Interimisten resp. Adiaphoristen anderseits noch in voller Kraft stand, wurde plötzlich durch Andreas Osiander eine neue und gewichtige theologische Controverse angeregt, über welcher alsbald eine völlige Verschiebung der streitenden Parteien erfolgte. Osiander und Flacius, die im Jahre 1548 in voller Uebereinstimmung gegen das Interim gekämpft hatten, waren über der eigenartigen Rechtfertigungslehre des Ersteren plötzlich leidenschaftliche Gegner geworden. Der Märtyrer des Interims, Johann Brenz, dessen Bekenntnistreue weit und breit gerühmt worden war, brachte jetzt durch seine vermittelnde [1]) Haltung in dem Streite zwischen Osiander und seinen Gegnern den Ruf seiner Orthodoxie in äußerste Gefahr. Melanchthon wiederum nahm mit Freuden die Gelegenheit wahr, durch seine entschieden ablehnende Haltung

---

[1]) Sein dictum, daß zwischen den Streitenden nur ein „bellum grammaticale" geführt werde, scheint mir von Neueren doch unrichtig gedeutet zu werden, wenn sie sagen, er habe die Controverse nur für einen „Wortstreit" erklärt (Hase, Herzog Albrecht S. 189, Grenzboten II. 1880 S. 288). Brenz sagt, es sei kein theologicum, sondern ein grammaticale bellum, darum gehöre der Streit nicht auf die Kanzel, sondern „in die Schule vor die Gelehrten;" er meint also, es handele sich nicht um eine religiöse, sondern nur um eine wissenschaftliche Controverse. (Vergl. Ausschreiben, Königsb. 1553 Bl. L.) In Wahrheit ist jedoch auch eine religiöse Verschiedenheit zwischen beiden Parteien zu constatiren, vergl. Ritschl Versöhnungslehre I. 232.

den Osianderschen Lehreigentümlichkeiten gegenüber sich und die Wittenberger Collegen von den Flecken zu reinigen, die ihnen vom Leipziger Interim her anhafteten. Auch für Agricola dienten Osianders Neuerungen als willkommene Handhabe, um seinen guten Ruf als Lutheraner wiederherzustellen.

Im Herbst 1551 wandte sich Herzog Albrecht von Preußen in seiner Ratlosigkeit angesichts der namenlosen Verwirrung, die der mit maßloser Erregung zwischen Osiander und der Preußischen Geistlichkeit geführte Kampf in den kirchlichen Verhältnissen des jungen Herzogtums angerichtet hatte, an alle Stände der Augs=burgischen Confessionsverwandten, übersendete Osianders Glaubens=bekenntnis und bat, die Theologen der betreffenden evangelischen Territorien möchten ihr Judicium einsenden.¹) Auch an Kurfürst Joachim war die Bitte ergangen, er möge den Rat seiner Theologen einholen. Er berief eine Synode nach Berlin zusammen, welche am 20. Februar 1552 tagte und „des Osiandri irrigen Schwarm, als sollten wir allein durch die wesentliche Gerechtigkeit des Sohnes Gottes gerecht werden, in einem sonderlichen Buche widerlegte, das damals zusammengetragen und in Druck ist verfertiget worden."²) Als Ergebnis der Synode erschien nämlich in demselben Jahre in Frankfurt a. d. O. bei Joh. Eichhorn folgende Bekenntnis=schrift: „Grüntliche anzeigung was die Theologen des Chur=fürstenthumbs der Marck zu Brandenburgk von der Christlichen Euangelischen Lehr halten, lerhen vnnd bekennen. Auch warinne Andreas Osiander wider solche Lehr vnrecht lerhet, welchs auch in diesem Buch, aus Heiliger Schrifft, nottürfftiglich gestrafft, vnd widerleget wird." Als Verfasser dieser Schrift wird auf Grund der Autorität Saligs in neuerer Zeit regelmäßig Andreas Musculus

---

¹) Das Schreiben Albrechts vom 5. October 1551 steht in: „Von Gottes Gnaden Unser Albrechten des Eltern . . . . Ausschreiben An vnsere alle liebe getrewen vnd Landschaften . . Königsberg, Hans Lufft, 1553" Bl. Eb flg. vergl. Mörlin, „HISTORIA, Welcher gestalt sich die Osiandersche schwermerey . . erhaben." 1554 Bl. Riiij b.

²) Haftitz bei Riedel IV. 113.

genannt; auch wird Saligs überaus abschätziges Urteil über Inhalt und Form dieser Bekenntnisschrift getreulich und, wie es scheint, ohne eigne Prüfung nachgeschrieben.[1]) Aber die Angabe des Verfassers ist falsch, das Urteil über den Gehalt der Schrift zum mindesten stark übertrieben. Nach dem Zeugnis der beiden märkischen Theologen Buchholzer und Abdias Prätorius,[2]) war Agricola, nicht Musculus, der Verfasser; und die Richtigkeit dieser Angabe bewährt sich durch den Inhalt selbst. Denn wir finden nicht nur die Lieblingswendungen und die aus seinen früheren Schriften uns bekannten Stileigentümlichkeiten wieder, sondern treffen auch auf Gedankencomplexe und Beweisführungen, die aus seinen älteren Schriften einfach herübergenommen sind, so namentlich der Vergleich der Rechtfertigung mit der Schöpfungsgeschichte und die daran sich anschließende Exemplification aus Pauli Bekehrung genau so, wie er sie in der dessauer Predigt 1541 gegeben hatte (s. oben S. 220), so daß an seiner Verfasserschaft oder doch wenigstens an seiner ganz wesentlichen Mitarbeit daran nicht gezweifelt werden kann. Daß seine Schrift es an Grobheiten gegen Osiander nicht fehlen läßt, ist freilich richtig;[3]) aber daß sie „boshafter und gröber" als andere gewesen wäre, läßt sich durchaus nicht behaupten. Die Weimaraner Theologen haben mindestens ebenso grobe Polemik gegen Osiander getrieben. Die argen Ketzereien aber, welche Salig darin entdeckt hat, sind nur für eine

---

[1]) Salig Histor. d. Augsb. Conf. II. 997. Spieker Musculus S. 34. Hase, Herzog Albrecht von Preußen und sein Hofprediger 1880 S. 196.

[2]) Freiw. Hebopfer Berlin 1715. III. 703. Responsio Abdiae Praetorii ad scriptum D. A. Musculi, Witebergae 1563 pg. 214.

[3]) Die schlimmsten Stellen sind folgende: „Art läßt nicht von Art, die Katze läßt ihres Mausens nicht; er ist ein Jude gewest, er ist ein Jude und bleibt ein Jude." „Satan hat Osiander einen Ring durch die Nase gezogen und führt ihn, wo er hin will." „Er muß ewig verdammt sein und im höllischen Feuer brennen mit seiner wesentlichen Gerechtigkeit, dieweil er den Glauben an den Versöhnungstod Christi verwirft. Wehe ihm, wo er sich nicht bekehrt." „Osiander hebt auf das ganze Predigtamt, die $\dot{\epsilon}\pi\alpha\gamma\gamma\epsilon\lambda\acute{\iota}\alpha\nu$, alle Sacramente u. s. w." — also dieselbe arge Consequenzmacherei, über die Agricola einst Luther gegenüber sich beklagen mußte.

so voreingenommene Interpretation vorhanden, als sie dieser in seiner Aversion gegen den Gnesiolutheraner Musculus als vermeintlichen Verfasser zur Anwendung gebracht hat.¹)

Für uns hat nun diese Schrift nicht nur Interesse als ein Bekenntnis Agricolas zum reinen Luthertum gegenüber den Lehrabweichungen Osianders, sondern mehr noch als eine Schrift, durch welche er sich selbst von den Flecken zu reinigen sucht, die ihm von seiner Thätigkeit in den Interimsjahren her anhingen. Mit einer Umständlichkeit, die durch die Widerlegung Osianders gar nicht motivirt war, betont er den Gegensatz gegen die katholische Rechtfertigungslehre; katholische Werkgerechtigkeit und jene gemein=katholische Praxis, den Weg zur Seligkeit zu lehren, werden aufs Schärfste beleuchtet und verurteilt, und dagegen wird der Ruhm des sola (fide) als einer particula exclusiva laut verkündigt. Hierbei waltet ganz offenbar die Tendenz vor, die Theologie der Kurmark von dem Verdachte zu reinigen, als wenn das Interim noch irgend welchen Einfluß auf sie ausübe. Daneben vergißt er auch nicht, abermals seine frühere antinomistische Lehre von der Buße aufs Bestimmteste zu desavouiren, indem er lehrt, der Glaube habe seine praecedentia und consequentia; praecedens sei die Buße, welche vor dem Glauben wie die Morgenröthe vor dem Tage in renatis hergehen

---

¹) Salig behauptet, es werde in dieser Schrift gelehrt, „da Gott seinen Sohn in die Welt geschickt, wären erst 2 Personen in der Gottheit geworden"(!); Agricola sagt dagegen in Wahrheit: „In Gottes ewigem Rat war beschlossen, den Menschen das, was Gott selbst ist, aus Gnaden in seinem Sohne zu schenken, und solches zu gelegener Zeit den Menschen zuzusagen. Um dieser beiden Aemter willen waten (Druckfehler: weren) 2 Personen worden, eine des Vaters, der dies zusagt, eine des Sohnes, die sich zusagen läßt ... der Sohn, sintemal er ewiger Gott ist u. s. w." Ferner: Agricola will beweisen, daß die uns mitgeteilte Gerechtigkeit in der Schrift durchaus an Christi Kreuzestod angeknüpft werde und citirt dazu Joh. 16,10 mit der Bemerkung, im ganzen Evang. Joh. werde mit dem Ausdruck „zum Vater gehen" Christi Sterben bezeichnet, „daß er nämlich auf diese Weise ins Allerheiligste eingehe;" daraus macht Salig: „Zum Vater gehen heiße so viel als sterben und den Gehorsam am Kreuze leisten und mehr nicht."

müsse.¹) Die Widerlegung Osianders sucht er in der Weise zu führen, daß er aus dem N. Testamente nachweist, wie die uns zugerechnete Gerechtigkeit Christi in seinem Gehorsam bestehe, dieser aber sich vor Allem in seinem Leiden und Sterben erwiesen habe. „Die Gerechtigkeit Gottes, die uns rechtfertigt, ist der Gehorsam des für uns leidenden und sterbenden Christus . . Wer an Christi Tod als an das Sühnopfer seiner Schuld von Herzen glaubt, der hat Gottes Gerechtigkeit als gratiam et donum. Die gläubige Erkenntnis, daß Gott seinen Sohn in allen Gehorsam gesendet hat, ist das von Gott verordnete medium und Mittel, dadurch uns die ewige Gerechtigkeit applicirt wird." Melanchthon war es zufrieden, daß die Märker in dieser Weise geantwortet hatten, er bezeichnete ihr Bekenntnis als eine pia confessio und belobte einen seiner näheren Freunde in der Mark, daß er demselben zugestimmt hatte. Ja, ihr gemeinsamer Protest gegen Osiander ließ ihn sich noch einmal Agricola so weit nähern, daß er diesem ein Exemplar seiner eignen Widerlegungsschrift mit eigenhändiger Dedication übersandte.²)

An die Osiandersche Fehde schloß sich in der Mark eine an und für sich unbedeutende Streitigkeit an, die aber dadurch wichtig wurde, daß Melanchthon es in ihrem Verlauf vollständig mit Joachim verdarb, und damit der erste bedeutsame Schritt zur Niederlage des Philippismus in der Mark sich vollzog. Es war das der Streit mit Franz. Stancaro. Dieser hatte während seiner kurzen Thätigkeit in Königsberg, wo er Lector der hebräischen Sprache gewesen war, sich den Gegnern Osianders angeschlossen; er hatte gegen die Ernennung dieses zum Präsidenten des samländischen Bistums protestirt, bald darauf in einem unverschämten und groben Schreiben dem Herzog den Dienst aufgekündigt³) und

---

¹) Bl. J. — Daher ist auch Saligs Vorwurf, II. 998, daß in dieser Schrift „nichts vorher erfordert würde, ehe Gott den Glauben im Herzen entzünde," offenbar falsch.
²) Corp. Ref. VII. 974. 1143.
³) Herzog Albrecht nennt „den welschen Doctor" mit Recht einen „zänkischen und unbescheidenen Mann," Mörlin, Historia Bl. Diij.

am 23. August 1551 Königsberg verlassen. An der Frankfurter Universität, die nie einen Ueberfluß an Docenten hatte, fand er Beschäftigung.¹) Hier geriet er zunächst mit Musculus in Conflict. Dieser veröffentlichte im Mai 1552 propositiones de duabus naturis in Christo, denen Melanchthon das Zeugnis gibt, daß sie durchaus der recipirten Lehre gemäß gewesen seien.²) Ob nun diese Propositionen bereits einen Angriff auf Stancaro enthielten, oder ob umgekehrt dieser von ihnen Anlaß nahm, Musculus anzufechten: jedenfalls finden wir Beide im Herbste des Jahres in scharfer Fehde, bei welcher es sich darum handelte, daß Stancaro das **Mittleramt Christi ausschließlich seiner menschlichen Natur** zuschrieb,³) Musculus dagegen nicht nur (mit Recht) dem Gottmenschen nach beiden Naturen das Versöhnungswerk beilegte, sondern sich auch zu dem Satze verstieg, die **göttliche Natur Christi** habe für uns gelitten und sei für uns gestorben.

Joachim lud Melanchthon und Bugenhagen ein, zu einer Disputation nach Berlin zu kommen, um den Streit schlichten zu helfen. Aber die beiden Wittenberger lehnten ab, indem sie dringende Arbeiten als Entschuldigungsgrund angaben; Melanchthon riet überhaupt von einer Disputation zwischen den beiden Streitführern ab, da ihre beiderseitigen Streitschriften bereits vorlägen, aus denen sich ein Urteil gewinnen ließe. Er empfahl den ihm damals näher befreundeten Collegen Agricolas, Hofprediger Hieronymus Schwolle, als Schiedsrichter, erklärte sich auch selbst bereit, sein Judicium schriftlich abzugeben, wenn ihm die Streitschriften mitgeteilt würden. Jedenfalls habe Stancaro mit seiner Beschränkung des Mittleramtes auf die menschliche Natur allein Unrecht. Offenbar hatte Melanchthon nicht Lust, sich in diesen

---

¹) Joh. Wigand de Stancarismo 1585 läßt Stancaro direct von Königsberg nach Polen ziehen und übergeht das Intermezzo in der Mark vollständig, pg. 65.
²) Corp. Ref. VIII. 67. XXIII. 89.
³) „Christus Mediator est tantum secundum hominem, et non secundum Deum." „Falsa et haeretica est sententia, quod Christus sit Mediator secundum divinam naturam;" bei Joh. Wigand a. a. O. pg. 69.

Streit in der Mark zu mischen, namentlich auch keine Neigung, mit Agricola zusammen als Schiedsrichter zu fungiren.¹)

Die Disputation zwischen Musculus und Stancaro fand trotzdem statt. Joachim erklärte sich gegen die Lehre des Stancaro und gab Musculus Befehl, die Schriftstellen und Zeugnisse der Kirchenväter zusammenzustellen, durch welche Jener widerlegt würde. Auch Stancaro sendete noch eine Verteidigungsschrift ein. Auf Grund der beiderseitigen schriftlichen Erklärungen wurde Agricola mit einer Lehrentscheidung beauftragt.²) Dieser trat, wie zu erwarten, ganz auf die Seite des Musculus, verfocht also mit diesem den Satz, daß Christus auch nach seiner göttlichen Natur gelitten habe. Die Schrift, in welcher er seine Entscheidung aussprach, — liber Berlinensis nennt sie Melanchthon — ist mir nur aus den kurzen Bemerkungen bekannt, die sich in Briefen dieses darüber befinden; gedruckt wurde sie wol nicht. Agricolas Parteinahme für den Satz vom Leiden und Sterben der göttlichen Natur geschah jedenfalls unter Berufung auf ein im Ausdruck nicht ganz vorsichtig bemessenes, im Zusammenhange jedoch unverfängliches Wort Luthers in seinem „großen Bekenntnis vom Abendmahl," woselbst es heißt: „Wenn ich das glaube, daß allein die menschliche Natur für mich gelitten hat, so ist mir der Christus ein schlechter Heiland, so bedarf er wol selbst eines Heilandes."³)

---

¹) Corp. Ref. VII. 1086, 3. Oct. 1552, vrgl. 1103.

²) Melanchthon schreibt am 10. Oct. „his diebus in aula disputatio instituta est;" Stancaro am 17. Oct.: „Nec Islebium nec Philippum nec Pomeranum in hoc negotio timeo, contra quos jamjam calamum arripiam et ad Principem librum mittam." Cod. Seidel. in Berlin. — In Cod. Helmstadiensis 7. 9. (Herzogl. Bibl. zu Wolfenbüttel) fol. 161—167 befindet sich die Schrift des Musculus gegen Stancaro, die jener im Auftrage Joachims verfaßte. Er sagt darin, er komme dem Befehl mit Freuden nach, „cum ipse Princeps Elector D. Stancarum palam suos errores asserentem et defendentem audierit et proprio Marte pro suae Celsitudinis in spiritualibus cognitione dogmata D. Stancari erronea cognoverit et judicarit."

³) Leipz. Ausg. XIX. 459. (Eine ähnliche Aeußerung Luthers siehe in Tischreden I. 329.) Daß über dieses Dictum Luthers damals in in der Mark debattirt wurde, erkennen wir aus einem Briefe des Abdias Prätorius an den Prediger Antonius König in Cöln a. Spree v. 4. März 1560,

Joachim wartete nun von einem Monat zum andern auf das von Melanchthon versprochene Judicium. Endlich zu Johanni 1553 schrieb dieser seine Bemerkungen nieder; am 1. August sendete er sie abschriftlich an Joachim, im October ließ er sein Judicium dann auch gedruckt ausgehen. Es war für ihn nicht schwer, hier die rechte Mittelstraße einzuhalten: Stancaro erhielt Unrecht in seiner Beschränkung des Mittleramtes auf die menschliche Natur, aber ebenso wurde auch der Satz des Musculus und Agricolas von dem Leiden der göttlichen Natur in Christo als mit der correcten Lehre von der communicatio idiomatum unvereinbar abgewiesen.[1]) Am Berliner Hofe verdroß es sehr, daß er sich nicht in völligem Einklang mit Agricola ausgesprochen hatte; man hatte es wol schon übel vermerkt, daß er sich der Einladung zur Disputation zwischen Musculus und Stancaro entzogen hatte, dann hatte er so lange mit seinem Gutachten warten lassen und nun gar einen Satz abgewiesen, der sich doch so schön mit Luthers Autorität zu decken wußte! Die Verstimmung gegen Melanchthon blieb und wurde für ihn und seine Freunde in der Mark verhängnisvoll. Im October 1553 beklagte er sich über einen „libellus,“ der in Berlin gegen seine

---

Cod. Goth. 1048 fol. 235. — In dem Bekenntnis gegen Osiander schreibt Agricola: „Was die Person redet, wirkt, lebt, leidet, stirbt, das thut, redet, wirkt, lebt, leidet, stirbt Gott u. Mensch ... Beide Naturen sind in Christo unzertrennlich, daher rechnet man dem Worte Gottes zu, das allein dem Fleische zugehört."

[1]) Spieker Musculus S. 323 hat diese Schrift im Corp. Ref. vermißt, sie steht jedoch XXIII, 87 flg. — Schon am 1. Jan. 1553 schreibt Melanchthon: „Ineptit ὁ μαργίτου κόλαξ καὶ ὁ δύσοδμος" VIII. 12. Es sei hiebei bemerkt, daß Melanchthon in seinen Privatbriefen und in seinen vertraulicheren Reden für Agricola seit dem Jahre 1547 die verächtlichen Namen Lembus, Ecebolus, Μαργίτου κόλαξ, später besonders scurra Berolinensis (diesen sogar in seiner Postille!) liebt. Wie man alle Ursache hat, die „hergebrachte Legende von der Freisinnigkeit und Unionsfreundlichkeit Melanchthons" (vrgl. Ritschl in Zeitschr. f. Kirchengesch. I. 101) zu bekämpfen, so nicht minder die Legende von dem irenischen und in seinen Urteilen über Personen milden Melanchthon. Des Titels scurra bediente er sich schon 1528 zur Bezeichnung Agr.'s, C. R. I. 935.

Kritik der Agricolaschen christologischen Thesis verbreitet worden sei. „Joachim ist sehr zornig auf mich; seine Leute bellen mich an; vom Hofe des Fürsten bleibe ich ohne Antwort, denn er ist mir böse, weil ich den Satz, daß Christus nach seiner göttlichen Natur gestorben sei, nicht habe billigen wollen," solchen Klagen begegnen wir seitdem mehrfach in seinen Briefen.[1]) Von jetzt an hörte seine Correspondenz mit dem Berliner Hofe auf.[2]) Stancaro war inzwischen von Frankfurt nach Polen gezogen; die Controverse, die sich jetzt zu einem Streit zwischen Agricola und Melanchthon zugespitzt hatte, tauchte aber noch zweimal wieder in der Mark auf. 1555 nahm Buchholzer den Streit auf, versuchte auch seinen Freund Melanchthon abermals hineinzuziehen, dieser wich aber aus. Und fünf Jahre später finden wir den anderen hervorragenden Philippisten in der Mark, Abdias Prätorius, in dieselbe Controverse verwickelt.[3])

Inzwischen war Osiander in Königsberg am 17. October 1552 verstorben.[4]) Der Kampf hörte aber damit nicht auf; er tobte weiter zwischen der Partei des Hofpredigers Funck und der übrigen Geistlichkeit. In seiner Ratlosigkeit hatte Herzog Albrecht 1554 nach Würtemberg geschickt, um womöglich Joh. Brenz zu bewegen, zur Schlichtung des Streites nach Königsberg zu kommen. Zwei Tübinger Theologen machten sich an seiner Statt auf den weiten Weg; unterwegs berieten sie in Naumburg mit den Witten=

---

[1]) Corp. Ref. VIII. 168. 171. 214.

[2]) Im Corp. Ref. findet sich seitdem nur noch eine Dedication, die Mel. für einen Dritten an Joachim aufsetzte.

[3]) Corp. Ref. VIII. 594. Cod. Goth. 1048 fol. 235.

[4]) Sein erbitterter Gegner Mörlin feierte in einem Briefe an einen sächs. Theologen seinen Tod mit folgenden für die Streitführung unter den Luther=Epigonen so charakteristischen Worten: „Der Herr hat unsre Gebete und dein Seufzen erhört, denn Osiander ist am 17. October aus diesem Leben abgerufen vor das Gericht und Tribunal unsers Herren Jesu Christi, damit er dort die Kraft und Wirksamkeit eurer an ihm geübten Censuren erfahre und das Schreien des Blutes des Sohnes Gottes vernehme, den er mit seinen schrecklichen Gotteslästerungen in diesem Leben frech verunehrt hatte." Cod. Seidel. Berol. Nr. 44.

berger und den Hessischen Theologen; gleichfalls erwartete Abgesandte Joachims waren nicht erschienen.¹) Am 3. September hielt der Herzog eine Synode in Königsberg ab, auf welcher er für ein von ihm selbst verfaßtes, von den Tübingern gebilligtes Bekenntnis Annahme zu finden hoffte. Aber er stieß auf heftigen Widerspruch. Man forderte Verdammung der Schriften Osianders und Funcks, sowie einen Widerruf seitens der Osiandristen. Funck wiederum stellte seinen Kampf als eine Verteidigung der wahren Lehre Luthers gegen die falsche Lehre Melanchthons dar, als einen Kampf „wider den ganzen Haufen der philippistischen Conspiration."²) Zum zweiten Male entschloß sich der in seinem Ruf als rechtgläubiger Lutheraner bedrohte Herzog, an die Theologenschaft Deutschlands zu appelliren. Den Abschied der Synode sendete er an etliche Fürsten aus und erbat sich das Gutachten ihrer Geistlichkeit. So fand im Jan. 1555³) abermals in Berlin ein Theologen-Convent statt, und wiederum wurde Agricola beauftragt, eine Antwort aufzusetzen. Je mehr die Osiandrische Streitigkeit als ein Kampf zwischen Melanchthon und den Osiandristen angesehen wurde, um so mehr fühlte er sich jetzt geneigt, eine mittlere Stellung zwischen beiden Parteien zu gewinnen. Er erkennt in einer handschriftlich erhaltenen Aufzeichnung an, daß Osianders Tendenz ganz richtig sei; er wolle Die strafen, die den Glauben ohne Liebe, Licht und Erneuerung predigten, aber er vergesse, daß die wesentliche Gerechtigkeit, die er übrigens mit Recht hervorhebe, durchaus eine uns aus Gnaden geschenkte sei. Der andre Teil irre darin, daß er Gerechtigkeit vor Gott und Vergebung der Sünden völlig identificire. Gerechtigkeit habe vielmehr zwei Stücke, gratiam et donum. Gratia sei die durch Christi Sterben uns erworbene Sündenvergebung, donum dagegen die aus Christi Auferstehung erwachsende imputatio, die auf

---

¹) Corp. Ref. VIII. 300. Hartmann u. Jäger, Joh. Brenz II. S. 347 flg.
²) v. Sydow in dem Taschenbuch „Freundesgabe" 1835 S. 263 flg. Preger, Flacius I. 288. Hase a. a. O. S. 227. 228.
³) Corp. Ref. VIII. 409. 410.

Grund des uns zu Teil werdenden heil. Geistes erfolge.¹) In vermittelndem Sinne suchte er auch das Judicium für Herzog Albrecht abzufassen. Zwar verwarf er das Bekenntnis des Herzogs, sowie die Formulirungen der Würtemberger Theologen, hielt es auch für richtig, von Denen, die öffentlich falsche Lehre getrieben hätten, öffentlichen Widerruf zu fordern; doch schlug er vor, ihnen vielmehr eine Amnestie zu bewilligen, die nur an gewisse von ihnen einzugehende Verpflichtungen für die Folgezeit geknüpft sein müßte. Zum Verdruß der eifrigen Anti=Osiandristen ergriff der Herzog diesen Vorschlag und publicirte am 11. August ein Amnestiemandat.²) Melanchthon äußerte sich über den Verlauf der Berliner Synode und die milde Haltung ihres Gutachtens sehr befriedigt;³) daß hiezu die geheime Abneigung gegen die Philippisten mitgewirkt hatte, scheint ihm nicht recht zum Bewußtsein gekommen zu sein.

---

¹) Cod. 220 fol. 65, Ratsbibl. zu Leipzig.

²) Joh. Wigand de Osiandrismo, edid. M. Andr. Corvinus, 1586. pg. 267. Daraus der Bericht bei Salig II. 1052. Von einer Amnestie „auf beiden Seiten" meldet übrigens Wigand nichts.

³) Corp. Ref. VIII. 416. 417.

## X.
## Die Niederlage des Philippismus in der Mark.

Hatte die Osiandersche Fehde in der Mark einerseits dazu dienen müssen, die bösen Erinnerungen an das Interim nach Möglichkeit vergessen zu machen, indem man sich wieder öffentlich zu Luthers reiner Lehre bekennen konnte, anderseits durch das Intermezzo mit Stancaro dazu geführt, daß der Einfluß Melanchthons bei Hofe erheblich erschüttert worden war, so haben alle in den Jahren von 1555 an nachfolgenden theologischen Kämpfe in der Mark das als Characteristicum, daß es sich in ihnen um die Machtfrage handelt, wer die Alleinherrschaft bei Hofe und damit im ganzen Lande erringen werde, der Philippismus oder das antiphilippistische Luthertum? Der Verlauf des Kampfes, der im J. 1563 zur Entscheidung kam, führte zu einer vollständigen Niederlage des Philippismus. Als Philippisten treten besonders der Spandauer Pfarrherr Lasius, der Berliner Propst Buchholzer und der Frankfurter Professor Abdias Prätorius auf den Kampfplatz; die Lutheraner haben in Agricola in Berlin und in Musculus in Frankfurt ihre Führer. Dogmengeschichtlich sind diese Zwistigkeiten ganz unergiebig; man hat bei ihnen teilweise die Empfindung, als sei der dogmatische Satz, für den oder wider den gefochten wird, ganz nebensächlich: das Hauptinteresse geht dahin, wem es gelingen werde, die Gunst Joachims zu erlangen, der je länger je mehr sich einem theologischen Dilettantismus ergab, der für die Entwicklung der kirchlichen Dinge verhängnisvoll werden konnte.

Das erste Opfer des Kampfes war Lasius. Dieser hatte in beabsichtigtem Gegensatz gegen Agricola, den er als alten Anti=

nomisten für einen Katechismus-Verächter ansah, anstatt über die Sonntagsevangelien zu predigen, in 118 (!) Predigten die 10 Gebote ausgelegt, vermutlich nicht ohne directe Polemik gegen den Antinomismus. Als er dann in gleicher Ausführlichkeit das 2. Hauptstück behandeln wollte, wurde er, (wie er klagt, auf Anstiften Agricolas, den die „Maulchristen in Spandau" wider ihn aufgeredet hätten) durch kurfürstlichen Befehl angehalten, sich in die hergebrachte Perikopenordnung zu fügen und über die Evangelien fortan zu predigen. Wie es scheint, widersetzte er sich dieser Verfügung und verlor darüber trotz nachdrücklicher Verwendung Melanchthons, der ihn jedoch von zu großem Jähzorn nicht freisprechen konnte, 1555 sein Amt.[1]) Zwei Jahre darauf erhielt die Partei der Philippisten einen erheblichen Aufschwung durch die Berufung des eifrigen, in jugendlicher Frische auftretenden Gottschalk Schulze, oder wie er sich als Gelehrter zu nennen beliebte, Abdias Prätorius, an die Universität Frankfurt.[2]) Er war ein gefährlicherer Gegner als der alternde Buchholzer, besonders dadurch, daß er durch sein gefälliges, gewandtes Wesen schnell Joachims Zuneigung gewann und durch seine Sprachkenntnisse, namentlich durch seine Fertigkeit im Polnischen, sich auch zur Verwendung in diplomatischen Verhandlungen brauchbar erwies.[3]) Er war begeisterter Philippist, in Jedem, der nicht unbedingter Parteigenosse war, erblickte er einen Gegner, mit dem nicht Friede zu halten sei.[4]) Den nächsten Anlaß

---

[1]) Küster, Seidel S. 202 flg. (Döllinger II. 266) Corp. Ref. VIII. 450. 663. Mel. klagte um jene Zeit wieder über den Haß, den Joachim gegen ihn an den Tag lege (7. Febr. 1556, v. Druffel, Chigi-Bibl. S. 19. Corp. Ref. VIII. 674). — Einen in seinen Einzelheiten nicht näher bekannten Streit zwischen Buchholzer und Agricola erwähnt Corp. Ref. VIII. 850. (856. 912?) Kordes S. 378; er fand im Sommer 1556 statt.

[2]) Geb. am 24. Oct. 1524 in Salzwedel, 1544 auf Mel.'s Empfehlung Rector in seiner Vaterstadt, darauf in gleicher Stellung in Magdeburg. Küster-Seidel S. 80—82. Corp. Ref. V. 343. Spieker Musculus S. 48.

[3]) „Sex linguarum peritissimus," „bis septem linguas, Sophiam omnem calluit unus." Leuting. I. 421. 677.

[4]) „Ego sum Philippicus, Musculus vero Antiphilippicus, ergo numquam erit inter nos consensus," so bezeichnete er selber in dankenswerter Offenheit seinen Standpunkt. Küster-Seidel S. 82.

zum Streite bot die einst durch Melanchthons Neubearbeitung der loci theologici und durch Crucigers Veröffentlichung der Dictate seines Lehrers über die Notwendigkeit der guten Werke in Wittenberg wachgerufene Controverse,[1]) die dann als Nachspiel des Interimshandels seit 1551 zwischen Major und Amsdorf, Melanchthonianern und Flacianern mit gebührender Heftigkeit verhandelt worden war. Wir dürfen Agricolas Stellung zu diesem Lehrstreite nicht nach dem beurteilen wollen, was er im Augsb. Interim zugestanden hatte, daß nämlich gute von Gott gebotene Werke nötig seien zur Seligkeit, und daß Gott die aus der Liebe fließenden Werke mit Vergeltung zeitlicher Güter und des ewigen Lebens begnade;[2]) denn seine Interims-Mitarbeit steht wie ein wüster Traum seines Lebens da, der auf seine Theologie weiter keinen Einfluß geübt hat. Wol aber ist daran zu erinnern, daß er seit seiner Umkehr vom Antinomismus seine frühere Behauptung, daß nur der Glaube ein „muß" habe, nicht aber die Werke, aufgegeben hatte. In seiner Katechismusbearbeitung v. 1541 hatte er gelehrt: justificatio requirit opera, und noch deutlicher in dem Bekenntnis gegen Osiander: „Das Wort Sola ist particula exclusiva, aber es schließt nicht aus . . die guten Werke, die nothalben dem Glauben nachfolgen. Fides est sola, sed non manet sola." Melanchthon selbst gab Anlaß dazu, daß Agricola jetzt doch wieder auf die entgegengesetzte Seite trat. Seit 1555 bemerken wir bei Jenem ein stereotypes verächtliches Hinweisen auf das alte Witzwort Agricolas „das Muß ist versalzen;" kein Gutachten über die Frage nach dem Verhältnisse der guten Werke zum Glauben konnte er mehr abgeben, ohne seiner sittlichen Entrüstung über dieses Dictum Ausdruck zu geben und dasselbe als Symptom einer „Säu=Theologie" zu brandmarken und über die „unflätigen Clamanten" und ihre „grobe Eselsdeutung" öffentlich Klage zu führen.[3]) Auch als er aus Veranlassung des

---

[1]) Vrgl. Gieseler III. 2. 195. 199. Ritschl I. 183.
[2]) Augsb. Interim Art. VII.
[3]) Vrgl. oben S. 166 Corp. Ref. IX. 473. 474. 773. 775.

Wormser Colloquiums (Dec. 1557) und für den Frankfurter Receß 1558 Gutachten und Artikel auszuarbeiten hatte, konnte er sich nicht enthalten, den alten Groll gegen Agricola in ganz unmotivirter Weise zur Schau zu tragen. Joachim nahm nun freilich den Frankfurter Receß an, ja Agricola mußte im August 1558 gemeinsam mit dem neuen Kanzler Lamprecht Diestelmeier[1]) nach Wittenberg reisen, um dort zu beraten, wie man gemeinschaftlich gegen den Widerspruch sich verhalten sollte, der von Weimar aus dem Einigungsversuche unter den Evangelischen entgegengestellt worden war.[2]) Aber das erklärt sich leicht, daß ihn diese Sticheleien Melanchthons grade reizen mußten, sein ehemaliges, jetzt so hart verketzertes Wort aufrecht zu erhalten. Prätorius hatte die Formel des Frankfurter Recesses „nova obedientia est necessaria" gutgeheißen; alsbald trat ihm Musculus in derbem Angriff entgegen.[3]) Während diese in Frankfurt mit einander haderten, rüstete sich auch Agricola zum Streite. Am Sonntag Exaudi 1559 hielt er eine Predigt, in der er sich als die Stütze des Luthertums in der Mark bezeichnete. Die „neuen Wittenberger" hätten aus Luthers Lehre vom unfreien Willen einen freien Willen gemacht. Wenn er einmal nicht mehr da sein würde, dann würde es mit Luthers Lehre im Lande aus sein. Zum Schluß forderte er die Gemeinde zum Gebete auf „wider den schönen neuen englischen Mittagsteufel,[4]) der jetzt wieder hervorkommt und will die guten Werke nötig machen in den Gerechten und Gläubigen, damit wir wieder den ganzen Christum und sein Evangelium verlieren werden, davor uns

---

[1]) Johann Weinleben war im Febr. d. J. gestorben.
[2]) Bindseil, Epp. Mel. pg. 432. 433.
[3]) Spieker, Musculus S. 50.
[4]) Das Bild stammt aus Luthers Comm. in Gal. I. 66 (Erl. Ausg.; auch I. 79), wo gegen einander gestellt werden candidus diabolus, qui impellit homines ad spiritualia peccata, und als weniger schädlich niger, qui tantum ad carnalia impellit. (1. Cor. 11, 14.) Auch Amsdorf unterscheidet den „schwarzen Teufel, so von Mitternacht kömmt," (z. B. Türke und Concilium) und „den schneeweißen Teufel, so von Mittag kömmt" (z. B. die Adiaphoristen) in: „Das itzund die rechte zeit sey, Christum .. zu bekennen." 1551. Bl. Aiij.

der Luther oftmals gewarnet hat." Als er nachher interpellirt wurde, wen er denn mit seinen harten Worten gemeint habe, antwortete er: „Den Grammatellum zu Wittenberg, der viel in Theologie lässet ausgehen, es ist aber nichts Geistliches darin, wie in Forsters hebr. Dictionario; tractavit grammatica."[1]) Buchholzer versäumte nicht, am nächsten Sonntag zum Gebet „wider den greulichen schwarzen Teufel, der ein wüstes, wildes, rohes Leben wider Gottes Gebot anrichten wolle," aufzufordern. So wogte der Kampf von den Kanzeln Berlins hinüber und herüber. Die Hofprediger Agricola, Schwolle und Pascha standen treulich zu einander und eiferten gegen das Muß der Werke, Buchholzer dagegen hatte die ganze Stadtgeistlichkeit auf seiner Seite. Sein größter Kummer war nur, daß er nicht freien Zutritt bei Joachim hatte wie Agricola; sonst würde es ihm, so meinte er, leicht sein, den Fürsten für sich zu gewinnen. Agricola berief sich auf die Sprüche: „Dem Gerechten ist kein Gesetz gegeben," „einen fröhlichen Geber hat Gott lieb," „auf daß dein Gutes nicht wäre genötiget, sondern freiwillig (Philem. v. 14)," „nicht sage ich, daß ich etwas gebiete (2 Cor. 8, 8)," in denen allen der neue Gehorsam als ein freiwilliger, aus innerem Triebe erfolgender bezeichnet, nicht als notwendig gefordert werde; Buchholzer wiederum trieb die Sprüche „so seid nun aus Not unterthan (Röm. 13, 5)," „seid Niemand nichts schuldig, denn daß ihr euch unter einander liebet (Röm. 13, 8)."[2]) Es war auf beiden Seiten ein Kämpfen mit einzelnen dicta probantia der Schrift, bei dem nichts herauskommen konnte, da der andre Teil mit gleichem Rechte Stellen citiren konnte, die für das Gegenteil den Beweis lieferten. Die Controverse lag für beide Teile ungünstig: der Vorwurf, daß das sola fide verletzt werde, wurde durch den gegenteiligen,

---

[1]) Unschuld. Nachr. 1715 S. 313. Corp. Ref. IX. 815. (wo irrig „grammaticum" statt „Grammatellum" gedruckt ist.) — Joh. Forster war von 1549—1556 Prof. d. hebr. Sprache in Wittenberg und Verfasser eines s. Z. berühmten hebr. Lexikons.

[2]) Cod. Bibl. Senat. Lips. 886 fol. 48 b. Corp. Ref. IX. 902.

daß man ein rohes und wüstes Leben proclamiren wolle, aufgewogen.

Beide Teile suchten daher den Streit auf ein Gebiet hinüberzuspielen, auf welchem die Aussicht, Joachim und die Stimme des Publicums für sich zu gewinnen, günstiger war. Buchholzer und Prätorius bedienten sich hierfür des sehr plumpen Argumentes, daß die Lehre der Gegner **den Gehorsam gegen die Obrigkeit** erschüttere; man sieht, es war das ein Argument in usum Principis.[1]) Umgekehrt ließ sich auch Agricola nicht an starken Ausfällen gegen das „Satanskind" Melanchthon genügen, daß er die Lehre des Evangeliums mit seiner Definition „Neuer Gehorsam ist notwendig, denn es ist unabänderliche Ordnung, daß alle vernünftige Creatur ihrem Gotte gehorcht" verkehre, da doch der Satz dahin eingeschränkt werden müsse, daß alle vernünftige Creatur nur so weit Gott gehorche, als sie durchs Wort und heiligen Geist erneuert und geistlich geworden sei — sondern auch er suchte nach einer noch gewichtigeren Anschuldigung gegen Melanchthon. Und diese fand sich in erwünschter Weise. Erschreckt schrieb Buchholzer an Melanchthon, man rede jetzt in Berlin davon, daß er es **in der Abendmahlslehre mit Calvin halte**, und bat ihn um eine bündige, beruhigende Erklärung. Melanchthon aber schwieg sich aus guten Gründen über diesen bedenklichen Punkt aus.[2]) Joachim stand anfangs ganz entschieden auf Seiten Agricolas. Er trat in persönliche Verhandlungen mit Buchholzer, und gab, als ihm dieser eine Anzahl Thesen eingereicht hatte, seiner Stellung zur Sache unverblümten Ausdruck in dem eigenhändigen Vermerk, den er unter dieselben setzte: „Wer diese Proposition lehret: bona opera sunt necessaria, bloß, der blasphemiret und verleugnet doctrinam de filio Dei, Paulum, Lutherum et est incarnatus

---

[1]) Cod. Lips. 886 fol. 49. Döllinger III. Anhang S. 13. „Si nova obedientia non est necessaria, jam etiam obedientia erga Magistratum in renatis non est necessaria; si bona opera non sunt necessaria, jam etiam dari tributum non est necessarium." Prätorius an Joachim II.

[2]) Küster-Seidel S. 66. Cod. Lips. 886. fol. 49.

Diabolus, Lucifer, Beelzebub und ein Verführer der armen Leute et mancipium Diaboli, und muß mit Judas in der Hölle ewig sein. Kirieleis. Joachim Kurfürst."¹) Da inzwischen die Streitigkeiten in Frankfurt zwischen Musculus und Prätorius immer ärgerlicher geworden waren,²) so ließ der Kurfürst Letzteren nach Berlin kommen, um auch mit ihm persönlich zu verhandeln. Am 13. März 1560 fand die Unterredung statt, bei welcher Prätorius dadurch begünstigt war, daß Agricola durch schwere Krankheit ferngehalten war. Das Gespräch blieb nicht bei dem Thema von den guten Werken stehen, bei welchem Prätorius sofort das Zugeständnis machte, Melanchthon habe später den Satz „bona opera sunt necessaria ad salutem" retractirt, da er seinen Irrtum erkannt habe; sondern lenkte alsbald zu der Sacramentsfrage über, wobei Prätorius gleichfalls seinen Lehrer preisgab mit der Bemerkung, er glaube zwar, daß die gegen ihn ausgesprengten Gerüchte wegen calvinischer Abendmahlslehre falsch seien, aber, da er sich nicht ordentlich darüber verantworte, so gäbe er sehr Vielen Aergernis, und es wäre gut, daß er von den evangel. Fürsten zu einer bündigen Erklärung angehalten würde. Der Kurfürst überzeugte sich

---

¹) Riedel IV. 368. Spieker, Musculus S. 56.

²) In Spiekers Darstellung ist auf Seiten des Musculus wilde Schmähsucht, Zelotismus und Zanksucht, seine Schriften sind ihm lauter Schmähschriften; Prätorius dagegen ist als Melanchthonianer ein aufrichtiger, liebenswürdiger, nur für die Reinheit des Evangeliums eifernder Mann. Mit vollem Rechte hat Grote in Zeitschr. f. histor. Theol. 1869 S. 380 flg. gegen diese im Interesse eines einseitigen Melanchthon-Cultus betriebene Geschichtsfälschung Protest erhoben. In Cod. Seidel. Berol. befindet sich ein grober Brief des Prätorius an Musculus vom 24. Jan. 1560, in welchem Ersterer diesen wegen einer Predigt angreift und zwar wegen 23 Aussprüchen in derselben schulmeisterlich zur Rede setzt. Er erklärt ihn für einen verdächtigen und der Wahrheit widerstreitenden Menschen, gegen den Christi Wort gelte: Sehet euch vor (Matth. 7, 15). „Ich erwarte, daß du mir eine schickliche Antwort geben wirst" (credo te tempestiva responsurum), mit diesen hochfahrenden Worten schließt der Brief. — Ein Brief desselben an Melanchthon v. 2. Dec. 1559 mit Mitteilungen über den Streit und verächtlichen Bemerkungen über Musculus (er nennt ihn u. A. $αὐθημερινὸν\ σοφὸν\ καὶ\ χειροτονητὸν\ θεόλογον$) steht in Cod. 886 Bibl. Sen. Lips. fol. 116.

von der Gewandtheit und Schlagfertigkeit des Prätorius im Disputiren und fand auch an seiner Persönlichkeit Gefallen.[1] Ja noch mehr: es gelang den vereinten Bemühungen Buchholzers und Prätorius', den Kurfürsten trotz seiner erklärten Parteinahme für die Gegenpartei dahin zu bewegen, daß er, nachdem auch Musculus seinerseits sein Bekenntnis vorgelegt hatte, unterm 12. Juni 1560 ein Friedensmandat erließ: Musculus solle fortan seines Predigtstuhles, Prätorius seiner Lectionen warten, keiner den andern mit öffentlichen oder verdeckten Worten anstechen. Die Proposition „gute Werke sind nötig" sei zwar, recht verstanden, schriftgemäß; um Mißverständnisse zu vermeiden, solle sie jedoch nur mit einschränkender Erläuterung in der Predigt angewendet werden.[2] So wurde einstweilen ein Waffenstillstand zwischen beiden Parteien herbeigeführt, der ein volles Jahr währte.[3]

Inzwischen war Melanchthon am 19. April 1560 von dem Streit der Parteien durch den Tod erlöst worden. Kein Wort ehrender Anerkennung oder dankbarer Erinnerung, wie einst nach Luthers Tode, läßt sich von Agricola bei diesem Todesfalle verzeichnen. Ihre Herzen waren sich gegenseitig völlig fremd geworden. Die kleinen Sticheleien, Empfindlichkeiten und Eifersüchteleien zwischen ihnen hatten einen viel tieferen Riß herbeigeführt, als die wuchtige und wie mit Keulen dreinschlagende Polemik Luthers. Agricola muß Melanchthon dadurch empfindlich geärgert haben, daß er jede Abweichung von der älteren evangelischen Lehre, die er bei ihm wahrzunehmen glaubte, monirte: so die Definition der Kirche als einer äußerlich sichtbaren Gemeinschaft als eine Schädigung des Dogma

---

[1] Die Unterredung ist mitgeteilt bei Spieker S. 367—375. Die Argumente des Prätorius sind teilweise außerordentlich schwach; z. B. erklärt er bei dem Spruche „ihr sind viele Sünden vergeben, denn sie hat viel geliebet": „est Ebraismus; quia ponitur pro ideo." Mit einer so dehnbaren Grammatik ist leicht argumentiren!

[2] Freiwill. Hebopfer III. 615.

[3] Zwei Briefe des Prätorius an Eber vom 4. Sept. u. 13. Dec. 1560 enthalten keine Silbe von Streitigkeiten mit Musculus oder Agricola. Cod. Goth. 123 fol. 294. 295.

von der unsichtbaren Kirche;[1]) ferner seine Beschränkung der Gegenwart des Leibes und Blutes Christi im Abendmahl auf den Act des Abendmahls g e n u s s e s und seine Abneigung gegen die Adoration der consecrirten Elemente. Auch hören wir Agricola klagen über die seit 1530 „oftmals veränderte und gefälschte" Augsburgische Confession.[2]) Zu Ostern 1563 predigte er in Bezug auf den Verstorbenen: „Wenn sich Philippus vor seinem Ende nicht bekehret und sein Ende nicht anders beschlossen oder andern Sinnes worden, als er geschrieben und gelehrt, so ist er verdammt und ewiglich mit Leib und Seele des Teufels."[3]) In so greller Disharmonie hat die alte Freundschaft ein Ende gefunden! — Prätorius, der zu Anfang des Jahres 1561 nochmals seine Disputirkunst vor Joachim zu beweisen gehabt hatte in den Colloquien, welche dieser aus Veranlassung der päpstlichen Gesandtschaft, die zur Teilnahme am Tridentiner Concil einladen sollte, in Berlin veranstaltete,[4]) und sich jetzt bei Hofe bester Gunst erfreute, brach im Sommer den Frieden durch Veröffentlichung seiner Schrift de novae obedientiae et bonorum operum necessitate (datirt v. 27. Juli 1561). Hier rühmt er seine Lehrweise als die rechte Mitte zwischen den Irrtümern der Papisten und der „Antinomer." Mit letzterem Namen bezeichne man neuerdings dieselbe Klasse von Menschen, zu welcher ehemals Simon Magus, die Lügenapostel und die Manichäer gehört hätten; auch alle Epicuräer, alle faulen, hochmütigen und weltlichen Gesellen gehörten dazu.

---

[1]) Corp. Ref. XXIV. 365. XXV. 148.
[2]) Auslegung von 1. Cor. 11, handschriftlich auf der Kön. Bibl. zu Berlin.
[3]) Freiwill. Hebopfer IV. 303.
[4]) Im Febr. 1561; Haftitz setzt die Anwesenheit der Gesandtschaft ins Jahr 1555, Spieker ins Jahr 1560. Sie fand aber in Anschluß an den Naumburger Fürstentag statt. Auch betreffs des Namens des Legaten herrscht große Confusion; er hieß Johann Franciscus Commendonus, Bischof von Zacynth (Haftitz: Johann Farnesius; Spieker macht mehrere Personen aus dem Namen des Einen; Buchholz, Gesch. der Churmark 1767 III. 392 hat einen Bischof von Zabnitz u. s. w.). Vrgl. Calinich Naumb. Fürstentag S. 189. Cyprian, tabular. Romanum p. 136. Die Colloquien mit dem Legaten und dem ihm assistirenden Jesuiten Lampertus Aur s. ausführlich bei Spieker S. 58. 59.

Er lehrt, die guten Werke seien zwar nicht nötig zur Seligkeit, aber nötig als Dank für die erlangte Sündenvergebung und als Frucht des Glaubens.¹) Damit war der Streit der Parteien wieder eröffnet. Agricola machte seinen Einfluß bei Hofe geltend, die Schrift des Prätorius wurde als ein Bruch des Friedensmandates angesehen, und der Kurfürst verbot den Verkauf derselben. Auch erfahren wir, daß Agricola aufs Neue den Warnungsruf „Calvinisten" betreffs der Gegner ausgehen ließ.²) Musculus versagte es sich nicht, trotzdem daß die Schrift des Prätorius verboten worden war, seinerseits mit einer derben Gegenschrift zu antworten, die er wol aus Rücksicht auf das Mandat Joachims anonym und auswärts drucken ließ. Prätorius sendete diese Streitschrift mit bitterer Beschwerde am 12. Jan. 1562 an den Kurfürsten ein, klagte nun seinerseits über Verletzung des Friedensmandates, allarmirte auch nicht nur den Kampfgenossen Buchholzer, sondern suchte auch den Kanzler Diestelmeier für sich zu gewinnen, dem er Musculus als noch gefährlicher als weiland Münzer (!), als Einen, gegen dessen staatsgefährliche Lehren die Obrigkeit einschreiten müsse, denuncirte.³) Zugleich veröffentlichte er aber auch schon wieder eine Gegenschrift, in der namentlich Luthersche Aussprüche zu Gunsten seiner Lehrweise gesammelt sind; er rühmte aufs Neue die „Mittelstraße," die er zwischen Papisten und Interimisten einerseits und den Antinomern anderseits eingehalten habe, und wenn er auch Musculus nicht mit Namen nannte, so wies er doch deutlich genug auf ihn hin in den Worten, die Wahrheit wolle jetzt bekannt sein „one tunckel vnd Mausen." Seine

---

¹) Leutinger I. 422. Fortg. Samml. 1722 S. 539. 540. Spieker, S. 64, der auch hier die Schuld der Erneuerung des Kampfes der „stillen Erbitterung des lauernden Zionswächters" Musculus beilegt.

²) Freiwill. Hebopfer III. 616. 618. Der Vorwurf des „Calvinianismus" bezog sich wol kaum direct auf den Satz von der Notwendigkeit der Werke, sondern vielmehr auf den Philippismus im Allgemeinen; er deutet darauf hin, daß auch die Sacramentsfrage alsbald wieder in den Streit gemischt werden sollte.

³) Hebopfer III. 620—623.

Gegner, so behauptet er, habe Paulus im Sinn gehabt, als er die warnenden Worte 2. Tim. 3, 1—5 geschrieben habe.[1]) Joachim ergriff abermals für die Antiphilippisten Partei: „Ey, Musculus lehret nicht unrecht!" Und wieder ertönte im Kreise der Philippisten die Klage, daran sei allein Agricola schuld; der sei des Kurfürsten böser Lehrmeister und Ratgeber, die giftigen Verdächtigungen dieses levissimi scurrae entzögen ihnen die Gnade des Fürsten.[2]) Prätorius verlor angesichts der ungünstigen Constellation bei Hofe so vollständig den Mut, seine Sache weiter zu verfechten, daß er, als er am 12. Februar nach Berlin citirt wurde, von dort entwich, ohne sich nur dem grade in Spandau weilenden Fürsten vorgestellt zu haben, und bei den Freunden in Wittenberg und bei seinem Verwandten Paul Prätorius, dem Rat des Erzbischofs Sigismund von Magdeburg, sich guten Rat holte.[3]) Man riet ihm, von Joachim seine Entlassung zu fordern und in Wittenberg eine Stellung anzunehmen. Zunächst mußte er wegen einer Erkrankung an diesem Orte bleiben. Der Kurfürst nahm sein Verschwinden aus der Mark übel auf; er meinte, das habe nicht der Gottschalk, sondern der Abdias Prätorius gethan.[4]) Die Dimission

---

[1]) „Bonn der Rechtfertigung Vnd Guten Wercken Bericht vnd bekendnus Abdiä Prätorij." Franff. a. O. Joh. Eichhorn. 1562 (datirt vom 12. Jan. 1562). Ich finde die Schrift weder im Freim. Hebopfer, noch bei Spieker erwähnt. Sie scheint eine Uebersetzung resp. Bearbeitung der im November 1561 erschienenen Schrift de Justificatione explicatio et confessio zu sein.

[2]) Hebopfer III. 632. 658. (Man kann sich aus diesen Aeußerungen der Philippisten überzeugen, daß sie in Reichhaltigkeit von Scheltworten, die ihnen zur Bezeichnung der Gegner zu Gebot standen, und in der Verirrung, den Parteikampf mit persönlichen Invectiven anstatt mit sachlichem Ernste zu führen, den Gegnern vollkommen ebenbürtig waren.)

[3]) Der Brief Ebers an Camerarius, welchen Döllinger II. 397 mitteilt, („Praetorius . . apud nos quasi exulat metu mandati, quo Marchio Elector jussit ipsum arresto alligari, eo quod se opposuit D. Musculo etc.") ist sicherlich von Febr. 1562, nicht 1563 zu datiren.

[4]) Joachim wollte damit offenbar zwischen der ihm liebgewordenen Persönlichkeit des Prätorius und dem Parteimann und Gelehrten unterscheiden. Buchholzer glaubte, der Kurfürst halte Gottschalk und Abdias für zwei verschiedene Personen. (!) Hebopfer III. 704. (Spieker S. 71 dreht das Dictum Joachims um, so daß die Pointe völlig verloren geht.)

verweigerte er und forderte seine Rückkehr nach Frankfurt. Musculus triumphirte, daß der Gegner „feldflüchtig" geworden sei. Da Prätorius einer Verhandlung in Berlin ausgewichen war, so wurde Buchholzer von Joachim am 10. März[1]) in die Schloßkirche citirt und mußte sich in langer Unterredung vor dem fürstlichen Theologen verteidigen. Hiebei befolgte der Propst die Taktik, auf allerlei Weise Agricola bei Joachim zu verdächtigen: als „Stenkfeldianer" und Gesinnungsgenossen Münzers, als einen, von dessen Lehre die Unterthanen lernen würden, daß sie keine Steuern geben und Aufruhr anfangen dürften. Aber der Fürst ließ nichts auf seinen Hofprediger kommen: „ich sähe gern, daß Ihr in Eislebens Predigten ginget und höretet, was er sagt." Dagegen wurde er doch stutzig, als ihm Buchholzer vorhielt, daß die Lehre von der Notwendigkeit der Werke in früheren Jahren von Agricola und von dem Fürsten selbst ausgesprochen worden wäre; dieser bat sich die Bücher zur Einsicht aus, auf welche sich der Propst berief, und entließ ihn in allen Gnaden. Drei Tage darauf ließ er die beiden feindlichen Collegen in seiner und des alten Rates Eustachius v. Schlieben Gegenwart mit einander disputiren. Agricola verhielt sich dabei sehr zurückhaltend, er strafte den Propst durch ein verächtliches Schweigen und begnügte sich damit, nur von Zeit zu Zeit die Aussagen desselben, die namentlich in der Aufzählung aller ihm bekannten Sünden des Gegners (besonders betreffs seines Verhaltens im Interim) bestanden, kräftigst als Lügen zu bezeichnen. Buchholzer kramte mit sichtlichem Behagen Alles aus, was er zu Ungunsten der Person seines Widersachers anführen konnte: daß er um schnöden Lohnes willen in Augsburg seinen Glauben verleugnet, daß er das Interim von der Kanzel herab angepriesen und die Geistlichen zur Annahme desselben habe verleiten wollen; die verächtlichsten Aussprüche Luthers über

---

[1]) Das doppelte Datum „Dinstag nach Lätare" und „Conversionis Mariae Magd." stimmt ganz richtig zusammen, da in der Brandenb. Diöcese (ebenso wie in der Augsburger) Convers. Mar. am 10. März gefeiert wurde, Grotefend, Handb. der histor. Chronologie 1872 S. 112.

Grickel citirte er und beschloß die merkwürdige und für Agricola tief demütigende Unterredung mit einem „wehe euch Antinomern!" und der Warnung an Schlieben: „ich bitte Euch, hütet Euch vor Eisleben, denn er bleibt ein Schwärmer sein Lebelang."[1])

Diese Vorfälle riefen bei Hofe momentan eine den Philippisten günstigere Stimmung hervor. Agricola zog sich zurück, und als Musculus zur Beratung wegen Weiterführung des Kampfes nach Berlin kam, erhielt er von ihm den Bescheid, er möge sehen, wie er sich allein gegen Prätorius verteidige; Hindernisse halber sei es ihm jetzt nicht möglich, dem Freunde Beistand zu leisten. Einer Vorladung nach Berlin wich Musculus unter diesen Umständen lieber aus, indem er sich mit Krankheit entschuldigte. Die Sache des inzwischen in die Mark zurückgekehrten Prätorius stand jetzt trotz seines Entweichens besser als je. In einer Disputation mit Joachim am 20. April gelang es ihm, diesen so weit umzustimmen, daß er ihm Recht gab. Kühner geworden, glaubte Prätorius jetzt die Bedingungen vorschreiben zu können, unter denen er nur zu seiner Professur in Frankfurt zurückkehren wollte. Er forderte 1) Freiheit für seine Lehre von den guten Werken und das Recht, die Gegenlehre bestreiten zu dürfen; 2) eine feierliche restitutio in integrum von Seiten der Universität; 3) eine Zusicherung, daß er sicher sein solle a periculo arrestationis et ab aliis discriminibus und daß nichts gegen ihn vorgenommen werden dürfe, ohne ihn zuvor sich verteidigen zu lassen; 4) gewisse Vorrechte an der Universität vor den übrigen Docenten; 5) ausdrückliche Zusicherung dieser Stücke durch ein Schreiben Joachims, sowie ein Einschreiten gegen Musculus, also daß diesem das Zanken ernstlich gelegt würde.[2]) Man sieht, er fühlte sich vollständig als Sieger. In diesem kritischen Moment halfen sich die Gegner damit, daß sie schleunigst eine andre dogmatische Frage hineinwarfen, bei der sie der Sympathie Joachims gewiß waren.

---

[1]) Hebopfer III. 694—705. 705—715.
[2]) Das interessante, bisher unbeachtet gebliebene Schriftstück vom 26. Mai 1562 befindet sich in Cod. Extrav. 64. 7 fol. 93 flg. auf der Bibl. zu Wolfenb.

Musculus veröffentlichte Propositionen über die **Anbetung des Abendmahl-Sacraments**, die er als schriftgemäß verfocht.[1]) Agricola konnte seinen Einfluß bei Joachim wieder geltend machen, so daß sich die Siegeshoffnungen der Gegenpartei merklich herabstimmten. Man suchte bei Hofe den Streit, an welchem sich jetzt auch die Frankfurter Studenten bald mit vorlauten Thesen, bald mit wüstem Unfug beteiligten, dadurch beizulegen, daß man Prätorius an den Hof ziehen und mit diplomatischen Missionen beauftragen wollte. So mußte er zunächst den Kurfürsten im Sept. 1562 auf den Reichstag nach Frankfurt a. M. begleiten — zusammen mit Agricola, der als Hofprediger mitzog (s. oben S. 228).[2]) Während der Abwesenheit des Kurfürsten erlaubte sich Buchholzer über die Gegner in einem unglaublich rohen Gedichte folgenden Inhalts herzufallen: Ein Bauer in der Mark (Agricola) erzeugt zusammen mit einer Maus (Musculus) ein Kind (die Schrift gegen Prätorius). Der Schultheiß (Prätorius) verurteilt das Kind im Gericht der Apostel, und es wird in eine Kloake geworfen. Der Bauer ruft seine Freunde Schwolle und Bach (Docent in Frankfurt, später Hofprediger in Berlin) zu Hülfe, um an Stricken das Kind aus dem Kote herauszuziehen. Aber das Gerüst bricht:

Da liegen sie jetzund in dem Kot,
Gott und seinem heiligen Wort zu Spott![3])

Als Prätorius nach längerer Abwesenheit in diplomatischer Mission im December d. J. nach Frankfurt heimkehrte, fand er den Parteistreit in einer für ihn ungünstigen Lage. „Groß ist die Veränderlichkeit an den Höfen," so schrieb er nach Wittenberg in bitterer Klage.[4]) Musculus hatte inzwischen eine verhältnismäßig ruhige und maßvolle Schrift „Vom christlichen Leben und Wandel" verfaßt, durch welche er einen vollkommenen Erfolg bei Hofe erzielte. Der Kurprinz warf in Gegenwart seiner Räte

---

[1]) Cod. Goth. 123 fol. 425. 429.

[2]) Spieker S. 91 behauptet, Prätorius wäre in jener Zeit in Warschau gewesen, aber dagegen vergl. Neudecker, Neue Beiträge II. 73.

[3]) Hebopfer IV. 57—63. (Als mutmaßlichen Verfasser bezeichnet der philippistische Darsteller des Streites selber Buchholzer, a. a. O. S. 63.)

[4]) Cod. Goth. 123 fol. 427.

alle Schriften des Prätorius ins Feuer. Dieser entwich zum zweiten Male nach Wittenberg. Joachim wollte ihn noch einmal zurückfordern und lud ihn brieflich und durch seinen Rat Th. Matthias auch mündlich ein, wieder nach Berlin zu kommen. Aber er weigerte sich. Damit entschied sich der Streit definitiv zu Ungunsten der Philippisten. Wenige Tage nach dieser Weigerung entlud sich bei Gelegenheit der feierlichen Verkündigung des Testaments Joachims (19. April 1563) der Unmut des Fürsten über den allein übrig gebliebenen Parteiführer Buchholzer: „Herr George, ich will bei der Lehre Musculi bleiben, befehle meine Seele nach dem Tode unserm Herrgott, eure aber mit eurer Gottschalkischen Lehre dem Teufel."[1]

Daß Prätorius nun noch von Wittenberg aus den Kampf weiterzuführen versuchte,[2] konnte natürlich Joachim nicht mehr umstimmen. Der Philippismus war definitiv unterlegen. Am 24. Oct. ließ der Kurfürst eine Art Reformationsfest feiern, welches in der Domkirche mit höchstem Pomp begangen wurde. Dasselbe gestaltete sich zugleich zum **Siegesfeste des Luthertums über den Melanchthonianismus**. Agricola betete zum Schluß in demonstrativer Weise, Gott wolle der Mark reine Lehre erhalten, insonderheit die Lehre von der Rechtfertigung allein durch den Glauben ohne vorangehende oder nachfolgende Verdienste und Werke, sowie die Lehre, daß der im Abendmahl wahrhaftig gegenwärtige Christus durch Anbetung zu ehren sei.[3] Und im Jahre darauf predigte er bei demselben Feste: „Wir haben nun diese reine Lehre der Gnade, Gott sei ewig Dank, bis auf diese Stunde, obwol indeß auch fürgefallen sein Pelagianer, Gottschalkiten, Minoriten,[4] stryges, die bösen Vögel, die den Kindern des Nachts, weil die Säugammen schlafen, das Blut aussaugen. Sie haben bishero nichts geschafft, aber sie sollen, ob Gott will, noch

---

[1] Küster-Seidel S. 42. Hebopfer IV. 317.

[2] Am 1. Mai 1563 erschien Responsio Abdiae Praetorii ad scriptum D. Andreae Musculi. Witebergae, Georg Rhaw. 218 S.

[3] Hebopfer IV. 352.

[4] Minoriten sind im Gegensatz zu den „Majoristen" diejenigen, welche die necessitas operum ohne den Zusatz „ad salutem" lehrten.

weiter nichts schaffen, weil die alten Augen leben."¹) In seinen Predigten figuriren jetzt in der Reihe der Ketzer neben Osiander, Stancaro und Calvin auch Prätorius, Major, Eber u. A., oder, wie er sie kurzweg nennt, die „Schwarzerdenischen Kinder zu Rom an der Elbe." Paul Eber und die Wittenberger Universität überhaupt werden angeklagt, daß sie lehreten, Christi Leib und Blut sei nicht wesentlich im Abendmahle da. Er nimmt gern die Gelegenheit wahr, die streng lutherische Abendmahlslehre in scharfer Polemik gegen den „Calvinischen Schwarm," wie gegen die Wittenberger zu verfechten. Er eifert dafür, daß Joh. 6 nicht aufs Abendmahl ausgedeutet werden dürfe; er schilt und bekämpft die „Troppen und Alloëseltreiber," d. h. die in Zwinglis Spuren einhergehenden Theologen,²) „die Christi Majestät schmähen, indem sie seine göttliche Natur an allen Enden, die menschliche aber nur an einem Orte sein lassen." Er ist dessen gewiß, daß „alle, die tropos, figuras und alloeoses gesucht haben, vor der Majestät Gottes verzagen, verstummen und ewig verdammt sein werden."³) So hält er jetzt das Panier des reinen Luthertums hoch. Es bleibt eine merkwürdige Fügung, daß der Mann, den Luther so unerbittlich geächtet hatte, wesentlich dazu hat beitragen müssen, in der Mark Brandenburg dem strammen Luthertum, wie es nicht lange darauf in der Concordienformel sich consolidirt hat, zum Siege zu verhelfen.⁴)

¹) Homiliae Islebii, 23. p. Trin. 1564.
²) Vrgl. Luthers großes Bekenntnis vom Abendmahl 1528; Köstlin II. 95. 100.
³) Manuscr. germ. Folio No. 50, Kön. Bibl. zu Berlin.
⁴) Plank hat (Gesch. der prot. Theol. V. 1. 47) behauptet, Agricola habe im Jahre 1562 in seiner „Außlegung deß heiligen Seligmachenden Euangelij vo der . . . . Büßerinnen, Marien Magdalenen Luce 7." seine alten antinomistischen Irrtümer aufs Crasseste wieder hervortreten lassen. Aber er lehrt hier einfach ebenso, wie er seit 1540 stets öffentlich gelehrt hat, daß „das Evangelium Buße predigt und dazu das Amt des A. T.'s behält, denn das Gesetz muß hiezu dienen, daß die Natur verdammt werde." Buße allein gepredigt wirke Verzweiflung, Vergebung der Sünden allein Vermessenheit; das Erste in der Buße sei das Erschrecken des Sünders. Es ist also durchaus die Lehrweise, welche durch die Artic. Smalcald. vorgebildet war.

## XI.

# Häusliches Leben und Lebensende.

Agricolas Ehe mit seiner Else scheint durchaus glücklich gewesen zu sein. Seine Frau erfreute sich hoher Achtung und Liebe auch bei denen, die über ihren Mann gering dachten.[1]) Die Ehe wurde mit Kindern reich gesegnet; 7 Söhne und 7 Töchter wurden ihm geboren, von denen aber nicht alle groß geworden sind. Neun Kinder brachten sie aus Eisleben nach Wittenberg mit. Von den Töchtern heiratete eine im Jahre 1541 nach Halle, eine zweite vermählte sich einem (in Berlin wohnhaften?) Herrn Hieronymus, eine dritte dem Syndicus der Stadt Kolberg, eine vierte mit dem Oberstadtschreiber Johannes Schmidt in Berlin (wenigstens nennt Agricolas Sohn diesen seinen Schwager). Von zweien seiner Söhne lassen sich einige, wenn auch nur dürftige, Nachrichten auffinden (s. unten). Im Jahre 1554 verlor Agricola seine treue Lebensgefährtin. Ihr Tod bot Melanchthon noch einmal eine Veranlassung dar, der alten Freundschaft eingedenk zu sein. Man erwartete von ihm einige Verse ehrenden Nachrufes für die Frau, die er stets in hohen Ehren gehalten hatte. Er

---

[1]) Die Schmähreden des Lemnius in „Ein heimlich Gesprech" 1539 dürfen natürlich nicht als geschichtliche Zeugnisse gelten. Derselbe läßt Else klagen über das böse Leben, das sie bei ihrem Manne habe. Denn er sei ein Prasser, ein Spieler und noch mehr, das nicht zu sagen sei; er gäbe ihr oft eine ganze Woche nicht 2 Groschen in die Küche, während er selbst bei guten Schlemmern seinen Hals fülle, Tag und Nacht, so daß er oft in drei Tagen nicht einmal heimkäme. Er ließe sie und die Kinder darben bei Grütze und Wassersuppen, so daß kaum trocken Brot genug da wäre. Es sei übel, bei einem „vollen Zapfen schlafen, dem der Wein ausriechet."

versprach auch Buchholzer ein Epicedion senden zu wollen; aber er säumte auffällig lange mit der Erfüllung seiner Zusage. Buchholzer mahnte, und am 31. October 1555 erwiderte er endlich, er habe bereits durch einen Studenten Verse schreiben lassen, sie seien aber nicht gut geraten, er müsse erst noch andere besorgen. Wieder verging ein halbes Jahr, dann meldete er dem Propste, nun werde er in den nächsten Tagen den Druck des Nachrufes besorgen lassen; aber wieder schob er die Sache hinaus, bis endlich am 28. December 1556 die lange erwarteten Verse den Weg von Wittenberg nach Berlin fanden. Sie trugen nun bereits die Jahreszahl 1557.[1]) Es läßt sich denken, daß die Langsamkeit, mit welcher Melanchthon diesen Freundesdienst leistete, nicht eben geeignet war, innigere Beziehungen herbeizuführen. Sein „Epitaphium" langte in Berlin an, als Agricola bereits zu einer zweiten Ehe geschritten war. Ueber seine zweite Frau fehlt es mir an jeder näheren Kunde. Kinder zweiter Ehe scheinen nicht vorhanden gewesen zu sein. Die neue Gefährtin[2]) hatte ihren Mann bis an sein Lebensende zu pflegen. Denn der Pflege wurde er immer mehr bedürftig. Schon im Jahre 1539 bezeichnete ihn Lemnius als einen „Dickbauch;" er wurde mit zunehmenden Jahren immer stärker und fetter.[3]) Seine früher schon bemerkbare

---

[1]) Epicedion Sanctae matronae Elisabetae conjugi reverendi . . . . scriptum a Johanne Ferinario. Epitaphium Scriptum a Phil. Melanthone. Witebergae excudebat Johannes Crato Anno M.D. LVII. Corp. Ref. VIII. 594. 764. 940. IX. 9. X. 635. Cod. Erlang. 1665 fol. 196 flg. Beide Dichtungen umgehen in auffälliger Weise die Person Agricolas. — Ueber Ferinarius vgl. Alb. p. 282. Zeitschr. f. Kirchengesch. III. 302. Er war später Rector in Brieg.

[2]) Ich finde sie zuerst erwähnt in einem Briefe eines jungen Mansfelder Joh. Sidelius an Agricola v. 30. Dec. 1556 in Cod. Seidel. Berol.

[3]) Auch die Bilder, die wir von ihm haben, zeigen eine untersetzte Figur, ein volles Gesicht und reichliche Leibesfülle. Man findet sein Bild in Fortges. Samml. 1720 und 1734, in Seidels Bildersammlung, Paul Frehers theatrum, (vgl. Kordes S. 414. 415); in neuerer Zeit ist es wiederholt worden in dem Bilderwerke „die Männer der Reformation" Hildburghausen 1860 und in Heinrich Kurz, Gesch. d. deutsch. Lit. II. Leipz. 1856, S. 201.

Neigung zu reichlichem Essen und Trinken erhielt durch das Leben bei Hofe wol noch mehr Förderung; Joachim selbst war ein starker Trinker, und bei den Jagden und den Reichstagsreisen kam der im Gefolge des Fürsten befindliche Hofprediger täglich in unmittelbare Berührung mit dem maßlosen Fressen und Saufen, das in der vornehmen Welt jener Tage fast ausnahmslos zum guten Tone gehörte. Sein Körper hat es im Alter schwer büßen müssen. Zwar hat er nicht, wie Alberus 1553 ihm prophezeite, "sich zu Tode gefressen und gesoffen." Aber gichtische Beschwerden und Kurzatmigkeit haben ihm viel zu schaffen gemacht. Zu Anfang des Jahres 1560 lag er schwer danieder; Buchholzer glaubte mit Befriedigung Gottes Gerichte darin erblicken zu dürfen und hielt den Tod seines Gegners für gewiß. Aber dieser erholte sich noch einmal wieder.[1]) Noch in den Jahren 1564 und 1565 war

---

[1]) Fortg. Samml. 1724 S. 281. Corp. Ref. IX. 1068. Mit einer Anzahl guter Varianten steht der Brief auch in Cod. 886 fol. 51 Bibl. Senat. Lips. Herr Medicinalrat Dr. Küchenmeister in Dresden schildert mir den Krankheitsverlauf, auf Grund des Berichtes Buchholzers, folgendermaßen: "Agricola klagte über hartnäckige Obstruction; da die Aerzte die posteriora nicht genau untersuchten, so erkannten sie auch nicht, daß die Verstopfung von einer Entzündung und Geschwulst (paraproctitis) in der Nähe des Mastdarmes herrührte, welche diesen mechanisch so complet verschloß, daß nichts abgehen konnte. Um nun Stuhl zu bekommen, pfefferten sie so unsinnig mit Mercurialien (Calomel) hinein, daß sie, die jedenfalls der Humoralpathologie huldigten, dem armen Teufel 1) 420 Sedes und 2) einen mercuriellen Speichelfluß verschafften, der bekanntlich so übel riecht, daß kein Mensch es in der Nähe solcher Kranken aushalten kann. Der Gestank der Salivation kam aus dem Munde, daher auch die Barbiere besonders darüber klagten. Inzwischen hatte sich, trotz der scheußlichen Behandlung, die Entzündung gezeitigt, Eiter in sich gebildet und diesen nach außen selbst entleert. Dies geschah unter kolossalem Substanzverlust; daher die "drei Finger dicke Oeffnung." Dieser Absceß wird brandig geworden sein, eine zweite Quelle des Gestanks. Die Aerzte hielten den Absceß für einen krebsigen und gaben ihm daher das Hauptkrebsmittel damaliger Zeit, arsenicum album. Aber gegen Krebs spricht die Heilung und daß er seit dem noch 6 Jahre gelebt hat. Wahrscheinlich war sein Leiden ein bösartiger Carbunkel, wie er als Furunkel oft am Sitzfleisch vorkommt und bei schlechter Behandlung leicht einen carbunkulösen Charakter annimmt; er frißt weiter, wird leicht brandig, es gibt da enorme Substanzverluste und kolossale Narben. Da er nun starker Trinker war, so

er imstande, fast ohne Unterbrechung seines Predigtamtes zu warten, er trug sich auch noch mit schriftstellerischen Plänen. Doch fühlte er sich anderseits bewogen, am 13. Juli 1564 eine Art Testament, d. h. ein Bekenntnis abzufassen, daran Frau, Kinder und Freunde sich halten könnten, falls er etwa „Alters oder Krankheit halben" vor seinem Ende noch Anderes reden, schreiben oder bekennen würde. Neben dem Dank gegen den Engel des Herrn, der ihn nun „über seine 70 Jahre wunderbarlicher Weise durch das Meer dieses Jammerthals geführt habe, gnädiglich bei ihm gewesen, aus großen Anfechtungen und Höllenkämpfen ihn erlöset habe," enthält dasselbe ein Bekenntnis besonders zur lutherischen Abendmahlslehre. Im Jahre 1565 nötigte ihn die Fußgicht am 17. und 18. Sonntag n. Trin., seine Predigten auszusetzen, aber am Sonntage darauf konnte er wieder seine Kanzel besteigen. Doch währte die Freude nur kurze Zeit. Am 26. Oct. stellte sich solche Atemnot ein, daß er nicht mehr gehen konnte. Er mußte sich von jetzt an „nothalber wiewol ungern" des Predigens enthalten. Seine Absicht, über den 1. Johannisbrief zu predigen, konnte er nicht mehr ausführen. „Trotzdem, wenn er ein wenig vermögend war, hat er in sacris meditirt, geschrieben, das 3. Teil seines Monotessari angefangen, auch viel von Kirchengesängen vertirt, daneben auch aus etlicher vornehmer Leute vielfältigem Anregen angefangen, den Katechismus aufs Papier zu bringen, wie er ihn auf der Kanzel gepredigt, aber nur die ersten 7 Gebote vollendet. Es hat sich aber diese seine Schwachheit das Jahr hindurch oft geändert, daß er itzt stark, bald wieder schwach worden, manchen harten Paroxysmum ausgestanden vor großer Sorge, die er trug für die Kirche, weil so viel Rotten und Secten mit Gewalt hereindringen, welches sehr zu seiner Schwachheit half. Darum er auch oft mit herzlichem Seufzen

---

war er jedenfalls wohl genährt und fettreich; damit war eine Ursache zur Entzündung des Fettzellgewebes und der Fettdrüsen leicht gegeben und die energielose Constitution des fetten Trinkers neigt in kranken Tagen bei Abscedirungen gern zu Brand."

gesagt, es würden solche Verwirrungen in der Kirche und im weltlichen Regiment entstehen, ut non dulce sit porro vivere." Jeden Abend betete er vor seinem Bette die Psalmen de profundis und miserere (130 und 51). Sein Stoßseufzer war: "Herr Jesu Christe, ich bin bereit, mit Dir zu leben und zu sterben. Wenn ich Deiner Kirche noch nützlich bin, so sprich nur ein Wort, so wird Dein Knecht gesund; wenn aber nicht, so erlöse mich aus diesem Diensthause! Ach Vater, dein Wille geschehe! Willst Du, daß ich noch bleiben soll, so gib Gedulb. Die Welt ist meiner müde, ich bin ihrer auch müde."[1]

So verbrachte er die Zeit bis zum 8. Sept. 1566, ohne bettlägerig zu sein; er konnte sich noch mitunter durch eine Ausfahrt nach seinen Wiesen und Weinbergen eine angenehme Abwechslung schaffen. Von da an verschlimmerte sich sein Zustand. Schlaflosigkeit, wirre Gesichte und Kopfschmerzen quälten ihn. In seinen Träumen und Gesichten spiegelte sich die Unruhe seines Lebens wieder: bald sah er hohe Herren, die mit ihm wollten deliberiren, wie man das Regiment möchte christlich und weislich bestellen; bald beunruhigten ihn "die großen Theologen, seltsame wüste Leute, die wollten ihn schlechterdings nicht ruhen lassen, er sollte ihnen helfen raten, damit die Religionssachen vollends hingelegt und zurecht gebracht würden." Aber in schmerzfreien Stunden dictirte er auch jetzt noch an seinem Monotessaron weiter. Am 12. September wurde er so schwach, daß seine Frau nach einem Kaplan schicken wollte, der ihm das Abendmahl reichen sollte;

---

[1] In der 20 Jahre nach seinem Tode herausgegebenen Predigt am Tage aller Heiligen (wahrscheinlich 1564 gehalten) befindet sich folgendes innige Gebet: ".. das dauert mich, daß ich Dich, der Du mich mit so viel himmlischem Segen und Gnaden überschüttet, an Seel, an Leib, erzürnet und verletzet habe. Quia tibi et tibi soli peccavi. Daß ich wider Dich übel gehandelt habe, das, das erbricht mir mein Herz. Ich bin nun schier alt worden, aber mein Lebenlang habe ich eines Hofmeisters nie nötiger bedurft, denn eben jetzt.... Ich weiß, daß Dir nichts Höheres gefällt für allen Opfern und was dir mag fürbracht werden, denn ein ängstlich und zerschlagen Herz und ein betrübter Geist. Darauf lebe und sterbe ich, wenn Du Jehova willst, und befehle also meinen Geist in Deine Hände." Bl. Giiij.

aber da er es schon zweimal während seiner Krankheit empfangen hatte, so verwehrte er es; er habe den Arzt noch in seinem Herzen und empfinde seinen Trost. Er bat aber die Seinen, sie möchten nichts mehr von zeitlichen Dingen mit ihm reden. — In Berlin war gerade jetzt böse Sterbenszeit. Im Jahre zuvor hatte die Pest schrecklich, namentlich in Frankfurt a. O. gewütet, jetzt war sie auch nach der Hauptstadt gedrungen und richtete besonders in Berlin ein ungeheures Sterben an, während in Cöln nur wenige Personen weggerafft wurden.[1]) Viele hatten die Stadt verlassen. Agricolas Frau fürchtete sich vor Ansteckung, und daher blieben die mit den Pestkranken fortwährend in Berührung kommenden Kapläne ihrem Hause fern; nur Peter, der Kaplan und Vertreter des Hofpredigers Georg Cölestin,[2]) besuchte den Kranken mitunter und hielt ihm Trostsprüche vor. Im Uebrigen ließ er sich von seinem Famulus mittags und abends aus geistlichen Schriften vorlesen, merkwürdiger Weise besonders gern aus seinen eigenen Schriften, aus seiner Auslegung der Passionsgeschichte und aus dem Monotessaron. In den Tagen vom 14.—20. Sept. wurde er durch geistliche Anfechtungen schwer beunruhigt. Sein Zustand verschlimmerte sich so, daß sein ältester Sohn Johannes, der „vor dem Sterben" nach Pommern gewichen war und sich jetzt grade in Strausberg aufhielt, durch einen Eilboten herbeigerufen wurde. Die Freude, den Sohn zu sehen, stärkte den Kranken ein wenig, so daß er noch an der Mittagsmahlzeit der Familie teilnahm, auch am Abende mit Frau und Sohn ein Kartenspiel um Zahlpfennige anfing; aber bald legte er die Karten mit den Worten: „ich habe Anderes zu denken" wieder fort. Auch jetzt war er noch nicht ans Bett gebunden, sondern brachte den Tag auf einem „niedrigen Roll- und Schaubbettelein" zu. Mit Trauer nahmen die Seinen wahr, daß seine Gestalt immer welker wurde; während eines Nachmittagsschlafes entglitten die Ringe seinen welken

---

[1]) Hastiß bei Riedel IV. 124. Spieker, Beschreibung der Marienkirche zu Frankf. 1835 S. 191. Musculus S. 220. 221. 347. 348.

[2]) Dieser war damals auf Reisen abwesend, Spieker, Musculus S. 341.

Fingern. Der Sohn reiste auf des Vaters Bitte am 20. wieder
ab. Die geistlichen Anfechtungen schwanden; er erfreute sich seit
diesem Tage einer inneren Ruhe und des Gefühles, Frieden im
Herzen zu haben. „Lieben Kinder," sprach er, „Gott ist gut, und
was er thut, ist auch gut, ich kann nicht traurig sein, denn der
Sohn Gottes redet in meinem Herzen." Man hörte von jetzt an
kein ungeduldiges Wort mehr von ihm. Im Traume erquickte
ihn das Gesicht eines „säuberlichen Kindleins," in welchem er den
Engel zu sehen meinte, der ihn von Jugend auf behütet habe,
und freudig erhob er seine Hände zum Gebet. Als er am Abend
des 21. Septembers zu Bette gebracht wurde, hielt sich sein Famulus
für verpflichtet, noch ein Verhör wegen seiner Rechtgläubigkeit
mit ihm anzustellen: ob er bei der Lehre, die er öffentlich bekannt
habe, zu verharren gedächte? ob er bleiben wolle bei der Augs=
burger Confession, die er 1530 neben anderen Gelehrten Carl V.
offerirt habe? ob er dabei bleibe, daß nur zwei Teile der Buße
seien?[1]) ob er bei dem bleibe, was er in seinem Testament
(s. oben S. 332) über die wahre Gegenwart Christi im Abend=
mahl bekannt habe? Nachdem Agricola diese Fragen „frisch und
mit vollem Munde" bejaht hatte, schlief er ein — zum letzten
Schlafe. Zwar erwachte er noch einmal nachts um 4 Uhr und
begehrte zu trinken. Sie reichten ihm in Malvasier aufgeweichte
Semmel und einen Trunk Weines, darauf schlummerte er abermals
ein. Um 1/2 12 Uhr vormittags (des 22. Sept.) holte er noch ein=
oder zweimal tief Atem; dann wars überwunden. „Daß ich mit
Wahrheit bekennen muß," fügt sein Famulus dem Berichte über
sein Ende hinzu, „daß an dem Manne wahr geworden ist: der

---

[1]) Die Frage ist im Gegensatz gemeint nicht nur gegen die katholische
Dreiteilung Contritio, Confessio, Satisfactio, sondern wol noch mehr gegen
die von Melanchthon im Examen ordinandorum aufgestellte Trias: Contritio
fides, nova obedientia. Corp. Ref. XXII. 46, vergl. Spieker, Musculus
S. 50, wo Prätorius sich über Musc. beschwert, weil er „die lere von den
Dreyen stücken der Buße oder Bekerung, wie sie in Examine D. Philippi
stehet, für Teuffelisch gescholten."

Tod ist ihm zum Schlaf worden."[1]) In der Domkirche fand sein Leichnam die letzte Ruhestätte. Ueber den Verbleib und die weiteren Schicksale seiner Wittwe ist mir nichts bekannt. Von seinen Söhnen hat der ältere, Johannes, sich einen Namen in der Geschichte Berlins erworben; denn er wurde Bürgermeister von Berlin. Als solchen finden wir ihn z. B. in den Jahren 1578 und 1581 genannt. Er erbte die bedeutende Bibliothek seines Vaters, die damals zu den Merkwürdigkeiten Berlins gerechnet werden konnte.[2]) Der andere, Philipp, hatte des Vaters Neigung zu dichterischen Versuchen geerbt. Die verschiedensten Begebenheiten am Berliner Hofe, den Tod Joachims, die Huldigungsfeier Johann Georgs, die Taufe des Markgrafen Christian (geb. am 30. Januar 1581), den Tod der Markgräfin Elisabeth Magdalene, den Tod des Kanzlers Lampr. Diestelmeier begleitete er mit seinen Reimen oder mit Beschreibung der dabei vorgekommenen „Ceremonien und Auszüge." Auch wird er als Verfasser einer 1578 erschienenen „Tragödie" „Von dem heiligen Triumph und gehaltenen Kampf" genannt, sowie der 1577 erschienenen Schrift „Klarer Außzugk der Propheten ... uff den bald hervortretenden Jüngsten Tag seines Gerichts ... Reimweis gestellet." [3])

---

[1]) Wir besitzen zwei Berichte über Agricolas Lebensende, einen von seinem Famulus Matthäus Fleischer, den anderen von seinem Sohne Johannes, beide in Cod. Erlang. 1665 fol. 177—187 und 187—195. — Wenige Tage zuvor, am 16. September, war der Pfarrer zu Cöln, Antonius König, an der Pest gestorben. Wie aus den Berichten hervorgeht, ist die gewöhnliche Angabe, daß auch Agricola an der Pest gestorben sei, nicht richtig.

[2]) Küster-Seidel S. 73. 110. 113. Leuting. Carm. lib. II. p. 42. 1581 erschienen: „Zwei Orationes, die erste, so der itzo regierende Burgermeister Hr. M. Jo. Eisleben in der Schule gethan u. s. w." Friedländer, Beiträge zur Buchdruckergeschichte Berlins S. 45.

[3]) Küster, Biblioth. histor. brand. pg. 428. Access. ad Bibl. pg. 291. 453. Kordes S. 417. Friedländer a. a. O. S. 34. 44. 55. Spieker Musculus S. 350. — Ueber mutmaßliche Enkel Agricolas s. Kordes S. 417. 418.

Nun wir am Schlusse stehen und das Lebensbild Agricolas in den verschiedenen Stadien seiner Entwickelung zu zeichnen versucht haben, schauen wir noch einmal auf dasselbe zurück. Wir fragen nach den eigentümlichen Gaben und nach dem Charakter des Mannes und versuchen Licht und Schatten in diesem Bilde gerecht zu verteilen. Seine Begabung trat am meisten auf praktischem Gebiete hervor: als Prediger hat er von den Anfängen seiner öffentlichen Wirksamkeit an bis in sein Alter anregend und erbauend gewirkt; in den verschiedensten Stellungen, die er bekleidet hat, als Schulmann wie als Reichstagsprediger, im Consistorium zu Wittenberg wie als Generalsuperintendent in Berlin, verstand er es, mit der ihm eigenen Leichtigkeit und Beweglichkeit des Geistes sich in Verhältnisse und in Personen zu finden und sich brauchbar zu erweisen. Verfehlt war es dagegen, daß er auf dogmatischem Gebiete eine Rolle zu spielen suchte: hier fehlte es ihm ebenso an Originalität — denn er zehrte hier stets von (teilweise unrichtig aufgefaßten) Gedanken Luthers — wie an systematischer Klarheit, wie endlich an der Energie der Ueberzeugung. Sein Charakterbild ist wesentlich bestimmt durch sein sanguinisches Temperament. Er besaß die Vorzüge des Sanguinikers in hohem Maße; aber auch die Fehler eines solchen in nicht geringerem Maße. Bestimmbar, leicht zu begeistern, aber ohne nachhaltiges Beharrungsvermögen, so ist er sein Lebelang gewesen. Mit Begeisterung hat er an Luther sich angeschlossen und so lange dieser auf ihn Einfluß übte, steht er vornan in den Reihen der Evangelischen, frisch und fröhlich im Kampfe für das Evangelium wie kein andrer; seitdem er aber bei Hofe heimisch geworden ist, ist er in starker Abhängigkeit von den politischen oder kirchlichen Intentionen, die ihm dort entgegentreten, und erweist sich bestimmbar, in grellem Gegensatz zu seiner kirchlichen Vergangenheit, bis hin zur Verherrlichung des Interims. Man hat aus dieser seiner traurigen Thätigkeit den Beweis entnehmen wollen, daß Luther mit seiner entschiedenen und schroffen Lösung der alten Freundschaftsbande ihn ganz richtig beurteilt habe; er habe sich in seinem Verhalten gegen Agricola als trefflichen Menschenkenner bewährt. Allein, man vergißt dabei, daß Luther grade durch die Weise, wie er ihn von dem Wittenberger Theologenkreise hinweggedrängt und dadurch in um so größere Abhängigkeit von Joachim getrieben hat, ihn in jene Zwitterstellung gebracht hat, von welcher aus sein trauriges Verhalten in den Interimshändeln erst psychologisch erklärlich wird. Agricolas Versuch, sich von Luther zu emancipiren, war so traurig ausgefallen, daß er 1540 gern wieder zu seinem alten Lehrmeister zurückgekehrt wäre und an diesem seinen theologischen Rückhalt gewonnen hätte. Da aber Luther ihn consequent zurückwies, so hat er eben dadurch sein Teil beigetragen, daß sich Agricola dermaßen zum Hoftheologen entwickelte. Hiebei darf auch nicht übersehen werden, daß Joachim durch die außergewöhnliche persönliche Mühwaltung, mit welcher er Agricolas Wittenberger Angelegenheiten zu klären sich angelegen sein ließ, diesen von vornherein in solchem Maße sich verpflichtet hatte, daß es nicht verwunderlich ist, wenn der so leicht Bestimmbare in völlige Abhängigkeit von seinem neuen Herrn geriet. Erst der Weheruf der evangelischen Glaubensgenossen hat ihn zur Erkenntnis der Irrwege gebracht, auf welche ihn der Einfluß der Joachimschen Politik gelockt hatte. Da suchte er aufs Neue nach einer Stütze für seine theologische und kirchliche Stellung. Mit einer kräftigen Wendung knüpfte er wieder an die Erinnerungen der glücklichsten Jahre seines Lebens an; in der Verkündigung des reinen Luthertums in seiner ganzen Schärfe und Exclusivität suchte er seine Interimshändel sich und Anderen in Vergessenheit zu bringen. Und diese Wendung seiner Theologie erfolgte, so viel wir sehen können, nicht aus Beeinflussung Joachims (vielmehr scheint jetzt das umgekehrte Verhältnis eingetreten zu sein, daß Joachim wesentlich durch den Einfluß seines Hofpredigers ein Antiphilippist geworden ist), sondern kraft einer inneren Reaction, bei welcher freilich auch sein alter Mensch — d. i. in diesem Falle die entschiedene Abneigung gegen Melanchthon — ein kräftiges Wort mitgesprochen haben wird. Dieser Richtung ist er fortan bis an sein Lebensende treu geblieben; für die Zwecke dieses, freilich schon stark verknöcherten, Luthertums hat er eifrig gekämpft — mit den Waffen, wie sie bei den theologischen Händeln der Luther-Epigonen üblich waren; und in diesen Kämpfen hat er innerliche Befriedigung gefunden, da er überzeugt war, der Sache des lauteren Wortes Gottes zu dienen.

Agricola besaß die beneidenswerte Gabe, überall, wo er hinkam, mit Leichtigkeit und im Fluge sich Herzen zu erobern, Freundschaften zu schließen: aber auch nicht eines dieser vielen Freundschaftsbündnisse hat er sich dauernd zu erhalten gewußt. Die zahlreichen Klagen seiner Freunde über seine Lässigkeit im brieflichen Verkehre sind ein Zeugnis dafür, daß ihm die Treue in der Freundschaft fehlte; über den an neuem Orte neu gewonnenen Freunden vergißt und vernachlässigt er die alten. Er war eine liebenswürdige Natur, insofern er stets leichten Herzens, heiteren Sinnes, aufgelegt zu Scherz und munterem Lebensgenuß erscheint. Die Lust zu Scherzwort und zu Neckereien hat er sich noch bis in sein hohes Alter bewahrt. Aber diese Leichtigkeit der Lebensauffassung barg ernstliche Versuchungen in sich, denen er nicht auszuweichen vermocht hat. Je mehr er sich in dem Hofleben wohl gefühlt hat, um so nachteiliger hat es auf seine Charakterentwicklung eingewirkt. An vielen Punkten seiner Lebensgeschichte drängt sich die Frage auf: wie stand es um sein Christentum? wie weit ist er von Herzen ein evangelischer Christ, wie weit nur ein theologischer Klopffechter gewesen? Es wird uns ja schwer, angesichts jener widerlichen Epigonenkämpfe seit Luthers Tode an die Frömmigkeit jener rauflustigen, verketzerungssüchtigen Polemiker hüben und drüben zu glauben. Und doch werden wir immer wieder uns daran erinnern müssen, daß in all jenen Bruderkämpfen unter den Evangelischen mit subjectiver Wahrheit auch um Gottes Ehre gekämpft worden ist. Wol haben sie in trauriger Verblendung die irdene, zerbrechliche Form ihres menschlichen Erkennens mit den ewigen Heilswahrheiten verwechselt und vermengt; aber selbst wenn sie um die Gunst der Fürsten sich bemühen, so thun sie's doch vornehmlich nur darum, weil sie aufrichtig meinen, das Heil des Landes hange davon ab, daß i h r e Lehrweise zur alleinigen Geltung gelange. Und so verkehrt oft ihre Weise, aus einzelnen herausgerissenen Schriftstellen Dogmatik zu formen, sein mag, so sind sie doch eben ein Jeder an seinem Teile gewiß, nicht für ihre Weisheit, sondern allein für die Ehre des lauteren Wortes Gottes zu streiten. „Unius in Christi juravi verba magistri, Christus enim solus verba salutis habet:" dies Motto hat Agricola seinem Monotessaron vorangesetzt; und an anderer Stelle sagt er: „Luther wollte haben, wie ich's oft von ihm gehört habe, Scripturistas, nicht Lutheristen; doch werden jetzt leider alle Welt Lutheristen und nicht Scripturisten." [1]) Er hat sich sicherlich stets für einen rechtschaffnen Scripturisten gehalten. Und insofern wir mehr und mehr lernen, die Theologen vergangener Zeiten nach dem Maße i h r e r Zeit zu messen und auch unter den für unser Gefühl so befremdlichen und so verwerflichen Aeußerungen ihres Eifers um das Haus des Herrn nach dem Widerschein der Gnade und Wahrheit des Herrn in ihrem inneren Leben zu forschen, insofern wird auch an einem Manne wie Agricola trotz aller Flecken, die auf seinem Bilde haften bleiben, das Wort sich erfüllen, mit dem er am Ende seines Lebens zukünftiger Kirchengeschichtsschreibung hoffend entgegenschaute:

„Judicium melius posteritatis erit."

---

[1]) Evang. v. Mar. Magd. 1562 Bl. J b.

# Anhang.

## I.

## Aus Agricolas Briefwechsel.

### 1. Georg Spalatin an Agricola. 1. Febr. 1525.
[Cod. Erlang. 1665 fol. 2 b. Fragment in Cod. Goth. 1048 fol. 46 b.]

Suo in Domino fratri carissimo D. Johanni Agricolae Eislebio, Dei viro. Gratiam et pacem per Christum. Quae non tam Lucas tuus in Sueviam profecturus conqueritur quam tu, mi amiciss: Joan: Agricola, sic excepi, ut nihil prorsus timeam Lucae; tantum mihi tum de patre, tum de filio jampridem polliceor. Quod si timere non desinis, quicquid id fuerit, in meos humeros quantuloscunque rejici non gravatim patiar. Modo bono sis animo, modo Lucam in publicum protrudas. Atque utinam idem in Matthaeo, Marco et Johanne tuo adsequi possim. Vix enim aliud jam magis in votis habeo. Nam lecto nuper tuo in cap: XVI. Matth. Scolio sic coepi hoc optare, ut nihil supra. Verum quando hoc fortasse sit nimium, hoc saltem oro, ne graveris mihi mittere Adnotationes tuas vel brevissimas utcunque collectas in Evangelistas, quibus carere potes, propediem sartas tectas ad te redituras. Nihil enim mihi gratius facies, nihil optatius contigerit. Bene vale cum uxore et liberis et Deum ora pro nobis. Cursim Calen. Februar. M. D. XXV. Rescribe quaeso [ne] diutius animi pendeam. G. Spalatinus.

[s. oben S. 36. 40.]

### 2. Phil. Melanchthon an Agricola. Nov. 1530?
[Cod. Goth. 1048 fol. 60 b.]

Viro optimo D. Johanni Agricolae Islebio amico summo s. d.

Humaniter abs te factum est, quod redeunti ad nos Andreae literas ad me dedisti. De Apologia te etiam atque etiam oro, si quid repereris,

quod mutandum esse existimabis, ut judicium tuum mihi perscribas. Vides adversariorum in tantis rebus diligentiam, communicant inter se studia atque operas. Idem nos hoc magis facere oportuit, quia non nostris commodis litigamus ut illi, sed de salute Ecclesiae doctrinam conamini illustrare duraturam ad posteros; et controversiae magnae sunt, quas tractamus. Oro igitur te, ut sumas hoc negotii, ut legas meum scriptum tanquam censor. Nunc recuditur, itaque suscepi ipse quaedam retexenda, si quo modo possum res obscuras illustriores reddere. Phil.
[f. oben S. 101. 102.]

---

### 3. Agricola an Hans v. Dolzigk. 22. Dec. 1538.

[Original auf der Herz. Bibl. zu Wolfenb. 362 Novorum.]

Dem Gestrengen vnd Ernvhesten Ern Hansen von Doltzsik Ritter vnd Marschalk meynem besondern gunstigen Patron vnd forderer zu eignen handen.

Meyne gantzwillige dinst sind Ewer Gestrengken zuuor. Gestrenger vnd Ernvhester grosgunstiger her vnd Patron. Nach dem ich alweg an E g vermerke, wie sie mich mit allem guetten fur lengst her gemeynet, dagegen ich mich hohlich gegen E g bedancke, Habe ich guette hoffnung E g werde myr ynn meym obligen, gunstigen radtt vnd hulffe mitteylen. Ich habe meynem gnedigsten Herren dem Churfursten zu Sachsen xc. angetzeigt vnd auffs vnterthenigst bericht gethan, Wie es allenthalben vmb mich gelegen, vnd gebetten, seyn chfr. g. wolten myr diß vergangen Quattember gelt nicht abbrechen lassen, Ynn ansehung das ich mich auß grosser trew, der ich mich alweg zu seyn chf. g. versehen vnd gentzlich vertrostet, mit eynem krancken Weibe vnd neun lebendigen kindern vnter f. chf. g. schutz niedergelassen habe. Zu dem das ich mit lesen vnd anderm, so myr von wegen seyner chf. g. durch D. Pruden Cantzler auffgelegt vnd befhollen worden ist, vleissig, on rhum zu reden, gehalten habe, Vnd myr keyn mensch eyn eyniges wortt hieuon angetzeigt von gemeltem Chf. befhel abzustehen, vnd mich ynn andern weg zuuorsehen. Dieweil den myr solcher kurtzer vnd schier ungnediger abschied schimpflich vnd auch schedlich, f. chf. g. auch nicht hoh rumlich nachzusagen, eyn alten diener also vor den kopff zustossen, wie E. G. solchs nach hohem verstand vorstehet vnd baß den ich zu ermessen weyß. Szo ist meyn vlelich bitt, E. G. wolte doch myr yrem diener bey f. chf. g. eyn gutt wortt verleihen, das myr das verdint vnd verfallen Quattember gelt mocht gereicht werden. Denn zu Eißleben werden myr alleyn darumb, das ich mich zu seyner chf. g. gethan, meyn ererbete, erbawete, geschenckte vnd erkauffte guetter biß auff diese stunde furgehalten, die sich biß ynn tausent f. erstrecken vnd sol myr hie meyn trew seyn zu Wasser gemacht werden, vnd muß nun tzwischen tzweien stuelen nidderfitzen. Szo ich doch besser auff eynem gesessen werhe. Vnd wie wol ich solchs fur meyn Tentatien vnd Creutz achten muß, das mur Gott zur gnedigen straff aufflegt, Szo halt ich doch Es sey on sunde, das ichs eym guetten hern vnd freunde, dafur ich E. g. alweg geacht vnd noch, beichtsweise clage vnd hulffe suche. Derhalben zum andern mal meyn bitt an E. g. wolte myr hierynne guetten rabt mitteylen, das wil ich E. g. gantz vleissig nach rhumen, vnd nach hohstem Vormugen vmb dieselbige E. g. gerne verdienen. Datum Wittemberg den vierten Sontag ym Abuent. E. g. wolte solche meyne clag bey sich be= halten vnd zu rechter zeit bessern helffen.

E. g. gantz williger Johan Agricola
Eißleben.

[Doltzigk erhielt den Brief „Am abenth Natiuitatis Christi 1539" d. i. 24. Dec. 1538. s. oben S. 197.]

---

### 4. Johann von Anhalt an Johann Agricola und Adam v. Trotta. 3. Juli 1542.

[Cod. Erl. 1665 fol. 149.]

Johans von Gottes Gnaden Fürste zu Anhalt.

Unsern Gruß und geneigten Willen zuvor. Würdiger ehrenvester be= sonder, lieber andächtiger u. besonder. Wiewohl wir nicht bei Euch sein kön= nen, wie wir je gerne wollten, können wir doch Euer nicht vergessen. Denn wir je gerne Euer aller glückliche Wohlfahrt wissen möchten, haben wir dem= nach zu unterlassen nicht gewußt bei dieser zufälligen Botschaft Euch mit einem Schriftlein zu besuchen, thun Euch auch hiemit etwa xlv Büchlerlein vom Türken, Türkenpredigt und Gebet wider denselben grausamen Erbfeind christ= liches Namens gnädiger Meinung überschicken, gütlich gesinnet, wollet unsert= wegen dieselben Bücher unter die Edelleute, darzu Euch wohl Gelegenheit, wohl wissen austeilen und ihnen daneben unsre Gnade und Gutes vermelden, und wollen uns vorsehen, wie wir auch abermals gesinnen, werdet unsers Herrn und Ohmen, des Churf. ꝛc. mit Fleiß warten. Dazu der allmächtige Gott seiner Liebe und Euch sein göttlich Hülf und Segen verleihe. Amen.

Wollet dies von uns nit anders, denn daß wir es je getreulich gut meinen, vermerken. Denn gnädigen Willen Euch zu erzeigen, seind wir ge= neigt. Datum zu Cöln an der Spree. Montag nach Petri Pauli 42.

Den würdigen und ehrnvesten Ern Johann Agricolä, der heiligen Schrift Magister u. Prediger, Adam von Trotten, Marschalk unsers lieben Herrn Ohmen, Schwagers u. Gevattern, des Churf. zu Brandenburg u. des heil. Röm. Reichs ꝛc.

[s. oben S. 226.]

## 5. Thomas Matthias*) an Joh. Agricola. 23. Juni 1543.

[Cod. Erlang. 1665 fol. 150. Goth. 1048 fol. 48 b.]

S. D. Cum a Georgij Crollij nuptijs cum affine meo Hieronymo Stauden forte huc essem profectus, statuissemque hic non subsistere ultra triduum: tamen praeter omnem opinionem meam accidit, ut etiam Cordati reditum e Berlino, quo postridie, quam adueneram, abierat, expectarim. Cuius causae quod apud Illustriss: Electorem nostrum aduersus illos, qui eum hinc extrudere conati sunt, non defuisti, nihil potuisses facere melius, nec ea in re magis te Cordato quam Rei pub: Stendaliensi consuluisse existimabis. Nam qualis qualis sit Cordatus (duriorem esse aequo, et catoniana quadam morositate praeditum non inficior), attamen si hinc discedere eum contingeret, haud dubie ea res confusionem in hac Ecclesia longe maximam esset paritura. Ad haec certiss: est, eos, qui ut Stendalia Cordatum ejicerent, tot hactenus technas confinxerunt, toties optimo Principi ac nobis omnibus fuerunt molesti, id non tam Cordati odio fecisse, quam Euangelij lucem extinguendi studio. Eam enim tenebris assueti ferri nequaquam possunt. Vellem audires hic Papistarum querelas. Hactenus pauxillum spei illis adhuc reliquum fuit. Nunc uero, postquam Berlini, aliter atque sperauerant, accepti sunt, prorsus desperare uidentur. Idque adeo non dissimulant, ut se alio esse abituros omnes clamitent. Quod utinam fiat! Nam etiam praeter illos malorum atque impiorum hominum in Marchia satis superest. Sed ut ad Cordatum redeam, tantam apud hunc hominem iniuisti gratiam, ut maiorem inire non potuisses. Non quidem tam, quod te autorem putet, ut donis donatus sit, quam, quod in asserenda uera doctrina Euangelij et resistendis aduersarijs longe fortiorem te ac constantiorem cognouerit, quam sibi de te polliceri fuisset ausus. Conciones aliquot a te audiuisse se dicit, eas uehementer laudat aperteque fatetur, quod hactenus male senserit cum illis, qui te in doctrina religionis cum Ecclesia Witebergensi non consentire existimant. Nihil do auribus tuis clariss: Eislebi, nihil fingo, peream, si non hoc triduo plus decies haec omnia de te mihi narrauit Cordatus. Electoris uero nostri liberalitatem, clementiam atque animum uere Christianum (ijs enim uerbis utitur) supra modum non praedicat solum, sed admiratur. Nec dubito, quin hoc suum iudicium de Electore ac te uel scripserit iam, uel breui scripturus sit Witebergensibus. Haec eo tibi significanda esse duxi, ut scires, quales essent de te absente Cordati sermonis quibus auidissime semper aures praebui. Nihil enim opto magis, quam talem inter te et Cordatum et omnes uerbi ministros concordiam in Marchia perpetuam esse. Qua de re te admoneri opus non est, nec mei officij, utinam alij tui similes existant.

---

\*) Sohn des Bürgermeisters der Stadt Brandenburg, ein Verwandter von Georg Sabinus und zeitweise Hausgenosse Melanchthons; von diesem an Kanzler Weinleben empfohlen, trat er in die Dienste Joachims und wurde brandenburgischer Rat.

Optime uale cum uxore ec liberis, et ne tibi commendatum habe. Subito Stendaliae in profesto Joannis Baptistae Anno 1543.

T. h. deditiss: Thomas Matthias.

Si gener tuus hac aestate ad te profecturus est, ero ei itineris comes, nam praeterquam quod alioqui tecum colloqui cupio, est, cur tuo consilio uti uelim. Salutem opto D. Cancellario.

Doctrina virtute ac pictate clarissimo D. Mag. Joanni Islebio, docenti Euangelium in aula Illustr. Principis Electoris Brandeburgensis, domino suo et amico unice colendo.

[ſ. oben S. 222.]

---

## 6. Anton Corvinus an Joh. Agricola. 18. Dec. 1546.
### [Cod. Erl. 1665 fol. 159.]

Gratia tecum et pax per Christum. Venit ad vos, Islebi carissime, Cunradus a Virtheim, communis noster amicus et frater meus per omnia carissimus, legatum nomine Principum nostrorum agens. Ea in re ut illi prosis adeoque negotium illius apud clementissimum tuum Principem promoveas, per veterem nostram amicitiam te rogo. Sed quid, mi Agricola, in his turbis et tumultibus agis? Quem tibi finem horum motuum polliceris? Certe si idem tuus est animus ac meus, qua de re nihil dubito, jam dubium non est, quin in summo animi dolore verseris ac cum Jeremia lamenteris „Quomodo sedet sola civitas."

Vere enim, nisi Dominus composuerit hos motus, de Ecclesiis nostris, de rectioribus studiis et Germanica libertate actum est. Ego in hac ditione jam ita Superintendentem ago, ut paucos habeam inter eos qui Ecclesiis [et] Scholis praesunt, qui dicto audientes sint, quamquam spero Principis mei adventum omnia haec correcturum. Rogo autem te, ut haec scribenti brevibus (neque enim perpetuus animi mei dolor aliud sinit) copiose respondeas et num pacis amor alicunde effulgeat significes. Scio ea tibi indicari, quae nobis perpetuo ignota sunt.

Eustachium a Schlieben et Adamum a Trottum (!) quos ego adhuc puto esse in tanta omnium rerum et animorum permutatione nostros, ex me reverenter salutabis. Et me semper tuum futurum tibi persuadebis. Et par profecto est, cum prognostica hujus anni omnia studiosurum vulgo multa incommoda et mala minentur, ut conjunctione animorum et indesinentibus precibus ad ea nos praeparemus. Id enim agentibus haud dubie Deus aliquando propitius et dexter aderit. Bene vale, mi Islebi, et me perpetuo ama redamantem te mirifice. Ex Vuillinghausen sexta feria post Luciae 46.      T.      Antonius Corvinus.

Doctissimo ac humanissimo viro Joanni Islebio Agricolae, Episcopo in Marchionatu Electoris primario, Domino fratri [et] amico longe carissimo suo.

[ſ. oben S. 221.]

## 7. Joh. Agricola an N. N. 13. April 1548.

[Leipziger Ratsbibl. Cod. 222 fol. 22 b.]

Quam vellem mansisse te usque in hanc diem Augustae Vindelicorum, etiam cum fortunarum tuarum damno aliquo, principio ut habuissem, cujus consilio in rebus maximis atque gravissimis, ad quas post tuum discessum adhibitus sum, cum aliis quibusdam, uti et cum quo de rebus omnibus bona fide communicare et deliberare potuissem. Deinde etiam, ut tu cognovisses mecum, quam fenestram aperuerit Deus Evangelio Christi dilatando in tota Germania. Nam spero confore, ut tota Germania accipiat Evangelium gratiae ac gloriae Dei. Evangelii doctrinam nobiscum docebunt Episcopi. Missa erit tantum sacrificium commemorativum, non quo iterum deleantur peccata, sed quo recordemur istius magni sacrificii per Christi sanguinem praestiti, ut hac memoria applicemus nobis cotidie beneficium remissionis peccatorum jam olim commeritum in cruce, per fidem cordium. Privatae missae desinent, populus integra Eucharistia communicabitur. Sacerdotibus permittuntur conjugia. Traditiones omnes ita sint liberae, ut tantum ad disciplinam et exercitium fidei valere debeant. De Sanctis si quid abominabile irrepserit, tollatur, corrigatur, emendatur coactis synodis. Nam duo Electores, Saxo et Brandenburgensis, sic inter se convenerunt, ut primo quoque tempore unam synodum celebraturi sint, in qua haec ordine bono et $εὐσχημόνως$ constitui debeant. Deus opt. max. adsit operi suo et confirmet hoc, quod operatus est in nobis propter gloriam nominis sui. Amen.

Haec volui in sinum tuum effundere, sunt enim adhuc tacita et occulta. Quamquam enim Episcopi vehementer huic negocio adversentur, tamen piissimus Carolus sic nuper eos tractavit, ut nihil spei porro in eum collocare queant. Dicerem tibi mira et jucunda, si simul essemus. Postremo hac causa finita dimissurus est Principes Carolus, id quod spero propediem futurum esse.

Fuit hic Bucerus a Caesare vocatus et gessit se pulcherrime. Vellem, si fieri posset, ut in itinere conveniremus; non poeniteret te colloquii nostri, sat scio. Proinde tu pro tua prudentia de his rebus cogitabis et me amabis. Augustae 13. Aprilis. Anno etc. 1548.

[s. oben S. 255. 258.]

---

## 8. Joh. Agricola an Georg von Anhalt. Oct. 1552?

[Anhalt. Archiv zu Zerbst.][1]

Illustriss. Principi ac D. D. Georgio praeposito Magdeburgensi et Principi in Anhalt etc. Domino suo clementissimo. Illustriss. Princeps ac

---

[1] Während des Druckes mir noch freundlichst mitgeteilt von Herrn Prof. Dr. Th. Kolde in Marburg.

Dne. Cum mei summa commendatione. Non potui aliud in illa celeritate ad v. illustriss. Cels. scribere nisi quae referet Cancellarius Clementiae vestrae, praesertim cum hodie draconem confecerimus, qui negat omnia, quae his temporibus divinitus per Lutherum patefacta sunt.

1) Stankarus n. quidam Mantuanus homo minime bonus, homo versipellis sine iudicio scripturae et certaminum spiritualium sic sentit: Christus est Mediator noster secundum humanam naturam tantum.

2) Nos sumus justi non essentiali justitia Dei, sed justitia Christi hominis creati.

3) Executio justitiae divinae est tantum secundum humanitatem facta.

4) Qui aliter sentiunt sunt omnibus gentibus deteriores, nam gentes faciunt suos Deos immortales, illi vero faciunt Deum suum mortalem contra rationem et sensum communem.

5) Qui dicunt Christum esse mediatorem passum, mortuum, resurrexisse, ascendisse in coelum, sedere ad dextram patris et intercedere pro nobis secundum utramque naturam, hi loquuntur contra scripturam, sanctos patres, contra doctores scholasticos. Nam neque scriptura sic loquitur, nec ullus hominum sic locutus est unquam. Et sic Eutichiani, Manichaei et Valentiniani.

Hi sunt halitus istius bestiae, quos evomuit. Sed erit gratia Deo, quod contra talia monstra conficienda proponendum sit, ut conficiatur monstrum.

Haec sunt, quae nos hactenus sollicitos habuerant. Sed rogo T. Clementiam, ut audiat magis laeta, quam (?) habent gloriam Dei: Caesaris animus ad gloriam Dei illustrandam mutatus est divinitus, id quod depraedicare nos oporteat in Ecclesia magna. Commendo me tuae Clementiae, quantus quantus sum. Nam haec scripsi, ut significarem animi mei erga Tuam Cels. obedientiam et vigilantiam. Christus conservet tuam Clementiam, Deus opt: maximus, in aeternam salutem.

T. C.  dd.
Joan Agricola
Isleben.

[Vergl. oben S. 306—308.]


## 9. Georg Buchholzer an Philipp Melanchthon. 9. Juli 1559.
[Leipz. Ratsbibl. Cod. 886 fol. 48 b.]

Gottes Gnade und Friede durch unsern Herrn Jhesum Christum, Gottes und Marien Sohn. Amen. Großgünstiger Herr und Präceptor, ich kann E. A. W. nicht verhalten, daß ich hätte gemeinet, die propositio, Quod bona opera sunt necessaria sollt ja durch unsern seligen Doctor Luther gnugsam erhalten sein. So finden sich nu mit Haufen, die diesen Artikel anfechten, und sage Euch, daß Eisleben schier nichts mehr predigen kann in allen Predigten, denn daß bona opera non sunt neccessaria, hat auch unsern frommen Kur=

fürsten schon drauf gebracht, daß der es in diesen mit ihm hält, wiewol der Herr Kanzler und ich, wenn ich zu J. K. F. G. komme, es gnugsam wider= fechten. Und sein Eislebens Argument oder Probirstück diese drei. 1. Justo non est lex posita. 2. Hilarem datorem, nicht den man zwinget, oder der es aus Zwang thun muß, diligit Deus, und treibet diese Wort Pauli, Ein Jeglicher nach seinem Willkür, nicht mit Unwillen, oder aus Zwang, Zwang, Zwang; das repetiret er wol dreimal auf der Kanzel. 3. Dictum Pauli ad Philemonem, Auf daß dein Guts nicht wäre geringer, geringer, sondern frei= willig, freiwillig. Da habt Ihr die Scharkunst allesampt. Aber Schuullius, der stehet und schreit auf dem Predigstuhl: Wolleft du eine Not aus guten Werken machen, so müßte ein Herz, wenn es in Todesnöten käme, wenn es daran gedächte, daß gute Werk nötig sein, und es nicht gethan, verzweifeln. Der Dritte, Er Pascha, ein grober, ungelehrter Esel, der schreit immerdar: Nicht muß, nicht nötig, nicht gezwungen, sondern freiwillig aus Liebe.

In den andern dreien Kirchen zu Berlin und Cölln lehren wir einträchtig darwider, haben uns auch beredt, ich habe ihnen auch angezeiget meine drei solutiones auf die drei Sprüche Pauli, die der Eisleben führet. Es sein auch viel ehrliche Leute, die da gesaget zu Eisleben: Ihr mit euren Gesellen im Thum lehret so, die Andern in andern Kirchen lehren das Widerspiel. Sein sie unrecht, warumb zwinget ihr sie nicht mit euch gleich zu lehren? Denn seid ihr doch der Superattendent! Da schweiget er stille et nominavit me incarnatum diabolum. Es sein auch viel redlicher Leute zu mir kommen und sich beklaget, was doch daraus werden will, daß man prediget, gute Werk sein nicht nötig; damit wird alle Liebe aufgehoben werden, und wird Knecht oder Magd oder Niemand in seinem Berufe thun, was er thun soll: daß ich vermerke, daß Eisleben nicht viel Schaden thun kann, wie er gerne wollt, dieweil wir ihm in allen Kirchen wehren, ohne was bei etlichen Klugelingen geschieht, welche mehr aus Fürwitz denn aus Verstand es annehmen. So wehret der Herr Kanzler bei unsern gnädigsten Herrn treulich, et dicit, quod bona opera sunt necessaria. Und ich warf J. K. F. G. das Wort Pauli für: Subditi estote necessitate propter conscientiam cet. Item Nemini quicquam debeatis nisi ut invicem diligatis. Da antwortet J. K. F. G.: das hat einen andern Verstand. Da saget ich: Gnädigster Herr, gar nicht! Sein das nicht gute Werk, der Obrigkeit gehorsam sein, Zins, Schos geben, nicht töten, ehe= brechen und stehlen u. s. w.? Warumb müssen mir solchs thun? propter mandatum Dei, daß der solchs geboten hat zu thun. Da wußte J. K. F. G. nicht, was sie mir antworten sollt. Wenn ich nur aus und ein gehen könnt, ich hoffet, wir wollten bei J. K. F. G. auch gewinnen! Nu aber ist Einer anher kommen, der hat gesagt, Ihr [Melanchthon] haltet es mit dem Calvino et [in?] sacramento quod corpus Christi non vere et substantialiter est in sacramento. In hoc gloriatur Eislebius. Das contrarium habe ich in Eurem Examine gewiesen. Wäre gut, daß Ihr Euch nur dieses Stücks halben ent= schuldiget; man wirft es uns allenthalben für, auch bei großen Leuten. Ich habe Euch neulich geschrieben um die forma concordiae, die bei des Luthers

Zeiten gemacht mit Bucero und Capitone; mein gnädigster Herr wollte die gerne lesen. Ich bitte, habt Ihr die, oder D. Major oder Pastor Eberus, Ihr wollet mir die, mir auszuschreiben, überschicken. Ich bitte auch pro informatione der anderer meiner Brüder, Ihr wollet mir Eure solutiones auf die drei Sprüche Pauli, oben vermeldet, die Eisleben führet, zuschreiben, denn ich die auch meinem gnädigsten Herrn zuschicken will zu lesen. Behüte Gott, daß ich Euren Tod nicht erlebe; was will doch denn werden! Damit der Gnade Gottes befohlen. Grüßet mir Doctor Major, D. Pastorem Eberum, und laßt ihnen diesen Brief lesen. Die forma concordiae cum Sacramentariis vergesset nicht. Es soll latine de Synodis contra Illyricum was sein ausgangen, wissen nicht, was es ist, kommt hic nicht anher. Habet Ihr's, sendet mir's doch.

Ich liege aber hart an meinem Fluß am Kopf danieder. Gott helfe mir durch Christum. Amen. Datum Sonntags nach Kiliani. Anno 1559.

Georgius Buchholzer, Probst zu Berlin.

Ihr habet ja ein Buch geschrieben contra libellum Principum Wimariensium ad Electorem Augustum etc. Ich kann es nirgend zu lesen bekommen, unser Kurfürst hat mich etlich mal darumb angeredt.[1])

[s. oben S. 316 flg.]

## 10. Andreas Musculus an Joh. Agricola. 22. Mai 1566.
[Cod. Erl. 1665 fol. 15 b.]

Reverendo viro, eruditione et rerum spiritualium cognitione praestantissimo D. Johanni Agricolae Islebio compatri et affini suo summa reverentia colendo.

Reverendo D. compater et affinis chariss., precibus et votis nostris hoc unice a Deo et patre Domini nostri Jesu Christi, qui est pater misericordiarum et qui potens est etiam mortua ad vitam suscitare, petimus et flagitamus, ut te nobis et Ecclesiae filii sui ad Nestoreos annos usque servet salvum atque incolumem, et speramus sane vota haec nostra non fore plane irrita, si tu quoque gemitus tuos his nostris precibus junxeris [Cod. vinxeris] Scio equidem, charissime D. compater, te tua praesentia non posse honorare nuptias filiae meae Barbarae, quae nubit adolescenti honesto sane, docto et pio, neque adeo mediocri rerum spiritualium et sanae doctrinae cognitione praedito. Honoris tamen gratia cum te vocare volui et voco vel eo etiam nomine, ut uxorem tuam, si fieri poterit, dicto die nuptiis 10. Junii ad nos mittas, cujus praesentia erit mihi gratissima. Vale foelicissime. Dominus noster Jhesus Christus custodiat te et servet nobis et Ecclesiae.

Francofurti ih Vigilia Ascensionis Anno 66.
T.
Andreas Musculus.

---

[1]) „Bedenken auf das Weimarische Confutation-Buch" Corp. Ref. IX. 766 flg.

Außerdem sei hier verwiesen auf meine anderweitigen Publicationen aus Agricolas Briefwechsel;
1) „Briefe und Urkunden zur Geschichte des antinomistischen Streites" (40 Nummern) in Zeitschr. f. Kirchengesch. IV. S. 299—324 und 437—465.
2) „Fünf Briefe aus den Tagen des Todes Luthers" in Studien und Kritiken 1881 S. 160—174.
3) Agricolas Gutachten für Christ. v. Carlowitz in Neues Archiv für Sächs. Gesch. I. 3. S. 267—279.
4) Ein Brief Veit Dietrichs an Agricola in Zeitschr. f. kirchl. Wissenschaft 1880 S. 49.

## II.

# Agricolas im Druck erschienene Schriften.

| | | |
|---|---|---|
| 1518. | Herausgabe der Vaterunser=Predigten Luthers. | S. 14 flg. |
| 1521. | Ain Kurtzi anred zu allen mysgünstigen Doctor Luthers vn̄ der Christenlichen freyheit. | S. 23 flg. |
| 1524. | DE CAPITIBVS ECCLESIASTICAE DOCTRINAE IOANNIS AGRICOLAE ISLEBII AD AMICVM QVENDAM EPISTOLA. | S. 40. |
| 1525. | IN LVCAE EVANGELIVM ANNOTA-tiones Ioannis agricolae Jslebij, summa scripturarum fide tractatae. | S. 35 f. 131 f. |
| | Ayn kurtze verfassung des spruchs Matthei am 16. Wen sagen die leutte u. s. w. | S. 40 flg. |
| | Auslegung des XIX. Psalm. Coeli enarrat u. s. w. | S. 50 flg. |
| 1526. | Wie man die Hailig geschrifft lesen, vnd weß man in der lesung u. s. w. | S. 36. |
| | Predigt auff das Euagelion vom Phariseer vnd Zolner. | S. 83. |
| | Der Neuntzigeste Psalmus Wie keyn trost, hülff odder sterck, sey u. s. w. | S. 88 f. |
| | Verdeutschung des „Schwäbischen Syngramma" | S. 87. |
| 1527. | Die Epistel an die Colosser S. Pauls, Zu Speier geprebigt u. s. w. | S. 82 flg. |
| | Eine Christliche kinder zucht ynn Gottes wort vnd lere u. s. w. | |
| | ELEMENTA Pietatis congesta a Johanne Agricola Jsleb. | S. 70 f. 139 f. |
| | Eyn auszzug aus der Christlichē kinderlere u. s. w. | |
| | Verdeutschung der Melanchthonschen Commentare zu den Briefen an die Römer, Korinther(?) und Colosser. | S. 104. |
| | Hundert vnd dreyssig gemeiner Fragestücke u. s. w. | S. 73 f. 142 flg. |
| 1528. | Hundert vnnd lvj. gemeyner fragestücke. | |
| | Drey hundert Gemeyner Sprichwörter u. s. w. | S. 105. |
| 1529. | Das Ander teyl gemeyner Deutscher sprichwörter. | S. 105. |
| | History vnd warhafftige geschicht, wie das heilig Euangelion mit Johan̄ Hussen u. s. w. | S. 118 f. |

| | | |
|---|---|---|
| 1530. | IN EPISTOLAM PAVLI AD TITVM Scholia. | S. 76. |
| 1534. | Syben hundert vnd Fünfftzig Teütscher Sprichwörter, verneüwert vnd gebeffert. | S. 105. |
| 1535. | Eyn Brieff an Jörge Witzel, das man Beten vnd Faſten ſol. Hans Eckerlincks. Von Pretelitz. (Daß Witzel der Mann ſey, nicht Luther, der der Chriſtenheit helffen ſol, ein Brief Hans Eckerlings zu Pretelitz. Kordes S. 222.) | S. 160 flg. |
| 1536. | Verdeutſchung etlicher Briefe des Joh. Hus. | S. 119. |
| 1537. | Drey Sermon vnd Predigen. Eine von Abraham u. ſ. w. | S. 174 f. |
| | Das ander teil der Summarien. | S. 179. |
| | Antinomiſtiſche Theſen. | S. 181 f. |
| | Disputatio Joannis Hus, quam absolvit dum ageret Constantiae. | S. 120. |
| | Tragedia Johannis Huſs. | S. 120 f. |
| 1538. | (Vorrede zu Simon Haferitz' Verdeutſchung des Brenzſchen Hiob-Commentars, vergl. Kordes S. 278.) | |
| 1539. | De duplici legis discrimine. | S. 198. |
| 1540. | Confeſſion vnd bekentnis vom Geſetze Gottes. | S. 215. |
| 1541. | Ein Predig auff den XII. Sontag nach Trinitatis. | S. 220. |
| | CCCXXI Formulae et interrogatiunculae pueriles. | S. 219. |
| 1542. | Die vier ſonntage im Aduent gepredigt in der Jagt. | S. 225. |
| 1543. | Die Hiſtoria des leidens vnd Sterbens. | S. 231. |
| 1544. | Die Epiſteln durchs gantz Jahr Mit kurtzen ſummarien. | S. 230. |
| | Terentii Andria germanice reddita. | S. 77 f. |
| 1546. | (Ein New Lied Auff jtzige Kriegsleuffte.) | S. 245. |
| 1548. | Fünfhundert Gemainer Teütſcher Sprüchwörter. | S. 105. |
| 1549?. | (Von der Meſſe vnd jhrem Canone.) | S. 295. |
| 1552. | Grüntliche anzeigung, was die Theologen des Churfürſtenthumbs der Marck . . . bekennen. | S. 303 f. |
| 1555. | Eine Leichpredigt, in der Sepultur vnd begrebnis. | S. 228. |
| 1562. | Außlegung deß heiligen Seligmachenden Euangelij vō Mar. Magdal. | S. 328. |
| 1586. | Auslegung des heiligen Sehligmachenden Euangelij, am Tag aller Heiligen. (herausgeg. v. dem Berliner Diakonus Mart. Stral, Berlin bei Nicol. Voltz.) | S. 333. |

## III.

# Personenregister.

Ackermann, Joh. 120.
Aepinus, Joh. 256. 292.
Agricola, Joh. v. Eisleben: sein Vater
 4 f. 293. seine Mutter 5. seine
 Frau Else 26 f. 69. 80. 121.
 124 f. 168. 170. 194. 243.
 329 f. 342.
  seine Frau 2. Ehe 330. 332 f.
 349. Söhne 271. 329. 334—336.
 Töchter 124. 172. 243. 329.
Agricola, Johann aus Spremberg
 4. 43.
Agricola, Steph. 4. 114.
Agricola, Theoph. 4.
Alberus, Erasm. 4. 5. 238 f. 257.
 297. 300. 331.
Albrecht v. Mainz 55. 101. 126.
 157.
Albrecht v. Mansfeld 49 f. 57 f. 62.
 67. 88. 93 f. 113 f. 130. 166.
 168 f. 204 f. 217.
Albrecht von Preußen 303. 306.
 310 f.
Aleander 24.
Alesius, Alex. 222.
Algesheimer, Joh. Bernh. 54.

Althamer 76.
Alveld 24 f.
Alvensleben, Bußo v. 239.
Amerbach, Veit 68. 146.
Andreas N. 341.
Aquila, Casp. 19. 76. 94 f. 191.
 271 f. 278. 293 f.
Arnim, Hans v. 225.
Aur, Lampertus 321.
Axtius, Joh. 58.

Bach, Mag. 326.
Bars, Joach. 239.
Baumgärtner, Hieron. 267 f.
Bebel, Heinr. 207 f.
Berndt, Ambros. 203.
Besold, Hieron. 271.
Billicanus, Theob. 21.
Blank, Christof 13 f.
Böhme, Caspar 201.
Bogner, Simon 238.
Bonifacius (Agricolas Schwager) 28.
 248.
Brant, Sebast. 106.
Brenz, Joh. 37. 66. 87. 176. 298.
 302. 310 f.

Brück, Gregor 78. 96. 98. 174. 179. 181. 197. 205. 342.
Brück, Simon 31.
Buchholzer, Georg 237. 246. 248. 276. 285. 288. 290. 304. 310. 313 f. 317 f. 322 f. 330 f. 347 f.
Bugenhagen, Joh. 31. 56. 86. 147. 172. 174. 176. 194. 201 f. 205. 215 f. 221. 243. 270. 284. 307 f.
Burkhard, Franz 68. 102. 243.
Busche, Herm. v. d. 86.
Butzer, Martin 86. 99. 115. 255. 258 f. 262 f. 295. 297. 346. 349.

Calvin, Joh. 318. 328. 349.
Camerarius, Joach. 21. 98. 101. 127. 323.
Cammerlander, Jacob 106.
Capito 36. 99. 348.
Carion 265.
Carlowitz, Christof v. 262 f. 275.
Christian, König von Dänemark 290. — Markgraf v. Brandenb. 336.
Christianus, Albert 276. 297.
Claus Narr 112.
Cochläus, Joh. 53. 81. 159 f.
Cölestin, Georg 224. 334.
Cölius, Mich. 58. 66. 161.
Colditz, Lor. 68.
Commendonus, Joh. Franz. 321.
Conrad, Mag. 9.
Conradi, Peter 239.
Cordatus, Conr. 222. 344.
Cordus, Euric. 35. 62.
Corvinus, Anton. 77. 221. 345.
Croll, Georg 344.
Cruciger, Caspar 92. 175 f. 182. 192. 197. 203. 243. 270. 315.

Davus 68.
Diestelmeier, Lamp. 316. 322. 336. 348.

Dietrich, Veit 98. 102. 179. 298.
Dolzigk, Hans v. 102. 197. 342 f.
Drachstedt, Barth. 27. 59. 73.
Durigke, Familie 10.

Eber, Paul 320. 323. 328. 349.
Eberstein, Graf Bernh. 13.
Eck, Joh. 19 f. 24 f. 45. 151.
Eckerling, Hans 160.
Edenberger, Lukas 36.
Egranus (Joh. Wildenauer) 45 f.
Eichhorn, Joh. 303. 323.
Elisabeth von Brandenburg 218. 228 f.
Elisabeth Magdalene von Braunschweig-Lüneburg 229. 336.
Ellefeld, Joach. 239 f.
Emser, Hieron. 24. 84. 159. 299.
Erasmus 63 f. 106. 112. 119.
Erbach, Eberhard Schenk von 83.
Erhard, Holsatiensis 69.
Erich von Braunschweig-Lüneburg 77.
Ernst von Baiern 257.
Ernst von Braunschweig-Grubenhagen 67. 70.

Faber, Wendelin 69. 166. 197. 206.
Fabri, Joh. 83 f. 88. 91 f. — de Werdea 207.
Farcallius, Amand. 37.
Ferinarius, Joh. 330.
Ferdinand, König 83. 91. 102 f. 226. 253 f. 257. 264. 266 f. 291.
Flacius 133. 243. 270. 275 f. 285. 292. 295 f. 302. 349.
Fleischer, Matthäus 334 f.
Forster, Joh. 317.
Franke, s. Barth. Rauh.
Friedrich, Andreas 5.
Friedrich, Markgraf von Brandenburg 274. 286.

Friedrich v. d. Pfalz 261.
Friedrich der Weise 26. 49. 61. 124.
Fröschel, Sebast. 202. 270.
Fugk, Joh. 239.
Funck, Joh. 310 f.

Garcäus, Joh. 238.
Gebhard v. Mansfeld 88.
Georg von Anhalt 280 f. 346 f.
Georg von Brandenburg 91.
Georg von Sachsen 110. 113. 159.
Geuder, Joh. 267.
Glatius, Casp. 271 f.
Gnidius, Matthias 24.
Goldstein, Kilian 199.
Graumann, Joh. 20.
Greser, Daniel 280.
Grynäus, Simon 91 flg.
Güttel, Casp. 58. 88. 154 f. 157 f. 166. 198. 204. 206.

Hamm, Heinr. 191.
Hausmann, Nic. 44.
Heinrich von Braunschweig 101. 113.
Heise, Joh. 58.
Helding, Mich. 254. 256. 297. 299 f.
Heller, Joh. 212.
Henkel v. Commerstadt 99.
Hesse, Eoban 35. 54. 94.
Hieronymus N. 329.
Horatius, Joh. 122.
Hoyer v. Mansfeld 57. 60. 152. 156. 162.
Hübner, Friedrich 230.
Hügel, Andr. 285 f. 290.
Hutten, Hans v. 117. Ulrich von 117.

Jetzer, Hans 11.
Ignatius, myropola 27.

Joachim II. von Brandenburg 207. 211 f. 218 f. 223 f. 231. 235 f. 240 f. 245. 247 f. 252. 254 f. 267 f. 273 f. 295. 299 f. 303. 306 f. 313 f. 318 f. 331. 336. 346 f.
Joachim Friedrich von Brandenburg 229.
Jobst, Mag. 182.
Johann von Anhalt 226. 343.
Johann von Cüstrin 227. 263 f. 297.
Johann, Kurfürst von Sachsen 43. 56. 80 f. 90. 94 f. 97 f. 101 f. 110 f. 147.
Johann Ernst von Sachsen 36. 217.
Johann Friedr. Kurfürst v. Sachsen 67. 102 f. 115 f. 121. 166 f. 169 f. 179 f. 194 f. 199. 202 f. 214 f. 243. 247. 272. 298. 342.
Johann Georg von Brandenburg 229. 326. 336.
Johann Georg von Mansfeld 60.
Jonas, Justus 30. 42. 44. 56. 59. 104. 155. 160. 172. 176. 197. 199. 203. 215. 243. seine Frau 125. 221.

Kantz, Gabriel 73.
Karl V. 90. 95 f. 99 f. 119. 246 f. 249 f. 257 f. 262. 269. 275 f. 285. 295. 299. 335. 346.
Karlstadt, Andr. 10. 19 f. 31 f. 51 f. 137.
Kaspar v. Mansfeld 70.
Kegel, Andr. 270.
Keller, Dompropst 249.
Klug, Joseph 70. 119.
König, Anton 309.
Korn, Ottomar 58.
Kraft, Adam 81 f.
Krumbach, Nic. 118 f.
Kurrer, Casp. 85.

Lambert, Franz 30 f.
Lange, Joh. 34 f. 54. 100. 115. 222.
Lasius, Christof 238. 286. 313 f.
Lauterbach, Ant. 127.
Lauterwar, Christ. 296.
Lemnius, Simon 77. 121 f. 126 f. 329 f.
Leutinger, Pfarrer 238. 288 f. sein Sohn 235. 276. 288 f.
Limperg, Matthias 58.
Lindemann, Joh. 4.
Link, Wencesl. 104. 118.
Lörffelt, Joh. 42.
Lotther, Melch. 61.
Ludecus, Joh. 226. 239.
Ludwig v. d. Pfalz 81.
Lufft, Hans 20. 174. 180 f.
Luther, Katharina 124 f.
Luther, Mart. 4 f. 10. 14 f. 19. 23 f. 26 f. 30 f. 37. 41. 44. 49. 51 f. 54 f. 67 f. 71 f. 74 f. 77 f. 83. 87. 93. 97 f. 101. 107 f. 110 f. 113. 118 f. 131. 133 f. 138 f. 141 f. 150 f. 158. 165. 168 f. 172 f. 183 f. 193 f. 211 f. 225 f. 231 f. 242 f. 250. 262 f. 274. 278. 287. 296. 300. 304. 308 f. 316 f. 320. 322. 324. 337 f. 347.

Major, Georg 215. 243. 246. 270. 290. 296. 315. 328. 349.
Malvenda, 254. 256.
Maria, Königin 99 f.
Mathesius, Joh. 25. 201.
Matthias, Christian 222. 287 f.
Matthias, Th. 222. 238. 327. 344 f.
Maximilian I. 112.
Maximilian II. 228. 291.
Medler, Nic. 228.
Meinhard, Andreas 27. 50. seine Frau 27.
Meinhard, Cristof 50 f.

Melanchthon, Phil. 19 f. 26 f. 30. 33 f. 49 f. 55. 59 f. 68. 72. 74. 77. 84. 88. 90 f. 95. 98. 101 f. 104. 109. 113. 115 f. 122 f. 129 f. 133. 140 f. 144 f. 152. 154 f. 166. 172. 174. 176. 179 f. 188 f. 193. 197 f. 202 f. 205. 212 f. 219. 222. 225. 238. 242 f. 245. 247. 250. 256. 260. 262. 270. 274 f. 277 f. 282. 284 f. 287. 289 f. 296 f. 302. 306 f. 313 f. 329 f. 335. 341. 347 f.
  seine Frau 125 f.
  seine Tochter 125. 172.
  seine Schwiegermutter 173.
Melander, Dionysius 54.
Menius, Justus 51.
Michael, Jude 227.
Micyllus, Jacob 54 f. 88.
Mila, Bernh. v. 205. 207.
Mörlin, Joach. 310.
Mörsheim, Joh. v. 106.
Mohr, G. 296.
Monner, Basil. 199.
Montjoie, Lord 65.
Moritz v. Sachsen 261 f. 264. 274. 279 f. 346.
Mosellanus, 63. 65.
Moshauer 27.
Müller, Casp. 57. 59. 92 f. 101.
Münsterer, Sebald. 202.
Münzer, Th. 12. 23. 27. 45 f. 171. 322. 324.
Murner, Th. 24.
Musculus, Andr. 27. 151. 224. 303 f. 307 f. 313. 316. 322 f. 335.
Musculus, Paul 224.
Musculus, Wolfgang 297.

Natter, Leonh. 62.
Nesen, Wilh. 17. 35.

Oecolampad 65. 87.
Osiander, Andr. 99. 233. 269 f. 293. 302 f. 309 f. 315. 328.

Pascha, Joachim 224. 240. 317. 348.
Pascha, Lorenz 240.
Passavant, Ludw. v. 111 f.
Pauli, Benedict. 205. 243.
Peter, Barbier 165. — Kaplan 334.
Petrejus, Joh. 37.
Pfarrer, Matthias 90.
Pfeffinger 280. 296.
Pflug, Jul. v. 254 f. 257. 280. 297. 299 f.
Philipp v. Hessen 80 f. 91 f. 90. 110 f. 247.
Prätorius, Abdias 151. 304. 309 f. 313 f. 316. 318 f. 321 f. 335.
Prätorius, Paul 286. 323.
Probst, Jacob 34.

Ratzeberger, Matthäus 173. 193.
Rauh, Barth. 16.
Regius, Urban 99.
Reinhart, Simphorian 83.
Reuber, Friedr. 58.
Reuchlin, Joh. 110.
Reusch, Joh. 16. 18. 33.
Reuter, Ambr. 246.
Rhadinus, Thom. 25.
Rhau, Georg 70. 76. 88. 120. 161.
Rhau, Joh. 32.
Rink 59.
Rivius, Joh. 78 f.
Rockenbach, Paul 118.
Rödinger, Christ. 294.
Rörer, Georg 95. 102. 192.
Roth, Steph. 30. 44.
Rügger, Jodocus 182.
Rühel, Joh. 50 f. 59. 92. 101.
Ruff, Sympertus 36.
Rurer, Joh. 91.
Rychardus, Wolfg. 24.

Sabinus, Georg 125.
Sam, Conrad. 76.
Sastrow, Barthol. 257.

Schapler 49.
Schenk, Jacob 191. 224. 228.
Schirlenz, Nic. 120.
Schleinitz, Joh. v. 33.
Schlieben, Eustach von 253. 324 f. 345.
Schmidt, Joh. 329.
Schnellboltz, Gabriel 43.
Schnepf, Erhard 91. 96. 116.
Schultes, Michael 121.
Schurf, Hieron. 199. 214.
Schurf, August 102.
Schwolle, Hieron. 224. 285. 307. 317. 326. 348.
Secerius, Joh. 37. 54. 87. 119.
Seidler, Jacob 33.
Siegfried, Joh. 287 f.
Sigismund v. Brandenburg 229.
Sigismund v. Polen 250.
Sindringer, Blikard 102. 214.
Soto, Dominicus de 254. 256.
Spalatinus, Georg 4. 17. 26. 35 f. 40. 56. 80 f. 83. 86. 88. 102. 104. 124 f. 172. 225. 341.
Spalicius, Procopius 122.
Spangenberg, Cyriacus 107.
Speratus, Paul 43.
Stancaro, Franz 306 f. 313. 328. 347.
Stauden, Hieron. 344.
Staupitz, Joh. v. 146.
Stein, Wolfg. 35.
Stiefel, Mich. 57.
Stigelius, Joh. 103. 294.
Storch, Nic. 33.
Straß, Dr. 249.
Stratner, Jacob 218. 224. 235 f.
Strauß, Jakob 51 f.
Stübner, Marcus 33.
Sturmer, Wolfg. 70.
Sturm, Jacob 90.
Swoffheim, Paul 10.
Syrus 68.

Tappius, Eberhard 108.
Tetzel, Joh. 15 f. 184 f.
Thamm 24.
Theobald, Andr. 68.
Thür, Joh. 49. 87.
Tiburtius 22.
Trotta, Adam v. 343. 345.
Tulich, Herm. 61. 68.
Tunnicius, Anton 208.

Ulrich v. Würtemberg 110 f.

Vischer, Peter 223.
Vogelgesang, Joh., s. Simon Lemnius.
Vogt, Joh. 4.

Warbeck, Veit 56.
Weddel 24.
Weinleben, Joh. 235. 238. 273. 316. 345.
Weiß, Hans 220.
Westerburg, Gerhard 52 f.
Wimpina 17.
Wirtheim, Conr. v. 345.
Witzel, Georg 3. 124. 127 flg. 152 f.

Zeis, Hans 47.
Zwingli, 74. 93. 328.